Raimon Panikkar

ESPIRITUALIDAD HINDÚ

Sanātana Dharma

Índices y glosario de Germán Ancochea

editorial Kairós

Numancia, 117-121
08029 Barcelona
www.editorialkairos.com

Primera edición: Marzo 2005

I.S.B.N.: 84- 7245- 577- 7
Depósito legal: B- 13.488/2005

Fotocomposición: Beluga y Mleka, s.c.p. Córcega 267. 08008 Barcelona
Impresión y encuadernación: Romanyà-Valls. Verdaguer,1. 08786 Capellades

satyaṁ vada
dharmaṁ cara
svādhyāyān mā pramadaḥ
TU I, 11,1

Habla Verdad
Practica *Dharma*
No descuides Meditar[1]

1. Una traducción menos escueta podría decir:
Di [siempre] lo que es [la verdad].
Pon en práctica [ejercita] la virtud.
No abandones la reflexión [el estudio].

SUMARIO

Abreviaturas

Abreviaturas de textos sagrados

A	*Āraṇyaka*
AB	*Aitareya-brāhmaṇa*
Ap	*Libro del Apocalipsis*
AU	*Aitareya-upaniṣad*
AV	*Atharva-veda*
B	*Brāhmaṇa*
BG	*Bhagavad-gītā*
BhagP	*Bhāgavata-purāṇa*
BS	*Brahma-sūtra*
BP	*Brahma-purāṇa*
BSB	*Brahma-sūtra-bhāṣya*
BU	*Bṛhadāraṇyaka-upaniṣad*
I Cor	*1ª Epístola a los Corintios*
II Cor	*2ª Epístola a los Corintios*
CU	*Chāndogya-upaniṣad*
Dan	*Libro de Daniel*
Dh	*Dharma*
Eccles	*Eclesiastés* (*Qohelet*)
Ef	*Epístola a los Efesios*
Ez	*Profeta Ezequiel*
Gal	*Epístola a los Gálatas*
Gn	*Génesis*
Is	*Isaías*
IsU	*Īśa-upaniṣad*
I Jn	*1ª Epístola de san Juan*
Jn	*Evangelio según san Juan*
KaivU	*Kaivalya-upaniṣad*
Karnpar	*Mahābhārata Karṇa-parva*
KathU	*Kaṭha-upaniṣad*

KausB	*Kauṣītaki-brāhmaṇa*
KausU	*Kauṣītaki-upaniṣad*
KenU	*Kena-upaniṣad*
Lc	*Evangelio según san Lucas*
MahnarU	*Mahānārāya-upaniṣad*
MaitU	*Maitrī-upaniṣad*
MandU	*Māṇḍūkya-upaniṣad*
Manu	*Mānava-dharma-śastra*
Mc	*Evangelio según san Marcos*
MhBh	*Mahābhārata*
Mt	*Evangelio según san Mateo*
MundU	*Muṇḍaka-upaniṣad*
NarS	*Nārada-sūtra*
P	*Purāṇa*
I Pe	*1ª Epístola de san Pedro*
PrasnU	*Praṣna-upaniṣad*
Ps	*Salmos*
PVB	*Pañcavimśa-brāhmaṇa*
I Re	*1º Libro de los Reyes*
Ram	*Rāmāyaṇa de Valmiki*
Rom	*Epístola a los Romanos*
RV	*Ṛg Veda*
S	*Sūtra*
Sant	*Epístola de Santiago*
Santpar	*Mahābhārata Śānti-parva*
SatB	*Śatapatha-brāhmaṇa*
SivPur	*Śiva-purāṇa*
SU	*Śvetāśvatara-upaniṣad*
SubU	*Subala-upaniṣad*
TA	*Taittirīya-āraṇyaka*
TB	*Taittirīya-brāhmaṇa*
Tim II	*2ª epístola a Timoteo*
TS	*Taittirīya-saṃhitā*
TU	*Taittirīya-upaniṣad*
U	*Upaniṣad*
VasDhSas	*Vasiṣṭha-dharma-śāstra*
VanP	*Mahābhārata Vana-parva*
VeSa	*Vedānta-sāra*
VisṇuP	*Viṣṇu-purāṇa*
YS	*Yoga-sūtra*

Otras abreviaturas

arab.	*Árabe*
cf.	*Confer*
CHI	*The Cultural Heritage of India* (cf. Bibliografía)
chin.	*Chino*
com.	*Comentado*
coord.	*Coordinador*
dir.	*Director*
DS	*Dictionnaire de Spiritualité* (cf. Bibliografía)
ed.	*Editor*
eds.	*Editores*
ERE	*Encyclopedia of Religion and Ethics* (cf. Bibliografía)
gr.	*Griego*
ib.	*Ibídem*
jap.	*Japonés*
o.c.	*Obra citada*
p.	*Página*
p.e.	*Por ejemplo*
P.G.	*Migne, Patrologia graeca*
P.L.	*Migne, Patrologia latina*
RGG	*Die Religion in Geschichte und Gegenwart* (cf. Bibliografía)
Sum. theol	*Summa theologica*
s.f.	*Sin fecha*
ss.	*Siguientes*
trad.	*Traductor*
vgr.	*Verbigracia*
VV.AA.	*Varios autores*

Prólogo

Cualquier cosa que hagas, comas, ofrezcas en sacrificio, des en limosna o practiques austeridades, ¡oh, hijo de Kunti!, hazlo como ofrenda a mí... Quien me ama no se pierde.

BG IX, 27/31

El Espíritu sopla donde [cuando y como] quiere.

Jn III 8

Muchas aguas han pasado por el Ganges desde mi primera inmersión iniciática hace medio siglo. Después de la praxis, impulsada por mi biología y mi *karma*, vino la *theoria* impulsada por mi vida intelectual para asimilar críticamente mi experiencia.[2] Pero sentía también la necesidad de un estudio sistemático y menos cargado de mi lenguaje cristiano previo. El resultado ha sido este libro.[3]

Un alto circunstancial en mi camino me ha hecho caer en la cuenta de que, a pesar de lo mucho escrito sobre el hinduismo,

2. Cf. mis muchas publicaciones de aquella época entre las cuales PANIKKAR (1960/III), PANIKKAR (1971/XII), y PANIKKAR (1994/X) (de un original inglés de 1964).
3. Publicado inicialmente como capítulo del IV volumen de *Historia de la Espiritualidad*, L, Sala Balust, B, Jiménez Duque (coordinadores), Barcelona (Flors) 1969, pp. 433-542; publicado también como *Spiritualità indù*, Brescia (Morcelliana) 1975.

una exposición didáctica y sintética podía aún ser útil, como lo fue en su tiempo.

¿Vale la pena a estas alturas de mi vida ponerme a desempolvar un viejo escrito cuando me quedan aún tantos estudios por terminar, en apariencia más importantes?

Habiendo debido interrumpir por razones de salud otros estudios, pensé que podría dedicarme a remozar un viejo escrito descriptivo de la espiritualidad hindú que me sirvió en aquellos tiempos para adquirir una visión de conjunto de la religión de mis antepasados, como acompañante intelectual a mi inmersión personal en aquella religiosidad. Desempolvar después de cuarenta años tal escrito me pareció una tarea relativamente fácil, creyendo con ello hacer un servicio a aquellos lectores que, sedientos de espiritualidad, están un tanto decepcionados de religiosidades rutinarias. He de confesar que el esfuerzo y el tiempo han sido mucho mayores de lo que creía. La misma tarea de releer mi propio escrito no ha sido la tarea fácil de un corrector de pruebas para corregir la gramática o mejorar el estilo. He debido repensar cada línea y reactualizar la experiencia que me llevó a escribirla – modificando consecuentemente el texto.

Algunos amigos me han dicho que perdía el tiempo a estas alturas de mi vida. Aunque el tiempo no se pierde, este tiempo "perdido" lo dedico a mis posibles lectores. Les agradezco además que el año dedicado a reforzar este trampolín me permita consolidar también otras tablas para poder realizar con mayor altura y elegancia el salto espiritual que nuestra época reclama – pues la aventura no es individual sino de toda la humanidad.

Aunque creo haber superado la tentación de *hacer* el bien pienso que este libro podría salir al paso al legítimo interés de Occidente por otras formas de espiritualidad. Para ello he intentado, de una manera lo más descriptiva posible, sin encomios ni vilipendios, describir los rasgos fundamentales de la espiritualidad hindú. Y por esta misma razón he ampliado el texto y añadido notas que pueden orientar en temas que aquí sólo se mencionan. Creo con ello aportar mi colaboración a contrarrestar la epidemia de superficialidad que ha inundado la cultura contemporánea.

De ahí que este libro esté pensado como una introducción al *dharma* hindú para todo tipo de lectores y, al mismo tiempo, como una obra de consulta para quienes deseen profundizar en esta problemática tan vasta. Por demasiado tiempo una cierta moda nos ha hecho creer que podemos "aprovecharnos" de esta espiritualidad con un mínimo esfuerzo.

Al decir hindú nos referimos a un ramillete de religiones del subcontinente indio, que florece también en una gran parte del Asia del Sur. No olvidemos que el hinduismo no tiene fundador.

Al decir *dharma* nos referimos a algo que tampoco tiene fundador, que no tiene otras fronteras que las humanas.[4]

Al decir "*dharma* hindú" nos referimos a algo que no tiene límites fijados *a priori* y por tanto sin fronteras doctrinales precisamente delimitadas. El *dharma* hindú se encuentra en relación transcendental, diría la filosofía, con una forma concreta de encarnar la espiritualidad humana.

El genio occidental tiende a ver el árbol, y a no ver el bosque más que como un concepto abstracto. Una gran parte del

4. Hemos confundido las palabras vivas, que son símbolos en los que han cristalizado las experiencias de una cultura determinada, con los conceptos, que son signos útiles para distinguir entidades homologables –y en general cuantificables. He oído a rabinos que prefieren "tradición" a "religión", en el sentido de "raza"; hay católicos que utilizan "religión" en el sentido de "institución" (o aún de club); para "ateos" serios (de nuevo palabra ambigua) hablar de Dios es una escapatoria y poco menos que una obscenidad. Las palabras de origen un tanto exótico a veces pueden servir por no haber sufrido la erosión de los usos y abusos de una determinada cultura. Recuperar el conocimiento simbólico es un imperativo de nuestro tiempo, sin caer por otra parte en un individualismo solipsista.

genio oriental tiende a gozar del bosque, olvidándose de los árboles individuales. El "*dharma* hindú" representa más bien al bosque humano de la espiritualidad en distintas formas concretas de intentar ser plenamente hombre. Podemos interpretar una "espiritualidad calvinista", por ejemplo, por sus diferencias, y ello sería legítimo sobre todo porque es así como los representantes de esta espiritualidad se interpretan a sí mismos. Todo lo contrario es lo que ocurre con la auto-comprensión hindú: el hindú no se autointerpreta por aquello que le distingue, sino por el fondo humano común, aunque con un concreto color que se considera secundario. Haber comprendido esto hubiera evitado malentendidos trágicos a lo largo de la historia. Luego hablaremos aún del *sanātana dharma*.

La imagen del llamado "árbol de Porfirio", que está en la base de la autocomprensión occidental y cuyo ejemplo más gráfico es el ingente edificio de la ciencia moderna, no sirve para comprender la espiritualidad hindú. No es una espiritualidad junto a otras en una clasificación porfiriana: espiritualidades cuáqueras, calvinistas, shī'itas, bahai, seculares, en yuxtaposición las unas con las otras. Los elementos químicos se dejan clasificar, y los conceptos también, porque un elemento no es otro, ni un concepto debe confundirse con otro. Pero, en rigor, las espiritualidades no se dejan clasificar por este método de exclusión. Los rasgos distintivos de una espiritualidad son propios de aquélla; pero la espiritualidad hindú se siente incómoda si se la clasifica por este procedimiento. Se siente humana más que "hindú", aunque vista desde el exterior se pueden detectar rasgos característicos. Lo característico no tiene por qué ser lo esencial – contra Porfirio.

Este rasgo de la espiritualidad hindú no la convierte en universal, como algunos pretenderían, pero sí que permite, más claramente que en otros casos, descubrir aspectos de la propia identidad que habían quedado en la penumbra. De ahí que este libro también puede ayudar a profundizar en la propia identidad. Tocará al lector descubrir si aquella forma de vivir la vida le dice también algo que pueda aplicarse, sin por ello "convertirse" al hinduismo como se pasa de un club a otro. Aunque las notas y algunos párrafos puedan parecer un tanto "académicos", debido a la escrupulosidad de su autor, este libro podría igualmente haberse presentado como un "Tratado de espiritualidad" desde una perspectiva concreta; aquélla propia del subcontinente indio.

Tanto en la India como en otras latitudes, una cierta concepción de la espiritualidad ha sido a veces interpretada como una excusa, o por lo menos un paliativo, para inhibirse de los problemas políticos de la sociedad, dejando el mundo a las disputas de los "mundanos". Este peligro es real, pero un extremo no justifica el otro. Más aún, pertenece al *kairós* de este milenio, tanto en Oriente como en Occidente, el recuperar la dimensión sagrada de la secularidad, que en otros lugares he denominado "secularidad sagrada" – que no debe confundirse con "secularismo".

Lo que nuestro tiempo necesita urgentemente después de siglos, y a veces milenios, de divorcio entre este mundo y el otro, entre religión y política, es precisamente la unión (no digo unidad) entre estas dos dimensiones del ser humano. Los monismos, sean religiosos o políticos, no solucionan los problemas de hoy (como nunca lo han hecho). La a-dualidad o *advaita* es cabalmente la clave que la espiritualidad hindú ha elaborado de forma temática. Lo que el mundo actual reclama, con los gritos de más de la mitad de la humanidad, que frecuentemente no queremos oír, no es una mera reforma de las instituciones, sino una transformación radical del sentido mismo de la vida. Esta transformación no puede ser violenta, no sólo por razones éticas, sino también pragmáticas: sería contraproducente.

Éste es el papel de la auténtica espiritualidad. Las revoluciones no son duraderas, aunque a la larga los autoproclamados victoriosos nunca han vencido en este mundo. Los débiles, con sufrimiento y paciencia, siempre se han salido con la suya. Es un hecho empírico. Pero a veces entendemos las lecciones mejor en cabeza ajena e indirectamente, que con indoctrinamientos, por pedagógicos que aparenten ser.

No me parece, por tanto, tiempo malgastado el haber vuelto a remozar este escrito que espero ayude al lector a esta transformación que en otros lugares he denominado *metanoia* – inspirado por aquella llamada de hace dos milenios que, a pesar de haber sido tan a menudo desoída y traicionada, sigue siendo una de las pocas fuentes de inspiración para la humanidad.

El lector acaso eche a faltar referencias más explícitas a la India moderna. Valga como excusa el decir que, a pesar del peso sociológico de la modernidad, la espiritualidad hindú sigue siendo la clásica. El autor espera, con todo, poder aún publicar a un estudio que lleva escribiendo desde hace un cuarto de siglo.[5]

No deberíamos identificar el "hinduismo" objeto de nuestro estudio con lo que es llamado así por los partidarios de la *hindutva*. Ensalzar las enseñanzas de la *Gītā* o exponer la tradición de la lengua sánscrita no equivale a degradar el *Tirukural* o el tamil – aunque hay que reconocer el peligro de la unilateralidad.

Subrayemos, una vez por todas, que el adjetivo hindú referido a la gran familia de religiones de la India no abarca todo el conjunto de espiritualidades del subcontinente. Una gran parte de la espiritualidad popular, por ejemplo, es de origen anterior al corrientemente llamado "hinduismo". La espiritualidad *adivasi* de los primeros habitantes de la India, la resurgente conciencia *dalit*, para poner otro ejemplo, caen fuera del ámbito de este estudio. Aunque no nos hemos limitado exclusivamente a las fuentes sánscritas, éstas inspiran la inmensa mayoría

5. Cuyo título es suficientemente explícito: *Indra's Cunning. The Challenge of Modernity. The Case of India*, de próxima publicación.

de este estudio. El autor es muy consciente de la unilateralidad del tema y se disculpa por ello, pues por demasiado tiempo se ha identificado la India y la India espiritual con la cultura vehiculada por el sánscrito y lenguas de él derivadas. El autor siente una gran simpatía por la "desanscritización" del hinduismo – como por la "deshelenización" del cristianismo, pero una cosa no quita la otra.

Otra observación general es la siguiente. No pretendemos ninguna apología del hinduismo ni menos aún albergamos intenciones apologéticas. El hinduismo, como toda religión, tiene sus lagunas y sus sombras. No las hemos escondido pero tampoco nos hemos ensañado en lo negativo. Pensamos que la espiritualidad hindú, además de tener un gran valor en sí misma, puede enriquecer y estimular otras formas de religiosidad. De ahí que hayamos preferido subrayar aquellos aspectos que interpelan al lector occidental, sin cejar por ello en nuestro intento de ser completos e imparciales.

No se olvide tampoco lo que en otra parte he denominado la regla de oro de la hermenéutica, a saber que la interpretación debe ser reconocida como válida por los interpretados. La descripción de una visión monista de la realidad, por ejemplo, debe ser reconocida como fiel por los monistas – hecho que no quita la crítica subsiguiente.

Este estudio podría, además, aportar, de forma colateral, otro efecto. Por razones muy variadas, (entre las cuales menciono la caricatura que se ha hecho de Dios en la cultura religiosa corriente y la ideología tecnocrática) la civilización contemporánea ha conseguido la tolerancia religiosa a base de convertir la espiritualidad en asunto privado e irrelevante para la vida social cotidiana. Dios se ha convertido en una hipótesis superflua dentro del entramado de lo que muchos llamarían la vida "real". La alternativa no es el fanatismo o el llamado fundamentalismo o integrismo. Pero este libro no pretende abordar directamente este problema; quiere solamente describir una espiritualidad que, si bien se encuentra ya también en crisis por análogas razones, representa todavía una fuerza muy viva en la cultura de la India.

El *dharma* hindú, que sería la espiritualidad hindú, no ha pretendido ser la especialidad de una sola religión, a pesar de rebrotes muy recientes de fundamentalismo. Ha pretendido ser una espiritualidad universal (*sanātana dharma*), aunque con colores propios. De ahí que este escrito pueda ayudar indirectamente al lector que se interesa por algo más que recibir información sobre una espiritualidad ajena, y que intenta profundizar en su vida.

Aunque este libro no es un estudio comparativo de espiritualidades, el autor es consciente de que tanto la lengua hispánica como la cultura monoteística (o antimonoteística de Occidente) se mueven en un horizonte de inteligibilidad muy distinto de aquel que creó la espiritualidad hindú tradicional. De ahí que el lector no pueda evitar la comparación, por lo menos implícita, entre los vocablos castellanos introducidos para expresar las ideas hindúes y las mismas palabras en el sentido habitual de su cultura. Decir, por ejemplo, Dios, e incluso hombre, no apuntan al mismo referente inmediato en una cultura o en otra. Si queremos entender el sentido de un vocablo no tenemos otra opción que integrarlo primero en el campo de inteligibilidad de su propia cultura, intentando despojarlo de todas las resonancias ajenas a la cultura original. La ciencia intercultural está aún en pañales. El autor se ha esforzado en emplear un lenguaje que no traicione las intuiciones originales y que sea al mismo tiempo comprensible al lector no especializado. Por este motivo se ha permitido ocasionalmente algunos incisos explícitamente comparativos con la tradición cristiana. Por otro lado, tanto la tradición hindú como la occidental no son monolíticas; y si en pocos momentos nos hemos permitido generalizar ha sido para subrayar algún contraste y no para caracterizar unívocamente ninguna de las tradiciones mencionadas.

El hecho de que hayan transcurrido cuatro decenios desde la primera preparación de este libro me ha permitido no sólo perfilar muchas frases sino también intercalar nuevas ideas que, sin romper el hilo del discurso, hacen de esta obra un nuevo estudio.

Siento que debo hacer otra confesión. El autor *sufre* por la vulgarización, en su sentido peyorativo, de la religiosidad o vida espiritual contemporánea aunque haya excepciones encomiables. Occidente está dejando atrofiar sus raíces espirituales y otro tanto puede decirse del Oriente. Hace falta una fecundación mutua. De ahí que ocasionalmente el autor se haya permitido incisos y digresiones que quisieran servir de acicate al lector. Se ha dicho que quien no conoce otra religión no conoce ni siquiera la propia.

No es éste el momento para criticar el monoteísmo rígido ni para decir que el "Dios de la historia" ha fracasado, por lo menos a los ojos humanos – que son los que tenemos.[6] Pero sí que es la ocasión para mostrar cómo la espiritualidad hindú vive la vida humana como una liturgia en la que la Naturaleza, el Hombre y los Dioses cooperan al mantenimiento del universo, – el profundo *lokasaṁgraha* de la *Bhagavad-gītā*.

Tres turistas occidentales con los bolsillos repletos de rupias, multiplicadas debido a la devaluación progresiva de la moneda, y llenas de la buena intención de gastárselas entraron en una tienda de Mumbai y, viendo a un hombrecillo en el mostrador, preguntaron espontáneamente por el *amo* del establecimiento. No iban a regatear con un empleado. "*Where is the boss?*" Con la misma espontaneidad, y sin pensárselo mucho, el hombre, que era el mismo dueño, levantó su mano derecha hacia arriba y señalando al cielo con su dedo respondió: "*¡Bhagavān!*: el Señor". No se le ocurrió ni por un momento que él pudiese ser el propietario. Ver a Dios en todas las cosas

6. Cf. PANIKKAR (1999/XXXVII), *Sūtra* VII y Epílogo.

y a todas las cosas en Dios es más sencillo de lo que parece, si no separamos la religión de la vida ni a Dios de su Creación – lo que exige una nueva cosmología, una antropología distinta y una teología mística...

De todo ello no se hablará explícitamente en este libro, pero acaso sí que estas páginas le revelen algo de ello al lector, si el autor ha conseguido ser como la Sibila de Delfos, que no afirma, pero que apunta y sugiere. *Auctor* es quien hace crecer al que le escuche; por ello debe de estar inspirado. Pero el auténtico lector ha de haber sido iniciado. Nadie nace sabiendo leer.

Hay un término medio entre querer decirlo todo, con cualquier pretexto, y el ir directamente al "grano", como si la realidad pudiera dividirse en compartimentos estancos. En mi ingenuidad había pensado que poner al día una nueva edición era cuestión de "coser y cantar", como suele decirse, remozando alguna que otra idea y añadiendo alguna que otra acotación; ello no ha sido así, puesto que no puedo escribir ninguna línea que no sea vivida ni revivida. He tenido, pues, que entrar de lleno en esta espiritualidad tan compleja y paradójica, aunque asombrado de que en aquellos ya lejanos años había presentido y experimentado toda la profundidad de las intuiciones de la religiosidad de mis padres. Acaso se me dirá que soy demasiado optimista puesto que he dejado en la penumbra las innegables sombras del hinduismo. No creo ser ciego a ellas ni haber caído en el defecto de los conversos de idealizar los nuevos descubrimientos. Pero sólo se vive de la espiritualidad positiva cuando se ha eliminado todo el fanatismo. Pienso que este libro puede ser también alimento espiritual para cualquier lector que no cierre los ojos mientras su camino sube. Una de las funciones de la "subida" es la de obligarnos a hacer un alto en el camino para respirar más a fondo y darnos cuenta de que no estamos solos.

Para no cargar excesivamente el libro se prescinde de traducir por extenso muchos textos importantes limitándonos a citar las fuentes.[7]

He resistido la tentación de reescribir completamente el libro, pero no al tentador, Germán Ancochea, quien no sólo me ha animado a convertir el libro y publicarlo, sino que ha tomado sobre sus espaldas el peso de preparar la edición. A él se debe no sólo que sacase del olvido la primera edición de este libro sino que lo remozase en su forma presente. Ha sido el representante del lector no hindú, que imagino mayoría, convirtiendo así este estudio en un libro de espiritualidad no restringida a los miembros de una sola tradición. Hago constar aquí mi agradecimiento.

TAVERTET
Fiesta de la Candelaria, 2002
Pentecostés, 2003

7. Sería una afrenta a la tradición del hinduismo y una deformación del mismo si lo limitásemos a lo que intentamos escribir a continuación. De ahí la bibliografía y las notas que intentan, por lo menos, completar las lagunas de nuestra exposición. Otra de las funciones de las abundantes citas bibliográficas es la de servirnos de orientación en la tarea personal de profundizar nuestra vida. No somos peregrinos solitarios, y sin caer en eclecticismos superficiales podemos aprender de toda experiencia humana.

Prólogo a la primera edición

Resumir, ni aunque fuera en un número triple de páginas, cincuenta siglos de una buena parte de la humanidad en su prolijo esfuerzo de llegar a la perfección, es tarea poco menos que imposible. Si a esto se añade la doble dificultad, nacida, para una parte, de la heterogeneidad y desconocimiento mutuo de la espiritualidad hindú y la cristiana, y para otra, del malentendido, por no decir la tergiversación, tanto más peligrosa cuanto más inconsciente y de buena fe por ambas partes, se comprenderá que la empresa, además de irrealizable *en sí* resulta ilusoria con respecto al lector occidental, cuyos hábitos, no ya mentales, sino humanos, se han desarrollado en otra dirección. Este doble riesgo, intrínseco y extrínseco, hace, sin embargo, más tentadora (y urgente) la aventurosa empresa de intentar desbrozar un sendero, acaso todavía intransitable, pero que, con el esfuerzo de otros, quizá pueda convertirse en una senda viable, cuyo tránsito por ventura podría dar, por un lado al Occidente aquello que, bajo la forma de especies naturales y riquezas materiales, siempre ha buscado desde el albor de su historia: la sabiduría y la luz que vienen del Oriente,[8] y proporcionar, por otro lado, al Oriente aquello que siempre deseó con ardor: ser fecundado por un principio transcendente, cristalizar en una forma holédrica que no mengüe su universalidad pero que potencie su inmensa receptividad.

8. Cf. *Mt* II, 2; XXIV, 27; *Is* XLI, 2; etc.

Para hacer más breve esta tarea, aunque por otra parte la rinda más difícil todavía, nuestro estudio prescinde de cualquier estudio comparativo directo entre ambas espiritualidades. Renuncia, sin embargo, que el autor espera sea positiva. Para ello se requiere una cierta virginidad de mente y un despojamiento no sólo de prejuicios inveterados sino también de ideas preconcebidas y apriorísticas – que en el fondo surgen de una fe titubeante que tiene miedo a competencias y que busca defenderse encerrándose en su castillo. Más aún, renuncia que es indispensable, también aquí, para ganar nuestra alma. El estudio comparativo de las religiones y mucho más de las espiritualidades adolece de un defecto constitutivo fundamental: por el mismo hecho de querer comparar, distingue y, por el hecho de distinguir, cuando quien distingue pertenece a una de las dos partes, no puede menos de separar. Las meras comparaciones en este campo no son sólo odiosas, son falsas.

En efecto, hay un tipo de razón humana que sólo puede funcionar componiendo y dividiendo. Si yo estudio, por ejemplo, la espiritualidad benedictina con respecto a la carmelitana, intentaré describirla contraponiéndola a la otra. La comparación sólo es posible en lo distinto; lo idéntico coincide. De ahí que los estudios comparativos resulten problemáticos para el "comparado". La única forma válida de parangonar, en estos casos, no es ya la comparación mutua, sino el cotejo relativo a una base común de las que ambas espiritualidades (en este caso) emergen.[9] La espiritualidad benedictina y la carmelitana pueden estudiarse con relación al germen cristiano común que ambas espiritualidades quieren desarrollar.[10] Por desgracia, la base común entre la espiritualidad

9. Śaṇkara, en su comentario al *BS* III, 2,20, afirma que cuando se comparan dos cosas lo que hace falta es buscar previamente su base común. Cf. también *Ib*. II, 3, 40.

10. Cf. BOUYER (1960) vol. I, cuando en su prefacio general, p. 10, afirma que sólo hay una, o mejor aún *la* espiritualidad cristiana. Cf. las reservas de DANIÉLOU (1961), pp. 270-274, y las respuestas del autor en BOUYER (1961), pp. 411-415.

cristiana y la de las otras religiones es aún un terreno casi virgen por explorar.

Éste es un punto débil de los estudios, por otra parte excelentes, que se han venido escribiendo estos últimos años sobre el particular. El temor justificado al eclecticismo no nos puede hacer caer en el peligro no menos infundado (y más endémico) del exclusivismo.

Pertenece al *kairós* de nuestro tiempo la asimilación consciente y la elaboración teológica de esta base religiosa común de la humanidad – de la que precisamente un cierto cristianismo pretende ser la culminación. Presentar el cristianismo como *otra* religión es un pecado de lesa catolicidad. La pretensión de verdad del cristianismo implica que sea capaz de integrar todas las verdades religiosas que se han encontrado o todavía se encuentran fuera de él. Mas todo esto no es de nuestra incumbencia en este momento – máxime cuando debería decirse otro tanto desde la otra parte. La pretensión de verdad de cualquier sistema de pensamiento exige la renuncia a querer ser el único propietario de ella; se vulnera su posible universalidad, como vio ya Tomás de Aquino: La verdad no se posee, sino que nos posee. Lo demás es fanatismo.

La necesidad, sin embargo, de expresarse de forma inteligible al lector obliga constantemente a traducir de un lenguaje a otro y de unas categorías a otras. Esto exige una cierta síntesis implícita y acaso una cierta comparación latente, que constituyen tal vez el humilde mérito (por invisible) y el inevitable riesgo (por patente) de este estudio.

Digamos en pocas palabras lo que nos parece ser el principio fundamental, no ya tanto de la comparación directa (que eludimos) sino de la intelección (de *intus-legere*) correcta de otra religión o de otra espiritualidad.

Análogamente a como el mal puede considerarse como una *privación* (de algo que debería estar ahí, pero que no está), el error tampoco tiene consistencia ontológica, sino que es una *deformación* (de algo que *es* y que por tanto es verdad). El error es una verdad de la que se abusa. Y este peligro del abuso está latente en cualquier verdad. Pero también la posibilidad de redención está potencialmente en cualquier error.

Cualquier comparación, para que esté justificada, exige un patrón de verdad como medida. Una comparación (como cualquier juicio) no puede ser justa si no escucha por igual a las dos partes. Por otro lado tampoco debe ser uno infiel a sus convicciones, y la imparcialidad no significa estar allende las dos concepciones o partes comparadas, sino dentro de ambas, comprendiéndolas desde su interior y viéndolas emerger como una bifurcación de una base común. De ahí que nuestro esfuerzo se concentre en ofrecer una visión íntegra de una de las partes, de forma que, por hacerla inteligible a la otra, haga luego posible el juicio crítico. Nuestra descripción del hinduismo subraya, sin deformarlo, su fondo de verdad. En última instancia sólo de la verdad vive el hombre, y si el hinduismo ha alimentado a una gran parte de la humanidad durante milenios, no puede negarse que su alma sea verdadera.

* * *

Después de una primera parte *descriptiva* en la que se intenta esbozar un esquema de la historia de la espiritualidad hindú, sigue una segunda parte *positiva* en la que se ventilan algunas de las intuiciones fundamentales del hinduismo.[11]

Razones de espacio y de tiempo nos obligan a renunciar a una exposición más completa así como a una elaboración teológica de la espiritualidad hindú. Confiamos, sin embargo, en que la presente investigación sea suficiente para introducir al

11. La traducción de los textos, si no se dice lo contrario, es mía, y muchos de ellos se encuentran en PANIKKAR (1994/XXV) y en su traducción italiana PANIKKAR (2001/XXV).

lector en el corazón de aquella espiritualidad, evitando así que una exposición demasiado compleja pueda servir de excusa para no lanzarse personalmente al campo de la espiritualidad, en donde "la ciencia hincha", la mera erudición mata y sólo "el espíritu vivifica".

Antes de entrar en materia vaya, sin embargo, por delante una introducción terminológica, que quiere fijar el sentido de las dos palabras: "espiritualidad" e "hindú".

Esta aclaración es tanto más necesaria cuanto que el encuentro entre el cristianismo y el hinduismo ha seguido la malaventura del malentendido radical entre Oriente y Occidente, casi desde que el Occidente se ha constituido como tal – aunque el conocimiento de la India por parte de Occidente se remonta a tiempos precristianos. El llamado "cisma de Oriente" no sólo separó desde hace diez siglos a dos partes de la cristiandad, sino que impidió un contacto fructífero y un conocimiento religioso mutuo entre el mundo cristiano y el no cristiano allende el Mediterráneo. Acaso la ignorancia consciente y respetuosa de una *primera* fase fue más fructífera y justa en sus apreciaciones y casuales encuentros que cuando en una *segunda* fase el Occidente, saltando por encima de Bizancio, intentó conquistar, colonizar y al mismo tiempo convertir, basado en el presupuesto de una condenación global del hinduismo como falsa religión. La historia actual nos enfrenta ahora con una *tercera* fase de comprensión y de encuentro que lleva a una evaluación no tanto ya subjetivamente "objetiva" como objetivamente "subjetiva", esto es desde el punto de vista del "otro" para quien aquella religión representa una verdad y un vehículo de salvación.

ROMA
1962

A. INTRODUCCIÓN

I. La naturaleza del hinduismo

1. Caracteres

La pregunta por la naturaleza de cualquier problema lleva implícita no sólo la esperanza de *una* solución, sino también la expectación de una *determinada* respuesta. Ello es debido a que al preguntar por algo ya lo hemos catalogado como un cierto algo. Cuando se pregunta, en clima cristiano occidental, lo que el hinduismo sea, se presupone que la contestación nos dirá que se trata de una determinada religión como, por ejemplo, el islam. Ahora bien, si nos planteamos la cuestión con esta implícita expectativa, ciertamente encontraremos muchos elementos que nos permitirán colmar nuestra exigencia, pero no daremos nunca con lo que el hinduismo es.

En efecto, la primera exigencia para saber lo que el hinduismo es parece que sea preguntar por su definición. Pues bien, el hinduismo es, por definición, un algo que no tiene ni puede tener definición. No es casual que el hinduismo, a diferencia de otras grandes religiones de la humanidad, no tenga fundador, ni que sus principales libros sagrados no posean autor – porque son palabra primordial.[12] Más aún, en rigor el hinduismo no posee nombre propio. Fueron los demás quienes,

12. Esta intuición de la, a menudo, tan mal entendida noción de *apauruṣeyatva* (*sine auctore*), me permito decir, porque el texto tiene en sí mismo *auctoritas*.

para distinguirse de los hindúes, los llamaron por este nombre que luego ha perdurado.

Otro carácter del hinduismo que salta inmediatamente a la vista es la multiplicidad más variada y aun contradictoria de caminos, sectas y confesiones, aparte de su pluralidad de escuelas doctrinales; por eso suele decirse que es antes un ramillete de religiones que *una* religión.[13]

2. Lo que el hinduismo no es

Antes de responder a la cuestión de lo que el hinduismo sea, veamos de desbrozar el camino siguiendo una reducción ontológica muy típica de la filosofía india. Cuando la mentalidad índica busca el predicado adecuado a un sujeto no se contenta hasta que no llega a la identidad total; cuando, por ejemplo, se pregunta por la naturaleza del sujeto personal, del *ātman*, ningún predicado fuera del *brahman* satisface la identidad buscada. Yo no soy, en efecto, mi cuerpo, ni tampoco mis deseos o mis ideas, ni siquiera mi mente o mi voluntad, pues todo eso es mudable y dice por tanto una relación constitutiva al no-ser, que le hace incapaz de dar una respuesta satisfactoria a una cuestión que pregunta por el ser. Yo no soy tampoco, por la misma razón, mi *ego* contingente y variable. Análogamente, no hay ningún predicado en el orden de las esencias que pueda cumplir exhaustivamente la ecuación requerida para poder dar una respuesta adecuada a lo que el hinduismo *es*. El hinduismo no es una doctrina (puede haber por tanto muchas doctrinas hindúes), ni una idea (no tiene entonces necesidad de coherencia lógica), ni una organización, ni

13. «Hinduism is more a league of Religions than a single religion with a definite creed.» SHARMA (1939), p. 10. Lo mismo dice SUNDARAM (1934), p.13, y tantos otros.

un rito. El hinduismo no tiene límite alguno. No tiene de-finición. Si cualquier cosa se probase ser "verdad" el hinduismo la aceptaría inmediatamente como propia. El gran temor del hinduismo es que las "verdades" (parciales) destruyan la Verdad (total).

Insistimos en ello, pues es un punto capital, ya que si planteamos la pregunta inadecuada cualquier respuesta a la pregunta lo será igualmente. No puede preguntarse lo que el hinduismo es sin plantearme lo que yo, como hindú, *soy*. De lo contrario, es una pregunta enajenante. La pregunta no toca mi yo. De ahí el consejo recurrente de tantos guru que nos conminan ante todo a preguntarnos quiénes somos, o más concretamente ¿"quien (soy) yo"? – *ko haṃ?* Cualquier objetivación de una cuestión vital elimina la vida de la cuestión, la mata – la convierte en una respuesta abstracta, conceptual.

En una palabra: el hinduismo no es una esencia, su naturaleza no puede ser buscada con la razón. El hinduismo exige una conversión al orden fáctico de la mera existencia para ser aprehendido.[14]

Esto no quita que no podamos detectar en la cuestión vital algunos presupuestos epistemológicos que legitiman la pregunta por la naturaleza del hinduismo. Con esta cautela proseguimos en nuestro intento de encuadrar una respuesta inteligible.

3. Lo que el hinduismo es

El hinduismo pertenece al orden de la desnuda facticidad, y si queremos responder a lo que *es* debemos encontrar una abs-

14. Como bibliografía general sobre el hinduismo pueden consultarse: DELEURY (1978); ESNOUL (1985); PIANO (1996a); PIANTELLI (1996a; 1996b); SCHUMACHER & WOERNER (1993); WALKER (1995) y otros citados más adelante. Cf. nota 50.

tracción, que subyace a las mas variadas confesiones religiosas y que puede, como una especie de materia prima, ser informada por las más distintas formas. No tiene *un* contenido objetivo, sino que es un continente capaz de contener las interpretaciones esenciales más divergentes.

El hinduismo quiere ser *la* Verdad, pero no pretende darle un contenido esencial a esta verdad. La gran intuición del hinduismo es que cualquier verdad del orden del intelecto exige una limitación y con ello la exclusión de otras verdades. Por respeto a *la* Verdad *las* admite todas en el orden lógico. De ahí que donde el pensamiento lógico ve una contradicción el pensar del creyente hindú ve una diversidad más o menos armónica o incluso complementaria.

Aquí tocamos la raíz de muchos malentendidos, como insistiremos aún. No se puede entender la autocomprensión del hinduismo como una heterocomprensión (ajena). El genio occidental interpreta la esencia de una cosa como equivalente a su diferencia específica. De ahí su excelencia en la clasificación. El genio prevalentemente oriental ve la esencia como una manifestación de lo genérico, como la raíz que lo explica todo – según explica un famoso pasaje *upaniṣádico* que busca lo común a todas las cosas para encontrar su último constituyente, su *animan*, su raíz (lo más sutil, el átomo).[15]

El hinduismo se llamaría a sí mismo si tuviese que darse un nombre: *sanātana dharma*, esto es, el *orden perenne*, el orden que permanece y que subyace a toda ordenación.[16] *Dharma*,

15. Cf. *CU* VI, 8 y ss. Texto fundamental que contiene la más famosa de las afirmaciones (*māhā-vākya*) de la sabiduría índica: *Tat tvam asi*, «Tú eres eso». Cf. PANIKKAR (2001/XXV), pp. 1024-1041.

16. «*Sanātana-dharma* significa religión eterna», MAHADEVAN (1956), p. 12 «La religión basada en los Veda, *Sanātana-dharma* o *Vaidika-dharma*...» BHAGAVĀN DĀS (1940), p. 13. Cf. PIANO (1996b), que ha escogido este título como presentación de uno de los mejores estudios actuales sobre el hinduismo en general.

esta noción que ha sido traducida de las formas más distintas (religión, ordenación, deber, regla, derecho, moralidad, costumbre, ley, norma, armonía, virtud, mérito, justicia, conducta, doctrina, etc.), describiría la verdadera naturaleza del hinduismo.[17]

El concepto de *dharma* es acaso el más fundamental de todo el hinduismo.[18] El hinduismo es simplemente *dharma*. La expresión neo-hindú de "*dharma* hindú" es un pleonasmo que sólo indica la influencia occidental. No existe un *dharma* que no pueda llamarse hindú. Insistimos sobre este punto porque su olvido ha sido una de las causas del malentendido en el encuentro entre el hinduismo y las demás 'religiones' en el pasado y en el presente.

La etimología de la palabra quizá sea más iluminante que cualquier otra consideración. Proveniente de la raíz *dhṛ*, que significa coger, aguantar, *dharma* significa según la misma descripción del *Mahābhārata*: «aquello que mantiene, que aguanta los pueblos».[19] *Dharma* es simplemente el orden cósmico de toda la realidad: *ṛtna ṛtam dharmnam dhārāyantha*, el orden cósmico (*ṛta*) tiene el *dharma* como soporte.[20]

Una traducción aproximada nos parece ser la de orden (*ordo*), entendido en el sentido ontológico de la escolástica medieval y equivalente a armonía, puesto que hoy día tiene otras connotaciones.[21]

Existe un orden ontológico real en el mundo, no sólo como una ordenación extrínseca de la naturaleza de las cosas, sino

17. Cf. BADRINATH (1993;2000).
18. Sobre *dharma* Cf. ALTEKAR (1952); BADRINATH (1993); HACKER (1958; 1965); GANDHI [Mahātma] (1950); GONDA (1958; 1960-63); KANE (1958); NIVEDITA (1952); RANGASWAMI AIYANGAR (1941).
19. *Santpar* XII, 109,14 y *Karnpar* VIII, LXIX, 59.
20. Cf. *RV* V, 15, 2. Cf. MANICKAM (1977) p. 197, para un breve comentario de este críptico texto (que GELDNER (1951) traduce de manera un tanto diversa).
21. Cf. vgr. MEYER (1961), quien funda todo el tomismo sobre la idea de orden.

como su estructura óntica más fundamental.[22] Por tratarse de un orden primordial es equivalente a armonía, pues no tenemos otro criterio para juzgarlo – a no ser que creamos que la mente humana nos puede decir lo que "debe ser" independientemente de lo que *es*. Este orden que, para darle mayor consistencia y vida, algunas veces aparece como personificado,[23] representa en rigor la óntica estructura jerárquica del ser.[24] Quien hiere este orden se daña a sí mismo y peca, quien lo guarda alcanza el fin y la plenitud de su vida, el conocimiento de este orden es la sabiduría última y salvífica. Este orden regula la vida del cosmos, así como la del individuo y la de la sociedad. La moralidad y todos los valores positivos adquieren su valor y realidad en cuanto son expresiones de este orden, que no es algo así como una ley externa impuesta a las cosas, sino que es la naturaleza misma de las cosas vista desde su aspecto dinámico y jerarquizado.[25]

«Si se hiere el *dharma* éste destruye; si se guarda entonces protege.»[26] En rigor es el principio de la estabilidad y el verdadero orden que sostiene todas las cosas.[27]

De ahí que el *dharma* entre muy pronto en relación íntima

22. Esta concepción ontológica del *dharma* es ya védica. Cf. *AV* 1, 2, en donde los *dharman* (forma védica de *dharma*) forman las estructuras últimas de las cosas, tal cual han sido modeladas por Varuṇa. Sobre la relación *dharma-ṛta* valdría la pena un estudio monográfico. Cf. MILLER (1985).
23. Cf. *Manu* VIII, 14-16.
24. Es importante observar que *RV* X, 16, 3, que suele aducirse como antecedente védico de la teoría del *karman* entendido como transmigración, utilice para el caso la palabra "*dharman*" en sentido de cualidad inherente y constitutiva de un ser, en lugar del buscado "*karman*". Cf. nota 190.
25. Cf. la iluminante comparación entre el *dharma* de *Manu* y la *tōrah* en MANICKAM (1977). Significativo es el título de un libro reciente que recoge los artículos teológicos del recientemente fallecido SOARES-PRABHU (2003).
26. *Manu* VIII, 15. Versiones modernas traducen «Cuando la justicia es violada, ésta destruye, cuando se guarda, ésta [nos] guarda».
27. «El principio de estabilidad universal» lo llama acertadamente GONDA (1960-63), vol. I, p. 289.

con el *karman* y que adquiera la variedad de sentidos que ha venido luego a tener.[28] El mismo *Mahābhārata* reconoce que existen cuatro vías ritualísticas y cuatro morales del *dharma*. Las primeras son: el sacrificio, la plegaria, el don y la ascesis. Las segundas: la verdad, la paciencia, el autocontrol y la indiferencia para los bienes terrenos.

Una noción capital del hinduismo es la de *svadharma*, esto es, el *dharma* personal y propio, algo así como el puesto óntico de cada ser en la escala de los seres.[29] La obligación del individuo consiste en seguir su propio *dharma*, esto es la ley (que se convierte en deber), reguladora del desarrollo de su existencia. Cada cual tiene su *dharma*, esto es su propio deber-ser que debe aún crecer y llegar a ser integrándose en el Cuerpo completo del universo. La *Gītā* llega al punto de afirmar que «es mejor cumplir el *dharma* propio (*svadharma*) aunque sea defectuosamente que "cumplir" el de otra persona a la perfección».[30] Ésta es una de las razones de la resistencia del hinduismo a la "conversión" entendida como el "cambio" de religión. He aquí otro ejemplo triste del malentendido aludido. No se cambia de religión como se cambia de profesión – ni mucho menos como se cambia de partido. Conocidos son los proyectos de ley y las leyes del gobierno de la República India en contra de las "conversiones". Se interpreta la religión como un dato *exclusivamente* sociológico – pagando así, por ambas partes, un tributo a la Modernidad.

El conocimiento y la realización del *dharma* es la religión. De ahí que la religión, aun teniendo una base única común, sea considerada como una concretización personal o colectiva del *dharma*. De ahí la minuciosidad, común por lo demás a casi todas las religiones, de las reglas religiosas. La sanción aquí

28. Cf. LARSON (1972).
29. Cf. *MaitU* IV, 3.
30. *BG* III, 35; XVIII, 47; cf. II, 33; etc.

no puede menos que serle intrínseca. Por eso para la reparación del desorden se deben hacer acciones también prescritas, que deshacen en lo posible el mal cometido. A veces, sin embargo, cuando la ruptura es total no hay reparación posible («ni penitencia ni sacrificio sirven»).[31]

El carácter ontológico del *dharma* explica la creencia común del hinduismo en la llamada reencarnación.[32] El *dharma* es lo único que sigue al hombre cuando deja esta tierra.[33] Simplificando podríamos decir que el *karma* es la cristalización del *dharma*. El mundo sería un caos si no hubiese una posibilidad general de reparar el *dharma* maltrecho por las acciones malas de los hombres o los mismos desquicios de la naturaleza. El orden tiene que seguir, alguien tiene que conectar con quien ha dejado ya de existir en esta tierra para recoger la antorcha a medio arder y continuar en la línea de la existencia. Tiene que haber una continuidad: el *saṃsāra*, el ciclo cósmico de la existencia.[34] ¿No es el hijo la continuación de la "carne" de sus padres? Apuntemos solamente una idea, para no soslayar un tema de candente actualidad – sin hacer hincapié en que la cuestión está ganando verosimilitud debido a la pobre caricatura a la que hemos reducido "cielo e infierno". Aquí tene-

31. *VasDhSas*, VI, I. Cf. *Mt* XII, 32; *Lc* XII, 10 (¿pecado contra el Espíritu Santo?).
32. Cf. *Manu* XII 1, y ss.
33. Cf. IV, 238-243, entre otros textos.
34. Sobre este importante punto que transciende nuestro tema, puede consultarse con provecho: RADHAKRISHNAN (1960), pp.183-207 en su introducción a su traducción y estudio (una defensa cerrada); ELIADE (2000) (no trata *ex profeso* del tema, pero ofrece importantes elementos de juicio para comprender el problema). Contiene abundante bibliografía "*Eranos Jahrbuch*", VII (1939), dedicado enteramente al tema (en especial la contribución de ZIMMER, "Tod und Wiedergeburt im indischen Licht"). La interpretación de COOMARASWAMY, basada en su traducción de un texto de Śaṇkara «el Señor es el único transmigrante» [*neśvarād anyaḥ saṃsārī BSB* I, 1, 5] es digna de ser tenida en cuenta; distingue entre "reencarnación" y "transmigración". No es nuestro ego el que se salva sino el *ātman* el que se libera de la transmigración (COOMARASWAMY (1944), pp. 19-43).

mos un ejemplo de la peligrosidad de las comparaciones conceptuales cuando éstas se divorcian de las diferentes cosmologías que han originado los conceptos. Sin una idea precisa del *karman* cualquier trasposición a la "reencarnación" en clima individualista nos llevará a malentendidos. La idea cosmológica de la llamada "transmigración" no debería poner en peligro la dignidad, y por tanto la unicidad, de cada persona que no puede reducirse a ser un mero anillo impersonal en una cadena cósmica, un simple medio para otros fines.[35]

Sobre el *dharma* buddhista no nos corresponde hablar, aunque ilustre por comparación la idea hindú de *dharma*. Mientras que éste tiene un carácter ontológico substancial, en el buddhismo conserva toda su "realidad", esto es, dinamicidad y eficiencia, pero sin ser considerado como algo substancial. En uno y otro caso, sin embargo, el *dharma* (*dhamma*, en pali) es previo a nuestra constitución personal y desde luego a nuestro conocimiento intelectual.[36]

En rigor, el hinduismo no es una religión, en el sentido corriente (y vulgar) de la palabra, sino simplemente *dharma*. La religión, sobre todo en el Occidente moderno, se ha reducido a un hecho sociológico más o menos institucionalizado e identificado con una ideología. Acaso aquí se nos presente un ejemplo de la mutua fecundación cultural, y por tanto religiosa, entre Oriente y Occidente. El *dharma* pretende ser la realidad misma en su contextura existencial y su dinamismo jerarquizado, algo así como un punto matemático que no se define solamente por su situación estática, sino que requiere también su

35. El problema es complejo y la bibliografía enorme. Valga como botón de muestra HEAD & CRANSTON (1977); PARRINDER (1993); STANLEY (1989); VALLÉS (1998); cf. también *Concilium*, (octubre 1993).
36. Sobre *dhamma buddhista* Cf. COOMARASWAMY (1994); GLASENAPP (1938), pp. 283-420; GLASENAPP (1939), pp. 242-266; SILBURN (1988); STCHERBATSKY (1994).

derivada para ser integrado en la línea general del ser. El *dharma* está ahí, se lo reconozca uno o no. Puede haber acciones *adhármicas*, pero no tiene sentido un hombre *adhármico*, por la misma razón que puede darse una excomunión moral pero no óntica; ello equivaldría a la anulación del sujeto capaz de tales acciones. De ahí que el *dharma* sea capaz de encontrar muchas vías por las cuales puede ser realizado – incluido el desprecio a Dios y los mitos religiosos. Cada persona posee su *svadharma*. Esto recuerda un *hadīth* del Profeta que dice que «los caminos hacia mí son tantos como los corazones de mis siervos». Religión es el *svadharma* concretizado de una persona o grupo.

Acaso el concepto de religión prevalente en Occidente no sea más que una *especie* de un *género* más amplio.[37] Ni qué decir tiene que la noción moderna corriente no deja de ser una caricatura y un reduccionismo de lo que tradicionalmente se ha entendido por esta palabra y sus equivalentes homeomórficos. La religión no es primordialmente ni una organización (institución) ni siquiera sólo una doctrina. La ortopraxis, por ejemplo, es tan importante como la ortodoxia. Religión no significa secta "religiosa", sino una dimensión antropológica – que acaso se pudiera llamar religiosidad.

Esta amplia noción de *dharma* explica el carácter peculiar de la tolerancia hindú. El hinduismo es doctrinalmente tolerante, pero *dhármicamente* intolerante, o, con otras palabras, es esencialmente tolerante, tolera cualquier interpretación que cada uno pueda dar de su *dharma*, da cabida a las doctrinas religiosas más diversas, pero es existencialmente intolerante, no puede permitir que se niegue la base fundamental sobre la que reposa la posibilidad misma de la tolerancia, esto es, la existencia de un orden óntico indestructible, que deja libre juego a

37. Cf. un buen resumen de los distintos conceptos y vocablos de lo que en Occidente suele llamarse "religión" en HEILER (1979).

las máximas piruetas doctrinales sin que por eso se desplace su centro de gravedad.[38]

De ahí también una serie de características del hinduismo que no se comprende de no tener en cuenta este su carácter existencial.[39] Es cierto que nuestro intelecto puede conocer el *dharma*, pero el hinduismo es antes una *ortopraxis*, esto es una acción existencial y ónticamente *dhármica*, que una ortodoxia, que una recta doctrina; es una liturgia, una acción sacra salvífica antes que una intelección correcta de la realidad o de la salvación.[40] La misma fe del hinduismo insiste sobre el acto de fe (sin contenido ni objeto determinado) mucho más que sobre el término de éste acto. Lo que importa no es la "idea", el contenido, la formulación de lo creído, sino el acto de creer.[41] En el fondo cualquier acto de fe si se objetiviza se convierte en objeto de "conocimiento" (ni que sea de fe) en lugar de ser pura fe, que es siempre la consciencia de nuestra apertura al Misterio, tanto en sí como en relación a cualquier intencionalidad nuestra, tanto volitiva como cognoscitiva. No debemos confundir la *fe* (como constitutiva del hombre) con la *creencia* (como contenido intelectual de la fe), ni ambas con el *acto de fe* (como libre aceptación de la fe a través de una creencia).[42] La fe es un acto del conocimiento y de la voluntad, pero es mucho más, y, antes que nada, un acto de nuestro ser desnudo

38. Sobre la tolerancia en el hinduismo Cf. BENZ (1934); HACKER (s.f.); HAUER (1961); HUART (1956); MENSCHING (1953; 1955); PANIKKAR K. M. (1955); QUEGUINER (1956); STAAL (1959). Sobre la noción misma de tolerancia Cf. PANIKKAR (1961/4; 2000/XXVII).

39. «Hindú, hoy día es, de hecho, cualquier indio que quiera ser hindú» GONDA (1960-63) vol. I, p. 347.

40. «Por tanto, hinduismo es lo que los hindúes hacen [...] de ahí la concepción índica de que religión es *dharma*», GONDA (1960-63) vol. I, p.350.

41. «El hinduismo como religión es más una praxis que una creencia», GONDA (1960-63) vol. I, p. 351.

42. Cf. el ya clásico AUBERT (1958) y PANIKKAR (1970/13; 2000/XXVII [pp.187-230]).

y completo que nos lanza hacia el transcendente en virtud de una misteriosa atracción y llamada de ese mismo transcendente, en la inmanencia de nuestro corazón.[43]

4. Hinduismo y cristianismo

Análogamente a como los conceptos de *brahman* y de Dios no son iguales ni distintos, en cuanto equivalentes homeomórficos,[44] contemplados desde dos puntos de vista casi opuestos y desde luego complementarios,[45] el hinduismo y el cristianismo presentan una polaridad muy especial grávida de consecuencias.[46]

El hinduismo pretende ser la Religión de la Verdad. El cristianismo cree ser la Verdad de la Religión. El primero se tiene por católico con una universalidad que, para mantenerse pura, no admite descender a ningún plano del orden creado, y mucho menos del orden conceptual. El segundo se cree también católico con una ecumenicidad que, por creerla revelada, pre-

43. Éste es otro punto en que el encuentro entre religiones puede ser de una extraordinaria fecundidad para la teología de la fe. Cf. desde el punto de vista del hinduismo: MURTY (1961).
44. Por "equivalentes homeomórficos" entendemos una analogía de tercer grado, esto es que la función que ejerce una noción en un determinado sistema (por ejemplo, ser un punto último de referencia), es equivalente a la que la otra noción ejerce en el otro sistema.
45. Cf. PANIKKAR (1961/3), pp. 182-188.
46. «One cannot really be a "Catholic" with a large "C" without being a "catholic" with a small "c". The quintessence of Hinduism would seem to lie in its being "catholic" with a small "c", while clinging to an extremely ancient and primordial tradition, which a "Catholic" with a large "C" should be expected to understand deeply and restore to fullness of meaning.» [No se puede ser realmente de una [iglesia] "Católica" sin ser {verdaderamente} "católico" {universal}. La quintaesencia del hinduismo parece consistir en su ser "católico" {universal} siguiendo una tradición muy antigua y primordial. Algo que se debería esperar que los "Católicos" entendiesen en profundidad y le restituyesen la plenitud de su sentido]. MASCARENHAS (1951).

tende conjugar la universalidad más absoluta con la concreción más absoluta también: es el misterio teándrico de Cristo, Dios y Hombre en unidad indestructible e inseparable aun cuando no confundida ni mezclada.[47] Si el cristianismo se presentase como la respuesta concreta a la sed hindú de universalidad y el hinduismo se viviese como el contenido universal de toda religiosidad, entonces el encuentro entre ambos se verificaría en un plano realmente común a los dos y la mutua fecundación sería posible, aunque de este desposorio siguiese la muerte de los padres, que por otra parte vivirán resucitados en el hijo que ha nacido a la luz del mundo...[48]

47. Cf. PANIKKAR (1994/X).
48. La bibliografía sobre las relaciones entre hinduismo y cristianismo es inmensa, sobre todo en estos últimos años. Hay incluso una sociedad que publica un boletín: *Hindu-Christian Studies* (publicado por la "University of Notre Dame" [USA] y el "Institute of Philosophy and Culture"[Chennai, India]) del que han aparecido ya 16 volúmenes.

II. Espiritualidad

No es nuestro propósito insertar aquí una disquisición sobre lo que sea la espiritualidad. Bástenos intercalar un par de observaciones de relevancia para nuestro tema.[49]

Si por espiritualidad entendemos el camino concreto que pretende llevar al hombre hasta su último fin se comprende que el terreno propio de la espiritualidad sea la religión en acto, más que la elucubración teórica sobre la misma. La consecuencia importante para nuestro tema estriba en una *cierta* independencia del dogma. Toda espiritualidad presupone un dogma, pero la inversa presenta una plurivalencia peculiar, esto es, un dogma puede servir de fundamento a más de una espiritualidad, o, a su vez, dogmas distintos pueden dar lugar a

49. "Spiritualité" es un vocablo introducido y popularizado en Francia desde principios del siglo pasado. Cf. los 17 gruesos volúmenes del DS (1920-95). El RGG no contiene ninguna voz "Spiritualität" y el ERE solamente dos páginas y media (FYFFE (1971)). El más moderno ELIADE (1987) sólo contiene las voces "Spiritual discipline" y "Spiritual guide", y en la entrada "Spirituality" se remite a "Christian Spirituality". Por lo general la mayoría de las obras se limitan a la espiritualidad cristiana, como por ejemplo BOUYER (1960); BORRIELLO (2002), DUMEIGE (1979); MATANIČ (1990); PAURAT (1944); SUDBRACK (1982-86). El DS (1920-95) dedica 31 columnas a la espiritualidad de la India, bajo la voz "Inde"; CONIO (2000) dedica 16 columnas al término "Hinduismo" en FIORES (2000); KÄMPCHEN (1988) contiene 2 columnas y media sobre "Indische Spiritualität" en SCHÜTZ (1988). PAPALI (1987), en la edición española de ANCILLI, (1990) dedica 13 columnas al término "Hinduismo". Una especial mención merece JIMÉNEZ DUQUE/SALA (1969) que, de sus 4 volúmenes, dedica el cuarto (de 725 pp.) a "Espiritualidades no cristianas" [incluyendo "El ateísmo"].

una misma espiritualidad. La espiritualidad benedictina y franciscana serían ejemplos del primer caso. La espiritualidad monástica buddhista y la cristiana del segundo.

Sin entrar en mayores disquisiciones sobre el tema, esta relativa inter-independencia nos exime en primer lugar de una descripción adecuada del hinduismo como doctrina, que nos llevaría demasiado lejos, y en segundo lugar nos prohíbe sacar conclusiones apresuradas en sentido tanto positivo como negativo respecto al valor del hinduismo como religión.

Téngase en cuenta también que nuestro estudio no pretende ser una historia de la espiritualidad hindú, que está todavía en sus comienzos – en cuanto historia.

Para nuestro propósito entendemos que si la llamada teología dogmática es la traducción intelectual de la ortodoxia, por espiritualidad podría entenderse la traducción intelectual de la ortopraxis, esto es, el conjunto de prácticas, sistemas, métodos, etc., que nos describen no lo que la verdad sea, sino cómo captar las exigencias de la religión para hacernos llegar a nuestro fin. Es desde este ángulo desde el que intentamos estudiar algunos aspectos de la espiritualidad hindú.[50]

Se nos ha preguntado por qué hablamos de "espiritualidad" y no de "religión". Ya hemos indicado lo esencial, pero acaso sea también conveniente mencionar lo existencial. Todas las palabras humanas se erosionan por su uso, pero más rápidamente aún por su abuso. Una buena parte del mundo moderno ya no se considera "religiosa" por las connotaciones de dogmatismo e institucionalización que esta palabra ha ido adquiriendo sobre todo en Occidente. Muchos contemporáneos no

50. Como bibliografía que trate directamente sobre la espiritualidad hindu, además de las obras citadas expresamente en las distintas notas, cfr. AKHILANANDA (1972); CHATTERJEE (1960); ESNOUL (1972); GATHIER (1960); HERBERT (1972); HERTSENS (1968); JOHANNS (1952); KLOSTERMAIER (1989); LACOMBE (1956); MAHADEVAN (1958); NIKHILĀNANDA (1958); PEREIRA (1991); QUEGUINER (1958).

se declaran "religiosos", pero sí que muestran interés y simpatía por una cierta espiritualidad en la que se sienten más libres. Si esta última palabra se entendiese como contraposición a lo "material" sería entonces peor el remedio que la enfermedad, y si se entendiese como oposición a lo "religioso" en su sentido profundo tampoco habríamos ganado mucho. Acaso podría considerarse como una aposición a "religión", esto es, como un complemento y suplemento a un cierto encogimiento de esta última palabra.

Por "religiosidad" no entiendo ni "religionismo" (concepto sociológico de pertenencia) ni "religiología" (doctrinal), sino aquella actitud del ser humano que es consciente de su "religación" a toda la Realidad, tanto la divina como la cósmica y la humana, y que cristaliza en formas dependientes de las culturas en que se vive.

Teniendo en cuenta todo lo dicho, y respetando la etimología, por espiritualidad podría entenderse aquella expresión de la vida humana que, superando la antropología dualista (cuerpo/alma), se deja también impregnar, o mejor dicho vivificar, por el Espíritu como símbolo de una tercera dimensión en la que el hombre es consciente de vivir.

La espiritualidad nos da entonces una visión más completa de nosotros mismos y de las cosas. Demasiado a menudo la religión se ha presentado como un aditamento a la vida humana, como un plus más o menos esencial. La espiritualidad quiere ser un movimiento de encarnación de la visión religiosa en la cotidianeidad. Así por ejemplo un árbol para la mentalidad moderna es un vegetal que se rige por las leyes puramente físicas y biológicas del reino de la naturaleza material. Una visión espiritual de un árbol no se limitará a la concepción científica sino que verá en el árbol algo más que su vida vegetativa. Así, el árbol de la vida y el del conocimiento del bien y del mal no se verán como meras metáforas, más o menos poéticas, que nos distraen de la naturaleza "real" del árbol, sino como algo que pertenece a la realidad misma del árbol (que además de estar alimentado por la savia está vivificado por el Espíritu) sin que haya que interpretar esta frase ni mágica ni dualísticamente. Acaso un efecto colateral de la "espiritualidad hindú" sea la de ayudar al lector occidental a recuperar una visión más plena (holística) de la realidad.

Por espiritualidad hindú entendemos entonces el mito envolvente que en cierto modo permite descubrir el mundo en que se mueven los hombres que, de una manera u otra, se reconocen en ese ramillete de religiones que hemos convenido en llamar hinduismo.

* * *

En este momento resulta imperativo decir algo sobre las espiritualidades autóctonas y anteriores al hinduismo. La simpatía como condición hermenéutica para no malentender el hinduismo (como en cualquier interpretación) no quita para ver sus aspectos negativos (como en toda religión), pero tampoco para pasar por alto aquellas otras espiritualidades que durante un tiempo se han confundido con la hindú y que, sobre todo en tiempos más actuales, reclaman su propia identidad y se rebelan en contra de la asimilación por parte del hinduismo. Ello es un tema muy delicado en el momento político presente de la India actual. Hemos descrito el hinduismo como un ramillete de religiones, pero no tan amplio que abarque también a aquellos que hoy se niegan a identificarse con ninguna de sus flores. Nos referimos a la espiritualidad *adivasi* y a la conciencia actual de los *dalit*.[51] Estas espiritualidades representan una riqueza y un problema en el subcontinente indio actual. Las fronteras religiosas no pueden trazarse con líneas rectas y determinadas *a priori* y, sobre todo en la religiosidad popular,

51. Cf. DANGLE (1992) como muestra de las tragedias de estos millones de indios.

hay elementos que hoy día se rebelan a ser incluidos en el "ramillete" por aquellos mismos que los viven. Aquí también debería mencionarse un movimiento naciente, incluso entre los intelectuales, contra la llamada "sanskritización" del hinduismo. No todo el hinduismo puede reducirse a la tradición vehiculada por la lengua sánscrita. Tampoco el cristianismo actual puede reducirse a sus raíces judeo-helénicas. Dejamos el problema sólo apuntado y nos referiremos solamente a lo que se podría llamar la gran tradición hindú – sin menosprecio alguno para las escuelas menores. Antes al contrario diría yo, pero éste no es nuestro tema en este libro.

Por todas estas razones hemos optado finalmente por recuperar el sentido primigenio de *dharma*. Espiritualidad es una palabra aceptada hoy día en Occidente en el sentido indicado, pero no hay palabra dentro de las tradiciones índicas que la traduzca adecuadamente. La palabra autóctona es la de *dharma* y a ella nos atenemos – aunque intercambiándola con la de la espiritualidad.[52]

Al reflexionar sobre el camino que lleva al hombre a su fin último, y cómo es entendido y vivido este camino en el *dharma* del hinduismo, nuestro campo de estudio abarca la totalidad de la realidad. En la práctica, al acotar el ámbito de nuestra reflexión nos hemos centrado, precisamente, en las formas y características del recorrido, renunciando a analizar de forma más detallada los dos polos de la relación, el hombre y esa realidad última que algunas culturas llaman Dios, por más que este libro no hable de otra cosa. Se trata de una omisión deliberada, pues, siendo una obra de espiritualidad, tanto su antropología como su teología se encuentran implícitas, evitando así caer en la especialización de un tratado sobre el hombre y otro sobre Dios, con independencia el uno del otro.

52. Cf. PANIKKAR (1994/44).

Ni que decir tiene que nuestro ensayo es imperfecto en todos los sentidos del vocablo: deficiente debido a nuestra propia limitación; incompleto e insuficiente debido a la inmensidad del tema. Y no obstante confiamos en que pueda servir al lector en su periplo espiritual.

B. LA HISTORIA

La historia de la espiritualidad coincide con la historia misma del hombre. En el fondo es la dimensión más real y efectiva de la historia humana, puesto que el verdadero quehacer del hombre no es tanto hacer guerras, naciones o culturas como el hacerse a sí mismo y llevar a cabo su salvación, junto con aquella parte del cosmos con la que está constitutivamente ligado. En lugar del vocablo "salvación", que tiene demasiadas connotaciones greco-cristianas, podríamos decir *realización*. El hombre es un ser a medio hacer y la espiritualidad señala los caminos y los medios para hacerse real – dejando a las diferentes doctrinas especificar lo que esta realización sea. Otras tradiciones dentro del mismo hinduismo prefieren hablar de "liberación". Todo son equivalentes homeomórficos.

La historia de la espiritualidad hindú será, por tanto, la historia de una buena parte de los pueblos de la India desde el punto de vista de lo que han hecho y conseguido en su afán de alcanzar aquella meta que (paradójicamente) estando allende la historia es, con todo, el factor histórico más importante. Si por un palmo de tierra han luchado imperios y han sucumbido culturas, en último término por un poco más de cielo se ha movido siempre la humanidad, y la sed del "más allá" ha sido en última instancia la mayor fuerza que ha impelido en todo momento a la humanidad a caminar por este mundo, no sólo para escalar el cielo, sino para alcanzarlo precisamente allí en donde el cielo y la tierra parecen juntarse en el horizonte histórico, siempre futuro, siempre lejano, y al mismo tiempo presente y al alcance de la vista. Por este motivo este factor espiritual no ha sido siempre un factor angélicamente puro en la historia de la humanidad. El mismo hecho que la religión sea el factor histórico más importante hace ya presuponer que es, al mismo tiempo, la fuerza más peligrosa. Una religión químicamente pura (y puritana) no sería humana ni tampoco religión.

* * *

Por un afán de coincidencia con la historia de Occidente se ha querido dividir la historia de la India según la triple clasificación entre antigua (que comprendería desde los orígenes hasta el primer milenio después de Cristo), media (que llegaría hasta la mitad del siglo XVIII) y moderna (que se cerraría con la independencia), después de la cual vendría la contemporánea. Sin rechazar totalmente esta división seguiremos una que se acerca más a la clásica de la India y que se amolda con alguna aproximación mayor a la realidad histórica.

Para una historia de la espiritualidad la siguiente división nos parece ofrecer un panorama bastante completo. Ni que decir tiene que si las divisiones son siempre un tanto artificiales, tanto más lo son en este caso, debido a que el criterio de división tiene que aceptar un compromiso entre el punto de vista teórico-dogmático, la perspectiva cronológica y el desarrollo cultural, no siempre sincrónico, en el Norte y en el Sur, o desde el ángulo de algunas de las religiones, por ejemplo.

La primera gran división puede tener en cuenta el punto de vista religioso que considera la *Revelación* como fuente autoritativa del hinduismo, la *Tradición* como la ejemplificación vital de la primera en los distintos campos de la vida humana con sus géneros literarios más diversos y los *Comentarios* como la elaboración humana de los dos primeros datos. Dentro de esta división puede inscribirse la nuestra.[53]

53. No es fácil encontrar unanimidad ni un excesivo acuerdo entre los autores modernos. Puede consultarse con provecho SHARMA (1956).

I. El período prevédico, que comprendería del siglo XXX al XX a.C., aproximadamente.

1. Prehistoria

2. La civilización del Indus

3. La cultura dravídica

4. La espiritualidad popular

II. La Revelación (śruti).

5. *La espiritualidad védica,* que se extendería de los siglos XX al X aproximadamente.

6. *La época de las Upaniṣad*, que comprendería los siglos del X al VI.

III. La Tradición (smṛti).

7. *El periodo de los Vedāṅga y Kalpa-sūtra,* que abarca los siglos del VI al III. Época de reacción y de cismas (budhismo y jainismo); podría llamarse también el período de los *Dharma-śāstra*.

8. *La edad épica o de los itihāsas* (leyendas), que florece los siglos del III antes de Cristo al III d.C.

9. *La edad de los mitos o de los purāṇa primitivos*, que se extendería acaso desde el siglo VI a.C. al III d.C.

IV. Los Comentarios (bhāṣya).

10. La época de los sistemas filosóficos – Darśana, del III al VII.

11. La época de las grandes religiones – Āgama, que se extiende del VII al XIV en su período creador y expansivo. Constituiría el período de los *purāṇa* tardíos.

12. La espiritualidad popular, que acaso pudiera caracterizarse por el dominio de la *bhakti* que iría, en líneas generales, del 1400 al 1750.

13. La reforma moderna del 1750 al 1950, caracterizada por un cierto renacimiento después del período islámico y luego por todo el movimiento que consiguió la independencia de la India.

14. El período contemporáneo, que abarcaría el medio siglo de la India como Estado.

Huelga decir que las páginas que siguen no pretenden ser más que el apretado resumen de una introducción a la historia de los movimientos espirituales del hinduismo, cuya exposición puede encontrarse en los numerosos estudios sobre el tema y cuyo desarrollo crítico sería la gran labor de la tercera generación de estudiosos.[54]

54. A la increíble actividad filológica de la primera época de estudios de indología que podríamos muy aproximadamente cerrar con la primera guerra mundial (y a la que pertenecen nombres como Max Müller (1823-1900), Maurice Bloomfield (1855-1928), Karl Geldner (1852-1929), Hermann Oldenberg (1854-1920), etc.) siguió la labor de la que hemos llamado segunda generación, esto es de los maestros actuales de los que mencionamos por respeto sólo los que ya han terminado su carrera como Rudolf Otto (1869-1937), Jean Przyluski (1875-1944), Louis Renou (1896-1996), Olivier Lacombe (1904-2001), etc., cuyo gran mérito es el de haber puesto las bases para una comprensión interna y adecuada del hinduismo. Junto a la labor filológica han desarrollado una profunda actividad hermenéutica. Sugeríamos que la generación que ha empezado a producir algo después de la segunda guerra europea tiene delante de sí la no menor tarea de introducir el diálogo y el encuentro (algo más profundo que la mera comparación) entre las diversas formas de cultura y religiones.

I. EL PERÍODO PREVÉDICO
(del siglo XXX al XX a. C., aproximadamente)

La teoría del hinduismo como creación puramente aria ha sido hoy definitivamente desbancada – a pesar de algunos esfuerzos políticos que mencionaremos luego. Mucho antes de la invasión aria existían no sólo pueblos y religiones en la India, sino que ésta, tanto en el Norte como en el Sur, poseía un grado eminente de cultura y por ende una religión bastante desarrollada, que se transforma en "hinduismo" después del encuentro; excepto aquella que sigue autónoma en los *adivasi* o primeros pobladores del subcontinente que se han (o los han) mantenido al margen de las vicisitudes de la historia oficial. En el fondo esto no es ninguna excepción puesto que ninguna religión nace de la nada.[55] Lo que llamamos cristianismo, por ejemplo, sería incomprensible sin sus elementos precristianos. Recientemente, por razones más políticas que históricas, se ha defendido un panarianismo índico que se ha hecho remontar hasta los siglos más remotos. No entramos en la controversia.

55. Para una exposición anterior a la discusión mencionada cf. un buen resumen por HALBFASS (1990). Para una documentación histórica de primera mano cf. ANDRÈ & FILLIOZAT (1986).

1. Prehistoria

A lo largo de todo el subcontinente indio se encuentran abundantes restos de una civilización prehistórica con restos de una cultura megalítica y también neolítica.[56] También han sido localizadas jarras de todo tipo, sobre todo funerarias, y pozos funerarios. Igualmente han sido identificadas pinturas rupestres y grutas habitadas.[57] Se pensó en un tiempo que la India fuese el primer país en desarrollar la industria del hierro, aunque hoy en día no pueda probarse esta afirmación.

No se puede decir nada seguro sobre la espiritualidad de estas culturas prehistóricas. Cualquier interpretación que pretenda hacerse obedece a otras razones y no a la simple observación de los datos. Tantas veces, sin embargo, se ha descrito demasiado ligeramente la religiosidad del hombre prehistórico. Aun conscientes de la falta de fundamento "histórico" de nuestras afirmaciones, quisiéramos intentar una breve consideración sobre esta espiritualidad prehistórica, basados en una cierta antropología y la permisible extrapolación fundada en el desarrollo posterior del *dharma* del hinduismo.

Se ha querido ver en el hombre prehistórico una especie de animal salvaje aún por hominizar y, en consecuencia, se ha interpretado su religión como una especie de instinto de conservación proyectado hacia un futuro ultraterreno y su espiritualidad como una serie de reacciones instintivas condicionadas por el ambiente y las más diversas circunstancias. Todo esto está en relación, evidentemente, con el mito del "primitivo" y del "salvaje" que hasta hace poco ha dominado en el campo de

56. Cf. BOSE N. K (1958) vol. I.
57. Cf. RENOU & FILLIOZAT (1947) vol. I, pp. 193 y ss.

los estudios etnológicos.[58] Sin entrar en mayores disquisiciones quisiéramos apuntar cuanto sigue.[59]

El hombre "civilizado" de la cultura occidental moderna se ha habituado a tomar sus facultades volitivas e intelectuales por la substancia de su ser, y en último término a identificar su ser con su consciencia, aunque luego se vea forzado a admitir una capa subconsciente (y aún inconsciente) de este mismo su ser consciente. Todo lo demás no se considera como "humano". La distinción escolástica entre actos "humanos" que llevan consigo responsabilidad moral y actos "del hombre" que sólo tienen al sujeto hombre como portador material de aquel acto, distinción fructífera en el orden moral, se ha extrapolado hasta el punto de negar el apelativo de "humano" a lo que no caiga dentro de los primeros actos interpretados a la luz de una consciencia individual y claramente diferenciada que, excepto en el estadio presente de la cultura occidental, apenas si se encuentra en la historia de la humanidad. Si la vida humana fuese solamente aquello que hoy día Occidente llama "humano", la mayor parte de la humanidad no sería humana, ni el hombre "primitivo", ni el prehistórico, serían "hombre" en el sentido pleno de la palabra. Más aún, un balance desapasionado del siglo XX, e incluso de los primeros años del XXI, hace dudar muy mucho de que en su conjunto la humanidad hoy en día sea más humana que la de milenios pasados.

58. Para un resumen somero del estado de la cuestión puede consultarse con provecho BOUYER (1962), además de las obras de ELIADE, HEILER, LEEUW (1949) y otros, citadas en otros lugares.
59. Cf., como botón de muestra, el laudable esfuerzo de GUSDORF (1984), por volver a conectar el hombre "moderno" con el ser humano "mítico" de siempre. La obra de BARFIELD (1958), desde el punto de vista de la crítica a la visión pancientista del mundo, puede ser también de utilidad para nuestro propósito. Sobre este tema cf. DURAND (1996); HÜBNER (1985); MESLIN (1978). Trabajos como los recogidos por la revista *Recherches Philosopiques Africaines* de la Faculté de Theologie Catholique de Kinshasa, pueden dar una idea de la riqueza del pensamiento filosófico africano.

Una tal visión del progreso humano nos parece antropológica y psicológicamente inaceptable.

De ser ello cierto, el hombre actual se excomulgaría del resto de la humanidad. Aquellos "seres" no serían nuestros hermanos, ni hombres como nosotros. Serían acaso nuestros antepasados en el sentido de la evolución, pero sin comunión ni comunicación ontológica posible, a no ser la de una simple continuidad biogenética. Y de hecho existen estudios de prehistoria, de antropología y de etnografía que no se distinguen de las investigaciones de la fauna y de la flora de nuestro planeta. Aquí también la noción del *karman* es iluminadora en cuanto la relación con la humanidad pasada no es ni meramente biológica ni estrechamente histórica; es *karmática*.[60] El hombre es algo más que un animal y algo menos que un Dios.

Esta desconexión psicológica, que nos hace imposible comprender a un "primitivo", tiene además consecuencias importantes. No sólo problemas de hermenéutica filosófica y de comprensión histórica, etc., se presentan entonces llenos de dificultades, sino que, lo que es más grave, nuestro ser humano se amputa en lo que tiene de más profundo y aún de más universal y constante a lo largo de su peregrinación terrestre. Mejor dicho, el hombre "moderno civilizado" intenta cometer este *antropocidio* al que precedió un *cosmocidio* – sin por eso conseguirlo. De hecho, el hombre moderno occidental ha perdido en gran parte el sentido de su desnuda existencia y se está constantemente agarrado a su consciencia consciente para subsistir; no "vive" más que cuando está despierto, ni se cree "hombre" más que cuando piensa o quiere más o menos conscientemente, esto es, pensando que piensa y observándose querer. La vida tiene entonces que ser "propósito", "pro-yecto" y la oración (pongo por caso) pensamiento y volición... Quisiéramos subrayar que hemos dicho

60. Cf. "La legge del *karman* e la dimensione storica dell'uomo" en PANIKKAR (2000/XXVII), pp.353-378.

"moderno civilizado" y no hombre occidental – que posee raíces mucho más profundas y muy vivas todavía.[61]

El hombre primordial está ahí, se sabe hombre. Pero, aún sabiéndose hombre, no ha cortado todavía el cordón umbilical que le une con la tierra y con el cielo, porque no se sabe hombre en cuanto separado, cosa que implica su segregación del resto del universo. Se sabe *humus*, hombre que no está desvinculado de la tierra ni del cielo y sabe que no es monarca absoluto de la creación. Si por espiritualidad se entiende la forma concreta como el hombre realiza la obra de su salvación, su plenitud, la espiritualidad prehistórica se identifica con la misma vida del hombre, toda ella vivida y considerada como un rito, es decir, como una acción sacra en la que lo humano y lo divino colaboran para hacer llegar el cosmos a su destino. La espiritualidad es rito y el rito es la vida misma. Todo es una acción ritual, y por este mismo hecho, por ni siquiera vislumbrar la posibilidad de la existencia de una esfera profana, el mismo rito no se distingue del conjunto de acciones ordinarias de la vida corriente. El hombre viviendo "hace", trabaja, forja su salvación, porque la vida no es otra cosa que esto: el camino hacia la salvación, la oportunidad de llegar plenamente a ser. No es que el hombre deba hacer muchas cosas en el camino y entre ellas poner en práctica los medios para salvarse, no es que la religión sea una de tantas cosas, aunque acaso la más importante de las que el hombre tiene que realizar, sino que la vida misma es esta realización o no es nada. La vida religiosa no tiene vacaciones ni pausas, como no las tiene el corazón. No hay periodos de descanso porque no es una acción yuxtapuesta a la vida, al vivir, que desgaste y necesite ser repuesta, sino que es la misma dinamicidad de la existencia. La adoración, o sea, la consagración total y rendida a la Divinidad o

61. Ésta me parece ser la importancia latente de la obra de M. Eliade, la unidad del género humano en cuanto "*homo religiosus*". Cf. en especial ELIADE (1949-67; 1967-83).

a la Realidad, es considerada como evidente y como presupuesto implícito a cualquier acto. Todo es latría. Lentamente, el cielo se separa de la tierra en la conciencia del hombre y entonces empieza a subir al cielo el espíritu de Dios que flotaba sobre las aguas. Aparece lo que luego en Occidente se llamará idolatría y las nuevas formas religiosas más o menos conocidas. Aparecerán entonces los Dioses más o menos personificados y en conflicto entre sí y entre los hombres.

Aún sin el epifenómeno de lo que nosotros llamamos civilización, el hombre prehistórico es plenamente hombre y vive toda la profundidad abismal de su existencia.

No vayamos a creer que solamente nosotros somos verdaderamente hombres considerando como substancial lo que resulta ser una perfección accidental de la peregrinación terrestre. Es significativo observar que el mismo hombre "renacentista" y "humanista", que se escandalizaba de que la humanidad hubiese creído hasta entonces que la tierra era el centro del universo, estaba convencido de que su "tipo" humano encarnaba la misma esencia de hombre y se sentía inclinado a excomulgar de la humanidad a los que no fuesen o hubiesen sido "humanistas". Lo que el hombre actual (hijo de los siglos próximos pasados) llama angustias depresivas y sentimientos básicos desgarradores que le hacen sufrir porque le descoyuntan de la sociedad y de todas sus superestructuras anímicas, dejándolo pavorosamente desnudo, acaso sea un resto (salvador) de humanidad, que se resiste a dejarse engullir por la vida humana "civilizada", o peor aún, tecnologizada.

Esto no significa que no haya habido aberraciones como las hay en todos los tiempos. Hablamos del hombre prehistórico y no de unos posibles pre-homínidos pertenecientes más al reino animal que al humano – sin entrar en disquisiciones sobre las teorías de la evolución.[62]

62. Cf. CELA CONDE (2001).

Sea de ello lo que fuere, lo cierto es que la espiritualidad del período prevédico revela con todo una profundidad humana y una dimensión telúrica que luego emergerá en la espiritualidad hindú propiamente dicha.

2. La civilización del Indus

A partir de 1921 se empezó a conocer una cultura antigua y asombrosa en el Norte de la India, en el valle del Indus: la ciudad inmensa de Harappā, en el Sind (junto con otros muchos lugares que se van descubriendo, 35 por lo menos están localizados), que no han podido estudiarse con exactitud por haber sido utilizada la vieja ciudad para materiales de construcción en épocas más recientes, y a unos 700 km. de distancia la sepultada ciudad de Mohenjodaro, que ha aportado datos preciosos a este período histórico alboreal. Parece ser que Mohenjodaro fue construida y reconstruida por lo menos siete veces. Los cálculos más aproximados arrojan una antigüedad de 3000 años antes de Cristo y atestiguan una gran semejanza con la cultura mesopotámica. Por desgracia, a pesar de varios esfuerzos por descifrar el lenguaje de los famosos sellos de Mohenjodaro, hasta ahora (excepto un sello con transcripción cuneiforme encontrado en Mesopotamia) no se ha conseguido[63].

Lo poco que se puede decir con seguridad de esta cultura desde el punto de vista religioso vendría a reducirse a lo que sigue:

Indiscutiblemente constituye una de las bases del hinduismo posterior. El elemento básico sobre el cual, y a veces contra el cual, se ha establecido la religión aria, fue esta religión. Al parecer, cuando tuvo lugar la invasión aria, esta cultura,

63. La interpretación del benemérito H, HERAS no puede considerarse como definitiva. Cf. HERAS (s.f. a).

que se extendía en el Sind, Beluchistán y una buena parte del Panjab, había caído ya de su apogeo. El subsuelo histórico del hinduismo se remonta, pues, al tercer milenio antes de Cristo y una buena parte de la religión vivida del pueblo indio, aún hoy día, puede sin duda retrotraerse a este origen cinco veces milenario. No es, pues, cierto que esta civilización cayese debido a la invasión aria. Quizá ya antes de ésta, otros pueblos destruyeron aquellas florecientes ciudades.[64]

Muy posiblemente existían iconos, en el sentido de imágenes sagradas a las que se prestaba adoración. No es suficiente prueba, para afirmar que la espiritualidad *yoga* encuentra su origen aquí, el hecho de haber encontrado algunas estatuillas en las posturas *yógicas* típicas. En el fondo se trata de una postura común en todo el Oriente.[65] Tampoco hay evidencia excesiva para poder afirmar que el signo fálico que luego será el símbolo de Śiva corresponda exactamente a las piedras talladas con este parecido encontradas en Mohenjodaro. Es conocido que este símbolo será luego condenado (aunque sin éxito) en los *Veda*.

Los muertos venían siendo enterrados, aunque también se practicaba la cremación. La cantidad de estatuas de animales encontradas puede hacer pensar en un culto a los animales o en su valor sacrificial. Un culto a la Diosa madre parece que existiese con bastante probabilidad. Sería el culto precursor a Śakti, el elemento femenino de Śiva, que luego sería tan popular en el hinduismo. Sobre la existencia de lo que se ha llamado Protośiva es muy difícil dar una respuesta definitiva.[66] No

64. HEINE-GELDERN (1956) lo vuelve a poner en duda colocando la invasión aria hacia el 1200 y haciéndola responsable de la caída de Harappā.
65. El mayor conocimiento que se tiene hoy de las culturas americanas precolombinas enseña que también entre los aztecas y los incas, entre otros, las posturas "yógicas" eran conocidas. Muy posiblemente se trate de una posición humana elemental y sea ocioso el querer buscar mayores explicaciones. El campo de investigación, sin embargo, permanece abierto.
66. Cf. BHANDARKAR, D. R. (s.f.). Para un resumen de la cuestión Cf. ELIADE (1999).

parece del todo improbable que el culto de Śiva pudiese haber encontrado aquí su fuente y origen. Sabido es también que tampoco Śiva aparece en los *Veda*.[67]

Recientemente, por razones de dar una "justificación" histórica a la ideología del neo-fundamentalismo hindú denominado *hindutva*, apoyado por el anterior gobierno de la India, se ha querido tergiversar la historia adelantando la aparición del védico casi un par de milenios, conectándolo con la civilización de Harappā y negando, por tanto, la inmigración aria al subcontinente indio.[68] Investigaciones posteriores han demostrado, sin lugar a dudas, la inconsistencia de la hipótesis, la falsedad del pretendido desciframiento de los sellos de Harappā y la conexión ideológica con la ideología mencionada.[69]

3. La cultura dravídica

No se puede sin más identificar la civilización prearia del nordeste de la India con la cultura dravídica, que constituye junto con aquella la base indiscutible de toda la cultura posterior y uno de los cimientos del hinduismo.

Mucho se ha escrito recientemente sobre el misterio dravídico. Parece ser que estos pueblos están conectados con la cultura mediterránea y que tanto Creta como Licia tienen lazos comunes con el Tamilnadu, en el sur de la India. Parece ser también que, a pesar de estar hoy en día concentrados en el sur de la India, como las lenguas de origen dravídico atestiguan,

67. Para una indicación bibliográfica a este período Cf. CUMMING (1939) (con abundante bibliografía); MACKAY (1945); MARSHALL & MACKAY (1996); MODE (1944); WHEELER (1953).
68. Cf. JHA-RAJARAM (2000).
69. Cf. por ejemplo los artículos de indólogos, historiadores y otras autoridades en "Frontline" (*India's National Magazin* XVI/XIX del 13 de octubre de 2000 [pp. 4-16]). Cf. nota 177..

tuvieron también su parte en la civilización prevédica del Norte, donde llegaron a través del Irán, según algunos.[70]

Sea de ello lo que fuere, parece, sin embargo, ser característica de la espiritualidad dravídica desde los primeros tiempos una predominancia del elemento místico y afectivo sobre el intelectual, que sería en cambio un elemento típicamente ario.[71] Si el *homa* o sacrificio ígneo y el sacrificio cruento son típicos de la religión aria, la *pūjā* o mero ritual de adoración y alabanza sería la herencia dravídica en el hinduismo. La espiritualidad yoga parece tener su origen en el alma dravídica antes que en la aria.

Análogamente a como la forma social típica dravídica es la matriarcal (incluso hasta nuestros días) y la monogamia patriarcal la aria, así también el hinduismo parece ser un matrimonio entre el elemento masculino ario (sacrificio, intelección, fortaleza, acción) con el femenino dravídico (alabanza, *bhakti*, contemplación, un cierto refinamiento emotivo, etc.). Si es cierto que el origen de Śiva es dravídico, y el de Viṣṇu ario, el hinduismo representa la síntesis entre estas dos grandes concepciones de la Divinidad. Lo cierto es que en el hinduismo tanto el elemento chtónico como el gnóstico forman parte de su naturaleza más profunda. Esto constituye su riqueza.[72]

70. Cf. BANERJI (1927); CHARTERJI, S.K. (1958); HERAS (s.f. b); REGAMEY (1935).
71. Aún hoy día los habitantes de la India del Sur, sobre todo los tamiles, se diferencian de los del Norte, sobre todo los de la zona del Ganges y sus alrededores –a excepción de Bengala, que es un caso aparte.
72. Es indispensable citar a DUMÉZIL (1958). Para una valoración de su ingente obra cf. SCOTT-LITTELTON (1966).

4. La espiritualidad popular

Es demasiado corriente en los tratados sobre el hinduismo pasar poco menos que por alto un rasgo que el *dharma* hindú no ha perdido y que ha permitido que florezcan no solo simultánea sino también conjuntamente lo que los eruditos llaman "hinduismo" como "religión superior" junto al carácter mágico y "primitivo" de religiosidades menos "desarrolladas".

De hecho, una característica de los cultos populares del hinduismo es su entronque con las formas de piedad y adoración de carácter más chtónico – como una parte del *Atharvaveda* parece comprobar. En este *Veda* se ven restos y oyen ecos de cultos muy probablemente pre-védicos que los demás *Veda* también recogen y a los cuales a veces confieren un simbolismo superior. El movimiento es curiosamente inverso al que sucede en otras tradiciones. En muchas de éstas, las celebraciones populares se presentan como vulgarizaciones, en el sentido más noble y etimológico de la palabra, de ritos y fiestas más sofisticadas. En nuestro caso parece ser que los *Veda* recogen la religiosidad popular, como lo prueban tantos signos, y la insertan en un simbolismo superior. Lo popular es lo primario.[73]

En rigor casi siempre ha sido así en toda religión, pero muchas de las así llamadas "grandes religiones" han conseguido asimilar y transformar lo primordial eliminando los orígenes – aunque luego éstos vuelvan a aparecer en lo que hemos llamado vulgarizaciones. En el hinduismo coexisten pacíficamente.

Desde el punto de vista de una fenomenología de la religión podríamos decir que las religiones con Fundador muestran una ruptura y una novedad respecto a la religiosidad de su

73. Cf. AGRAWALA (1970), gran experto del simbolismo védico.

tiempo. Lo anterior se descarta por caduco o se transforma para acomodarlo al carisma fundacional. No sin una cierta ironía malévola algunos estudiosos llaman a estos nuevos movimientos "religiones artificiales". Por influjo de esta mentalidad se ha querido presentar al hinduismo como un *novum* que sería la "religión védica". Pero los mismos *Veda* son el resultado de una simbiosis más o menos pacífica del encuentro (o encontronazo) entre lo ario y lo dravídico – utilizando esta última palabra como símbolo del elemento autóctono antes de la inmigración aria.

No es posible resumir en pocas líneas la espiritualidad popular que desde tiempos inmemoriales sigue aún conservándose en la India de hoy, pero, puestos a tener que decir algo, para no cometer un pecado mayor de omisión, acaso pudiéramos aventurar que un sentido integral de lo sacro quizá sirviese de denominador común para esta espiritualidad. Con ello queremos subrayar la primacía de lo religioso por encima de todo lo demás, esto es, que la tarea que el hombre ha venido a hacer a este mundo es, ante todo, y casi exclusivamente, una tarea religiosa. Pero religión no significa aquí una "virtud" o una "faceta", sino la misma característica de la *existencia* humana. Por eso lo hemos llamado sentido integral de lo sagrado.[74]

Este sentido acaso se dejase describir como una vivencia especial de conexión con la naturaleza toda y como un sentido profundo de la jerarquía intrínseca a todas las cosas o acciones. Si la característica de una espiritualidad africana parece ser el predominio del aspecto telúrico, y aquello que distingue fenomenológicamente al Occidente es la dimensión intelec-

74. Cf. a guisa de ejemplo la excelente monografía AYROOKUZHIEL (1983) sobre las creencias populares de Chirakkal, una ciudad de unos 30.000 habitantes (censo de 1971) en el norte de Malabar (Kerala), de lengua malayalam, para darse cuenta de que la religiosidad popular es la realmente viva en el pueblo. Otro interesante estudio entre otros muchos es THOMAS & TAYLOR (1983), que describe la cultura de los pueblos de la India desde varios puntos de vista.

tual de la religión, la India se encuentra en una vía media en la que ambos aspectos se encuentran fundidos en su espiritualidad eminentemente bháktica, en la que el amor, surgiendo de las capas chtónicas de la tierra, se remonta hasta los niveles más altamente intelectuales del ser humano.[75]

Nos ha parecido importante hacer esta observación antes de describir el hinduismo propiamente dicho como hacemos a continuación.

75. Cf. PANIKKAR (1961/61).

II. La revelación – Śruti

El hinduismo comienza propiamente con los *Veda*, que surgen como fruto del encuentro entre la religiosidad aborigen con la de los pueblos arios.[76]

La cultura índica, como la mayoría de las culturas antiguas, es una cultura hablada mucho antes que escrita. Cuenta más la Palabra que la Escritura. Aún hoy día la gente está dispuesta a escuchar durante horas un recital sacro en un templo o cualquier discurso, pero se resistirá a leer privadamente, pongamos por caso, la Biblia ofrecida quizá gratuitamente por los misioneros cristianos.

El primer periodo del hinduismo se basa significativamente en la *śruti* que no significa "lo escrito" sino "lo oído", la Palabra escuchada, oída y cristalizada en "la audición" transmitida fielmente, bien de forma exclusivamente oral al principio o ayudada también por copias escritas de aquella Palabra oída y que continúa escuchándose.[77] En rigor *śruti* significa "oreja" como el

76. Cf. la importante contribución de AGUILAR i MATAS (1991), que sobre los textos del *Ṛg-veda* ofrece un panorama convincente de aquella sociedad basada en la tensión entre *aris* y *sūris*. Cf. como libro informativo MANESSY-GUITTON (1958).

77. Proviene de la raíz *śru*, que significa oír, cf. la explicación de PĀṆINI en *Aṣṭādhāyī* III, 3, 94. En el prefacio de la edición del traductor de 1891, en pleno imperio británico, se compara este primer gramático del mundo a la Geometría de Euclides. Acaso el traductor no fuese completamente consciente de que Gramática y Geometría podrían considerarse como los símbolos respectivos de Oriente y Occidente –aunque Pāṇini es anterior a Euclides, que vivió en el siglo III a. C.

instrumento de audición: aquello por lo cual y con lo cual oímos; no tanto lo que se oye como lo que nos permite oír.[78]

Siendo así que la *śruti* está formada por los *Veda*, algunas veces se la ha querido comparar morfológicamente a la *Escritura* en el sentido del Corán o de la Biblia. Así cuando se habla de las grandes Escrituras de la humanidad se consideran los libros sagrados de las distintas religiones indiscriminadamente.[79] Para limitarnos a los ejemplos citados podríamos decir que mientras el Corán, para una concepción islámica ortodoxa, *contiene* la Revelación de Dios a los hombres, mientras la Biblia *narra*, directa o indirectamente, los hechos y dichos más salientes del Revelador, la *śruti* es la misma Revelación.[80] No contiene tanto una doctrina como una conminación de lo que hay que hacer para seguir el camino de la salvación. Su campo propio no es el de la ortodoxia, sino el de la ortopraxis. Hay que oír y luego realizar. Cuando más adelante el *vedānta* interprete la *śruti* en términos de conocimiento, no se cansará de repetir que se trata de un conocimiento especial *sui géneris* que incluye en sí la forma más elevada de la acción. Aunque aquí deberíamos ser muy cautos en el uso de las palabras. Mientras la revelación judía, por ejemplo, es la "revelación"

78. Aún hoy día, una buena parte de los estudiantes universitarios necesitan leer y repetir en voz alta (y a menudo con una cierta cantinela) para aprender y para estudiar. Es un signo de la creciente influencia occidental el que esta costumbre, aún viva en los años cincuenta, haya prácticamente desaparecido en el nuevo milenio. Modernos estudios apuntan la hipótesis de que el canto, junto con el movimiento rítmico del cuerpo, *aum*entan la capacidad de concentración y memoria en el aprendizaje.
79. Cf. vgr. *The Great Scriptures* (Papers presented at the first Seminar of the Union for the Study of the Great Religions), publicado por MAHADEVAN (1956). Recientemente han aparecido docenas de publicaciones que reproducen "las sagradas Escrituras del mundo" –aunque la palabra "escritura" puede hacer suponer que un "libro" es el fundamento de toda religión, cosa que no es cierta para el hinduismo ni tampoco para el cristianismo: estas dos religiones, entre otras, son religiones de la Palabra, más que religiones del "Libro".
80. Cf. *BU* II, 4, 10; *MaitU* VI, 32.

de un Dios (JHWH) a su pueblo, en especial por medio de Moisés, la "revelación" de los *Veda* no viene tanto de fuera, de un Dios transcendente que habla o revela, sino de una "revelación" interna de una verdad que "oímos" cuando la escuchamos debidamente (en especial de los *Veda*). De ahí que sólo para un iniciado los *Veda* serán "revelación". Quien no esté preparado no la recibirá. Una manera más académica de decirlo consiste en afirmar que la hermenéutica de un texto requiere su contexto. Pero en este caso el contexto somos nosotros mismos, es el hombre preparado (iniciado) que se acerca con fe a la revelación védica.[81] El desconocimiento del contexto ha dado lugar a más de un malentendido sobre el hinduismo y otras muchas religiones.

Clásica es la discusión en el seno del hinduismo entre los *nayāyika* y los *mīmāmsaka*, sosteniendo los primeros la heterodoxa opinión sobre los *Veda* como *pauruṣeya*, en contra de la teoría de los segundos a favor de la *apauruṣeya*. La primera opinión sostiene que son obra humana,[82] mientras que la segunda afirma que son impersonales porque son una manifestación del Transcendente puro, en el seno de nuestra Inmanencia también purificada, sin otro intermedio que la simple retransmisión por parte de los *ṛṣi*, o sabios antiguos que los recibieron por audición directa.[83] Un texto fundamental de una de las *Upaniṣad* más breves, después de describir la iluminación de quien ve todas las cosas en su *ātman* y su *ātman* en todo, hace, como de paso, la distinción entre el *ṛṣi* (en el texto *kavi*, el poeta) y el *manīṣī* (el intelectual, el pensador).[84] La revelación se le revela al iluminado, al hombre realizado. No hay una reve-

81. Cf. *Vivekacūḍāmaṇi* de Śaṇkara para las condiciones necesarias para poder recibir el mensaje liberador de los *Veda*.
82. De *puruṣa* (hombre); cf. Glosario.
83. *Ṛṣi* significa "vidente"; cf. Glosario.
84. *IsU* 6-8; y así lo ven comentadores antiguos y modernos.

lación objetiva, así como tampoco la hay meramente subjetiva. Esta experiencia a-dualista de la realidad es fundamental para no malentender la espiritualidad índica – como no nos cansaremos de repetir.

No se puede decir en rigor que los *Veda* tengan autor, porque no son "Escritura". Son más bien el eco aún vivo y sonoro del Transcendente en nuestra Inmanencia que recibe el mensaje de salvación que no se dirige a la mera razón humana sino al hombre entero, aun cuando escuelas posteriores nos digan que la esencia del ser humano estribe en su intelecto. La *śruti* es, pues, Palabra antes que Escritura.[85] No es la revelación *de* una verdad sino *la* misma verdad salvífica. En este sentido es un Mensaje, una "*angelia*" que quiere ser escuchada y ejecutada.

Interesante es, a este respecto, recordar que, para las primeras generaciones cristianas hasta bien entrada la Edad Media, "la Escritura" significaba exclusivamente el Antiguo Testamento.[86] El Nuevo no se consideraba "Escritura".[87] El Nuevo Testamento es antes el testimonio de una fe que nos permite interpretar la "Escritura", es Palabra que quiere ser oída y que

85. «La palabra, por tanto, desde la óptica del Nuevo Testamento es una palabra *escuchada* y, en cuanto tal, palabra proclamada, y no precisamente leída» RATZINGER, en RAHNER & RATZINGER (1961). p. 50. Hubiéramos igualmente podido citar cualquier obra actual de teología litúrgica. Cf. *Rom* X, 17.85.
Si se quiere una comparación con el cristianismo debería hacerse con la presencia litúrgica de Cristo en la celebración del misterio del Pan y de la Palabra antes que con la simple "Biblia" como libro que contiene un mensaje doctrinal, a la par que histórico. La concepción subrayada por la teología protestante de que la lectura litúrgica de la Biblia nos retransmite en cierta manera la gracia de Cristo, podría ofrecer también un término de comparación.
86. Cf. II *Cor* III, 1 y ss., y la clara formulación de RATZINGER: «Es bien sabido y no debe olvidarse que el Nuevo Testamento en ninguna parte se considera a sí mismo como "Escritura". "Escritura" para él es solamente el Antiguo Testamento, mientras que el mensaje de Cristo es precisamente "Espíritu", que enseña a comprender la Escritura». RAHNER & RATZINGER (1961), p. 47.
87. Cf. en CONGAR (1960), pp. 47 y ss. las citas patrísticas sobre el particular.

como tal engendra la fe.[88] El Evangelio de Cristo no está escrito. Los evangelistas nos cuentan algo solamente, porque de lo contrario el mundo no podría contener los libros que deberían escribirse.[89] Repetimos: el cristianismo no es una religión del Libro sino de la Palabra – lo mismo que el hinduismo.

Si *śruti* no se puede traducir por "Escritura", en rigor tampoco puede traducirse por "Revelación" entendida en el sentido corriente judeo-cristiano y musulmán como la locución divina desveladora de verdades salvíficas a las que el hombre por sí solo no hubiera podido nunca llegar. La *śruti* es una palabra críptica que tiene que ser no sólo intelectualmente descifrada e interpretada, sino ante todo venerada y "experienciada" de manera que nos haga descubrir la realidad, que ya *es* incluso en nosotros mismos. La noción hindú de *avatāra* (mal traducido por "encarnación") se acerca más al de revelación, en el sentido de una manifestación de Dios en forma humana, que el de *śruti*.

La *śruti* es una palabra viva que, cuando penetra vitalmente en mí (para lo cual se requiere la fe), me fecunda, por así decir, y me lleva al plano de la auténtica realidad, descubriendo para mí aquella verdad transcendente que de otra manera permanecería inaccesible e incomprensible.

De lo dicho se vislumbra la dificultad de cualquier comparación precipitada y de toda crítica que no tenga muy en cuenta el punto de vista interno de ambas partes comparadas. Sin entrar en mayores disquisiciones podemos afirmar que la noción cristiana de revelación no se presenta en un mismo plano, y como en competencia, con la del hinduismo.

La revelación cristiana es la automanifestación divina en Jesucristo. No consiste *primariamente* en frases, fórmulas o doctrinas, ni tampoco *exclusivamente* en hechos históricos, sino en la persona cosmoteándrica de Cristo que habla, actúa, y *se* re-

88. Cf. *Rom* X, 17.
89. Cf. *Jn* XXI, 25.

vela, no sólo en el pasado histórico, sino también en el presente concreto y en la esfera supratemporal de la *tempiternidad*.[90] La concepción hindú de la revelación podría más bien resumirse como la iluminación interna obtenida por mediación de la *śruti*, que nos hace descubrir la verdadera dimensión de las cosas y la auténtica realidad divina, y con ello nos salva.[91]

No es, pues, "Revelación" la mejor traducción de *śruti*. Cualquier revelación implica un revelador y, por lo menos, en una buena parte del hinduismo (la *mīmāṃsā*) Dios se excluye como un algo allende la revelación. Acaso pudiéramos traducir *śruti* por *manifestación*, *epifanía* de la realidad última, o, jugando con su etimología, como el rumor, la sonoridad, la música, el eco de la última realidad, no como un efecto de ésta, sino como su vertiente sonora, como su dimensión vocal, como la Palabra, el Logos de aquella misma realidad. Los *Veda* no pretenden ser la revelación de un Dios que descorre el velo que recubre el último misterio de lo que es, sino la misma epifanía de algunos caracteres de esta misma realidad y del modo de llegar hasta ella o, mejor dicho, de "experienciarla". No pretenden ser la revelación *de* Dios, sino transmisión de lo que en el Principio *era*, tradición primordial y epifanía inmediata para quien recoge su mensaje y lo pone en práctica.[92]

No todos los *Veda* pretenden ser lo que acabamos de decir. La tradición distingue desde antiguo tres grandes secciones con fines determinados: acción, meditación y salvación, como diremos a continuación.

90. Cf. Glosario.
91. «El sentido real de la Revelación nos parece ser no un mensaje externo enviado al hombre desde el exterior, sino un soplo [*afflatus*] divino que surge desde el interior, el resultado de una inspiración debida a estar ebrio de Dios», RANADE (1926), p. 9.
92. Cf. PANIKKAR (1963/27).

5. La espiritualidad védica (siglos XX al X a. C.)

Aunque las *Upaniṣad* formen parte de la *śruti*, y por tanto de los *Veda* en su sentido más amplio, las consideraremos en un segundo momento.

Según la enseñanza tradicional, los *Veda* contienen tres grandes secciones: los *karma-kāṇḍa*, que describen los rituales y están contenidos principalmente en los *mantra* y en los *Brāhmaṇa*; los *upāsana-kāṇḍa,* o porción que trata de la meditación y de la purificación de la mente, que se desarrolla más explicitamente en los *Āraṇyaka,* y los *jñāna-kāṇḍa*, que son las enseñanzas que conducen a la "realización" (bien sea *niḥśreyasa*, beatitud espiritual, bien sea *mokṣa*, salvación, liberación) y están contenidas en las *Upaniṣad.*[93]

En rigor, la cultura índica no goza o adolece del genio clasificador de Occidente: raramente hay compartimentos estancos, puesto que todo parece estar imbricado en todo y cualquier clasificación rigurosa sería una mera abstracción, que elimina la vida, incluso la del pensamiento.

Los *Veda* se suelen dividir en cuatro grandes colecciones (*samhitā*): *Ṛg-veda*, *Sāmā-veda*, *Yajur-veda* y *Atharva-veda*, cada una de las cuales posee libros distintos conteniendo *mantra, brāhmaṇa, āraṇyaka y upaniṣad*, o sea himnos, ritos sacrificiales, interpretaciones alegóricas y tratados doctrinales respectivamente, habiendo sido escritos en un período desde el 2000 hasta el 500 los más importantes (excluyendo algunas *Upaniṣad* posteriores y aun medievales).

La espiritualidad de los *Veda* podría acaso centrarse en dos grandes temas: la *alabanza* y el sacrificio. Podríamos intere-

93. Sobre la espiritualidad védica puede consultarse (además de las obras citadas): BERGAIGNE (1963); BOSE A. B. (1954) (a pesar de la "comprensible" incomprensión del autor por el cristianismo); KEITH (1989); MACDONELL (1995); MILLER (1974); RENOU (1953); TOLA (1968a; 1968b).

sarnos también por otros temas como el que menciona Śaṇkara en la introducción al *Yajur-veda negro*: *alaukika upāya*, "medios no mundanos" para conseguir sea la sabiduría sea los distintos objetos de nuestros deseos. Los *Veda* son un bosque tan frondoso que cualquiera puede descansar a la sombra del árbol que más le apetezca. Sin pretensión de resumir el mensaje védico creo que los dos epítetos mencionados podrían servir para describir su espiritualidad.

La *alabanza* forma la parte más saliente del más importante de los *Veda*, el *Ṛg-veda*. Resulta evidente desde todos los puntos de vista que los himnos védicos no son ni simple poesía naturalista[94] ni retórica artificial y rebuscada,[95] sino cantos litúrgicos de forma y contenido religioso.[96] Los *Veda* irrumpen del silencio cósmico y rompen la palabra no hablada para cantar las alabanzas de la Realidad o de la Vida; de la Creación y del Creador, por decirlo así. Pero no se trata de un simple cántico estético, ni siquiera de una mera efusión religiosa sentimental o poética. Los himnos védicos son incluso algo más que oración cantada, se dirigen, efectivamente, a una u otra Divinidad, o mejor a uno u otro aspecto de la Divinidad, pues como dice el mismo *Ṛg-veda*: «Aquel que es Uno, los sabios lo describen de muchas maneras».[97] Pero la alabanza védica no es mera piedad individual, sino que es alabanza litúrgica. La resistencia a que los *Veda* fuesen recitados por extraños o traducidos a otras lenguas no era un simple xenofobismo nacionalista, sino que obedecía a una auténtica actitud religiosa. Los *Veda* no son "ciencia profana" sino acción sagrada. Éste es el motivo por el cual la "disciplina del arcano", corriente en tantas tradiciones, ha

94. Así, por ejemplo, OLDENBERG (1905).
95. Como, por ejemplo, BERGAIGNE (s.f).
96. Como muy bien reconoce GONDA (1960-63), vol. I p. 21 (refutando las dos posiciones anteriores).
97. *RV* X,114, 5. Cf. también X, 83, y además I, 164, 46; II, 1; III, 54, 17.

sido mantenida hasta casi nuestros días en la India con la prohibición brahmánica de enseñar los *Veda* a los extraños y aun de traducirlos. Los himnos védicos son liturgia y la liturgia no puede traducirse por no importa quién ni ser celebrada por un no iniciado. La alabanza védica llega hasta la Divinidad porque es el himno de acción de gracias o de petición, pero en el fondo siempre de adoración del hindú creyente.[98]

La alabanza no es la acción de gracias, es más gratuita; no es el reconocimiento por una gracia recibida, sino la expresión de una alegría interna, el cántico espontáneo del gozo de la vida, la proyección externa de un sentimiento interno. Y, en efecto, una primera impresión de los *Veda* es su optimismo y su visión positiva de la realidad. No se niegan ni el mal ni el dolor como tampoco el castigo; pero su mensaje más saliente es de alabanza.

La alabanza del himno védico, en rigor es un sacrificio. Ésta es la peculiaridad de la espiritualidad védica. Toda la creación es un sacrificio y el papel de este mundo temporal es rehacer en sentido inverso el sacrificio creador y retornar a Dios. El sacrificio es la esencia de la religión y el único camino de salvación. No es la intención o la buena voluntad lo que salva, no es tampoco el mucho o bien saber lo que posee poder salvífico. Nadie puede salvarse a sí mismo. Conocimiento, buena intención y voluntad podrán ser condiciones indispensables para obtener la salvación, pero ésta sólo puede ser el fruto de una acción (divina) que nos incluye a nosotros. En esto consiste la esencia del sacrificio. Es el altar el que santifica la ofrenda y no viceversa.[99] El sacrificio es por definición la acción

98. Hemos subrayado ya que la primera interpretación de un texto no puede desgajarlo de su contexto; añadiendo ahora que para ser completa deberíamos también conocer su pretexto –y éste se prestaría a veces a una dura crítica (de explotación y conservación de privilegios por parte de algunas castas; pero «lo cortés no quita lo valiente»).

99. Cf. *Mt* XXIII, 19.

cosmoteándrica por la que el hombre junto al cosmos es salvado. Es por el sacrificio por lo que el mundo realmente camina. «Si por la mañana el sacerdote no ofreciera el sacrificio, aquel día el sol no saldría», dice un texto[100] que no debe ser interpretado como causalidad mágica, sino como consciencia y responsabilidad del hombre, sacerdote de la creación, participando en las correlaciones cósmicas del universo. Todo obedece al sacrificio, porque es por el sacrificio por lo que todo ha sido hecho y todo vuelve a ser reparado.[101]

Es significativa la traslación de sentido de esta palabra en la mayoría de las lenguas que han sufrido el impacto maniqueo, jansenista, puritano y de un cierto cristianismo: el sacrificio pasó de representar "hacer un acto sagrado" (santo), *sacrum facere,* a significar una acción difícil y dolorosa que se toleraba o incluso buscaba para "beneficio" de los demás.[102] Hay algo muy noble en la satisfacción vicaria y en la experiencia de la solidaridad del Cuerpo Místico de la Humanidad y aún de toda la Creación; pero como todo lo sublime puede degenerar en aberraciones. El "fakirismo" puede convertirse en otra aberración. Sea de ello lo que fuere, el *yajña* védico no tiene nada que ver con todo esto y, como hemos indicado, el sacrificio es la participación humana en el acto por el cual el mundo se crea y recrea.[103]

100. *SatB* II, 3, 1, 5.
101. Sobre el sacrificio Cf. HUBERT & MAUSS (1897-98); LEVI (1898); WARNACH (1960) (excelente monografía).
102. La palabra sánscrita *yajñaḥ* (que corresponde al *asvesta yasna*) significa adoración, culto, alabanza, honra y naturalmente sacrificio en su sentido primigenio. Cf. Glosario. Cf. el griego *agios*, santo [*hazomai*, adorar, honrar]. El temor reverencial [*agnos*] ha sido ampliamente descrito por OTTO (2001). Sobre lo sagrado cf. RIES (1978-83; 1982; 1983; 1995).
103. Cf. PANIKKAR (2001/XXV), pp. 464-582, en donde se dan los principales textos védicos sobre el sacrificio y se explica su esencia.

6. La época de las *Upaniṣad* (siglos X al VI a. C.)

Las *Upaniṣad* constituyen el núcleo del pensamiento hindú y la base de todo el desarrollo posterior. Las diversas escuelas de espiritualidad se apoyarán en ellas. Ahora bien, no todas las *Upaniṣad* enseñan la misma doctrina.[104] Los comentadores tradicionales niegan, sin embargo, esta afirmación y se basan tanto en la creencia de que la "revelación" no puede contradecirse, como en la misma tradición. El texto fundamental del *Brahmasūtra*[105] no dice, sin embargo, que la "doctrina" sea la misma, sino que existe una armonía, una coincidencia, y toda la tradición es unánime en interpretar el texto en el sentido de que *brahman* es el "objeto" y lo que todas las *Upaniṣad* enseñan. La intención es la misma, la meta apuntada es idéntica, aunque las doctrinas puedan ser distintas. La *śruti* muestra un camino antes que dar una interpretación de él. En otras palabras, si bien el contenido intelectual de las diferentes *Upaniṣad* puede diferir, su espiritualidad es coherente.[106] Intentemos resumirla.[107]

Aunque llenas de contenido filosófico no son, con todo, un tratado de filosofía meramente racional, sino un poema de es-

104. Cf. HIRIYANNA (1999), pp. 53 y ss. y DUBOIS (2002), pp 275-317.
105. *Tat tu samanvayāt*, *BS*, 1, 4. ("Pero esto es la intención" armónica y unitaria de toda la *śruti: brahman*).
106. Esta intuición podría iluminar el tan debatido problema actual del "pluralismo religioso".
107. La bibliografía sobre las *Upaniṣad* es inmensa. Existen buenas traducciones en la mayoría de las lenguas europeas. En español traducciones de AGUD & RUBIO (2000) (una obra que honra la indología española.); ILÁRRAZ (1988); LEÓN HERRERA (1996); MARTÍN (2001); PALMA (1995). Como estudios sobre la espiritualidad de las mismas Cf. HEILER (1925); RANADE (1926). La larga introducción de HUME (1934). La no menos larga de RADHAKRISHNAN (1953a). Siempre útiles todavía: DEUSSEN (1963); EBERHARDT (1920); HERTEL (1921); OLDENBERG (1923a). Especial mención merecen MASCARÓ (1965) y la obra monumental en diez volúmenes aún en vías de publicación de RAJ GUPTA (1991-2001) –de los cuales el primero ha sido traducido ya al castellano.

piritualidad interior. Se ha querido, a veces, presentar las *Upaniṣad* como una ruptura con el mundo espiritual de los *Veda*, algo así como una "ilustración" rebelde en contra del radicalismo y formalismo en que había caído la India un poco después del primer milenio. En el fondo hay, sin embargo, una línea perfecta de continuidad entre los *Veda* y las *Upaniṣad*. Éstas no hacen sino continuar el mensaje de los *Veda* subrayando un punto esencial que, implícito en los *Veda*, no se había aún explicitado en la misma consciencia humana.

La consciencia cósmica y la concepción integral del sacrificio de la época anterior se interiorizan. No se niega la salvación por la acción ritual, pero se descubre que la auténtica acción no es la exterior, sino aquella que posee un alma interna: la intención y el conocimiento, pero no como simples factores epistemológicos o colectivos, sino como exponentes de la realidad humana, manifestada en una ontología no desgajada de la metafísica. Lo que vale es la intención, porque lo que cuenta es el hombre. Se ha verificado el desdoblamiento de la consciencia humana: la consciencia de sí misma. El hombre ha perdido la inocencia de su mente extática dirigida solamente a las cosas y al mundo para descubrirse a sí misma, y se da cuenta de que su espíritu es, en definitiva, el que cuenta. El sacrificio védico se convierte en el sacrificio del intelecto, y la exactitud de la acción exterior, que antes era interpretada como la condición necesaria para que aquella acción poseyera toda la carga óntica en el único orden real, esto es, en el sacro, ahora se convierte en la exactitud de intención, esto es en el conocimiento de lo que se trata. Quien "conoce" se salva porque conocer no es otra cosa que el sacrificio del intelecto.[108]

¿Qué tiene, pues que *hacer* el hombre para salvarse? La acción salvífica del sacrificio del primer período se hace consistir

108. Cf. *BG* IX, 15.

ahora en la acción interior del sacrificante. En otras palabras, los transcendentales[109] se desdoblan: el *Ser* de la época védica se descubre aquí como *Verdad*. Más adelante, como veremos, esta Verdad se descubre como *Bien*. En este último descubrimiento consiste la esencia de la *bhakti*. Y finalmente el *vedānta* y su mística descubrirán como *Uno* este Ser que es Verdad y Bien.[110]

Conocer la Verdad será, pues, la respuesta de las *Upaniṣad* al interrogante por la salvación.

¿Cuál es esta Verdad? Y nuevamente la contestación es tajante: "Eso eres tú"[111], "Yo soy *brahman*"[112], la ecuación *ātman-brahman*, en una palabra.[113] Cómo deban interpretarse estos *mahā-vākyāni* (grandes sentencias, aforismos)[114] de las *Upaniṣad* resta objeto de discusión de las escuelas, pero una cosa permanece universalmente reconocida como el mensaje de las *Upaniṣad*: la salvación depende del reconocimiento del principio divino en nosotros. No se trata, sin embargo, de un mero conocimiento conceptual, sino de una verdadera fe experimental, y de una cierta intuición que reconoce vitalmente la ecuación aludida, y que se da cuenta de que mi "yo" más profundo no es mi *ego* sino Dios, y que no puede ser otra cosa que Él. Entonces esta fe salva, no porque a través de ella, por así decirlo, un Dios transcendente nos eche una mano, sino porque el tal conocimiento es mucho más que una adecuación epistemológica que nos permite vislumbrar la existencia de la Salvación; es una realización ontológica que nos hace ya "ser" aquello que conocemos.[115]

109. Cf. Glosario.
110. Cf. más adelante, apartado C.I.4.a, pp. 185 y ss.
111. *CU* VI, 8, 7- VI, 9, 4 y ss.
112. *BU* I, 4, 10.
113. *MandU* 2.
114. Cf. Glosario.
115. No olvidemos que la escisión entre epistemología y ontología de la que estaba, y aún está, tan orgulloso el autodenominado "Siglo de las Luces" está sólo (y parcialmente) justificada dentro de los parámetros muy limitados de esta misma "Ilustración".

Otra característica de las *Upaniṣad* es el juego conjugado entre una concepción apersonal de Dios, y un concepto claramente teísta y personal de la Divinidad. Si esto corresponde a una evolución dentro de las mismas *Upaniṣad,* de manera que el teísmo pueda ser considerado como la coronación de la espiritualidad *upaniṣádica,*[116] o si la conjugación se hace de forma simultánea, esto es, aceptando el aspecto personal y el apersonal de la Divinidad, como se inclina a hacer la interpretación advaítica posterior, es un problema teórico muy importante, lleno también de consecuencias prácticas y causa de una doble corriente espiritual dentro del mismo hinduismo.[117]

Si desde el punto de vista meramente especulativo acaso la cuestión central de las *Upaniṣad* estriba en aquella célebre pregunta por el principio ontológico del conocer: "¿Qué es aquello que conociéndolo, todas las (demás) cosas nos resultan conocidas?",[118] y si la respuesta al interrogante se encuentra en la famosa definición de la Divinidad como "el origen último del que en verdad todas estas cosas nacen, por el que todas viven y al que todas regresan",[119] si desde la perspectiva filosófica, las *Upaniṣad* representan uno de los mayores esfuerzos de la mente humana por descifrar el enigma del mundo y su conexión con su Origen último, desde el punto de vista de

116. Como opina ZAEHNER (1977) en su importante obra.

117. Sin entrar en mayores disquisiciones apuntamos aquí otro malentendido capital debido al error hermenéutico, aún demasiado habitual, de interpretar las afirmaciones de una segunda cultura (y religión) con las categorías de la primera. Nos referimos a la personalidad o impersonalidad de Dios. Digamos solamente que las mismas razones que aduce Śaṇkara para defender la impersonalidad de Dios (evitar el antropocentrismo) son las que esgrime Tomás de Aquino para afirmar que Dios es personal (por poseer [como nosotros] inteligencia y amor). Otro ejemplo de cómo la interculturalidad no es sólo un requisito para la paz sino que también modifica y complementa nuestra intelección de la realidad.

118. *MandU* I, 1, 3.

119. *TU* II, 1. Cf. también *BS*, I, 1, 2 y los numerosos comentarios a este texto fundamental.

la espiritualidad podría acaso resumirse en la no menos conocida ecuación entre *ātman* y *brahman*.[120]

No es éste el lugar para entrar en la problemática de esta ecuación.[121] Limitémonos a decir que si desde un punto de vista filosófico es susceptible de muchas interpretaciones, desde un punto de vista de espiritualidad concreta contiene un doble mensaje: por un lado la divinización del hombre como su fin último y, por el otro, el camino hasta esta divinización, o sea, el proceso de des-cubrimiento y re-velación que es necesario para llegar hasta ella. Si a pesar de todos los meandros, complicaciones y aun aparentes contradicciones "toda la Ley y los Profetas" hablan de Cristo,[122] no creo que pueda negarse que todas las *Upaniṣad* hagan otra cosa que hablar de *brahman* como origen, fin último y fundamento del hombre, o, con otras palabras, no hacen otra cosa que proclamar la divinización o, si se quiere, la Divinidad del hombre.[123] Que este mensaje puede interpretarse de muchas maneras y que no lo haya estado siempre de la manera más idónea no puede extrañar a nadie, pero menos en clima hindú que reconoce que todas las palabras, junto a la mente que las concibe, no llegan a conseguir lo que quieren decir:

120. Cf. vgr. *CU* III, 14, 3-4; *BU* I, 4, 10, etc.
121. Como material para un estudio monográfico hemos recogido los siguientes pasajes: *CU* V, II, 1; VI, 8, 7; VII, 25, 2; VIII, 14, 1; *BU* I, 4, 10; II, 5, 19; III, 4, 1; III, 7, 23; IV, 4, 12; IV, 4, 25; *AU* V, 3; *SU* I, 16; *MandU* II, 2, 5; II, 2, 9; etc. Cf. mi comentario en PANIKKAR (2001/XXV), pp.953-1023.
122. Cf. *Lc* XXIV, 27; 44; II *Tim* III, 15; I *Pe* I, 11.
123. En otros varios trabajos he intentado ejemplificar este *sensus plenior* aludido. Si san Pablo puede decir que «la piedra era Cristo» (I *Cor* X, 4), acaso pueda aceptarse *mutatis mutandis* que *Īśvara* es figura de Cristo, que *Sat-cit-ānanda* apunta a la Trinidad, etc. Me parece importante puntualizar que el "sentido plenario" aludido no es el sentido que dan los cristianos a los textos hindúes, sino el sentido más completo que adquiere un texto a la luz de la interculturalidad: el *sensus semper plenior*. Este sentido plenario es semejante al del último "Padre" de la Iglesia de Occidente, Gregorio Magno, en el siglo VI: «La [sagrada] Escritura crece con quien la lee» (*Homiliae in Hiezechielem prophetam* I, 3, 18). Cf. BORI (1987); JOHANNS (1996) y PANIKKAR (1994/X), pp. 171 y ss.

> «De donde se retrotraen [frustradas] las palabras junto con la mente [incapaces de conseguirlo]; quien así conoce el gozo de *brahman*, éste no tiene miedo.»[124]

En el Principio era la Palabra (*vāc*) dicen varios textos védicos.[125] Pero la palabra no es el principio sino que está junto a él. Sin éste elemento místico no pueden comprenderse las *Upaniṣad*.

124. Cf. *TU* II, 4 (y II, 9).
125. Cf.los textos pertinentes en PANIKKAR (2002/XXV), pp.108-115; 143-147.

III. La Tradición – Smṛti

Con los *Veda* y las *Upaniṣad* termina la "Revelación" propiamente dicha y comienza la "Tradición", esto es, aquello que ha estado confiado a la *memoria* para ser recordado. Los *Veda* se complementan con los *Vedāṅga* o "miembros (auxiliares) de los *Veda*", como medios hermenéuticos y con los *Kalpa-sūtra*, o "aforismos sobre las formas (rituales)".[126]

Pero antes que los comentarios hindúes, en los siglos VII-VI antes de Cristo, aparece uno de los períodos religiosamente más fructíferos en la Historia de la Humanidad. Nos referimos a lo que siguiendo la conocida expresión de Karl Jaspers se ha convenido en llamar el "tiempo axial" de la humanidad (*Achsenzeit*).[127] No solamente Buddha, Mahāvira, Kṛṣṇa-Vāsudeva, sino que también Zarathustra, Lao-tzu, Confucio (Kung-fu-tzu), Pitágoras (Pythagoras), Heráclito (Herakleitos), Sócrates (Sokrates) y los mayores profetas de Grecia y de Israel pertenecen a este siglo, eje religioso del mundo antiguo. En él se verifica el paso a la consciencia religiosa-reflexiva de la hu-

126. El lector comprenderá que ésta es una manera de decir predominantemente occidental puesto que *śruti* y *smṛti*, Revelación y Tradición, no pueden separarse. La *memoria* es tal cuando nos recuerda, esto es, cuando pone en el corazón (*cor*) aquello que recordamos. Dijimos ya que la función de la Tradición no es sólo la de rememorar un pasado, sino la de recordárnoslo en el presente, convirtiendo así la Tradición en Revelación – que es lo que aquélla nos transmite. Los *Veda* no son Escritura; son palabras vivas que sólo pronunciándolas con fe se convierten en Revelación.

127. Cf. JASPERS (1956), pp. 11-32 y ss.

manidad. El buddhismo, jainismo y *bhāgavatismo* como religiones, a la par que las religiones de Grecia y la religión judía postprofética son todos fenómenos religiosos inscritos en la mutación efectuada en el siglo VII-VI antes de Cristo.

Es en este momento en el que la palabra tradición cobra sentido. Se pasa y transmite a los demás (*tradere*) lo que se es consciente de haber recibido de nuestros antepasados, sabiendo además que en el acto de la transmisión recreamos y forzosamente cambiamos lo que transmitimos. No hay tradición sin un acto de memoria reflexiva. Para comprender una tradición debemos remontarnos al momento creativo extático e inicial y reflexionar luego sobre él. En este período axial de la humanidad el hombre re-flexiona sobre lo que ha recibido en su propia consciencia. Posiblemente sea la India una de las primeras culturas que reflexionan sobre este hecho, porque no cree tanto en una revelación que procede de la trascendencia cuanto en una luz que se enciende en su propia inmanencia.

Mientras la *śruti* significa etimológicamente "lo oído" (o, más exactamente, aquello que nos hace oír), *smṛti* quiere decir "lo recordado" (o, más propiamente, aquello que nos permite recordar), lo reunido en la memoria y confiado a ella.[128] Mientras la *śruti* representa la "audición" de la realidad que se va actualizando en el individuo que la recibe, la *smṛti* significa el recuerdo que, confiado a la memoria, se va ponderando, profundizando y, así elaborado, transmitiendo a los demás. Si, con las cautelas ya anotadas, hemos traducido *śruti* por "revelación", deberíamos ahora verter la *smṛti* por la noción de *custodia* de tal revelación. Custodia, sin embargo (y esto es importante, pues nos ilustra sobre el carácter del hinduismo), que no consiste en una mera guardia material de un texto o en una simple repetición filológicamente exacta de un "contenido revelado", sino en una verdadera *tradición*, esto es, en una re-

128. Cf. Glosario.

transmisión elaborada de lo oído, puesto que no es la partitura, o sea el contenido intelectual, lo que hay que retransmitir, sino la música entera, y esto sólo puede hacerse si se "transmite" de nuevo la música original. Se trata de retransmitir lo oído. De ahí que una música pueda ser más fiel retransmisora que una idea, una praxis más completa que una teoría.

En efecto, los *Dharma-śāstra* forman la *smṛti* por antonomasia y ellos no son otra cosa que la puesta en práctica, la aplicación concreta a las diversas esferas de la actividad humana, de los principios védicos: son la obediencia a la *śruti*. Ello no quiere decir que el aspecto especulativo venga negligido; por el contrario, la *smṛti* es temáticamente un esfuerzo intelectual por "recordar" la *śruti*. Un ejemplo clásico es el famoso *Brahmasūtra* o colección de aforismos condensados y crípticos que contienen algo así como la quintaesencia de los *Veda*.[129]

De una forma u otra la *smṛti* es la *śruti* confiada a la memoria para que pueda ser retransmitida de generación en generación. Ella forma la verdadera tradición del hinduismo.

Dos cuestiones podemos plantearnos enseguida: *¿qué* es lo que se transmite? y *¿cómo* se transmite?

Al primer interrogante la *smṛti* responde que lo que se transmite no es el texto de la *śruti*; en primer lugar porque la *śruti*, como hemos indicado, no es un texto, y, en segundo lugar, porque si se limitase a transmitir la *śruti* no haría otra cosa que repetirla, mientras que la *smṛti* no sólo la interpreta inte-

129. Tradicionalmente adscrito a BĀDARĀYANA y escrito posiblemente en el siglo II antes de Cristo (aunque hay autores que lo consideran de los primeros siglos cristianos). Cf. texto original, traducción y comentarios por VIREŚWĀRANANDA (1948) y la más reciente y valiosa de RADHAKRISHNAN (1960). Cf. la traducción española literal (y bilingüe) de PALMA (1997) y la menos literal con el comentario de Śaṇkara por MARTIN (2000). Cf. también la traducción inglesa del *Brahma-sūtra-bhāṣya* de Śaṇkara por GAMBHIRANANDA (1965).

lectualmente, sino que la ejemplifica y la aplica, esto es, la encarna y la desarrolla. La *smṛti* no posee autoridad en sí misma, sino sólo en cuanto contiene, explica o ejemplifica la *śruti*. En una palabra, lo que la *smṛti* transmite es la *fe* en aquella "revelación" *sui géneris* que son los *Veda*. Sin esta fe los Veda son letra muerta. La fe es lo que permite que sean *śruti*, que sean oídas, que se oigan. Sin la inspiración del lector no hay libro inspirado. «La letra mata.»[130]

Pero si lo que se retransmite es la fe, el modo de retransmitirla es la especulación que hoy día pudiéramos llamar filosófica o teológica. De ahí que la forma de tal retransmisión sea el tratado teológico-práctico. Y en rigor los diversos monumentos que constituyen la *smṛti* poseen todos este carácter.

7. Período de los *Vedāṇga* y *Kalpa-sūtra* (siglos VI al III a. C.)

Prescindiendo del controvertido punto sobre si el buddhismo y el jainismo deben considerarse como religiones independientes del hinduismo o como movimientos heréticos del mismo, por respeto a la clasificación habitual en Occidente (y por motivos de simplificación) dejaremos de lado estas dos grandes religiones y nos contentaremos con decir que durante este período el hinduismo propiamente dicho sufre un momento de baja y de inflación tanto ritualística como doctrinal, cosa que explica la reacción del Buddha y el florecimiento del jainismo aunque éste pretende ser más antiguo.[131]

El *bhāgavatismo* y el *śivaísmo* aparecen también en esta época. Sobre ellos hablaremos más adelante. Baste decir que

130. II *Cor*. III, 6.

131. Cf. PANIKKAR (1999/XIX). Cf. sobre el jainismo PÁNIKER (2001) que posiblemente sea la primera monografía en español.

el primero subraya el carácter personal y único de la Divinidad y la devoción o el amor como la forma de unión a ella. La trasposición intelectual del sacrificio védico en favor del conocimiento realizado por las *Upaniṣad* se continúa aquí en la dirección complementaria y más simple del puro amor. Para unirse con Dios y obtener la salvación no es ahora ya tan necesario un mero "saber especulativo" – utilizando estas dos palabras en su sentido reduccionista (para ser breves). Lo importante en este caso es el amor y la consagración a Dios. Sobre el *śivaísmo* baste decir aquí que Śiva en el *Ṛg-veda* es simplemente un nombre común (benévolo, gracioso, feliz...) y que luego la tradición le ha adscrito nada menos que 1008 nombres que subrayan uno de sus múltiples aspectos.

Nos encontramos en un momento de una enorme proliferación religiosa. Por todas partes surgen nuevas sectas y religiones. Algunas perdurarán, otras desaparecerán o se absorberán en las tradicionales o en las nuevas. El despertar ya aludido de la consciencia religiosa refleja este estado de cosas. A partir de este momento el hinduismo será un árbol frondoso en donde podrán anidar cuantos movimientos religiosos acepten el tronco existencial común mencionado al principio.[132]

La religión se hace consciente y con ello también conscientemente popular. Se distingue de la vida ordinaria en cuanto se le atribuye un carácter especial. Se especializa y con ello se acentúa la distinción entre lo sacro y lo profano. Cuando la reflexión analítica nos define lo religioso, lo hace a expensas de distinguirse de un fondo más general, que por esto mismo dejará de considerarse como religioso. La religión se ritualiza y se especializa, los sacrificios se particularizan y el hombre se

132. Sobre los *Dharma-śāstra*, además de las obras ya citadas cf. entre otras BÜHLER (1886); DUTT (1906-08); HOUGHTON (1925); JHA (1920-26); KANE (1958). Cf. también JAVASWAL (1930); PAL (1958); RANGASWAMY AIYANGAR (1952).

siente llamado a participar con consciencia refleja en la faena específicamente religiosa.[133]

Por otra parte es el momento del nacimiento de las diversas ciencias particulares, con la consiguiente tensión con respecto al fondo sacro común indiscriminado de donde surgen. Tensión, sin embargo, que por regla general no se rompe en intentos separatistas y que permite que la evolución cultural india se realice de una forma serena y armónica que le ha permitido hasta muy recientemente mantener la unidad del saber bajo la égida de la ciencia sagrada.[134] No nos corresponde ahora seguir por estos derroteros. Mencionemos solamente que la gran construcción de una ciencia política, ontónoma pero no autónoma con respecto a la religión, pertenece a este período.[135]

8. La edad épica – Los *Itihāsa* (Leyendas) (siglos III a. C. al III d. C.)

La efervescencia del período anterior cristaliza en la época en la que los dos grandes poemas épicos del hinduismo se fijan por escrito.[136]

Se ha dicho que ésta es la época en que el *brahmanismo* se convierte en hinduismo, y de hecho todas las características del hinduismo hasta nuestros días se pueden encontrar en los grandes poemas épicos, el *Mahābhārata* y el *Rāmāyaṇa*, que vienen a tener para el hinduismo popular más autoridad que cualquier

133. Sobre los *Dharma-sūtra* puede consultarse como una primera orientación: BÜHLER (1897); GOPAL RAM (1959); OLDENBERG (1886-92).

134. Cf. PANIKKAR (1997/XXXIX).

135. Sobre el *Artha-śāstra*, cf. las traducciones de JOLLY & SCHMIDT (1923); cf. también BANERJI (1927); KRISHNA RAO (1979); SHAMA SASTRI (1961).

136. Son los más extensos de la humanidad: sólo el *Mahābhārata* con sus 100.000 *ślokas* (*stanze*), es ocho veces la Ilíada y la Odisea juntas y tres veces y media la Biblia.

otro documento.[137] Durante este período el hinduismo se extiende por toda el Asia del Sur y aun hoy día en aquellas comunidades estos dos poemas épicos representan poco menos que la máxima autoridad en materia de ortodoxia hindú.[138]

La espiritualidad del *Mahābhārata* puede condensarse en la conocida fórmula: *dharma-artha-kāma-mokṣa*, [virtud-riqueza-placer-liberación] que detallaremos más adelante. La piedad se hace popular y sincretística, el altar, que en el período anterior aún mantiene la primacía sobre el templo, se ve desbancado en favor de éste último. Las fiestas, las peregrinaciones y la adoración de imágenes adquieren su mayor auge.

No podemos pretender dar una idea de la enorme variedad y riqueza del *Mahābhārata*, esto es, de la gran batalla de los *bhārata*. En él se encuentra condensado todo el hinduismo, en lo que tiene de religión, de cultura y de una buena parte de historia. La parte central de la epopeya, la enemistad entre los *pāṇdava* y los *kaurava*, es ciertamente anterior al siglo V antes de Cristo, aunque la obra no puede considerarse completada hasta el IV de la era cristiana.[139]

Sabido es que la *Bhagavad-gītā* constituye la perla más preciosa engarzada en la vasta corona del *Mahābhārata*.[140]

No menos importante, aunque más breve, es el *Rāmāyaṇa*

137. Cf. como introducción bibliográfica DE S. K. (1962); WINTERNITZ (1993). Es todavía una obra fundamental FARQUHAR (1920) y también HOPKINS (1986); SIDHANTA (1929).

138. Cf. vgr. NAG (1941).

139. Cf. las traducciones de JACOBI (1903); OLDENBERG (1922); RAY (1893-96). Cf. también RICE (1934); SUKTHANKAR (1944); THADANI (1933). En español hay dos volúmenes que resumen el *Mahābhārata*: LIDCHI-GRASSI (1997; 1998).

140. La bibliografia actual sobre la *Gītā* es inmensa. Cf. como indicación somera: en primer lugar las ediciones, traducciones y comentarios de AUROBINDO BOSE (1950); EDGERTON (1952); MAHADEVA SASTRI (1977); MODI (1956); OTTO (1939); RADHAKRISHNAN (1953); SASTRI H.P. (1949); TELANG (1965); TILAK (1935) y también RAJAGOPALACHARI (1941); RANADE (1959); SARKAR (1945). En castellano cabe señalar MARTÍN (2002); PLA (1997); RIVIERE (1980); TOLA (2000).

de Vālmīki. Escrito probablemente antes del siglo IV antes de Cristo, Rāma, su héroe, vivió entre los siglos VIII y VII anteriores a la era cristiana y contiene la sencilla historia de Rāma, príncipe real de la casa de Ayodhyā, desterrado por las malas artes de su madrastra y seguido en el destierro por su fiel esposa Sitā y su hermano Lakṣmaṇa. En la jungla del destierro raptan a su mujer, que es rescatada después de innumerables aventuras, volviendo al final de su período de exilio a su reino, en donde es coronado y reina por muchos años.

Toda la obra es un himno al *dharma*. La genial sencillez de sus profundas estrofas hacen del *Rāmāyaṇa* una de las primeras obras de la literatura mundial. La obra de Vālmīki sufrió posteriormente muchas interpolaciones y Rāma tuvo luego muchos otros cantores, de tal manera que existe otra multitud de *Rāmāyaṇa* posteriores.[141]

9. La edad de los mitos – *Purāṇa* (siglos VI a. C. al III d. C.)

La tradición reconoce 18 grandes *purāṇa*, llamados *mahā-purāṇa,* al lado de los cuales coloca otros muchos *upa-purāṇa* o *purāṇa* secundarios, que algunos estudiosos, por afán de simetría, reducen también a los 18 principales.[142] Sobre sus épocas reina todavía una gran vaguedad.[143]

141. Cf. las traducciones AIYERN (1954); AUROBINDO BOSE (1956); DUTT (1897-1894); GRIFFITH (1870-1874); JACOBI (1893); RAJAGOPALACHARI (1957); RAMASWAMI SASTRI (1944); SHASTRI, H. P. (1952-59); SRINIVASA SASTRI (1952); VAIDYA (1906); VAUDEVILLE (1955a; 1955b). Cf. también las ediciones bilingües de TULSĪDĀS (1993) y la de VĀLMĪKI (1969).

142. A pesar de la importancia que se les reconoce nuevamente y de los grandes esfuerzos para obtener ediciones críticas y buenas monografías, el estudio de los *Purāṇa* está aún en sus inicios. Cf. los documentados artículos en *[CHI]* vol. 11, pp. 223-300 y la bibliografía allí indicada.

143. Cf. MANKAD (1951). La revista *Purāṇa [Bulletin of the Purāṇa Department*

Los *purāṇa* son inmensas obras de devoción, leyendas, mitos, enseñanzas filosóficas ejemplificadas y ritos de una gran variedad. Junto a los *itihāsa* suelen considerarse como el quinto *Veda* (*pañcamo vedaḥ*) y su influencia es visible hasta nuestros días. Son ellos los que forman o, mejor acaso, conservan la capa telúrica de la religiosidad hindú en toda su riqueza mítica. En rigor no puede pretenderse comprender la espiritualidad hindú sin una iniciación *puráṇica*. Por fortuna la falta de textos y estudios viene compensada por su extrema popularidad, de manera que aun sin un conocimiento exhaustivo de los mismos puede penetrarse en su espíritu a través de las tradiciones vivas y festivas del hinduismo contemporáneo.[144] En rigor ningún pueblo puede vivir sin sus mitos, ni ninguna religión es completa si por respeto humano o perjuicios "cientificistas" reniega de sus parábolas y mitos.[145]

All-India Kāśirāja Trust], publicada por el All India Kāśirāja Trust bajo el auspicio del Maharāja de Varanasi, se dedica exclusivamente a su estudio.

144. Existen algunas traducciones inglesas BHATT (1995); DAS AKHTAR (1972); DUTT SHASTRĪ (1967; 1968); KUNST & SHASTRI (1969-70); PARGITER (1969); SHASTRI (1973); SWARUP GUPTA (1968; 1972); VED KUMARI (1968; 1973); WILSON (1972). Muy útil también MANI (1975).

145. Cf. PANIKKAR (1961/15).

IV. LOS COMENTARIOS – BHĀṢYA

Mientras la *smṛti* es tradición propiamente dicha, el *bhāṣya* es más bien un comentario y con ello adaptación y explicación de la *śruti*. El período de la *smṛti*, al igual que el de la *śruti* pertenece al pasado, mientras que el del *bhāṣya* permanece temáticamente abierto. Después de las epopeyas propiamente dichas comienza la época de los grandes comentarios y sigue hasta nuestros días.

El *bhāṣya* hindú puede considerarse desde un doble punto de vista: a) el comentario intelectual, y entonces tenemos los grandes sistemas filosóficos-teológicos llamados *darśana,* y b) el comentario vital o existencial, por no llamarlo simplemente práctico, que constituye la espina dorsal de las grandes religiones, los *Āgama* – aunque la separación no sea estricta.

10. La época de los sistemas filosóficos – *Darśana* (siglos III al VII d.C.)

Es casi imposible atenerse a una cronología rigurosa en la historia espiritual de la India. La especulación filosófica nace ya antes de este período y puede conectarse con la época de las *Upaniṣad*.

La mayor parte de los sistemas filosóficos cristalizan durante este período que se caracteriza por un esfuerzo de profundizar la religión con el intento de aunar la espiritualidad popular con las exigencias de la mente. Aparecen entonces los seis sistemas filosóficos tradicionales del hinduismo ortodoxo. Como la misma palabra *darśana* sugiere (de la raíz *dṛś* [ver]), estos sistemas no pretenden ser una simple especulación racional, sino "visiones" del mundo, *Weltanschauungen*, que proporcionan no tan sólo ni primariamente una simple descripción de lo que las cosas sean, sino un camino consciente de salvación; son teologías o filosofía en el sentido vital e integral de la palabra. Cada *darśana* es en el fondo una escuela de espiritualidad. Con excepción hecha de la escuela materialista (*cārvāka*) y en cierta manera del buddhismo, todos los demás sistemas, incluyendo los heterodoxos (*nāstika*), parecen coincidir en los tres famosos puntos: *karma*, *mukti* y *jīva* (o *ātman* o aún *puruṣa*), esto es, en que hay un alma (*jīva*) que debe llegar a la salvación (*mukti*), siguiendo la ley del valor histórico-ontológico de las acciones humanas (*karma*).[146]

Lo importante para nuestro caso es la concepción salvífica de la "filosofía". Prácticamente ninguno de los grandes filósofos de la India pretende crear un sistema, ni tan siquiera hacer una obra original, sino comentar la *śruti*, desentrañarle el sentido, explicar su mensaje y ayudar al hombre a realizar su fin.[147]

146. Cf. DASGUPTA S.N. (1991-95).

147. Sobre los sistemas filosóficos de la India habría que consultar las distintas obras monográficas sobre el particular. Nos contentaremos con dar algunas referencias a obras generales. DASGUPTA, S.N. (1991-95); DEUSSEN (1894-1920), que tiene el mérito de una obra precursora por lo que se refiere a la filosofia de la India; FRAUWALLNER (1953-56); HIRIYANNA (1999); MAHADEVAN (1998) y, la primera en su género, RADHAKRISHNAN (1982); la obra colectiva editada por RADHAKRISHNAN (1967); RADHAKRISHNAN (1996); ZIMMER (1969). Útil y didáctico es también (para uso de estudiantes, sobre todo norteamericanos) RAJU (1985). Para estudios especializados merece mención la *Encyclopaedia of Indian Philosophies*, dirigida por POTTER (1970-90), obra muy útil con más de 800 páginas de texto y más de 9000 títulos. Cf. también PANIKKAR, (1997/XXXIX) y RAJADHYAKSHA (1997).

11. La época de las grandes religiones – *Āgama* (siglos VII al XIV d.C.)

La espiritualidad hindú vive en este período acaso el mayor de sus momentos. El hinduismo ha llegado a su madurez. Por un lado es el momento de las grandes concepciones teológicas y de las grandes escuelas de vida y de espiritualidad. Śaṇkara (788-820), Rāmānuja (1017-1137), Madhva (1119-1278), Nimbarka (s. XII), etc. pertenecen a este período, así como el *Bhāgavata Purāṇa* (s. X) y los demás movimientos de "devoción" (*bhakti*). El misticismo del sur de la India florece también ahora con los *āḷvār*. El *śivaísmo*, el *viṣṇuismo* y el *śaktismo* se afirman como las tres grandes corrientes religiosas de la India. Al mismo tiempo el tantrismo confiere un tinte especial peculiar a una buena parte de la espiritualidad del tiempo.

El hinduismo se vuelve sintético y también sincretista. Viṣṇu y Śiva quieren identificarse en último término (*Skanda Upaniṣad*), y los seis sistemas ortodoxos de filosofía se consideran por algunos como equivalentes o como complementarios.

El *śivaísmo* considera tradicionalmente 28 *Āgama*, mientras que el tantrismo viene representado por 77. Al hablar de estas religiones emplearemos este tipo de literatura.

No puede decirse que el hinduismo haya dejado de ser creador en este último período. Por razones de sistematización, sin embargo, acaso no sea errado decir que es una época de grandes comentarios (*bhāṣya*) tanto en el orden de la especulación (Vallabha [1479-1521], Caitanya [1485-1533], etc.), como en el orden de la piedad popular y mística. Es el momento de las grandes espiritualidades centradas en Rāma (Rāmānanda [siglo XIII], Kabīr [1440-1518][148]; Tulsīdās [1532-1623]

148. Sobre Kabīr los trabajos de TUKĀRĀMA (1956) y VAUDEVILLE (1955), y LAL (1921) sobre Mīrā Bāī, merecen una especial mención a este respecto. Existe una pequeña colección traducida por TAGORE (1945); por VAUDEVILLE

el famoso escritor del *Rāmāyaṇa* popular en hindi), o en Kṛṣṇa (Nāmdeva [1270-1350], Vallabha [s. xv], Caitanya [1485-1539], Tukārām [1608-1649], Eknātha [1533-1599], Mīrā Bāi[149] [1498-1546], etc.).

De esta época es también Guru Nanak (1469-1538), el fundador de la religión de los sikh.[150] Distintas formas de hinduismo aparecen pujantes y se establecen prácticamente como religiones completas e independientes, aunque todas insertadas en el tronco común del hinduismo; *Śaiva-siddhānta*, en Tamilnadu, y los *Lingāyata*, en Karṇāṭaka, son ejemplos de dos religiones originadas en la época anterior y florecientes durante todo el Medioevo de la India hasta nuestros días.

Si escribiésemos una historia de la espiritualidad hindú este capítulo debería ser uno de los más complejos, pues deberíamos tratar conjuntamente de *historia*, *cultura*, *religión* y *filosofía*.

En este período aparece muy claramente la artificiosidad de las clasificaciones habituales. Podemos y debemos distinguir el sentido diverso de las cuatro palabras que hemos empleado, pero no podemos separarlas en cuatro disciplinas independientes. La historia nos describe el marco en el que se manifiesta la cultura de una época cuya alma es la religión y cuya dimensión crítica, tanto intelectual como cordial, es la filosofía.

La denominación al parecer intrascendente y meramente pragmática (como la de la meta-física) adquiere un sentido

---

(1957); cf. también el estudio-antología de EZEKIEL (1992) y la traducción española PERADEJORDI (2000).

149. Cf. ALSTON (1980).

150. Para el sikhismo cf. DELAHOUTRE (1985); GREENLEES (1952); MACAULIFFE (1978); PIANO (1971); SINGH HARBANS (1969); SINGH HARBANS (ed.) (1975); SINGH KARTAR (1998); SINGH SURINDAR (1961); SINGH TEJA (1944); TRUMPP (1978) y la obra colectiva *Sikhism* VV. AA. (1969).

profundo como aquella mediación entre estos cuatro símbolos. En la Edad Media europea ocurre significativamente algo parecido. No es tanto un período de transición, como quisieron significar los historiadores influenciados por los aires de la "Ilustración", cuando popularizaron este vocablo creado por los humanistas de los siglos XIV y XV, cuanto un período de mediación que no ha abjurado de lo antiguo y que está abierto a lo moderno. Al menos éste es el sentido que permite ser aplicado a otros períodos de de historia fuera de Europa.

En efecto, en los autores citados, y otros muchos, notamos ese aire nuevo, aunque la ventana fue abierta por los vientos musulmanes no siempre dulces, junto con una profundización de lo tradicional. No es de extrañar que la mística hindú floreciese en aquel período.[151]

En rigor, como ya hemos insinuado, lo que llamamos hinduismo son los hinduismos de este período, que sin perder sus semejanzas familiares se establecen en religiones autóctonas.

12. La reforma moderna (del 1750 al 1950)

La influencia espiritual de la dominación occidental, sobre todo la británica, en la India fue tan importante y comparable a la musulmana del período anterior. La primera reacción de adoptar las formas de vida occidentales y despreciar todo lo indígena fue pronto abandonada por las clases rectoras que, desde la mitad del siglo XVIII, empezaron serias reformas del

151. Para un resumen clásico, a partir de las fuentes, de las posiciones de Rāmānuja, Mahdva, Nimbarka, Kabīr, Tulasīdās, Vallabha, Caitanya, Nāmdeva, Tukārām, los Lingāyāt y el śivaísmo de Kashmir cf. BHANDARKAR (1982), reedición del original de 1913, el cual, a pesar de investigaciones posteriores, sigue siendo vital.

hinduismo, que en los últimos tiempos había permanecido bastante estancado.[152]

Los principales movimientos fueron religiosos a la par que sociales y políticos. Reformar el hinduismo significaba también transformar la sociedad hindú y combatir la dominación extranjera. De ahí la complejidad de tales reformas.[153]

La *Brāhmo Samāj*, fundada en 1828 en Bengala, ocupa con Rām Moham Roy (1772-1833), indiscutiblemente el primer lugar.[154] Después de las vicisitudes de sus sucesores, Devendranāth Tagore (1817-1905) y Kesbah Chandra Sen (1838-1848) la *Brāhmo Samāj* se convirtió prácticamente en otra religión de caracteres teístas y de semejanza exterior cristiana.

Sus divergencias con el hinduismo ortodoxo son notables: negación del valor de las "Escrituras", de la existencia de *avatāra*, de la justificación teórica de las castas y condenación de cualquier forma de pluralidad de Dioses y de adoración de imágenes.

La reacción más violenta en contra de cualquier forma de compromiso fue la del *Ārya Samāj*, fundada por Dayāna Sa-

152. Como ejemplo (moderado) entre mil que resume el encuentro religioso con el cristianismo en esta época cf. «Junto con los nuevos conocimientos llegaron los furibundos ataques de los primeros misioneros cristianos contra el hinduismo y la sociedad hindú. Los celosos misioneros, que no perdieron ninguna ocasión de despreciar nuestras instituciones religiosas y sociales, fueron educadores y cruzados. Abrieron escuelas y colegios en donde no sólo se impartían conocimientos académicos sino que también enseñaron el cristianismo como la única religión verdadera. La combinación de estas dos fuerzas produjo, provisionalmente, en las mentes de las clases educadas un escepticismo radical o una cierta inclinación hacia el cristianismo; pero en último término sólo sirvieron para despertar al hinduismo de su sueño», SHARMA (1956). Cf. palabras anticristianas más fuertes en BOSE A.B. (1954), pp. 8 y ss.

153. La India de este tiempo queda descrita en DUBOIS (2001), el famoso Abbé a quien Max Müller escribió un prólogo laudatorio y que luego nacionalistas posteriores criticaron por sus relatos demasiados realistas de la situación de su tiempo.

154. Cf. la obra colectiva, editada por CHAKRAVARTI, S.C. (1935).

raswati (1824-1883). Retorno a los *Veda*, sin adaptación ni rebaja ninguna, es el lema. Ni siquiera las *Upaniṣad* ni la *Gītā* son tenidas en consideración. Es un hinduismo puro y militante, que en política quisiera una especie de teocracia hindú, difícil de compaginar con el mismo espíritu tolerante y comprensivo del hinduismo. La salvación viene exclusivamente de Dios y el camino es el ritual védico seguido no sólo en espíritu, sino también ateniéndose a la letra.

No todas las formas de reacción han seguido este camino. *Lokamanya* (amado caudillo) B.G. Tilak (1855-1920) dentro del orden social-político,[155] y Vivekananda (1863-1902), dentro del orden religioso, siguieron la pauta de Ramakrisna Paramhaṃsa (1836-1886) y son grandes figuras del hinduismo contemporáneo.

Los siglos XIX/XX han sido un gran período de reacción espiritual para la India. Los nombres de Gandhi (1869-1948),[156] Śrī Aurobindo (1872-1950),[157] Rāmana Mahārsi (1879-1950),[158] Ānanda Māyī (1896-1982),[159] Śivānanda (1887-1963),[160] y otros muchos son por sí solos un monumento de auténtica espiritualidad, encarnada en el orden político el primero, en el filosófico el segundo, en el meramente escatológico y tradicional el tercero, de pura espiritualidad la cuarta, y de *bhakti* y sin adulteraciones el quinto, sin dejar de mencionar a quien ha sido otro forjador de una buena parte de la espiritualidad India contemporánea, Rabindranath Tagore (1867-1941). Cada uno de estos nombres representa otras tantas escuelas de espiritualidad que desde pers-

155. Cf. TAHMANKAR (1956).
156. GANDHI (1986-1997).
157. Cf. AUROBINDO (1950, 1955, 1956, 1971, 1981, 1994); MERLO (1998); SATPREM (1999).
158. Cf. BALLESTEROS (1992, 1995, 1998); GANAPATI MUNI (1986); OSBORNE (1963).
159. Cf. ĀNANDAMAYĪ MĀ (1982).
160. Cf. ŚIVĀNANDA (1953).

pectivas muy distintas han sido todas una síntesis entre lo tradicional y lo contemporáneo, lo que demuestra la vitalidad del hinduismo.[161]

Habría también que mencionar la perspectiva inversa, a saber la influencia del hinduismo sobre el islam y el cristianismo. Ya hemos mencionado la religión sikh que no se comprende sin la mutua influencia entre el islam y el hinduismo. Hasta bien entrado el siglo XIX el nombre corriente para Allah en una buena parte de los musulmanes del pueblo bengalí era *Īśvara*.

De esta época son también Swamī Brahmabandhab Upadhyay (1861-1907),[162] condiscípulo de Vivekananda[163] y durante un tiempo compañero de Tagore, bautizado al cristianismo en 1891, y Sadhu Sundar Singh (1889-*circa* 1929), un convertido al cristianismo que adoptó la espiritualidad de *saṃnyāsin* hindú.[164] Ambos, católico el primero (aunque bautizado por un sacerdote anglicano) y protestante el segundo, son los precursores de los ensayos posteriores de adaptar el cristianismo a una espiritualidad hindú. Pero debemos cerrar este inciso.

La falta de perspectiva temporal y también cultural, puesto que sin duda alguna está emergiendo un nuevo mundo, nos impiden dar un juicio sintético sobre este renacimiento hindú. En líneas muy generales puede decirse, sin embargo, que se trata de una reforma positiva y en la que el espíritu tradicional se conjuga con las aportaciones modernas. Sin hablar de influ-

161. Bibliografía (además de la ya indicada): ANTOINE (1957); FARQUHAR (1999); KRÄMER (1958) (con abundante bibliografía); M. (seudónimo) (1947); ROLLAND (1930a) (vida y doctrinas de Ramakrishna y de Vivekananda); SARMA (1946); TAGORE (1980; 1988; 2002). Cf. más recientemente SHARMA A. (1996), y también MALL (1977).

162. Cf. LIPNER (2001).

163. ROLLAND (1930a; 1930b); VIVEKANANDA (1946).

164. Cf. la tesis doctoral de LAVARENNE (sin fecha, hacia 1994), además de ANIMANANDA (sin fecha, hacia 1947), y más recientemente los estudios de LIPNER & GISPERT-SAUCH (2001).

jos apologéticos o imitaciones artificiales, no puede negarse que la espiritualidad hindú moderna representa un paso de envergadura hacia el encuentro y el entendimiento de las religiones. Concretamente, sin necesidad de hablar de "elementos" cristianos en el neo-hinduismo, puesto que las religiones son un todo orgánico y ni la una ni la otra se dejan despedazar en "átomos", es indudable que una simbiosis positiva está teniendo lugar en la India, país en el que tradicionalmente todas las religiones conviven y se fructifican mutuamente (piénsese en el sufismo, para citar otro caso).[165] Dicho con otras palabras, la emulación, sea la cristiana, sea la moderna, sirve al hinduismo para purificarse y encontrarse a sí mismo, y el choque con el mundo occidental moderno para adaptarse y progresar en un sentido muy paralelo al de la evolución del sentido cristiano después del influjo y predominio del mundo técnico y científico. «Solamente la verdad triunfa»,[166] dice el lema de la joven república India. Esta actitud optimista y de confianza en la verdad es una característica del hinduismo actual, que por otra parte sufre, quizá más que cualquier otra religión, la influencia desintegrante de la llamada civilización moderna, que tiende, por lo menos en sus primeras fases, a dejar de lado el espíritu religioso.[167]

13. El período contemporáneo

Resumir en pocas páginas la temperatura espiritual de un quinto de la humanidad en este tiempo, tanto de crisis como de fecundación entre culturas, es poco menos que imposible. Intentémoslo, sin embargo, en tres epígrafes.

165. Cf. a guisa de ejemplo ZAEHNER (1969) o SCHIMMEL (2002).
166. *Satyam eva jayate*, *MandU* III, 1, 6.
167. Cf. PANIKKAR (1960/III).

a. El impacto de la secularización[168]

La India moderna ya no es la tradicional. El gran catalizador del cambio es la tecnología que penetra en todos los rincones de la nación con una velocidad acelerada, a pesar de la resistencia pasiva, y generalmente inconsciente, de una gran parte de la población. El éxodo a las ciudades y su gigantesco crecimiento es, por sí solo, una prueba.

El *dharma* del hinduismo es muy flexible, y a lo largo de su historia milenaria se ha adaptado a las incursiones de otras religiones, como el islam, y otras culturas, como la británica. Pero las cartas estaban sobre el tapete; la acomodación era libre o forzada, pero era consciente. La tecnología moderna, en cambio, se presenta como un simple instrumental para mejorar la vida, sin pretensiones ideológicas, y además sin la consciencia de imponer una nueva religión o una cultura "más desarrollada". Hace falta una reflexión más profunda para percatarse, en contra de una opinión superficial, de que la tecnología, inseparable de la ciencia moderna, no es neutral ni universalizable sin romper los ritmos de la cultura tradicional – para bien o para mal.[169] El problema es muy complejo.[170]

El gran factor de esta modernización, que equivale a aceptar el patrón cultural de Occidente, ha sido el mismo gobierno de la República de la India, que ha adoptado prácticamente todos los modelos culturales de Occidente creyendo que eran universales. Durante bastantes años la discusión sobre si "modernización" equivalía a "occidentalización" fue tema constante y casi obligado entre los intelectuales. No es nuestro tema pero debíamos dejarlo por lo menos apuntado. El fenómeno no es sólo de la India, sino global.[171]

168. Hablamos de secularización como *desacralización* de la vida, y no de *secularidad* como "ontonomía" de los valores seculares.
169. Cf. PANIKKAR (2001/50).
170. Cf. BANERJEE B.N. (1998).
171. Cf. LATOUCHE (1989).

No deberíamos perder la perspectiva histórica, máxime tratándose de una espiritualidad multimilenaria. Pero tampoco podemos ignorar la reacción nacionalista de un hinduismo militante en los últimos lustros del siglo XX. El nombre de *hindutva* es el símbolo.

El fenómeno es demasiado reciente para una evaluación de su espiritualidad. Existe hoy una proliferación de escritos en libros y revistas. Nos limitaremos a un par de observaciones generales que prescinden de las connotaciones políticas actuales y que no quieren ofrecer una evaluación del movimiento sino sólo situarlo en la historia general de la espiritualidad hindú.[172]

b. La emergencia de los dalit

No puede negarse que durante milenios el hinduismo como orden social-religioso ha negligido, por no decir despreciado, los estratos inferiores de la sociedad, los fuera-casta. Después del apelativo bien intencionado, pero un tanto condescendiente, de Gandhi: *Harijan,* "hijos de Dios", estos estratos sociales prefirieron llamarse a sí mismos *dalit*, "oprimidos". Y en efecto es una lacra del hinduismo que el gobierno no ha sabido remediar después de la Independencia. Es un problema de justicia que no dudaría en llamar el primer problema de la India, tanto religiosa como política.[173] Por razones históricas muy complejas tanto los *dalit* como los *adivasi* quieren liberarse de la "tutela" del brahmanismo y se resienten de la explotación de la que han sido víctimas. Se han salido del *dharma* hindú al que se los ha querido asimilar.[174]

172. Para una enjundiosa descripción de la India moderna, aunque muy parcial e idiosincrática, cf. CHAUDHURI (2001).
173. Cf. PANIKKAR (s.f.), mi libro de próxima publicación, que intenta presentar la espiritualidad índica como una de las pocas alternativas al estilo de vida tecnocrático que se va imponiendo en el mundo.
174. Recordamos que en 2002 los *dalit* constituyen una población de 250 millones. Existe hoy en día un sinfín de publicaciones sobre los *dalit* y una *Dalit International Newsletter* que lleva publicándose desde 1995 en Waterford, CT (USA).

Dijimos al principio que ni intentábamos hacer una apología del hinduismo ni denigrarlo. No hay religión que no tenga sus páginas negras. *Corruptio optimi pessima* [la corrupción de lo mejor es lo peor] ya dijo, al parecer, san Jerónimo. Por otro lado tampoco podemos juzgar fenómenos del pasado con las categorías del presente. Aunque la situación social de la India moderna deje mucho que desear, surgen por doquier voces que se dan cuenta de la injusticia cristalizada e intentan corregirla – aunque no siempre sin violencia, como quería Gandhi.[175]

c. La reacción integrista

La historia tiene su ritmo y su memoria, que no es precisamente la de los individuos. A pesar de las simbiosis positivas innegables del encuentro del hinduismo con el islam y con el cristianismo (aunque se llamase imperio británico) no puede negarse que las voces hindúes tradicionales tuvieron que expresarse con sordina y refugiarse en el hinduismo popular. Esto ha dado lugar a la gran rebelión del *hindutva*.

No puede negarse tampoco que durante siglos el hinduismo, como orden social-religioso, ha sido ignorado, por no decir despreciado, por las elites dominantes.[176] Con la excusa real o ficticia de que el hinduismo es tolerante y lo absorbe todo, la religiosidad tradicional de la India se ha ido desplazando hacia una secularización (que distingo de secularidad) cada vez mayor y que como religión ha tenido muy poco que decir en la

---

Cf. la enciclopedia de 14 volúmenes editada por PASWAN & JAIDEVA (2002), además de las distintas publicaciones de AMBEDKAR, que fundó el neo-buddhismo para emanciparse de la esclavitud de las castas. Cf. RANGA (2000); WILKINSON & THOMAS (1972). Sobre la situación doblemente delicada de los cristianos *dalit* cf. WILSON (1982) y WEBSTER (1992). Para una breve historia de los *dalit* cf. MASSEY (1991).

175. Cf. a guisa de ejemplo la reacción de la mayor aglomeración de pobres de Asia, el "slum" de Mumbai, llamado "Dharavi". Cf. PATEL & GOGA (1987).

176. Cf. como botón de muestra KUMAR (1995); PANIKKAR (s.f.).

formación de la India moderna. No es de extrañar que cuando, por un motivo u otro, el hinduismo se ha afirmado a sí mismo como capaz de crear un estilo de vida propio, la reacción popular haya sido muy opresiva. Ello ha llevado consigo extremismos de muchas clases y reacciones violentas en contra de otras religiones. Dicho esto, no puede negarse que está emergiendo una espiritualidad hindú beligerante que, al socaire de movimientos políticos, quiere incluso modificar la interpretación histórica de los orígenes del hinduismo.[177]

El nombre de *hindutva* fue acuñado en 1923 por el entonces presidente del "Gran Consejo Hindú" (*Hindu Mahāsabha*) V. D. Sarvarkar (1883-1966). Partidos políticos actuales han lanzado un movimiento para una "re-hinduización" de la vida religiosa y política de la nación, identificando la India con una forma muy particular de hinduismo.[178] Este movimiento se ha aliado con la política de partido y ha tomado una forma beligerante e intransigente que parece contradecir muchas de las facetas tradicionales del *dharma* hindú.

No podemos seguir en esta vena, pero desde la atalaya de los milenios de las religiones tradicionales acaso se vislumbre algo nuevo en el horizonte: la necesidad vital de todas las religiones sin excepción de un cambio radical en su relación con el hombre.[179] Acaso la misma palabra "espiritualidad", que sustituye a la de "religión", apunte en esta misma dirección. Ni la espiritualidad ni la religiosidad del hombre contemporáneo pueden ser una simple imitación de religiones pasadas, el Espíritu hace nuevas todas las cosas.

177. Cf. los artículos de THAPAR (2000) y WITZEL & FARMER (2000) desautorizando el libro de JHA-RAJARAM (2000), que pretende que los arios fueron los primeros pobladores de la India desde tiempos inmemoriales, haciendo del hinduismo la religión "nacional".
178. Cf. una buena descripción en LARSON (1995). Referencias las hay también en libros recientes como SHATTUCK (2002); ANDERSEN & DAMLE (1987); etc.
179. Cf. PANIKKAR (1993/27 y 2000/XLIII).

C. EL DHARMA

Hubiéramos podido describir las principales características del *dharma* del hinduismo siguiendo el hilo conductor de la historia, pero hemos preferido tratar los temas por separado por dos razones: la primera, por evitar repeticiones y por razón de brevedad, pues siendo el hinduismo una densa jungla de religiones y de escuelas de espiritualidad, si se siguen los diversos movimientos a lo largo del espacio y del tiempo, no hubiera habido forma de decir en poco espacio lo que parece esencial de la espiritualidad hindú. Una segunda razón nos hace además adoptar el camino de la especulación, a pesar de su mayor dificultad, y ésta es la mayor connaturalidad con el espíritu índico poco inclinado a la catalogación histórica y más dotado para la elucubración doctrinal. Esto nos permitirá dar más fácilmente una idea del *dharma* hindú en su conjunto y en sus puntos centrales. En rigor, la misma historia del hinduismo presenta un tal cruce y mezcla de corrientes, influencias y valores, que una simple historia bidimensional (espacio y tiempo) no basta para explicar el fenómeno del hinduismo. Yoga y tantrismo, por ejemplo, son tanto dos escuelas de espiritualidad como dos "formas" que informan otras tantas confesiones religiosas.

Ni que decir tiene que cada una de nuestras afirmaciones está sostenida por una amplia cantidad de fuentes que, por razones de simplificación y brevedad, tendremos que omitir las más de las veces.

Repetimos que no pretendemos en absoluto dar cuenta del hinduismo sino tan sólo describir su espiritualidad más saliente y más común a las distintas formas del hinduismo.

I. LAS TRES VÍAS DE LA ESPIRITUALIDAD: LOS TRES MĀRGA

La misma palabra *mārga,* camino, vía, que proviene de la raíz *mṛg* o *mārg*, (y que significa propiamente buscar, investigar, cazar, perseguir, anhelar, preguntar, pedir, solicitar, siempre en el sentido de búsqueda), nos sugiere que se trata de un fin a realizar, una meta a conseguir, un blanco a apuntar, un camino a recorrer, una senda a descubrir, y no de una solución a aplicar, una medicina a tomar, una fórmula a adoptar.

Apoyados en la *Bhagavad-gītā,*[180] estos tres caminos suelen también designarse con el nombre de *yoga*, esto es *karma-yoga*, la disciplina de la "acción", *jñāna-yoga*, la unión por el conocimiento, y *bhakti-yoga*, la salvación por el amor. La palabra, proveniente de la raíz *yuj* [unir, reunir, juntar, cf. "yugo",[181] etc.], significa disciplina, unión, reunión, etc., y sugiere que estos tres métodos de espiritualidad nos conducen al fin deseado de unión y comunión con el "Absoluto".

La triple vía clásica del hinduismo está íntimamente ligada a la diversa acentuación que se da a cada uno de los transcendentales.

180. Cf. vgr. *BG* II, 48-50; etc.

181. Bajo esta óptica el pasaje de *Mt* XI, 30 «mi yugo es suave y mi carga ligera» adquiere una connotación de "camino" o "vía" más sugerente que la habitual de obligaciones a soportar.

Los tres *mārga* son caminos, y el camino está en función de la meta. La meta es la salvación (liberación, realización, iluminación, vacuidad...). La salvación será siempre el estado final y definitivo. Ahora bien, este estado puede considerarse como *Ser*, y entonces el camino será aquel que conduce a la realización del Ser. Sólo se puede llegar a la unión con el Ser, *siendo*. He aquí el *karma-mārga* o el camino de la acción; hay que romper el plano de la inautenticidad y de la apariencia por medio de aquella acción que nos hace realmente ser. El sacrificio será la categoría fundamental, la *esperanza* su motor interno.

La meta puede también considerarse como *Verdad*. El camino será entonces una vía cognoscitiva. Sólo quien llega a la Verdad se salva. Esta Verdad no es evidentemente una simple verdad lógica o mera veracidad moral, sino la Verdad transcendental, que no puede alcanzarse por un simple proceso epistemológico ni siquiera moral, sino por una realización total de la Verdad última y definitiva. He aquí el *jñāna-mārga* o el camino de la sabiduría. La *fe*, como participación del conocimiento absoluto, es su alma, y la *gnôsis* su categoría fundamental.

La meta, finalmente, puede considerarse como *Bien*. La salvación será entonces la realización de este Bien. Su consecución exige entrega absoluta y consagración, devoción total a este Bien. Solamente el amor puro y desinteresado conduce a Él. El Bien no es tanto un valor como una persona. He aquí el *bhakti-mārga* o el camino de la devoción, su categoría fundamental es la *persona* y el *amor* su quintaesencia.

Este Bien posee dos aspectos íntimamente unidos: el Bien propiamente dicho como objeto transcendental de la voluntad y la Belleza como término del sentimiento. En rigor, van siempre juntos. Por eso, en última instancia, forman un sólo camino. Un Bien que no fuese Bello no podría ser amado, una Belleza que no fuese Bien no podría ser querida. Ni que decir tiene que el sentido de la belleza no es el mismo en Oriente y Occidente como lo muestran las diferencias en las manifestaciones artísticas de ambas culturas.[182] Con todo hay una conexión profunda entre todos los caminos. Esta circumincesión se presenta con todos los transcendentales, ya que es precisamente esta ultimidad intercambiable la que los define, pero en este caso la unión es más íntima en cuanto la relación ontológica es también antropológica: no hay amor sin voluntad y sentimiento a la vez. Dentro del *bhakti-mārga*, por tanto, se descubre esta doble tendencia: la *bhakti* del amor puro, debido a la influencia de la segunda vía, o sea, del conocimiento, y la *bhakti* del amor bello, debida al influjo del primer camino, o sea, el de la acción. La primera sigue un amor transparente, intelectual, hacia un bien desnudo sin cualidades ni atributos. La segunda camina hacia un amor sólido, pleno y sentimental, hacia un Bien tan íntegro y total que no permite que se pierda en el camino ni un átomo de lo que de alguna manera existe, ni una vibración de la corporeidad. El tantrismo desarrollará al máximo esta segunda forma de *bhakti*.

Acaso dos *Upaniṣad* nos resuman el espíritu de los dos caminos:

> «Conócelo [*brahman*] por medio de la práctica (*yoga*) de fe (*śraddhā*), de amor (*bhakti*), de meditación (*dhyāna*),[183] no por las obras (*karmaṇa*), no por [tus] hijos [la estirpe] (*prajayā*), ni por las dádivas (riquezas) (*dhanena*). Sólo por la renuncia (*tyāgena*) se consigue la inmortalidad (*amṛtatvam*)».[184]

La renunciación (*tyāga*) no se considera como el abandono de un bien por otro mayor, sino que es aquella disposición, ac-

182. Cf. BUCKHARDT (1982); COOMARASWAMY (1983); DEHEJIA (2000); SASTRI, P.S. (1988).

183. En rigor se trata de tres aposiciones «por medio del *yoga* de la fe, amor, contemplación».

184. *KaivU* 2.

titud, virtud «que habiendo purificado nuestro ser por la (misma) renuncia» nos hace abandonar todo lo demás como sin valor para nosotros.[185]

Esta renuncia, como veremos, es un rasgo común de los tres caminos.

El desprendimiento que nos lleva a la renuncia de todo lo superfluo para nuestra realización no es un acto automático; se hace espontáneamente, pero después de una ascesis rigurosa. Éste es el significado de *tapas*, calor, ardor, celo, y meditación, observancia, austeridad, esfuerzo, ascesis, penitencia...[186] Este rasgo común viene descrito por otra *Upaniṣad*:

> «*Tapas* es el Orden (*ṛtam*), la Verdad (*satyam*), la Escucha [comprensión de las Escrituras] (*śrutam*), el Sosiego (Paz) (*śāntam*), el Control [de las pasiones sensibles] (*damas*), la Ecuanimidad (*śamas*), la Generosidad [en el dar a los demás] (*dānam*), el Sacrificio (adoración, culto) (*yajnaṃ*)... adorando así a *brahman*. Esto es *tapas*».[187]

Dicho con otras palabras, no se trata de una o varias autopistas que llevan a la meta porque hemos montado en un vehículo religioso que nos conduce a ella. Se trata de caminos de a pie que exigen de nosotros que caminemos por ellos. A la meta humana no se va por un camino artificial.[188]

Razones heurísticas aconsejan tratar de las tres vías distintamente, y una cierta escolástica hindú las ha separado frecuentemente, basándose en la *Gītā*; pero, como hace notar el

185. Cf. Así podría interpretarse *KaivU* 4.
186. Cf. VESCI (1944).
187. *MahnarU* 196-198 (cap X según la versión *āndhra* y VIII según la *drāvida*), siguiendo las ediciones de Varenne.
188. Yendo a pie cada último paso es igual al penúltimo; yendo en coche el frenazo rápido puede ser una tragedia. *Homo viator*, viandante.

gran místico marathi del siglo XVIII, Jñānadeva, en su genial *Gītā* llamada *Jñāneśvari*, los tres caminos son uno solo.[189]

1. La vía de la acción – *Karma-mārga*

Aunque prescindimos de una exposición doctrinal del hinduismo para limitarnos a describir su *dharma*, éste contiene implícita una doctrina que no puede ignorarse si se quiere comprender la espiritualidad en acto. Renunciamos aquí a un análisis de la idea de la transmigración que acaso desde el tiempo védico[190] y *upaniṣádico*[191] se ha venido relacionando con la idea del *karma*. Sin embargo, antes de describir la espiritualidad de la acción tendremos que detenernos en una breve explicación de lo que se entiende por *karma*.

a. La naturaleza del karma

La misma palabra *karman*, proveniente de la raíz *kṛ* [hacer, realizar, llevar a cabo, etc.], significa "acción", o, también, el resultado de lo actuado, de lo que se ha llevado a cabo, la acción cristalizada.

Ahora bien, acción, para una mentalidad religiosa y en especial para la India, no significa simplemente un movimiento espacial, consumo de energía o cambio fenoménico; acción significa la verdadera actualización del ser, de ahí que sólo

189. La ortografía del nombre de este importante y poco conocido autor es caótica. De Jñanadeva hay una pequeña obra en castellano, GÑANÉSHVAR (1944); cf. también JÑANESHWARI (1995). Cf. además BAHIRAT (1993); DESHPANDE (1988); MACHADO (1958); YARDI (1995).

190. Cf. *RV* X, 16, 3, 1, 164, 1 y ss.; *SatB* 1, 5, 3, 4; X, 3, 3, 8, aunque estos textos dejen con mucho de ser claros en este sentido. Los especialistas no están de acuerdo sobre su interpretación.

191. Cf. *BU* III, 2, 13; IV, 3, 37-37; IV, 4, 1-5; *CU* V, 10, 7; *KausU* 1, 2; *KathU* 1, 1, 5-6; etc. Pero también aquí la interpretación debería ser cuidadosamente revisada, para no leer en estos textos creencias de origen posterior.

Dios pueda ser el último agente puesto que sólo Él es creador en el sentido de producción del ser. En otras palabras, acción significa acción sacra, esto es, litúrgica, en la que Dios y el hombre colaboran para que el ser (creado, contingente, potencial) se vaya actualizando cada vez más. No olvidemos que actualización significa acercamiento a Dios, esto es, convertirse cada vez más en ser, en Ser. Un ser tanto más es cuanto más participa del Ser. Una acción que no fuera un cambio óntico no merecería el nombre de acción, sería como escribir en el agua, nada queda, nada ha sido actuado de manera que incida en la realidad, no ha habido en realidad cambio.

Salvación significa aquel proceso por el cual el hombre transforma, cambia su ser, de caduco, imperfecto, pecador y contingente, en un ser definitivo, perfecto, santo, divinizado. Este proceso no se debe a una acción mágica que verifique esta transformación en un momento, sin participación humana y plenamente desconectado del resto de la vida mortal. Este proceso es la verdadera "acción" de la vida, y aquello que tenemos que ir haciendo a lo largo de nuestra peregrinación terrestre para forjarnos nuestro verdadero ser, para adquirir nuestra "forma" definitiva. Ahora bien, el hombre por sí solo es impotente para salvarse, para realizarse. Pero la hipótesis del "hombre por sí solo" es una concepción meramente "moderna". Cualquier acción humana que sea verdaderamente acción, esto es, que modifique nuestro ser (que nos acerque o aleje de Dios, que nos enriquezca o nos empobrezca), es una acción cosmoteándrica, esto es, litúrgica. Y decimos cosmoteándrica porque nuestro ser es también corporal y en nuestra acción está involucrado todo el cosmos. *Karman* es acción y no sólo acción humana – aun en el caso que sea el hombre su agente inmediato. Todas aquellas acciones que son verdaderamente acciones, esto es, que tienen una tal repercusión en nuestro ser, y que por tanto nos acercan o alejan de la salvación, son las que forman el *karma*. El *karman* es la carga óntica de la acción, por así decir; es aquella acción que es realmente acción, esto es, que actúa y activa algo. Una acción moral positiva o negativa, por ejemplo, modifica nuestro *karman* porque enriquece o empobrece nuestro ser, porque en el fondo no es una simple acción del hombre solo, sino que es una acción cosmoteándrica, litúrgica. Ni que decir tiene que litúrgica aquí no significa ceremonia ni menos ritualismo, sino aquel *ergon*, aquella energía, producida por el *laos* (*λαός*), por la creación (consciente), para hacerla llegar a su destino.[192]

De ahí la conexión entre el *karman* y el sacrificio. El hombre, lo mismo que el cosmos, según la espiritualidad védica, no está todavía terminado.[193] La creación por parte de Dios es un sacrificio,[194] y sólo por un sacrificio se regresa al Origen, o, mejor dicho, se hace, no ya digna de Dios, sino Dios; esto es, se remonta ontológicamente a su punto de partida.[195] El sacrificio es la acción de hacer sacro, esto es, de hacer a secas, de hacerse, que tiene que hacer el ser que todavía no está hecho, que está descoyuntado, desmembrado en mil partes para recomponerse, regenerarse, salvarse.[196] La persona humana se va integrando (*saṃskṛta)* en las acciones (*karma*, actos rituales) que se verifican a lo largo de la ceremonia litúrgica.[197] El *ātman*, o principio divino de vida de la espiritualidad hindú, no es algo que se realice de una vez, sino que es "creado", sacado a la luz durante el sacrificio.[198] Por eso el sacrificio al *ātman* es superior al sacrificio a los Dioses (que será para conseguir algún

192. Cf. PANIKKAR (1970/XI)
193. Cf. para toda esta problemática los tres primeros capítulos de SILBURN (1988).
194. Cf. *SatB* XIII, 7, 1; *BU* I, 1, 1; *Manu* I, 22; etc.
195. Cf. el himno a *Puruṣa* (*RV* X, 90) y demás textos en PANIKKAR (2001/XXV), pp.77-104.
196. Cf. toda la teología sobre *Prajāpati*, quien creó desmembrándose, y de lo que se trata es de recomponer su cuerpo. Cf. PANIKKAR (2000/XXVII).
197. Cf. *KausB* III, 8.
198. Cf. *SatB* XI, 1, 8, 3-6.

bien caduco), porque sólo aquél produce la inmortalidad, haciéndonos despojar de este "cuerpo de muerte"[199] como una serpiente abandona su piel vieja.[200]

Ahora bien, durante la época preupaniṣádica, cualquier acción era sacra y por esto estaba directamente vinculada al sacrificio y por ende con frutos directos para la vida eterna. Con la paulatina secularización de la cultura, aunque al principio tomó la forma de una interiorización, las acciones corrientes de la vida ordinaria se desconectaron de la acción litúrgica, pero no perdieron totalmente su contenido kármico. El *karman* se sustantivizó, se independizó del mismo ser del hombre, pero continuó siendo la carga ontológica de la acción, y dejó de ser el mismo ser del hombre, en lo que tiene de núcleo cosmoteándrico que va creciendo y realizándose hasta llegar a la plenitud del Ser, para convertirse en aquella dimensión del mismo ser humano que almacena en sí el tal crecimiento óntico del hombre – o, en general, de todas las criaturas. Si «Cristo será todo en todos»[201] el hinduismo afirma que el hombre será todo en todos, el *puruṣa*.

Para explicar de una manera plausible la noción de *karman* en su aspecto más genuino (pues es sabido que, al igual que cualquier concepción viva y en constante uso, el concepto de *karman* ha evolucionado y ha venido a simbolizar, en una cierta mentalidad popular, una simple materialización del mérito) podemos parangonarlo a la concepción de la historicidad en la filosofía occidental contemporánea. En efecto, decir que el hombre es un ser histórico quiere significar que su ser no es una mónada sin ventanas o un átomo sin elasticidad óntica a lo largo del espacio y del tiempo, o sin vínculos interiores y exte-

199. Cf. *Rom* VII, 24; I *Cor* XV, 44, y también las meditaciones platónicas y buddhistas sobre la caducidad y la muerte.
200. Cf. *SatB* XI, 2, 6, 13-14.
201. *Col* III, 11.

riores constitutivos de su ser. La dimensión histórica del hombre es la que nos explica su identidad y a la par su diversidad a través de su periplo temporal. Más aún, la comunidad humana que hace a la humanidad una, sin por eso eliminar la multiplicidad y la personalidad propia, se funda también en la dimensión histórica del hombre. El "pecado original" y cualquier pecado colectivo, la herencia espiritual y aun la meramente biológica, la comunidad de destino de una patria, una familia o cualquier otro grupo natural humano se basan también en esta característica del ser humano: la historicidad, que le hace capaz de almacenar el pasado, por así decir, de hacer que éste emerja en el presente y que exista un vínculo intrínseco a nuestra misma naturaleza que nos une a los demás hombres y aun con el resto de la creación. El último acto del hombre puede bastar para salvarlo o condenarlo, porque no es el último eslabón de una mera cadena material, sino el condensador que contiene todo el peso óntico de su existencia; cada paso contiene los anteriores – si el "contener" no se interpreta material sino históricamente. El destino de toda la humanidad y la salvación es una aventura única debido a este mismo lazo óntico que une a todos los hombres. La satisfacción vicaria, la redención, y en una palabra toda religión, presupone esta religación ontológica de los hombres entre sí, con el cosmos y con Dios – como símbolo del misterio. A clarificar todo este conjunto de problemas apunta el *karman* de la espiritualidad índica y le quiere dar una respuesta.[202]

El hombre posee, en efecto, una naturaleza kármica y es según este *karman* como se salva o perece y está religado a los demás (aunque por lo general el vínculo kármico tenga pocas conexiones horizontales – éstas vienen o pasan por lo alto: «el camino más corto entre los hombres pasa por las estrellas»).

202. Cf. PANIKKAR (1971/2; revisado en 2000/XXVII), pp. 353-378.

El *karman* es el constitutivo de la creaturabilidad.[203] Mientras un ser todavía posee *karman* no podrá ser salvado, la extinción de todo *karman* representa la eliminación de la creaturabilidad y por ende la salvación del hombre. Cuando en la primera época védica, como hemos ya señalado, el sacrificio poseía en la consciencia de los hombres toda su fuerza y eficacia, la salvación llevada a cabo por el sacrificio era total. Cuando, con la interiorización del sacrificio, éste gana en pureza pero pierde en fuerza, no parece que una simple existencia humana sea capaz de eliminar todo el *karma,* que luego tendrá forzosamente que reaparecer en otro sujeto kármico para continuar su purificación. Éste sería el origen de la idea corriente de la transmigración. Ésta es necesaria cuando una vida no ha sublimado todo el *karma*. Lo que transmigra no es tanto el alma individual (dogma platónico y no cristiano) como este paquete sensible a los méritos y deméritos, esta onda óntica que sigue vibrando en otro cuerpo hasta que ha agotado toda la energía potencial que le quedaba. De ahí la famosa frase: «El Señor es el único transmigrante».[204]

Aquí también debemos insertar una observación importante para la comprensión de una cultura ajena, como hemos apuntado más de una vez: el contexto es esencial para la comprensión de cualquier texto. El individualismo occidental moderno, por ejemplo, viene compensado por un sentido histórico de participación en un mismo "progreso". La solidaridad kármatica viene a su vez comprendida dentro de un marco individualista de una salvación solitaria cuyo ejemplo más saliente, además de la espiritualidad jaina, es el *kaivalya* del *sāṃkhya* y del yoga, aunque con raíces en las *Upaniṣad*. La salvación consiste en el "desligamiento" de todos los vínculos, tanto del cuerpo como de los demás y del mundo entero.[205] Es

203. Cf. *BG* VIII, 3. Texto difícil y profundo que ha tenido más de una interpretación.
204. Cf. ŚAṆKARA, *BSB* I, 1, 5 y la nota 34.
205. Tema central de la *KaivU*.

el mismo *kaivalya* del yoga.[206] En una palabra, cuando se habla de individualismo occidental o de corporativismo hindú hay que enmarcar estas características como complementos de los extremos opuestos.

Sea como fuere, la ley del *karman* representa la ley de la causalidad universal en el plano último ontológico – aunque la noción de causa (*hetu*) sea polisémica.[207] No es evidentemente una ley meramente cuantitativa. Todo acto tiene un efecto, efecto, empero, que no permanece en el simple plano de lo fenoménico, sino que muerde en el mismo ser de las cosas, que así se van cargando o descargando de aquella historicidad ontológica que la India llama el *karma*. De ahí que toda la moral no sea otra cosa que la explicitación de la ley universal del *karma*. ¿Cuáles son los actos que el hombre debe realizar para conseguir su fin? ¿En qué consiste el contenido kármico de un acto? Éstos y análogos interrogantes son los que plantea la moral kármica de la India. Describir la ley del *karman* en sus detalles equivaldría a describir toda la ética hindú.[208] Nos limitaremos a un par de consideraciones generales.

b. Pravṛtti *y* Nivṛtti *(La vía de la acción y la vía de la renuncia a ella)*

Existen dos grandes direcciones que se han perfilado desde el principio de la espiritualidad india y que marcan profundamente toda la cultura hindú.[209] Acaso en ninguna otra cultura

206. *YS* III, 50. Valga como *curiosum* las traducciones, todas ellas legítimas, que se han dado del vocablo *kaivalya*: "Für-sich-sein" y "Blossheit" (HAUER), "Absolutheit" (DEUSSEN), "Völlige Freiheit" (BÄUMER), "In-dependence of intelligence" (VENKATESANANDA), "Aloneness" (RADHAKRISHNAN), "Absoluteness" (BANGALI BABA), "Isolation" (WOODS), "Suprema soledad" (HERRERA), "Suprême liberté" (MAZET), "Libertad total" y "libertad" (DESIKACHAR, en traducción castellana), etc., etc.
207. Cf. Glosario.
208. Cf. DASGUPTA, S. (1994).
209. Cf. DUBANT (1997) que relaciona este "camino" con el *vedānta*, el buddhismo y el zen.

como la hindú se han dado ambas direcciones con tanta fuerza y pujanza. La acción y la "re-acción", podríamos decir. Una buena parte de la inmensa riqueza y variedad de la espiritualidad de la India podría derivarse de esta doble dirección espiritual del hinduismo. Y acaso la pujanza y fuerza de una dirección sea la causa de la no menor potencia de la otra. Ninguna religión, en efecto, es tan absoluta, negativa, transcendente y sin compromisos con este mundo y con lo creado como el hinduismo. La moderna acusación de que el hinduismo es una religión negativa y negadora del mundo y de sus valores[210] que tanto ha impresionado a un buen sector del neohinduismo,[211] tiene a su favor innumerables textos y ejemplos. Lo erróneo de tal interpretación, aparte del hecho de presentarse como una acusación, es su unilateralidad. Ninguna otra religión, por otra parte, como el hinduismo, presenta un carácter más terreno, positivo y afirmador de todo lo creado, más barroco y aun orgiástico e inmanente. Esta doble polaridad permea toda la espiritualidad índica y sus diversas escuelas y sistemas. Existe un yoga de la primera clase, como de la segunda. Hay un tantrismo del primer tipo y otro del segundo, etc. O, mejor dicho, una y otra dimensión, en una síntesis más o menos conseguida, pertenecen a la misma naturaleza del hinduismo. Veremos más adelante algunos ejemplos de ello. De momento limitémonos a describir esta doble actitud y lo que nos parece ser su último fundamento.

Pravṛtti es la vía de la acción positiva y eficaz, es el camino de las obras.[212] Las acciones buenas son las que nos salvan.

210. Cf. SCHWEITZER (1987).
211. Cf. vgr. RADHAKRISHNAN (1960), etc.
212. Cf. Glosario. Literalmente podría traducirse como "evolución". Sería fecundo un estudio que comparase esta actitud con la noción de *epektasis* de la patrística griega, en especial en Gregorio de Nyssa. Cf. el capítulo iluminador de DANIÉLOU (1944). Aducimos este ejemplo como muestra de posibles estudios interculturales (aún por hacer en este caso) que pusieran de manifiesto la convergencia y divergencia de las distintas líneas de fuerza que han contribuido a las

Cada cual debe cumplir con su deber y éste consiste en llevar a cabo aquellas acciones prescritas para aquella determinada persona según su puesto en el cosmos y en la sociedad. El presupuesto de esta actitud es que toda acción conserva su vínculo con lo transcendente y que por lo tanto ejerce una causalidad sobre él. La acción es salvífica porque está vinculada al sacrificio. Cuando esta consciencia desaparece entrará el puro activismo. Repetimos que ésta, como tantas otras nociones, se interpreta de manera diferente en las distintas escuelas filosóficas y de espiritualidad.

Nivṛtti, en cambio, es la negación de cualquier actividad por haber reconocido el carácter eminentemente transcendente de la salvación y la inadecuación de cualquier medio humano.[213] No sólo las obras, sino incluso el motivo que nos impulsa a actuar pertenecen a la esfera mundana y, por tanto, resulta vano pretender escalar el Infinito con medios finitos. El único camino de salvación es la renuncia absoluta, incluso a la acción. No sólo el hombre es impotente de hecho para conquistar su salvación, sino que este mismo planteamiento carece de sentido. La salvación no se conquista porque, en el sentido más absoluto, no puede conquistarse.[214]

---

diferentes visiones del mundo. Es significativo del monoculturalismo dominante hasta qué punto, después de Darwin, la hipótesis biológica de la evolución ha monopolizado la visión evolutiva del universo.

213. Cf. Glosario. Literalmente podría traducirse por "involución". Sería fecundo otro estudio comparativo entre esta actitud y la quietista de un Miguel de Molinos, por ejemplo. Cf. MOLINOS (1976) y los ensayos introductorios, además de VALENTE (1974), TELLECHEA (1976) y TOSCANO (1998). Damos estos detalles para paliar el desconocimiento y abandono (a la par que malentendido) del autor aragonés condenado por la Inquisición a cadena perpetua en 1687.

214. Otra comparación con la problemática paulina de la *Epístola a los Romanos* no dejaría de ser interesante para el hinduismo e importante para el cristianismo, y sobre todo para la doctrina protestante de la "*sola gratia*".

> «Lo que no es, no llega [puede llegar] a ser;
> lo que es, no llega [puede llegar] a ser lo que no es.»[215]

Aquello que pudiera conquistarse no sería la verdadera salvación. Brahman no deviene, el Ser no se hace, aquello que para ser tiene que llegar a ser, no es el Ser y no puede, por tanto, ser el término último y definitivo. El único camino de salvación es la renuncia absoluta, incluso a la ilusión de creer que hay un camino. Lo único que debe hacer el hombre es esta renuncia, esto es, eliminar todos los obstáculos que se oponen a que aparezca y reluzca lo que ya está ahí, simplemente porque *es*. Cualquier actividad presupone un deseo que a su vez se funda en una laguna, en una imperfección, en un reconocimiento implícito de que la salvación, en rigor, no existe, puesto que se desea. El único escape es el camino de la nada, no como un sendero a recorrer, sino como una realidad a descubrir, una experiencia a realizar. Ésta sería la interpretación más extrema de un cierto monismo vedántico – pero no puede olvidarse el polo de *pravṛtti*. En última instancia una buena parte de la espiritualidad hindú se moverá dentro de este dilema, no siempre resuelto – aunque la actitud *advaita* (a-dual) represente el esfuerzo espiritual para superarla. La espiritualidad tántrica homologa estos dos principios abstractos en Śiva y *Śakti*. El primero sería el aspecto estático, de quietud y no acción; la segunda representaría el dinamismo, la actividad y la energía. Pero ambos no pueden separarse. Es importante observar cómo estos grandes temas pertenecen a la inquietud humana por desvelar el misterio de la existencia – aunque luego se presenten en formas más o menos extremas y elaboradas.

215. *BG* II,16. Algunos han visto en este texto un paralelo con las ideas de Parménides (Martín (2002) y otros); pero su traducción es ambigua (como hace notar ZAEHNER (1969) en su traducción y comentario).

Ambas actitudes, las que se inclinan por *pravṛtti* o por *nivṛtti,* reconocen, sin embargo, la ley del *karma*. La primera supone que para eliminar el *karman* hay que realizar las acciones que la misma ley del *karman* prescribe. La segunda que la única manera de eliminar el peso de la contingencia y creaturabilidad es dejar que se desvanezca como humo, no impedir que se desprenda de nosotros el velo máyico, que cae como escamas así que uno deja de preocuparse por lo inauténtico y de aferrarse a lo que no es.

c. *El origen de la ley del* karman

Se ha discutido mucho sobre el origen de esta teoría, que indiscutiblemente forma una de las columnas por no decir la espina dorsal, no sólo del hinduismo sino de la mayoría de las religiones orientales.

Desde el *punto de vista histórico* se ha querido ver un influjo de la cultura y religión prearias, pero ello no deja de ser una conjetura. Se ha pensado también en que fuese una simple transposición de la mentalidad "primitiva" de los ciclos de la naturaleza aplicados al hombre, pero la explicación no parece tampoco satisfactoria. En rigor, la dificultad de trazar sus orígenes históricos no radica solamente en la escasez de datos, sino en la misma naturaleza misteriosa del *karma*, que representa un invariante en la vida religiosa del hombre sobre la tierra. No es inútil buscar los orígenes de la *ley* del *karma*, como no es incongruente el investigar los orígenes de una determinada *concepción* de Dios, pero no debe olvidarse que tanto *aquello* que el *karman* quiere expresar, como la *realidad* divina, no tienen, propiamente hablando, orígenes históricos porque no están fundados en la evolución del pensamiento humano, sino en la misma realidad, aunque captada por el hombre con diferente intensidad. Son descubrimientos antes que invenciones o hipótesis filosóficas.

Desde el *punto de vista teórico* el origen de la ley del *karman* podría acaso explicarse por la confluencia en una misma noción de una triple corriente de pensamiento: el físico, el psicológico y el religioso. Por un lado nos encontramos con la ley física de la *causalidad*, de la que no puede sustraerse el mismo hombre. Este mundo no es un caos, sino un cosmos, y viene regido, en consecuencia, por un orden que encuentra una expresión más o menos adecuada en la ley de causalidad. Las desigualdades humanas, las diferencias entre los seres, la misma base humana en la que se apoya el ejercicio humano de la libertad, exigen una causa de consistencia física y metafísica que dé razón de todo ello. Esta causa sería el *karman* entendido entonces como una potencia metafísica que explicaría tales y otros hechos.

Por otro lado, un conjunto de razones psicológicas abogan por el reconocimiento de un sujeto último de explicación. Así por ejemplo, la conciencia de la *moralidad* parece exigir que las injusticias de este mundo en el orden humano y aun en todo el orden creado encuentren alguna justificación, que vendría ofrecida por la ley del *karma*. El premio y el castigo que reclama cualquier acción libre no son aquí en rigor tales (punto débil de una cierta mentalidad monoteísta), sino resultados positivos o negativos del mismo cumplimiento o incumplimiento del propio dinamismo kármático. En general, todo el orden moral requiere una cierta consistencia metafísica que viene encarnada, por así decirlo, en la naturaleza y existencia del *karma*.

En tercer lugar el sentido *religioso* o si se prefiere *litúrgico* estricto, reclama que la salvación del hombre no sea ni un capricho divino desconectado de cualquier colaboración humana, ni una simple acción humana que en cuanto tal es incapaz de alcanzar el orden de la Divinidad. La consistencia de la acción sacra que se verifica en el culto es el *karman* por excelencia. Y, en efecto, éste es el sentido de la palabra en muchos textos, incluyendo la *Gītā*.

La confluencia de estos tres factores en una sola noción nos parece ser el origen de la ley del *karman,* de su grandeza y verdad, así como de su debilidad y límites.

Teniendo en cuenta lo dicho hasta ahora nos parece que se puede comprender la teoría karmática de Yājñavalkya, quien le dio al parecer su formulación actual, y se comprende además el carácter a veces esotérico del *karman,*[216] su importancia única, su conexión directa con las obras que el hombre realiza,[217] y se comprende también que sea el *karman* el factor decisivo para el destino ultraterreno del hombre[218] y su nueva aparición en la tierra,[219] etcétera.

Desde el *punto de vista fenomenológico* se ha querido ver en la idea del *karman* un ejemplo más de la teoría del poder como la representación más primigenia y universal de la experiencia religiosa (Dios, Absoluto, Transcendencia, etc.). El Ser Supremo se aprehendería ante todo, según esta teoría, como un poder, y una fuerza que se substancializa, funcionaliza, personaliza, o aun volatiliza según los casos. Sin entrar en análisis generales sobre la religión, y sin negar que en un segundo momento el *karman* sea «poder, ley y tesoro a la vez»,[220] no parece, sin embargo, que el origen de la ley del *karman* en la India pueda explicarse suficientemente como una mera hipóstasis del Poder (divino) en una realidad espiritual que sería precisamente el *karma.* Esto no significa, sin embargo, que esta explicación fenomenológica no exprese un aspecto muy real del problema.

Desde el *punto de vista práctico* el origen de la ley del *karman* hay que buscarlo en la tendencia humana a la racionalización. El hombre busca una "razón" (*ratio*) para explicarse de una manera concreta el funcionamiento de su propia existencia y la ley de la vida. Todo esto se encontraría en el *karman.*

216. Cf. *BU* III, 2, 13.
217. «Según se hace, según se actúa, así se deviene» *BU* IV, 4, 5.
218. *SU* V, 7.
219. *CU* V, 10, 7.
220. LEEUW (1986), p. 18 de la edición de 1956.

Él daría razón, en efecto, de los grandes interrogantes de la vida: la desigualdad humana y aún la cósmica se explicarían por esta misma ley, el mérito y el demérito se condensan en el *karman*, la salvación puede efectuarse cuando el ser se ha purificando de su *karman*, el orden del cosmos viene regido por esta misma ley y la misma libertad humana está condicionada por una multitud de factores heterogéneos. Todo esto encontraría su explicación en la mayor o menor carga karmática de todo ser. Descubrir y luego seguir la ley del *karman* es la misión concreta del hombre sobre la tierra. Pocas cosas pueden en verdad decirse con mayor razón que si no existiese habría que inventar. Harina de otro costal es, sin embargo, dilucidar cuál es la verdadera naturaleza de este *karman*. De momento nos basta su descripción.

d. La ley de la acción desinteresada – Naiṣkarmya.

Una de las originalidades de la *Bhagavad-gītā*, que en éste como en otros campos alcanza una síntesis pocas veces igualada, consiste en armonizar, sin destruirla, la tensión aludida entre la acción y la contemplación, entre *pravṛtti* y *nivṛtti*, entre la actividad temporal y el acosmismo intemporal. Todo el segundo y el tercer libro de la *Gītā*, y parte del cuarto, tratan temáticamente de la cuestión. El núcleo de esta doctrina es evidentemente védico, e incluso en las *Upaniṣad* se encuentran referencias directas a la doctrina de la *Gītā*.[221]

La inactividad no produce la liberación de la acción, ni la renuncia a la acción, por este mismo hecho, lleva a la perfección.[222] Además, no es ni siguiera psíquicamente posible.[223] Lo

221. Cf. vgr. *IsU* 2. Todo el *karma-yoga* está condensado en este verso: *na karman lipyate* «que la acción no te toque [manche, influya, adhiera, apague]» –de la raíz *leip* [pegarse, adherirse].

222. *BG* III, 4.

223. *Ib.* III, 5-6.

que ocurre es que la acción tiene solamente valor cuando se realiza como un sacrificio, en el sentido que hemos indicado.[224] Por otra parte, entonces aparece clara la exigencia de quien critica la simple acción cortada de sus raíces. No se puede entonces esperar de ella la salvación.[225] En rigor no hay que realizar acciones para salvarse.[226] La actividad debe de llevarse a cabo para el mantenimiento del mundo[227] siguiendo el mismo ejemplo de Dios, quien, sin estar ligado por la acción, la realiza para mantener el mundo.[228] Esta experiencia del *lokasaṃgraha* es la que da a una buena parte del *dharma* sus consistencia y consciencia cósmica – *loka-saṃgraha*. Una acción kármica positiva coopera al mantenimiento del universo.[229] La acción encuentra entonces su plena justificación en la imitación divina y a ejemplo de ella cumple la ley moral suprema que consiste en realizar las acciones que deben ser realizadas sin apegamiento a sus frutos, con renuncia a sus consecuencias y con el señorío divino que, realizando una actividad positiva para mantener el mundo, no está ligado por ella, ni depende de ella.[230] Análogamente, el hombre debe cumplir con su deber y transcender todo egoísmo que pretenda pasar inmediatamente la factura por la buena obra hecha.[231]

El *naiṣkarmya siddhi,* o la perfección de la actividad desinteresada (no ego-céntrica), no significa la renuncia a la acción, sino la renuncia (el desasimiento) en la acción, a saber, la acción libre y espontánea que no busca ni méritos personales ni

224. *BG* III, 9; IV, 23.
225. *Ib.* III, 31.
226. *Ib.* III, 17; III, 30.
227. *Ib.* III, 20.
228. *Ib.* III, 22-25.
229. Cf. Glosario. Cf. *MhBh*, XII, 251, 25. Es significativo que en más de una traducción española se pase por alto el sentido cósmico del texto.
230. *BG* IV, 13-14.
231. *Ib.* II, 47; III, 19; IV, 18-22; VI, 1.

el fruto o resultado de sus acciones. Para esto hay que superar todo deseo causado por un objeto y dejarse conducir, no por los sentidos (*indriyāni*), ni por la mente (*manas*), ni tampoco por el intelecto (*buddhi*); hace falta haber superado los tres *guṇa* (*nistraigunyatā*), es decir, tener una energía pura, haber alcanzado el *nirdvaṃda* (de los pares de opuestos, incluso el bien y el mal) – el estado de *dvandvātīta* (más allá de todo dualismo).[232]

La fundamentación de esta actitud se encuentra en la antropología subyacente. El texto de la *Gītā* que hemos comentado reza así:

> «Dicen que los sentidos (*indriyāni*) [el mundo sensible, el cuerpo] son superiores, pero la mente (*manas*) es superior a los sentidos. Superior a la mente es el intelecto (*buddhi*), más alto que el intelecto se encuentra él (*sa*)».[233]

Los comentadores dicen que "él" es el *ātman* y el texto es un eco de una *Upaniṣad* que continúa la gradación: sentidos, mente, intelecto, al que siguen el gran *ātman*, lo no manifestado (*anyakta*) y el espíritu (*puruṣa*). Más allá del *puruṣa* no hay nada.[234] Lo que mueve al hombre no es el deseo, ni los movimientos de su razón, sino una fuerza superior inmanente y transcendente a la vez. Por eso la acción pura no es la deducción de la inteligencia, que nos muestra las razones de los actos, sino la pura contemplación; por eso poner a la razón como guía conduce al triunfo del más fuerte o más inteligente – cosa distinta es negar el poder de veto de la razón.

232. Introducimos estas simples expresiones sánscritas para ofrecer una muestra de nociones muy corrientes en la espiritualidad hindú y facilitar un estudio más detallado del *dharma* hindú. Cf. JOSHI (2002).

233. *BG* III, 42

234. Cf. *KathU* I,3, 10-11 y II, 7-10.

Después del impacto de la *Gītā* en la mentalidad hindú (y estamos en el siglo V antes de Cristo), cualquier otra moral que subraye como primordial el aspecto del premio y el castigo parecerá impura. La acción que salva para la *Gītā* es la acción fundada en la sabiduría, realizada como un sacrificio y con desinterés total.[235] Esta acción es una verdadera actividad cosmoteándrica: el hombre ofrece sus actos a Dios, pero es Dios quien los acepta y en el fondo Dios, con el mundo y con el hombre, quien los realiza.[236]

Los textos citados bastan para disipar la identidad que alguna vez se ha querido ver entre esta moral y la kantiana. Kant y la *Gītā* critican, ciertamente, el utilitarismo, aun aquel que está revestido de motivos espirituales, pero mientras Kant intenta fundar la ética en sí misma en virtud de la autonomía propia de la ley moral, la fundamentación hindú no es de pura autonomía, sino que es *ontonómica*[237] (la llamaríamos nosotros), esto es, no está desconectada ni de Dios ni del fin ontológico del hombre, es una moral eminentemente religiosa, mejor dicho, vuelve a conectar íntimamente la moral con la religión. Esta acción desinteresada, llena de sobriedad, de libertad interior y de paz es precisamente "yoga" que nos unce ("yunge") a nuestro destino real.[238]

La espiritualidad de la acción desinteresada no es una simple renuncia al premio o al mérito de nuestras buenas acciones; consiste ante todo en una liberación de nuestras intenciones y, sobre todo, de nuestras mismas acciones. No es el simple desprecio al resultado y la imperturbabilidad estoica lo que la *Gītā* predica, sino el señorío sobre la acción y el reconocimiento de la impotencia de las acciones por sí mismas para

235. *Ib.* IV, 23; V, 10.
236. *Ib.* IV, 24; V, 8.
237. Cf. Glosario.
238. *BG* II, 48-50; VI, 4.

obtener la liberación del hombre.[239] En términos cristianos podríamos decir que lo que la *Gītā* quiere decir es que somos siervos inútiles a pesar de haber hecho lo que teníamos que hacer[240] y que el hombre no es salvado por las obras,[241] bien que una actividad superior fluya del verdadero hombre espiritual, porque la fe sin obras está muerta.[242] Cuando la mano izquierda sabe lo que la derecha hace, la acción es inútil;[243] cuando hacemos o dejamos de hacer las acciones por haber visto a Cristo en el prójimo la acción no tiene valor alguno.[244]

La espiritualidad de la *Gītā* se encuentra en el término medio entre la no-acción, el *wu wei* taoísta que confía en una naturaleza ordenada, "sabia", y el intervencionismo del quehacer. Acaso se pudiera decir que no hay causalidad sino concatenación. El "desasimiento" de un Meister Eckhart o de un Juan de la Cruz estaría cercano a lo que intentamos expresar. Lo que cuenta es la intención, el movimiento del corazón – cosa que de una forma u otra han afirmado prácticamente todas las tradiciones religiosas.

Para el hinduismo la acción es un camino de salvación, pero debe ser una actividad óntica, esto es, que incida en el ser mismo del hombre y que surja de su fuente. Ésta es la actividad religiosa y no simplemente moral – aunque no hay que contraponerlas. Desde esta perspectiva se explica un cierto abandono de la espiritualidad kármica que se subsume en los otros dos caminos que mencionaremos: la verdadera actividad del hombre, es el conocimiento, dirá la segunda vía. La acción real que nos hace beber en la fuente misma del Ser y por tanto participar de Él y recibir su mismo Ser es la devoción, el amor,

239. Cf. la maravillosa descripción del amado del Señor en *BG* XII, 13-20.
240. *Lc* XVII, 10.
241. *Gal* II, 16; *Ef.* II, 9; *Rom* III, 20; etc.
242. *Sant* II, 20.
243. *Mt* VI, 3
244. *Mt* XXV, 37-45.

dirá el tercer camino. Pero, repetimos, los tres caminos no son sendas separadas, puesto que cada caminante debe llevar en su alforja las vituallas de los otros caminos.

Resumiendo: el hombre no puede dejar de actuar; está en su naturaleza. En consecuencia, no es ni por la inacción ni por la sola renuncia como puede conseguir su fin, su perfección.[245] ¿Qué se puede pues hacer? No ser dependiente de los frutos de la acción; vencer todo utilitarismo.[246] La acción tiene un valor en sí y no por sus resultados. De ahí la pureza de corazón indispensable para cualquier acción real. Esto no es fácil de experimentar para quien vive inmerso en una civilización de instrumentos, en la que prácticamente todo son medios para conseguir fines inmediatos o aditamentos artificiales, complicados (y en general costosos) para satisfacer necesidades vitales – como el comer (que parece exigir multinacionales alimenticias), el dormir y el vestir (que exigen gastos extraordinarios). "Vida frugal y pensamiento profundo" es todavía un lema de muchos brahmanes auténticos – sin entrar ahora en otras consideraciones sociológicas.

Pero hay más; hay que purificar el corazón de tal manera que se vea la acción en la inacción, que se tenga el discernimiento para experimentar que la máxima actividad es contemplativa.[247]

e. El karman *ético*

El hinduismo es ante todo una religión y no puede reducirse a una simple ética. Más aún, la superioridad y la independencia del valor religioso por encima del ético han dado lugar a una desconexión entre religión y ética en algunas sectas y manifestaciones del hinduismo – como ha ocurrido también en

245. *BG* III, 4.
246. *BG* IV, 20.
247. *BG* IV, 18-19.

otras tradiciones. No entramos aquí en una interpretación sobre la moralidad o inmoralidad de Kṛṣṇa aconsejando a Arjuna que venza sus escrúpulos morales y que luche en la batalla descrita en el *Mahābhārata*.[248] Valgan sólo dos observaciones. La conciencia general de la humanidad por aquel entonces, hasta prácticamente nuestros días, no condenaba la guerra, sólo las injustas, y el deber de *kṣatrya*, su *svadharma* era el del noble caballero en defensa de la justicia. En segundo lugar las guerras, aunque siempre crueles, eran humanas, en cuanto eran hombres los que luchaban, no máquinas, muy distinto a la situación actual. *Karman* y *dharma* tienen una estrecha relación, pero no se identifican.

Un ejemplo extremo de esta concepción nos lo ofrece el *saṃrambha-yoga* o camino hacia Dios por medio de la hostilidad y aún, en cierta manera odio, hacia el Ser Supremo.[249] En el fondo no se trata de indiferencia sino de una especie de rebelión en contra de Dios, algo así como la lucha de Jacob con la epifanía angélica de la Divinidad.[250] El fenómeno y la interpretación son distintos pero podríamos encontrar un cierto paralelismo profundo. Un cierto judaísmo contemporáneo está escandalizado por el abandono por parte de su Dios a su pueblo y llega hasta blasfemarlo, pero no puede negar su existencia ni dudar de su poder – es una relación de amor y odio. Podríamos mencionar una cierta teología islámica de Iblis, Satanás (a quien al–Hallāj llama el más puro de los monoteístas) que sigue amando a Dios al mismo tiempo que le odia, tentando al hombre e intentando así hacer fracasar su creación.[251]

248. Pueden consultarse a estos efectos las largas introducciones de las traducciones de la *Gītā* que hemos indicado.

249. Cf. vgr. *BhagP* III, 16, 30 y un texto clásico posterior el *Rājasuya Prabandam* de Nārāyana Bhaṭṭatiri.

250. *Gn* XXXII, 25-33.

251. Cf. el magnífico resumen de BAUSANI (1983) sobre la visión de los místicos islámicos acerca de Satanás y también NURBAKHSH (1986).

Otro complejo problema, que no podemos afrontar en este lugar, es la concepción de Dios por encima del bien y del mal. Esta idea no significa, sin embargo, sin más, que la ética no tenga también su lugar en la religión. Ha dado lugar, es cierto, a una religión amoral y aun inmoral a veces, pero en última instancia la transcendencia axiológica divina que tal concepción defiende, sólo quiere superar por un lado el dualismo (el bien y el mal no están en un mismo plano) y subrayar por el otro el carácter ontológicamente religioso de la salvación.

Algunos indólogos (la expresión hoy día obsoleta es aquí acaso adecuada) han querido ver en esta concepción de Dios por encima del bien y del mal un ejemplo del "galimatías" hindú, puesto que lo interpretan como una contradicción interna. Aparte de que el Dios de Jesucristo parece no discriminar entre los buenos y malos antes de tiempo,[252] puesto que hace tanto llover cómo salir el sol para justos e injustos,[253] habría que hacer una observación lógica y otra filosófica. Puede discutirse lo que signifique estar por encima del bien y del mal, pero si se admite como hipótesis, aunque sea para rectificarla, no podemos decir que es un "mal" que Dios esté por encima de él.

La noción de un Dios por encima del bien y del mal, además de ser corriente en toda filosofía apofática, es acaso una de las afirmaciones más claras para expresar que el Misterio Divino transciende todas las categorías.

Sea de ello lo que fuere, el *karman* del hinduismo clásico es una categoría estrictamente religiosa, mucho antes que ser un concepto moral. Es más bien en la evolución "moderna" del hinduismo en donde se encuentra una concepción meramente ética del *karma*, entendido entonces como la ley moral que regula la conducta humana y cuyo cumplimiento conduce a la salvación (liberación). En el fondo se trata de una cierta

252. Cf. *Mt* XIII, 25-30 y I *Cor* IV, 5.
253. Cf. *Mt*. V, 45.

secularización de la religión y en muchos de sus modernos sostenedores se nota el impacto de la evolución cultural del Occidente – hecho no necesariamente negativo, pero a tener en cuenta.

La ley del *karman* entonces se identifica al *dharma*, interpretado éste a su vez como el deber moral. La religión entonces se reduce a moral. *Satya* (verdad) considerado como sinceridad y *ahiṃsā* (no-violencia) como compasión (emparentado al *karuṇā* buddhista – aunque Rāmānuja desarrolle también este concepto, aplicándolo, por cierto, a Dios) serían aquí dos categorías fundamentales.

Es indiscutible, que el concepto tradicional del *karman* incluye el comportamiento ético y la ley moral, pero no puede reducirse a una mera categoría de la conducta humana. El *karman* pertenece ante todo al orden metafísico-religioso. De ahí otra característica del *karman* hindú, emparentado al *svadharma* o deber personal (del individuo o de la casta).[254] Cada ser posee su *karman* que explica no sólo su pasado, sino que condiciona también su acción presente o futura. Esto significa que lo que es amoral o inmoral para algunos no tiene por qué serlo para otros. El caso de Arjuna en la *Gītā* es paradigmático. Una interpretación casuística de ello puede llevar a la anarquía y al libertinaje. Una interpretación más tradicional puede conducir a la tolerancia clásica del hinduismo, junto al peligro de la indiferencia frente a la injusticia. Otra interpretación de tendencia cristiana puede ver en ello la explicación del difícil mensaje evangélico de no juzgar – en donde se nos conmina a no hacer juicios morales.[255] Muy puro ha de estar el corazón para que nuestra mente no juzgue – lo que no significa ausencia de discernimiento.

Y aquí convendría también salir al paso a una crítica común hecha por observadores externos – lo que no quiere decir

254. Cf. *BG* II, 31,33; III, 35; XVIII, 47; etc.
255. Cf. *Mt* VII,1 y *Lc* VI, 37.

que en muchos casos no sea justificada. La ley del *karman* se ha presentado a veces como una excusa para una conducta inmoral («es mi *karman*») o como negadora de la libertad humana («no puedo hacer nada en contra de él»).

Ambos peligros son reales; pero no describen la verdadera naturaleza del *karman*. El *karman* ciertamente nos condiciona, como nos condiciona la herencia, por ejemplo, pero no nos determina. El *karman* es ciertamente un lastre, como el lastre de un globo o de un navío que permite mantener el equilibrio y manejar el timón; es ciertamente el lastre de nuestra creaturabilidad. El hombre puede transformar su propio *karman* como un escultor puede moldear la materia prima. Este condicionamiento nos rinde más humanos puesto que nos hace más conscientes de nuestra entera relación con el cosmos y de nuestra propia contingencia. El *karman* es la expresión de nuestra solidaridad universal, como hemos dicho repetidamente.

f. La espiritualidad de la acción

La acción humana y, más concretamente, las obras que el hombre realiza, son para el hinduismo camino de salvación. El hombre llega a su destino encaramándose, por así decir, a las obras que él realiza en la tierra.

Repetimos que no es justo, por tanto, decir que el hinduismo sea una religión que desconozca el valor de las cosas temporales y materiales, o que no tenga en consideración los deberes sociales del hombre. Por demasiado tiempo Occidente ha tenido, por lo general, sólo tres contactos con el *dharma* del hinduismo: un cierto *vedānta* idealista, un tantra sexual y una religiosidad popular lindante con la magia. Afortunadamente la visión está cambiando y se están superando muchos lugares comunes. Menos afortunadamente, por el contrario, la India sigue teniendo, por lo general, la visión estereotipada de un Occidente mecanicista y materialista, ignorando otros aspectos de la cultural occidental multimilenaria. Cierto es, sin embargo, que el *dharma* hindú se ha preocupado relativamente poco por la cuestión de la justicia social y que la moral cristiana ha querido servir a dos señores: Dios y Mammona.

Sea ello lo que fuere, lo que nos queda aún por indicar es la forma como el hinduismo ve esta colaboración de las obras a la salvación humana. La verdadera espiritualidad de la acción no consiste en acumular el fruto de las buenas obras para así conseguir el cielo. El tal cielo (*svarga*) no ha sido nunca considerado por el hinduismo como el *último* fin del hombre. Precisamente una de las condiciones de la espiritualidad de la acción es la renuncia al fruto y por tanto al posible e indiscutible mérito de las buenas acciones. El hombre se salva *por* las obras y a *través* de las buenas acciones, pero es dejándolas atrás como se libera a sí mismo, es perforando, por así decir, la costra kármica como penetra en la profundidad de lo real, es despreciando lo terreno como alcanza lo celeste, como también ha predicado una cierta espiritualidad cristiana – aunque fuese para contrarrestar la tendencia contraria.[256]

El *karma-mārga* es un verdadero camino que se va dejando atrás a medida que se recorre; las acciones se van haciendo menos necesarias, la senda más estrecha y el camino menos desbrozado, esto es, menos camino; y el hombre se va liberando de su *karman* cual lastre que se va echando por la borda a medida que la ascensión progresa. El *karma-mārga* no es un compromiso con el mundo o una vía menos radical que las otras. Ya dijimos cómo está esencialmente vinculado al sacrificio, esto es, a la rotura de planos, al ofrecimiento y al holocausto. La espiritualidad de la acción del hinduismo no es naturalismo ni activismo; no es una mera acción social para arreglar este mundo (aunque no lo excluya), sino un auténtico camino religioso.

256. Cf. el recurrente «*terrena despicere et amare coelestia*» [despreciar lo terreno y amar lo celestial] de la liturgia cristiana, vgr. la oración de san Pedro Damiani: «*ut per terrestrium rerum contemptum...*» [para que, por el desprecio de lo terrestre...].

El dogma de la resurrección de la carne, al menos en la forma taxativa del cristianismo, está ausente del hinduismo – aunque sea también ajeno a la experiencia vital de los cristianos. Esto hace que una buena parte de la espiritualidad de la acción no pretenda redimir también a la carne o cargar con el cuerpo, pero toda acción tiene una repercusión cósmica y con ello el *dharma* kármico en cierta manera también subsume el cosmos. La actividad mantiene el mundo en cohesión, como hemos indicado ya.

Una buena parte del *karma-mārga* desemboca en la espiritualidad tántrica que, sin aceptar o reconocer la resurrección de la carne, se encuentra en su misma dirección y aun en algunos casos va más allá. Como veremos más adelante, el tantrismo no quiere que se pierda nada, lo quiere recuperar todo e intenta verificar la mayor integración posible. La acción y las obras dentro del tantrismo poseen en sí mismas carácter salvífico, porque la salvación no consiste en otra cosa que en deshacer el camino andado y en reintegrar lo que en el tiempo y el espacio se encuentra aún diseminado y desintegrado. La acción entonces es el acto salvífico por excelencia, porque es aquella actividad que restablece la unidad y verifica la integración.

2. La vía de la contemplación – *Jñāna-mārga*

La India tiene la fama, merecida o inmerecida, de ser la tierra de la contemplación *por* excelencia. Nos contentaremos con describir este camino de salvación que para muchos es el más perfecto, admitiendo desde el inicio que no tratamos de ningún problema epistemológico, o sea de la compleja y rica especulación índica sobre la *pramāṇa* o medios válidos de conocimiento.[257]

257. Cf. Glosario.

a. El origen del camino de la sabiduría

Hemos escrito sabiduría para no utilizar otra palabra más adecuada antes de espurgarla del sabor que ha adquirido en nuestros días debido a la malaventura que este vocablo ha tenido en la cultura cristiana, a pesar de sus inicios triunfantes. Nos referimos a la *gnôsis*.[258] *Jñāna*, en efecto significa *gnôsis*. Incluso etimológicamente proceden de una raíz común conservada a través del latín en las lenguas romances: conocimiento, significa también hacer nacer, producir, asimilar con metabolismo espiritual que identifica al cognoscente con lo conocido.[259]

La etimología nos da también aquí la clave para vislumbrar el origen de la vía de la *gnôsis* como camino de salvación. *Jñāna*, en efecto, no significa un simple saber especulativo o un mero saber externo, sino que viene a significar la verdadera y propia *acción* humana o mejor aún cosmoteándrica. El razonamiento muy simplificado vendría a ser el siguiente:

El hombre aspira a salvarse, esto es, a conseguir su plenitud, su fin y su libertad. Esto exige una acción. Esta acción es el sacrificio, en el sentido védico y clásico de la palabra. Pero la esencia del sacrificio no es la acción exterior, sino su alma interior. Ésta consiste en lo que se ha llamado *fe* (*śraddhā*), esto es, en la disposición interior del sacrificante (activo o pasivo) que le hace "creer" en la realidad (eficacia) del acto litúrgico.[260] Esta fe, que al principio aparece ante todo como una confianza

258. La bibliografía es inmensa. Cf. vgr. CASEY (1935); DORESSE (1984); DUPONT (1949); GARCÍA BAZÁN (1978; 2000); JONAS (2000); MONTSERRAT TORRENTS (1983); ORBE (1976); PUECH (1982); PIÑERO y otros (1997); SHOHAM (1999); SCHULTZ (1986); SIMONETTI (1993); SLOTERDIJK & MACHO (1991).

259. La raíz *jñā* significa indudablemente saber, conocer, y es la misma para (*gig*) *gnosco (conocer)*, aunque no pueda afirmarse con certeza gramatical que sea la raíz común también para *gignomai* y (*g*)*nascor* [nacer], etc.

260. *Śraddhā* viene de *śrad* y de *dha*. *Śrad* (*srat*) según YĀKSA, *Naighaṇṭuka*, III, 10 (en MONIER- WILLIAMS [1974]) significaría *satya*, esto es verdad, realidad (con lo que se corrobora nuestra tesis) y parece estar emparentado con *cre*

integral en la "verdad" del sacrificio, con la evolución de la consciencia humana se interioriza e intelectualiza convirtiéndose en un convencimiento *sui generis*, fruto de un conocimiento especial que es precisamente el *jñāna*, que luego, según las escuelas tomará diferentes nombres y se verá adornado de distintas cualidades.[261] Es este conocimiento el que acarrea consigo todo el fruto de la acción litúrgica, y que luego, en un segundo momento, la sustituye cuando se ha concentrado toda la quinta esencia del sacrificio en la fe.[262] Sabido es que ha habido una interiorización y una sublimación del sentido védico del sacrificio, como medio para obtener bienes tangibles, al *upaniṣádico*, como medio de salvación.[263]

Una característica del *jñāna* permanece incólume, su carácter soteriológico, por ser el auténtico sacrificio del hombre como ser intelectual.[264] El *jñāna* tiene poder salvífico porque es una acción, la verdadera acción. Es éste, nos parece, el punto de arranque para luego negar realidad a lo que no se ha descubierto por este conocimiento superior.

El carácter activo de la *gnôsis* se conserva en tanto en cuanto no se desvincula de la *fe* – en cuanto se cree en lo que el conocimiento (la *gnôsis*) lleva a cabo. Cuando la *śraddhā* decae el *jñāna* pierde una buena parte de su carácter salvífico con graves consecuencias para la evolución posterior. En efecto, la

---

do (de *cred* y *do*), *cor-cordis* y con el griego *kardia* (corazón; aunque recientemente se dude del parentesco entre *credo* y *cor* – sin embargo MAYRHOFER (1956-1980 *sub voce śraddhā*) la da por buena). ERNOUT & MEILLET (1979) la llama "étymologie populaire". Sobre corazón y fe, cf. *BU* III, 9, 21. *Dha* significa colocar, poner, fijar. *śraddhā* sugiere, pues, el aspecto de confianza, de colocar el corazón, de fiarse de la verdad, de ponerla y conseguirla.

261. Cf. los treinta nombres sánscritos como equivalentes homeomórficos de la noción de Filosofía en PANIKKAR (1997/XXXIX).

262. Cf. vgr. *BG* IX, 22-25. «Quienquiera que sacrifique (adore) con fe y amor, aunque sea a otros Dioses [fuera de la ortodoxia] a Mí me adora.»

263. Cf. LEVI (1898), VESCI (1994).

264. Cf. vgr. *TS* V, 3, 12, 2; *BS*, III, 4; *CU* I, 1, 10, etc.

gnôsis nos salva porque nos hace llegar a la verdadera realidad, a la esencia de lo que en el sacrificio se realiza de una manera psico-somática, podríamos decir. Pero cuando la fe decae o, más claro todavía, cuando la *gnôsis* sólo descubre el mero concepto del sacrificio, sin ser ella misma sacrificio (de la verdad) por haberse convertido en un simple conocimiento de tipo racional, nos impide con ello el tránsito, interrumpe el dinamismo de la acción sacrificial. La *gnôsis* nos descubre lo que es la realidad, nos descubre *brahman*. Ahora bien, el Absoluto no puede llegar a ser, ni variar; es inmutable. El sacrificio se convierte entonces en un simple descubrimiento racional y no en la conquista de la salvación. El auténtico conocimiento exige o lleva consigo la destrucción de los obstáculos que se oponen a tal descubrimiento. Ésta será la tentación perenne del *jñāna-mārga*, dejar de ser *mārga* para convertirse en mera especulación. De ahí que los grandes seguidores del *jñāna-mārga*, como Śaṇkara, por ejemplo, a pesar de la radicalidad de su doctrina supieron siempre combinarla con una espiritualidad *bhakti*.[265]

Resumamos y adelantemos: el *jñāna-mārga*, el camino de la sabiduría, no es un simple conocimiento intelectual o teórico (en los sentidos modernos de estas palabras) sino el alma del camino de la acción (*karma-mārga),* la participación humana, esto es consciente, en la tarea de «construir nuestra salvación»; para hacer eco a las últimas palabras de Buddha. De ahí que, como aún diremos, los llamados tres *mārga* son en realidad tres caminos de una misma senda. No hay especializaciones fragmentadas en la vida espiritual – aunque hay estilos o talantes.

265. Conocido es el "escándalo" provocado por el mismo Śaṇkara celebrando él mismo, como hijo único, los funerales de su madre viuda (no por él, sino por ella, se justificó).

b. Las condiciones previas para la gnôsis

Cada escuela de espiritualidad ha formulado de distinta manera las condiciones necesarias para adquirir esta *gnôsis* salvadora que, como ya hemos dicho, dista mucho de ser una mera reflexión desconectada de la realidad cotidiana. La *gnôsis*, el conocimiento salvífico, no surge allí donde el aspirante (*sādhaka*) no está adecuadamente preparado.[266] La *gnôsis* no está desconectada de la vida; al contrario, es la auténtica introducción a la Vida. Séanos permitido subrayar la diferencia entre esta educación a la sabiduría para conseguir la libertad interior que nos permite realizarnos, gozar de la vida, alcanzando así la plenitud humana, y la llamada educación en nuestros días como entrenamiento a la lucha por la existencia económica, armando a los alumnos con los "conocimientos" cual armas necesarias para vencer en la competitividad social – para "ganarse la vida", según la degradación de la frase conocida, que significaba conseguir la Vida eterna. En realidad para descubrir el mundo interior hay que apartarse un tanto (no dejarse engullir) del mundo exterior.

Siendo la vía de la contemplación (*jñāna-mārga*) un camino de salvación, esto es, un camino para la Vida, el hinduismo no fuerza a nadie a emprender esta tarea, pero advierte que la educación para este camino requiere esfuerzo y disciplina. No todos se sienten llamados a emprender esta senda sino aquellos que están tocados por la gracia (*anugraha*), bien sea directamente por el descenso del poder divino (*śaktipāta*), bien sea por intermedio de su propia voluntad. El hinduismo, como casi todas las religiones tradicionales, cree que pocos son los que se realizan, se liberan, alcanzan la salvación.[267] Su sistema de castas le permite dejar tranquilos a los que no es-

266. Cf. Glosario.
267. Cf. *Mt* XXII, 14.

tán llamados a un segundo nacimiento (*dvija*). Para evitar malentendidos al interpretar una antropología con ideas ajenas a ella hay que decir que, a pesar de los abusos habidos por interpretaciones egocéntricas, esta idea no es una aberración. Así como no es injusto que haya vacas y hombres, y las primeras no tienen envidia de los segundos, así hay seres humanos que renacen a un nivel superior y otros que no, aunque todo hombre pueda actualizar su potencialidad de llegar a ser *brahman* – o hijo de Dios en lenguaje cristiano. El problema filosófico está en dilucidar si ello es por "predestinación", gracia, libre esfuerzo o casta.

Sea ello lo que fuere, para aquellos que, por las razones que sean sienten la "llamada" (por así decir), el camino es arduo, como veremos.

Acabamos de decir que todo conocimiento auténtico no es mera información sino "educación" en su sentido primigenio de *educere*, sacar fuera, dejar aflorar, para "conducir" (*ducere*) al educando a la plenitud de la vida. Esto es la *iniciación* o *dīkṣā*.[268] Pero para este acto hace falta que haya algo dentro para conducirlo a la luz del día (a la acción) y un conductor que realice la tal acción. Toda iniciación requiere que alguien plante esta semilla de una nueva vida y que alguien la haga germinar para adquirir este conocimiento salvífico. Ahí está la función del *guru* y el sentido de la iniciación: el segundo nacimiento (*dvija*) que acabamos de mencionar.[269]

268. La palabra ha sido triplemente interpretada: a) como compuesto de la raíz *dā* (dar) y *kṣi* (destruir); b) como proveniente de la raíz *dīkś* (consagrar –y así ya en el *AV*); c) como desiderativa del mismo verbo *daki* (crecer, *Aum*entar)– pero en todo caso el sentido es el de superar la condición de la mera animalidad.

269. Sobre la iniciación la siguiente bibliografía puede servir para encuadrar el problema: ANCOCHEA & TOSCANO (1997) (con amplia bibliografía en español); BUJO (1987); CANNEY (1939); ELIADE (1991b; 1989); GUÉNON (1983; 1985; 1986); HEILER (1979); LOES (1929); STEVENSON (1971); THURNWALD (1940). Para dos resúmenes cf. GROHS (1993), vol. III, y la entrada "Initiation" en ELIADE (1987), vol. VIII.

Es significativo que el sentido profundo de la iniciación se haya conservado más en las religiones primordiales (como las africanas) que en las más institucionalizadas.[270] Parece como si las sociedades modernas hubiesen superado tales ritos, aunque persistan en forma desacralizada (como las carreras universitarias, etc.) o en sociedades particulares (como la masonería y otras). Es significativo, repetimos, cómo «la mutación ontológica de la condición existencial» (Eliade) se ha reducido a "ritos de pasaje" meramente sociológicos. Así se trivializa el bautismo cuando se interpreta exclusivamente como entrada a la iglesia visible, o la *dīkṣā* cuando se reduce al acto de dar un *mantra* por el maestro al discípulo o a la imposición rutinaria del cordón sagrado (*upanayana*). El sentido profundo de estos ritos se pierde cuando se interpreta esta invariante religiosa bajo el prisma de una antropología bipartita meramente biológica. Jugando con las dos palabras griegas para decir vida: *bíos* y *zôê* podríamos decir que la antropología reinante considera al hombre como un ser meramente biológico y paradójicamente olvida su naturaleza zoológica.[271] Para la antropología biológica la vida del hombre, con o sin intervención divina para el alma, es completa con su nacimiento, luego no necesita más que desarrollarse. Para las antropologías tripartitas la vida del hombre no es completa hasta un segundo nacimiento en el que el hombre adquiere su madurez y plena humanidad, que le

270. Clásica es a este respecto la obra *Les Rites de passage* de GENNEP (1969), que aún es válida a pesar de las innumerables interpretaciones del fenómeno de la iniciación.

271. Aunque tanto *bíos*, latín *vivus*, sánscrito *jīva*, como *zôê*, provienen de la misma raíz hindo-europea *g(w)ei*, la primera tiene una connotación más individual (p.e. biografía) que la segunda (p.e. zoología). El griego del Nuevo Testamento, con antecedentes en el griego clásico, hace una diferencia fundamental entre los dos vocablos: y así, por ejemplo en *Jn*, cuando se refiere a la "vida" que estaba en el principio (I, 4) o a la "vida" que promete Jesús (vgr. X,10), se habla de *zôê* y no de *bíos*. Significativamente la raíz anglosajona para vida (*life*, *Leben*) está relacionada con el cuerpo (*Leib*).

diferencia esencialmente de los animales – los seres con "*anima*". El hombre, en cambio, es un ser dotado además de espíritu – como indicamos anteriormente.[272] La iniciación es el símbolo real de este segundo nacimiento que se requiere para ser plenamente hombre. La iniciación consiste en este acto por el cual el hombre llega a ser sí mismo y toma consciencia de ello, y adquiere su personalidad consiguiendo ser consciente de su identidad.[273] La degeneración de la iniciación empieza cuando una *organización* cualquiera reclama la exclusiva de esa regeneración – lo cual no significa que la iniciación no sea obra de un *organismo* social. No hay autoiniciación.

Las distintas escuelas del hinduismo, o más exactamente *sampradāya*, confieren esta iniciación de maneras muy distintas y generalmente distinguen varias etapas que corresponden al crecimiento del *adhikāra* o aspirante. Prescindimos de esta enorme variedad y nos concentraremos en algunos rasgos salientes en cuanto nos dan una idea del clima de la espiritualidad hindú.[274]

α) Mumukṣutva *(Aspiración a la liberación)*

Mumukṣutva sería el estado existencial de una ardiente aspiración a la realización o salvación (*mukti*). Sin esta disposición de apasionarse por la verdadera vida real no hay espiritualidad posible. La pereza espiritual (acedía) es la muerte de cualquier vida realmente humana. A los tibios los vomita Dios.[275] A esta aspiración a ser liberado, que implica la disposición interior de usar aquellos medios que se crean conducen-

272. Según esta antropología el hombre (completo) es sentido, mente, intelecto, misterio y espíritu.
273. Cf. BUJO (1987).
274. Cf. las ya clásicas condiciones de Śaṇkara en su Introducción a su comentario al *BS*, comentadas luego por VĀCASPATIMIŚRA (1933) en la *Bhāmatī* –su clásica *Catussūtrī*, o comentario a los cuatro primeros sūtra del *BS*.
275. Cf. *Ap* III, 16.

tes a tal fin, corresponde, dentro del *jñāna-mārga*, el *brahma-jijñāsā*, o deseo de conocer a *brahman*. Esta expresión constituye el inicio de uno de los libros más famosos y con mayor autoridad del hinduismo que ha sido comentado por los grandes filósofos posteriores: el *Brahma-sūtra*.[276]

La aspiración a conocer el Absoluto, o el conocimiento deseoso de *brahman*, es una condición indispensable para empezar a escalar la senda difícil de la *gnôsis*. Una aclaración verbal puede ayudar a superar un malentendido corriente – más aún cuando se trata del buddhismo que del hinduismo.[277] La forma gramatical de *jijñāsā* suele llamarse "desiderativa" y conocida es la crítica feroz de Buddha a todo "deseo" – que es la palabra "sed" con la que se suele traducir el pali *taṇhā* (*tṛṣṇā* en sánscrito). No se trata, en todo caso, del *deseo* de la liberación (que puede convertirse en un obstáculo), sino de la *aspiración* a ella. El primero es movido por un objeto externo que nos atrae y mueve la voluntad; la segunda surge de una "inspiración" interior que proviene del dinamismo interno de nuestro ser. El primero nos esclaviza, la segunda es nuestro mismo respiro – aunque la distinción verbal sea un tanto artificial. Esta distinción es importante para disipar el malentendido aún corriente entre un Occidente "deseoso" del perfeccionamiento humano en todos sus sentidos y un Oriente indolente que suprime todos los "deseos".[278]

276. Famosa colección aforística de la filosofía de las *Upaniṣad* escrita probablemente en el siglo II antes de Cristo por BĀDARĀYANA. Cf. las ediciones modernas de VIRESWARANANDA (1948) y la de RADHAKRISHNAN (1960), ambas con el texto original, traducción y comentarios basados en la tradición, además de sendas introducciones. Cf. en español MARTÍN (2000) y PALMA (1997).

277. Cf. PANIKKAR (1994/X), pp. 121-123, en donde se comenta el doble sentido del desiderativo *jijñāsā* del verbo conocer (de la raíz *jñā*, ya citada).

278. Cf. PANIKKAR (1999/XIX), pp. 271 y ss.

β) Nitya-anitya-vastu-viveka *(discriminación entre cosas temporales y eternas)*

Nitya-anitya-vastu-viveka, "discriminación entre las cosas temporales y las eternas" es otra condición requerida. No hace falta un conocimiento perfecto del orden perenne (*nitya*), pero sí se requiere una discriminación (*viveka*) de las cosas (*vastu*) que separe y que nos separe de todo lo que, por ser temporal, o mejor dicho, no-perenne y no-necesario, no puede contener la realidad ni llevar a la salvación.[279] Suele traducirse esta frase, como ya hemos hecho, como "discernimiento entre lo temporal y lo eterno" debido a inveterados hábitos mentales.[280] En rigor no se trata de la dicotomía entre lo temporal y lo eterno, sino de la discriminación entre las cosas *nitya* (innatas, permanentes, necesarias, estables...) y las que no lo son (*anitya*); entre la realidad y la apariencia.[281] Este *viveka* (discernimiento, distinción...) es condición, por una parte, y resultado, por otra, de la misma *gnôsis* que es la que nos da el recto juicio (*viveka*) sobre la realidad. Se trata, como tantas veces, no de un círculo vicioso sino de un círculo vital – puesto que es la vida la que rompe el círculo vicioso del mero intelecto. Con otras palabras, no se puede aspirar a la *gnôsis* salvadora si no

279. Cf. la bella historia buddhista del joven aristócrata Raṭṭhapāla que ha renunciado a todos los placeres de la vida porque ha descubierto la impermanencia de todos ellos (*Majjhima-nikāya* 82, *Raṭṭhapālasutta*). El estribillo a la diferencia entre lo temporal y lo eterno es la célebre frase del Buddha: «Lo que no es eterno no vale la pena que el hombre se goce en ello, no merece ni siquiera ser saludado, ni tampoco que el hombre preste atención a ello». Es en este texto buddhista en el que se dice que el *dharma* (*dhamma*) es bello al inicio, bello en el medio y bello a la postre. "Lovely" traduce HORNER (1957).

280. Cf. la, en su tiempo famosa, obra de espiritualidad ignaciana NIEREMBERG (1640) que lleva este mismo título.

281. Repetimos que las palabras son algo más que conceptos y en este caso "temporalidad" y "eternidad" tienen connotaciones diferentes. De ahí que el estudio de "otra" espiritualidad si por un lado desorienta (hace tambalear nuestras certezas) por el otro enriquece el valor simbólico de las palabras y nos vacuna contra posibles fanatismos.

nos dedicamos al cultivo de lo que poco a poco vamos descubriendo como real, dejando a un lado lo transitorio e intrascendente. La *gnôsis* parece ser una gracia, pero este regalo no se da a los que no se consagran a la consecución de lo que realmente importa. La espiritualidad no es cosa de poca monta. Debido a la identificación de lo permanente y real con el *ātman*, una tradición posterior ha interpretado esta condición como *ātmānātmavastuviveka*, distinción entre lo que es (*ātman*) el "espíritu" y lo que no lo es (*anātman*), la apariencia, entre lo espiritual y lo que no lo es. Un texto *upaniṣádico* dice:

> «Viendo al *ātman* en todos los seres
> y todos los seres el el *ātman*
> se llega a *brahman*–
> y por ninguna otra causa.»[282]

g) Ihā-amutra-phala-bhoga-vairāgyya *(renuncia a la delectación y a sus frutos)*

Ihā-amutra-phala-bhoga-vairāgyya, "renuncia a la delectación con el fruto (de las propias acciones) aquí y en el más allá". Esto es, sin una sinceridad total y una disposición antiutilitaria de buscar a *brahman* por sí mismo, y no por el premio que me pueda dar, no se puede emprender con esperanza el camino de la *gnôsis*. El conocimiento utilitarista no es, en rigor, auténtico conocimiento sino información para ser manejada (utilizada) para fines más o menos egocéntricos. El auténtico conocimiento (contemplativo) no es un medio-para (otra cosa). De nuevo nos encontramos con el divorcio mortal entre conocimiento y amor. La senda de la contemplación presupone, en el sujeto que la emprende, el desapego más total a cual-

282. *KaivU* 10.

quier forma de egoísmo. El "ego" es precisamente considerado como el obstáculo más radical para el conocimiento salvador, no sólo en virtud de una exigencia ética, sino sobre todo por razón de una incompatibilidad de principio entre cualquier egocentrismo y la búsqueda de una Verdad que no pueda ser nuestra criatura.

El conocimiento salvífico, conocimiento ontológico y no sólo epistémico, nos hace uno con lo conocido y no sólo nos ofrece información o noticia sobre ello. Por esto implica la praxis tanto como la teoría. De ahí que sin el *virāga* (la indiferencia, el desasimiento) frente a la fruición (*bhoga*) de los frutos (*phala*) de nuestras acciones, aquí y en el más allá (*iha-amutra*), no podamos conseguir aquella libertad de todos nuestros condicionamientos, necesaria para la liberación. Cualquier acción realizada para conseguir un fin determinado lo podrá o no conseguir; pero la plenitud humana o la salvación no es "fruto" de ninguna acción. La renuncia a todo fruto es, por tanto, necesaria. Con otras palabras, la pureza de corazón es requisito indispensable para la salvación.

Esta renuncia no es ascetismo negativo, no es indiferencia inhumana o desasimiento cómodo – aunque los peligros de perder el equilibrio y "cortar por lo sano" son patentes. El *dharma*, como su nombre indica, no descoyunta, sino que vincula, "religa": es religión.

¿De dónde se saca la fuerza para tal renuncia?

La respuesta de la espiritualidad hindú es triple – y al decir triple no decimos que haya tres respuestas, sino una trenza única. En primer lugar la gracia que nos empuja, en segundo lugar la fe que nos la da a conocer y en tercer lugar la experiencia que lo confirma. No se renuncia a un bien en vistas a un fin más alto. Esto puede ocasionar complejos y resentimientos. Se renuncia a un bien cuando se ha descubierto que aquel "bien" para mí no lo es. De ahí que la renuncia venga connaturalmente – cuando el corazón es puro.

δ) Sādhana

Junto a la condición negativa de la renuncia mencionada, la tradición considera además la práctica positiva de las virtudes como condición para la *gnôsis*. La palabra *sādhana* suele traducirse por "camino espiritual" y equipararse a los medios utilizados para la liberación; es la disciplina que el *sādhaka*, el discípulo, sigue. Cada escuela de espiritualidad posee su elenco de virtudes.[283] Una cierta escolástica hace el siguiente resumen:

- Control de la mente (sosiego, ecuanimidad, serenidad, *śama*)
- Dominio de los sentidos (autocontrol, ascetismo, *dam*)
- Renunciamiento, indiferencia (incluso a actos buenos y lícitos, *uparati*)
- Paciencia (fortaleza en sufrir incomodidades y penas, *titikṣa*)
- Concentración de la mente (atención, seriedad, *samādhāna*)
- Fe (confianza, *śraddhā*)

Para dar una idea del clima espiritual mencionaremos las ocho virtudes de la inteligencia dadas por sabidas en el *Rāmāyaṇa* de Valmiki:[284]

283. GRIMES (1996) describe doce escuelas que corresponden a otras tantas religiones como caminos espirituales: jainismo (con sus tres joyas), buddhismo (con su óctuple camino), *sāṃkhya* (discriminando entre materia y espíritu), yoga (con sus ocho disciplinas), *mīmāṃsā* (acción), *advaita-vedānta* (con su conocimiento perfecto), *viśiṣṭādvaita* (con su total abandono [a Dios]), *dvaita-vedānta* (discriminando entre la criatura y el Creador), *Śaiva-siddhānta* (adorando a Dios), vīra-śaivismo (con sus cinco preceptos), śivaísmo de Kaśmir (con su identificación a Śiva) y *śivādvaita* (como contemplación perfecta). Aducimos este esquema como ejemplo de la complejidad del *dharma* del hinduismo –añadiendo que cada una de estas escuelas de espiritualidad tiene innumerables subdivisiones.

284. *Ram* IV, 54, 1-2, VALMIKI (1969), al que podríamos añadir el popular *Rāmāyaṇa* de Tulasīdāsa del siglo XVI [PRASAD (1993)]. Sobre éste último merece mención VAUDEVILLE (1955a; 1955b), quien tradujo además el segundo libro del gran poema (*ayodhyākāṇḍa*).

- Predisposición a la escucha (de los demás) – *śuṣrūvā*
- Acto de escuchar – *śravaṇam*
- Capacidad para entender lo que se dice – *grahaṇam*
- Recuerdo de lo aprendido – *dhāraṇam*
- Comprensión de los aspectos positivos de lo ha aprendido – *utha*
- Comprensión de las razones contrarias a lo aprendido – *apohaḥ*
- Intuición de lo aprendido – *arthavijñānam*
- Sabiduría adquirida (por lo aprendido) – *tattvajñānam*

El mismo *Rāmāyaṇa* menciona lo que llama la cuádruple fortaleza o virtud, en cuanto habilidad de usar los medios para vencer en la lucha de la vida:

- Capacidad de persuasión y reconciliación – *sāma*
- Generosidad – *dāna*
- Argucia – *bheda*
- Fuerza – *daṇḍa*

A las que siguen las catorce "excelencias":

- Oportunidad (sentido del tiempo y del lugar) – *deśakālajnā*
- Estabilidad – *dārdhyam*
- Valentía (para soportar cualquier contratiempo) – *sarva-kleśasahiṣṇutā*
- Conocimiento de todas las cosas – *sarvavijñānita*
- Rectitud – *dākṣyam*
- Ardor (arrojo, entusiasmo) – *urjaḥ*
- Discreción (guarda de la) – *savṛta-mantratā*
- Coherencia – *avisamvāditā*
- Heroísmo – *sauryam*
- Conocimiento de las propias capacidades (y de las ajenas) – *śaktijñatā*

• Gratitud (a los servicios recibidos) – *kṛtajñatā*
• Magnanimidad con los fugitivos (inmigrantes) – *śaraṇāgatavātsalyam*
• Capacidad de indignarse – *amarṣtvam*
• Perseverancia – *acāpalam*

Nos abstenemos de todo comentario sea de la ética del *Rāmāyaṇa*, sea en general. Retenemos solamente que la espiritualidad hindú, como todas, requiere una praxis, una ascesis, *sādhana*, como requisito para alcanzar la felicidad y la libertad. Acaso esta simple lista puede ayudar al lector a exarminar si "practica la virtud".

Es evidente, por otro lado, que solamente el haberse puesto en camino hacia la meta deseada perfeccionará estas virtudes que al principio sólo pueden ser imperfectas. Por otra parte, sin embargo, especialmente la escuela *advaita* subraya enérgicamente la gratuidad de la visión gnóstica y la inadecuación de cualquier medio humano para adquirirla. Aquí podríamos citar un famoso texto:

> «No es por instrucción como se alcanza el *ātman,* ni siquiera por medio de la inteligencia, ni tampoco oyendo [la "Escritura"]. Solamente aquél a quien Él escoge lo puede alcanzar; a éste le revela su auténtica naturaleza».[285]

Resumiendo estas condiciones podríamos decir que el requisito fundamental es simplemente la *conversión*, esto es, el cambio radical del sentido de nuestra existencia, de mundano (*laukika*) en sagrado, del orden del conocimiento fenoménico (*vyāvahārika*) al orden de la realidad última (*paramārthika*).[286]

285. *KathU* I, 2, 23 (II, 23, según otra numeración). (Cf. *Ib*. I, 2, 9 la misma idea) Cf. también *MandU* II, 2, 3.

286. Estas dos expresiones a las que se puede añadir la del conocimiento ilusorio (*prātibhāsika*) son categorías fundamentales del *advaita-vedānta*.

Esta conversión viene ya exigida desde las *Upaniṣad* cuando nos dicen que el *ātman* no debe ser buscado por los sentidos ni en el mundo exterior, sino en el interior,[287] dentro de la ciudad de nueve[288] u once[289] puertas que representan los distintos sentidos que el hombre posee para comunicarse con el exterior. Esta conversión no es sólo psicológica sino moral:

> «Quien no ha abandonado los malos caminos, quien no está sereno ni preparado, quien no tiene su mente en paz no puede llegar hasta Él [*ātman*, absoluto] por ningún conocimiento adecuado».[290]

Y así repiten insistentemente otros muchos textos.[291]

Más aún, esta conversión tiene un carácter ontológico. Por eso la verdadera *gnôsis* no es la conclusión de un silogismo ni puede alcanzarse con las simples fuerzas de nuestra inteligencia.[292] Toda la teoría de la gracia del hinduismo encuentra en este punto su engarce doctrinal.[293]

c. *La contemplación*

La contemplación es una palabra de origen latino que al parecer la tradición latina homologó a la *theoria* griega.[294] La adoptamos como una posible traducción del *jñāna* que veni-

287. *KathU* II, 1, 1.
288. *SU* III, 18; *BG* V. 13.
289. *KathU* V, 1.
290. *KathU* I, 2, 24.
291. Cf. vgr. *BU* 1V, 4, 23; *MandU* III, 1, 3; III, 1, 8.
292. Cf. nota 259 y también, *KathU* I, 2, 22, *IsU* 9 (Cf. *BU* IV, 4, 10), *MandU* III, 2, 4.
293. Cf. además de la nota 314, VEDAKKERKAR (1981), para un estudio comparativo entre teorías hindúes y cristianas de la gracia y también RAJ (1990).
294. El *DS* desarrolla bajo la voz "*Contemplation*", a la que dedica 551 columnas (270 páginas), toda la historia de esta noción en la mística cristiana. Al referirse a los filósofos griegos (en especial a los neoplatónicos) y a la iglesia griega, traduce *theoria* por *contemplación*. Cf. *DS* (1920-95) vol. 2 pp. 1643-2193.

mos describiendo, añadiendo que no se trata de una mera teoría o de simple especulación, sino de aquella actitud típicamente humana, y por lo tanto también intelectual y cordial, que implica una participación consciente en la sístole y diástole del universo entero, en la vida, en la realidad.

Prescindiendo de una descripción detallada de la naturaleza de este *jñāna, vidyā*, o *vijñāna*, la mayoría de las escuelas coinciden en aceptar lo siguiente.

El fin de la vida humana es la plenitud del hombre, su felicidad, su libertad, no sólo en sentido antropocéntrico, sino en el sentido total de liberación de todo el cosmos del mero mecanismo del *samśara* – puesto que el hombre no es un mero individuo, sino que es una persona, religada constitutivamente a toda la realidad. Otro lenguaje nos hablará de la unión con aquel misterio superior al ser humano que muchas tradiciones llaman Dios. Esta unión se verifica por medio de la comunión que se establece entre Dios y el ser humano cuando éste "conoce", "realiza", el *satyasya satyam* (la verdad de la verdad), la verdadera realidad. La contemplación es esta "realización" de la Verdad, esto es, nuestra unión con "Dios" (con las cautelas que cada escuela tendrá a bien hacer) realizada en virtud de la fuerza unificante de la *gnôsis*.

La primera característica de la contemplación es la inmediatez. La contemplación no es la visión de una realidad ajena a nosotros, como la de un objeto (*ob-jectum*), sino la unión consciente con la realidad que nosotros mismos (también) somos. Lo contemplado se "ve", se intuye (contempla) directamente sin intermediarios como parte de nosotros mismos – en donde el "mismo" no es el individuo, sino la persona en el sentido ya apuntado. La consecuencia principal de esta inmediatez es la desaparición del objeto como ob-jeto, puesto que la distancia entre el *sub-jectum* y el *ob-jectum* ha desaparecido al suprimir toda mediación entre los dos. La unión es plena. Esto implica que el contemplante no ve lo contemplado como contemplado, como visto, sino como contemplante, como vidente.

El trastrueque de "sujetos" se ha verificado en el acto mismo de la contemplación.[295] Por esto una contemplación que no involucre la acción no merece el nombre de tal. Más aún, un criterio de la autenticidad de la vida contemplativa es que transforma la vida activa. Por esto cuando una cierta espiritualidad acósmica huye del mundo (*fuga mundi)* afirma que el mundo no es real – no huye entonces de nada.

Esta exigencia epistemológica de hacer desaparecer el sujeto cognoscente viene corroborada por la exigencia ontológica de la naturaleza de lo contemplado, que no es otra cosa que el Sujeto por excelencia, el Yo del *aham-brahman* (Yo soy *brahman*)[296] y por añadidura el Cognoscente y Vidente por antonomasia. «¿Cómo se puede ver al vidente?», es la pregunta clave de las *Upaniṣad* a este respecto.[297] La respuesta es obvia. Yo no le puedo *ver* como "vidente", pues entonces vería al vidente como *visto*, pero no al vidente como tal. Yo sólo puedo ver al Vidente, viendo con él, esto es, sin verlo, sino viendo con él. Y si acaso quiero introducirme a mí, por temor a perderme, puedo consolarme pensando que soy visto por Él. Pero esta consolación es vana puesto que entonces me convertiría en "objeto" del Vidente, con lo cual la contemplación desaparecería. Solamente dentro del Vidente tengo yo el único refugio en el que puedo "ver" sin ser "visto", esto es, viendo con el Vidente. Solamente si dentro del Vidente se hace posible un despliegue que no rompa la absoluta simplicidad del Vidente, se podrá hablar de "mi" incorporación al Vidente.[298] – esto es, cuando ya ha desaparecido mi *ego*. La *gnôsis* o el verdadero conocimiento no es nuestra propiedad privada y requiere la

295. Cf. el capítulo sobre "L'esperienza suprema" en PANIKKAR (2000/ XXVII), pp. 287-311.
296. Cf. *MhanarU*, 157 como un solo ejemplo entre muchos.
297. Cf. *BU* XV, 5, 15.
298. Cf. PANIKKAR (1971/XII), pp. 220, comentando la misma frase que se encuentra en san Agustín.

pureza de corazón de la que hemos hablado. Entonces puedo ser el Vidente (o parte de él) sin macularle. El conocimiento salvífico es aquel que me hace conocer con el Conocedor. «Conozco en cuanto soy conocido»;[299] soy transparente.[300]

Hay un aspecto de la contemplación que merece la pena resaltar, aunque sea por contraste con el espíritu poco contemplativo del Occidente moderno que ha influenciado una parte de las espiritualidades más típicamente occidentales – valga la simplificación. Nos referimos a la contemplación propiamente dicha que en Occidente parece ser una especialidad de personas especiales o haberse refugiado en conventos y monasterios – y aún no todos. Palabras como auto-conocimiento, sosiego, ecuanimidad, meditación, paz, atención, concentración, tranquilidad, alegría, paciencia, magnanimidad y similares son virtudes a cultivar por cualquier ser humano y requieren una *ascesis* especial en el sentido tradicional de la palabra – que significa ejercicio.[301] Aquí se podría recordar que «el reino de los cielos exige esfuerzo (*biazetai*) y sólo los esforzados lo consiguen».[302]

La contemplación, en una palabra, es aquella actividad por la que el hombre se perfecciona. El acento no está puesto tanto en la "salvación" y sus equivalentes cuanto en la plenitud (perfección) del ser humano – descubriendo entonces que cualquier motivación egoísta es contraproducente. La primera condición exigida es eliminar el *ego*. Y éste es el requisito para un sano equilibrio entre la naturaleza y la gracia, dicho filosóficamente (esto es, entre las "técnicas" de contemplación como el yoga o la meditación y la espontaneidad y libertad de la vida contemplativa) como los verdaderos maestros no se cansan de repetir.

299. I *Cor*. XIII, 12.
300. Cf. NICOLÁS DE CUSA, *De visione Dei*.
301. De *askeô*, faenar, moldear, y de ahí ejercitarse.
302. *Mt* XI, 12.

Es obvio que el conocimiento salvífico no es un "conocimiento" (detallado) sobre todas las cosas. Ya la *Gītā* distingue entre conocimiento total perfecto (*kṛtsna*) y conocimiento parcial o imperfecto (*akṛtsna*).[303] El primero conoce el todo, el segundo las partes. El primero pertenece a otro orden, el contemplativo – que es imposible sin amor.

d. La espiritualidad acósmica

En la India se encuentran todas las gamas de la actividad contemplativa, pero hay una que por serle bastante característica quisiéramos subrayar. Es aquella que algunos creen que se pasa de la raya porque, aspirando a trascenderlo todo, trasciende la misma realidad, cayendo entonces en un nihilismo distinto de la verdadera vacuidad, por así decir. A esta contemplación acósmica se la podría llamar contemplación pura, pero deberíamos inmediatamente añadir, para evitar confusiones, que se trata de una pureza tal que pretende purificarse incluso de cualquier adherencia de *ser*. *Śūnya* o *nirvāṇa* serían los nombres más apropiados, pero su explicitación nos desbordaría en este momento. Volveremos muy brevemente sobre ello al tratar del *saṃnyāsa*. Intentaremos expresarnos de una manera sintética y aproximada utilizando sólo los conceptos usuales de las lenguas de Occidente.

Se trata de una contemplación, no sólo vacía de contenido, sino también de intencionalidad y, por tanto, de meta; no es una contemplación que pretenda llegar al ser o que pretenda *ver* algo, sino que es una contemplación pura sin objeto y sin apoyo, sin "ser" que la fundamente o que desde el fin la atraiga. No es una contemplación que haya *negado* el "ser", sino que ha *renunciado* a él – acaso porque ha descubierto que el "ser" no se puede "ver", sino que a lo máximo hay que "serlo". «Abyssus abyssum invocat!».[304] Estamos sobre el filo de la na-

303. Cf. *BG* III, 29 y también *BG* XVIII, 20.
304. *Ps* XLII (41), 8.

vaja o sobre la cúspide de un monte agudo: cualquier "movimiento" nos puede precipitar en el abismo. De ahí que la inmovilidad, incluso corporal, sea una de sus prácticas.

Esta contemplación típica aunque no exclusivamente hindú de quietud radical no es la contemplación helénica del "ser", sino que es la contemplación de la *nada*, expresándonos paradójicamente, porque no se trata, evidentemente, de una contemplación de la nada como objeto, sino de la renuncia a todo "objeto" de contemplación; no es que se contemple *la* nada, sino que no se contempla nada. Ahí está la contemplación pura. Mientras pensemos en términos de "ser", lo que equivale a decir mientras "pensemos" (pues el pensamiento es el órgano del "ser"), no podremos nunca, ni siquiera vislumbrar de lo que se trata. La contemplación pura no es una mera intuición intelectual, en el sentido que lo que la razón nos descubre velada e imperfectamente, la contemplación nos lo manifiesta inmediata y plenamente: no hay nada que ver. En la contemplación pura hay un cambio radical de plano; la diferencia no es de grado, sino de naturaleza; el salto transciende el mismo ser y no se piensa ya. Sólo muy aproximadamente puede llamarse "visión" porque en rigor no se "ve" nada, ni hay ningún "objeto" que ver. Tampoco puede decirse que sea una "visión" de sí mismo, si este sí mismo se interpreta de una forma finita y por tanto como objeto de la visión. Sería más bien una "visión" que "ve" sin que haya nada en que termine su visión, algo así como si la pantalla o el término de la visión se fuese alejando constantemente en un universo en expansión, infinito, que no termina nunca.[305]

La contemplación de *brahman* no es la contemplación del "Ser" y, por tanto, la salvación que la contemplación pura lle-

305. Algo así como el "Padre" engendrando, viendo al "Hijo" sin por eso "terminar" nunca de engendrarlo ni de verlo. El "Hijo" nunca "es" Hijo "visto", "engendrado", sino que está constantemente "naciendo", "siendo visto" del "Padre".

va consigo no es del tipo helénico de asimilación al Ser y de llegada hasta él por medio de la comprehensión, del abrazo del intelecto. La contemplación pura salva porque *libera*, de todo, incluso del ser. Todos los vínculos desaparecen porque los supuestos ónticos en donde aquéllos pudieran anudarse han desaparecido también. Aquí es de rigor una distinción delicada y sutil: la contemplación que se abre a la realidad y "encuadra" la Nada (más típica del buddhismo) y aquella que se cierne sobre el Ser y no encuentra nada (más típica del hinduismo) – aunque el no encontrar sea muy inadecuado en ambos casos. Intentaremos acercarnos a esta segunda forma de contemplación.

No nos estamos refiriendo a la meditación *yógica* que nos conmina a liberarnos de todo pensamiento,[306] para llegar a ser nosotros mismos,[307] esto es, al aislamiento total: *kaivalya*[308]. Tampoco nos referimos a las doctrinas buddhistas sobre la nada, en especial a las de Nāgārjuna y su escuela en particular[309] ni siquiera en su versión japonesa[310] – aunque estas filosofías formen la urdimbre de la actitud existencial a la que nos referimos. Nos referimos a la actitud acósmica del renunciante hindú en su forma más radical. Para éste, de una forma teórica y vital, el mundo no existe. Este acosmismo no es necesariamente inhumano, pues respeta plenamente la ignorancia de los otros. Acaso un Ramana Maharshi (1879-1950)[311] en nuestros días podría ofrecernos un ejemplo concreto, además de los innumerables *sādhu* que aún existen en la India de hoy. «Ramana no

306. *YS* I, 2.
307. Cf. PANIKKAR (1978/6).
308. Cf. *YS* III, 55; etc.
309. Cf. NĀGĀRJUNA (1903-13) como ejemplo claro y las traducciones de LAMOTTE (1981); MURTI (1998); TOLA-DRAGONETTI (1995) y VÉLEZ (2003).
310. HEISIG (2002).
311. Cf. RAMANA MAHARSHI (1994,1995).

existe, es existente sólo para ustedes» es una frase que se le atribuye. «El mundo es un sueño que no ha sido ni siquiera soñado por nadie» es otro aforismo atribuido a Śaṇkarācārya.

Cuando el conocimiento nos lleva a la irrealidad del mundo, de todos nuestros pensamientos sobre él y de nosotros mismos, se llega a este acosmismo radical que se hace difícil de comprender, aunque no puede negarse que haya *saṃnyāsi* que así lo crean y vivan consecuentemente.

Se podrá interpretar este acosmismo como una actitud meramente psicológica, pero no se puede afirmar que sus representantes sean casos patológicos o dementes bajo ningún concepto. Este *sādhu* no da testimonio, pues para él no hay nadie a quien darlo, pero *no*s da testimonio de la contingencia pura y de la realidad puramente trascendente sin residuos de inmanencia. Volveremos sobre ello al describir al *saṃnyāsa*.

Sea de ello lo que fuere, esta contemplación pura, aun cuando no siempre realizada, ni siquiera por todos aceptada, está ahí, ejerciendo como un magnetismo potente a cualquier esfuerzo contemplativo y atrayendo como un abismo la sed de liberación total del hombre sobre la tierra.

3. La vía de la devoción – *bhakti-mārga*

Bajo el nombre de *bhakti* se comprende el aspecto más popular y también más difundido del hinduismo. La gran tentación de la autollamada "*intelligentzia*", tanto en el seno del hinduismo como fuera de él, consiste en ceder al deslumbramiento del mero intelecto subordinando entonces la *bhakti* al *jñāna*, el amor al conocimiento, causando así una herida en el mismo corazón del hombre; corazón que, según la mayoría de las tradiciones, es la sede tanto del intelecto como del sentimiento. Repetimos que este divorcio entre conocimiento y amor es acaso la mayor lacra de la cultura contemporánea tanto en Oriente como en Occidente. La tentación es sutil porque la razón está escondida en el mismo método para acercarse a la realidad, en el mismo *mārga* que nos lleva a la salvación. Somos conscientes del camino y nuestro *ego* da prioridad al conocimiento del mismo frente a recorrerlo. En otros lugares me he referido a la *nueva inocencia*.[312] El *dharma advaita* está acaso mejor pertrechado para convertir el círculo vicioso de la mera "teoría" en un círculo vital de la "praxis" iluminada. No se puede ciertamente caminar por un camino sin conocerlo, pero tampoco se puede conocer un camino sin caminarlo. Éste es el significado profundo de la *bhakti* como camino, esto es, como culto. Cuando el culto se convierte en un simple medio degenera, pasa a ser mero instrumento y la vida humana pierde su carácter litúrgico: la obra de la comunidad viviendo la aventura misma de la realidad.

a. La bhakti *como culto*

El sentido fundamental de la *bhakti* está en la misma línea de los otros dos *mārga*: es un camino de salvación, es la acción cultual salvífica. Acción, que a diferencia del mero rito sacrificial o del sacrificio del intelecto (*karma-mārga* y *jñāna-mārga*, respectivamente), no se limita sólo a la realidad objetiva o al mundo subjetivo, sino que quiere extenderse a la realidad completa, pero esta vez concentrada en el hombre. La *bhakti* es el culto antropológico por excelencia. No es el culto cósmico del primer periodo védico, ni el culto espiritual de la subsiguiente etapa *upaniṣádica*, sino el culto integral antropológico, pero no limitado a la parte intelectual del hombre.

Si el *karma-mārga* representa la vía del hacer y el *jñāna-mārga* la del conocer, el *bhakti-mārga* expresa el camino del amor. Si la primacía del primer camino pertenece al Ser y la del segundo es ocupada por la Verdad, el *bhakti-mārga* viene

312. Cf. PANIKKAR (1999/XXXII).

regido por la Bondad, a la que debe unirse la Belleza.[313] La realización de la Bondad y la Belleza nos llevará entonces a la salvación, antes que el conocimiento de la Verdad o la plenitud óntica del cosmos.

Se trata de un culto a la Divinidad en el que lo que se ofrece es el hombre mismo, el devoto – y así se diviniza. La esencia de la *bhakti* no es tanto el sentimiento concomitante del acto cultual del *bhakta* como la adoración total y rendida del mismo. *Bhakti* significa, en efecto, adoración, esto es, rendimiento total y absoluto del hombre a Dios, "devoción" (en su sentido primigenio: *de-vovere*, consagración) de la criatura a lo Absoluto; un Absoluto, empero, que acepta y quiere la entrega total del adorante y que, en consecuencia, tiene que ser un Absoluto personal y sensible al amor de su devoto. Dice el *Bhāgavatapurāṇa*:

> «Yo [el Señor], soy el esclavo de mis servidores [...], mi corazón les está totalmente dedicado porque yo amo a quienes se entregan a mí. Yo no deseo para mí la felicidad absoluta si no la comparto con mis devotos, de quienes yo soy la salvación suprema».[314]

Etimológicamente, *bhakti*, de la raíz *bhaj*, significa participar, tanto en el sentido transitivo de hacer participar como en el intransitivo de tomar parte. Y este doble sentido se conserva en la *bhakti* como *mārga*: la participación activa de Dios, del Señor *(Bhagavān)* al devoto y la pasiva del adorante, *bhakta* a la Divinidad. Dios ama y se comunica, el devoto adora y participa. La *bhakti* es la religión del amor y, por tanto, personal por excelencia. No es sólo la adoración del hombre a Dios,

313. Recordemos que en griego *to kalon* además de significar lo bello connota también el bien y la virtud –además de ir juntos a menudo: *kalokagathia*, etc.

314. *BhagP* IX, 4, 63-64. Cf. también *BG* VII, 17.

sino que es igualmente la entrega de Dios al hombre. De ahí que la noción de gracia sea esencial a la *bhakti*. El don de Dios es gratuito y completamente inmerecido. Nadie podría atreverse ni siquiera a tener la capacidad de remontarse hasta Dios y menos amarlo si no fuera Dios mismo que se revela como amable y que nos envía su gracia para que le amemos.[315]

La doctrina de la gracia se vislumbra ya en las *Upaniṣad* en cuanto subraya la libre elección y la total gratitud del don de Dios.[316] Lo mismo se encuentra en el *Mahābhārata*:[317] nadie puede llegar a Dios por sus propios esfuerzos,[318] la salvación es obra de la gracia.[319] Hubo un tiempo en que se pensó que estas doctrinas, tan parecidas a las del cristianismo, fuesen efecto de influencias cristianas,[320] pero actualmente no puede sostenerse esta opinión,[321] a pesar de que las relaciones entre la India y el mundo cristiano fueron mayores de lo que suele suponerse.[322]

Sobre la génesis histórica de la *bhakti* puede decirse que su origen se remonta hasta los mismos himnos védicos (a *Varuṇa* y a *Savitṛ*, por ejemplo) llenos de sentimientos de piedad, y a las últimas *Upaniṣad* de la primera gran época, como la *Śvetāśvatara*,[323] en donde la misma palabra aparece con el mismo sentido que tendrá luego en la *Gītā*[324] y en la bibliografía

315. No nos pertenece abordar la cuestión de la mayor o menor afinidad de este concepto de gracia con el cristiano. A nuestro juicio es un tema en el que queda aún mucho por explorar. Puede consultarse: AROKIASAMY (1935); DE LETTER (1958); NEUNER (1957); OTTO (1930).

316. Cf. el clásico *topos KathU* II, 23 (1, 2, 23 según otra numeración) y también *MandU* III, 2, 3, además de la *SU* en general (Cf. vgr. VI, 21).

317. Cf. *MhBh* XII, 337, 20.

318. Cf. *MhBh* XI, 349, 75.

319. Cf. *MhBh* XII, 349, 73.

320. Cf. GARBE (1914), quien critica la teoría de WEBER (1867) y de otros.

321. Cf. MACNICOL (1968).

322. Cf. BENZ (1951), y también la documentada obra DAHLQUIST (1962) (con amplia bibliografía).

323. Cf. *SU* VI, 23, etc.

324. Todo el libro XII está dedicado a la *bhakti*.

posterior.[325] La misma palabra se encuentra en la gramática de Pānini (350 A.C.) y aun en cantos buddhistas anteriores. Su desarrollo máximo lo encuentra en el *viṣṇuismo*, aunque el *śivaísmo* tamil represente una *bhakti* que en nada desmerece de la religión norteña de Kṛṣṇa.[326]

Los dos grandes *purāṇa viṣṇuitas*, el *Viṣṇupurāṇa* y el *Bhāgavatapurāṇa* son, posiblemente, los dos documentos más importantes para la *bhakti* de aquellos tiempos. El segundo constituye el libro bháktico por excelencia.[327] Posteriormente el *Nāradapurāṇa* de Nārada y el *Sāṇḍilyasūtra* de Sāndilya se han introducido también como textos con autoridad, ya que, en especial el primero, contienen ideas y opiniones más antiguas.[328]

La *bhakti* no descansa, sin embargo, sobre los escritos antiguos, sino que se renueva constantemente, y así los grandes *bhakta* pueblan todas las épocas de la cultura hindú hasta nuestros tiempos. Su época de oro popular fue acaso la Edad Media, del siglo XIII al XIV.[329] Sin embargo, como acabamos de apuntar, el origen de la *bhakti* hay que buscarlo en el mismo corazón humano. A pesar de que una cierta política contempo-

325. Toda la sección *Nārāyaṇīya* del *Mahābhārata* puede también considerarse exposición de la doctrina *bhakti*.

326. Cf. vgr. el *Tiruvākam* de MĀṆIKKAVĀCAKAR. Para *Māṇikkavācakar* se han dado opiniones más o menos fundadas (puesto que para los ĀLVĀR se citan fechas inaceptables que van del 4203 al 2706 antes de Cristo, en rigor pertenecen alrededor del siglo IX de la era cristiana) que oscilan entre el siglo III y el IX después de Cristo.

327. Proveniente del Tamilnadu entre los siglos X y XI.

328. La cronología es difícil de establecer con precisión. NĀRADA sería del siglo X y ligeramente anterior sería el *Bhāgavatapurāṇa*.

329. No olvidemos que la historia de la espiritualidad es acaso la historia humana más profunda, que narra no tanto acontecimientos externos, evolución de ideas, sino los momentos más profundos del corazón humano, y por tanto la cronología no es lo más decisivo –aunque su relación con acontecimientos e ideas tampoco debe negligirse.

ránea pretende convertir el hinduismo en una ideología, la religiosidad popular sigue siendo bháktica.[330]

b. Características de la bhakti

El presupuesto teórico más importante de la *bhakti* es el teísmo y, por tanto, el aspecto personal de la Divinidad con la que se entra en contacto personal, puesto que es ella misma la que nos ama y nos llama hacia sí. A pesar de que los grandes "filósofos", sin excluir a Śaṇkara (788-820) y Rāmānuja (1017-1137), como Nimbārka (siglo XIII), Mādhva (siglo XIII/XIV), Vallabha (1479-1531), Caitanya (1485-1533) y otros, compaginen la *bhakti* con la especulación filosófica y se esfuercen, por tanto, en elaborar sus cimientos teoréticos, ésta es ante todo una praxis, una vida, y su acento principal no está tanto en una concepción del *bhagavān* (Señor) como en una preparación del *bhakta*, del adorante.

Insistimos, de nuevo, en la lección de estos grandes maestros que acabamos de mencionar junto a otros. Nos enseñan que la auténtica Filosofía no es un mero *opus rationis*, un ejercicio exclusivamente racional, sino una actividad mística de acción y contemplación – un camino de salvación para el hombre que es cuerpo, alma y espíritu.

Resulta imposible resumir la monumental riqueza de la *bhakti* en pocas frases que contengan además las distintas tendencias dentro de ella. Las líneas que siguen desean describir solamente el clima en que se mueve la *bhakti*.

Bhakti significa amor absoluto al Señor y unión total con Él. No es un mero amor intelectual o un pasivo sentimiento amoroso, sino que coge al hombre entero. El *Bhāgavata* describe esta integralidad por medio de una descripción que pretende ser más que una bella metáfora: el espíritu del rey

330. Cf. AYROOKUZHIEL (1983) para un estudio de campo que, aunque muy concreto, es un ejemplo de la situación actual.

Ambarīṣa, *bhakta* perfecto (una de cuyas leyendas contaremos luego), estaba siempre fijo en *Śrī Kṛṣṇa*, meditando en sus pies de loto; las palabras del rey sólo proclamaban las glorias de la mansión de Viṣṇu, sus manos estaban siempre ocupadas en limpiar el templo del Señor (*Hari*), sus oídos estaban siempre ocupados en oír las alabanzas de Dios, sus ojos no veían otra cosa que la imagen de Kṛṣṇa, su cuerpo todo no buscaba otra cosa sino entrar en contacto con los que le aman (sus sentidos sólo sentían la divina presencia), su olfato sólo era sensible al perfume suave de las hojas de *tulasī* esparcidas a los pies del Señor (la fragancia omnipresente de su santidad), su paladar estaba sólo ocupado en gustar las ofrendas hechas a Él, sus pies no se movían más que en peregrinación (camina sólo en su presencia), su cabeza no hacía sino inclinarse profundamente a los pies del soberano Señor, sus deseos no eran otros que los de servirle.[331] El amor divino no es una abstracción ni se limita sólo a un sentimiento o a un solo sentido: abraza la vida entera del *bhakta*, el cual no vive un momento solo, ni cumple ninguna acción en solitario. La "presencia de Dios" es la compañía constante del Amado.

Casi todos los autores coinciden en reconocer un carácter dinámico y progresivo al amor divino. Se suelen distinguir dos grandes categorías: *α*) la devoción imperfecta (*aparā*), relativa (*saguṇa*), secundaria (*gaunī*), interesada (*haitukī*), etcétera, y *β*) el amor (*prema*), perfecto (*parā*), absoluto (*nirguṇa*), pleno (*siddha*), desinteresado (*ahaitukī*), etc.

α) La devoción imperfecta

El primer grupo de *bhakti* se suele subdividir según las tres clásicas cualidades (*guṇa*) del hombre: *tamas*, *rajas* y *satt-*

331. Cf. *BhagP* X, 29, 15 y ss. [habiendo perdido la versión original de la primera edición no he podido verificar las citas de este *Purāṇa*].

va.[332] La primera de estas cualidades según el *sāṃkhya* (y la división es aceptada casi universalmente) representa el aspecto oscuro, perezoso, inerte y material de nuestro ser. La devoción de un hombre *tamásico* es el apegamiento a Dios para que éste le ayude en su pereza o en sus mismos designios, acaso poco nobles, y casi siempre más o menos egoístas. La segunda cualidad representa el elemento activo y viril del ser humano. La devoción *rajāsica* es el amor interesado en conseguir fines personales, y acaso egoístas, aunque en sí mismos no sean malos. La tercera cualidad representa la pureza y la iluminación. La devoción *sáttvica* ruega a Dios por la perfección espiritual del mundo y ama al Señor por sí mismo sin motivo interesado alguno.[333]

Otra división de este mismo primer grupo de la *bhakti*, que se superpone a la anterior, se basa en el amor que el hombre tiene a Dios en virtud de tres distintos motivos: a) para que nos saque de apuros y nos ayude a salir de las penas que nosotros mismos y por nuestra culpa hemos merecido; b) para que nos alcance bienes, ya sean materiales, ya de un orden superior, pero sólo para satisfacer una especie de curiosidad intelectual, y c) finalmente, sin otro motivo que la grandeza y gloria del Amado.

El *Bhāgavata* habla de nueve características del amor divino de este primer grupo que, como peldaños de una escalera, deben subirse hasta alcanzar el puro amor que es el único que salva:[334]

332. La importancia de estas tres cualidades es fundamental en todo el hinduismo. El mismo sistema de castas dice relación con ellas. Cf. más adelante el apartado II. 1. a. Sobre su origen y significación puede consultarse, además de las obras generales: SENART (1915); SENART (s.f.); FALK (1986).

333. Cf. *BhagP* III, 29, 8 y ss. Omitimos las muchas referencias de las *Upaniṣad* y de la *Gītā* por ser demasiado numerosas.

334. *BhagP* I, 2, 6.

Escuchar las alabanzas del Señor y su nombre (*śravaṇa*).
Cantarle sus glorias y su nombre (*kīrtana*).
Consideración amorosa, recuerdo grato del Señor (*smaraṇa*).
Servicio suyo (*pāda-sevana*, literalmente servir sus pies).
Adoración y honra (*arkanā*).
Salutación y glorificación (*vandana*).
Vida consagrada a su servicio (*dāsya*, servicio del siervo al amo).
Actividad de discípulo amigo (*sakhya*).
Consagración de nuestra persona, entrega de nuestro ser (*atmanivedana*).[335]

β) El amor puro

El amor puro une al amante con el Amado, de tal manera que no se distinguen.[336] El amor puro destruye toda otra afección y apegamiento a las criaturas, la mente del *bhakta* está fijada (*ekānta*) en su amado y no pretende ya ni siquiera la independencia y separación de su alma (*kaivalya*).[337] La indiferencia frente a todo lo demás es absoluta, el *bhakta* no se pertenece, su amor lo ha consagrado y lo ha transformado. Su único sufrimiento es sentirse alguna vez separado de su amor, pero este mismo sufrimiento lo toma como una forma más de amor.

Nārada describe once formas de este puro amor que se realizan según el temperamento del *bhakta* en mayor o menor grado y que representan además la inmensa variedad del juego terreno del amor divino:

335. *BhagP* VII, 5, 22-23.
336. *NarS*, 41.
337. *BhagP* XI, 20, 34 –que posiblemente sea una crítica solapada a la espiritualidad yoga (con su ideal de *kaivalya*).

Enamoramiento de los atributos y magnificiencias de Dios *ad extra*.
Contemplación de su belleza interna.
Amor de adoración.
Amor de contemplación con la representación (memoria) constante del Señor.
Amor del servidor por su dueño absoluto (empieza el proceso de personalización).
Intimidad de amistad.
Amor filial.
Desposorios individuales, siendo Dios considerado como el divino esposo, y el devoto la esposa amorosa y fiel.
Consagración total al amado sin separación de voluntades.
Absorción dentro del amado, sin separación de ninguna clase
Amor en la separación inauténtica que aún existe en esta tierra mientras el alma enamorada peregrina aún en la misma, atada a su cuerpo mortal.[338]

La unión tiene aún resabio de egoísmo, mientras que los dolores de la separación, y en la separación, de quienes se saben uno, son no tan sólo la prueba del máximo amor, sino el amor supremo, puesto que cuando la separación se sufre de tal modo, en el fondo hay una unión mayor que la absorción que parecería colmar el fuego del amor. El supremo amor se alimenta de la tensión, de la separación dentro de la unidad.[339] Encontramos de nuevo el *advaita*.

338. *NarS*, 82.
339. Sería interesante algún estudio monográfico sobre la connotación trinitaria del misticismo bháktico.

c. *El polimorfismo bháktico*

Aunque el terreno más apropiado para la *bhakti* sea el teísmo, la India ofrece indudables ejemplos de *bhakta* dentro del más puro *advaita* y aun sin transcender la iconolatría. Todas las formas del pensar parecen compatibles con la *bhakti*. Esto está muy de acuerdo con el carácter existencial del hinduismo aludido en la Introducción.

Existe una gama prácticamente innumerable de escuelas de espiritualidad *bhakti*. La experiencia de la *iṣṭa-devatā*, probablemente de origen tántrico, encuentra su aplicación aquí. *Iṣṭa-devatā* significa la Deidad o, mejor dicho, la forma sensible de la Divinidad (*mantra*, imagen, icono, *mūrti*, etc.) que, generalmente, el maestro espiritual (*guru*) da al discípulo (*śiṣya*) como más apropiada a su temperamento (*bhāva*) y a su idiosincrasia (*guṇa*). Dios se acomoda y amolda al temperamento y al carácter de sus devotos. Más aún, el concepto de *avatāra* o de descensión de la Divinidad en algún ser creado está en relación con esta condescendencia divina para con los hombres.[340] Conviene recuperar la noción de la *ista-devatā* porque demasiado a menudo ha sido interpretada como algo meramente subjetivo, como aquella imagen favorita que individualmente más me inspira y que escojo para el fomento de mi piedad. En rigor la *iṣṭa-devatā* no es la imagen de mi capricho individual sino que responde a una intuición mucho más profunda. Una *iṣṭa-devatā* es más que un simple icono aun en el sentido más profundo del cristianismo oriental. El misterio divino es absolutamente transcendente, inaccesible e incognoscible. No obstante el hombre "sabe" de este misterio y no puede vivir sin una imagen, un símbolo, un nombre, una idea, una manifestación, una revelación... de este misterio. La presencia eucarística, para poner un ejemplo cristiano, es la pre-

340. Cf. el famoso pasaje de la *BG* IV, 7-8 citado más adelante, cf. nota 654.

sencia real de Cristo y, no obstante, si un perro sume una hostia consagrada no recibe el cuerpo de Cristo. Un equivalente homeomórfico sería la *iṣṭa-devatā*. Cuando hablamos de Dios "sabemos" que el hablar "con propiedad" no tiene sentido porque el referente es inaferrable, es vacío, no expresa lo que "dice", pero encuentra su símbolo precisamente en la *iṣṭa-devatā*. Solamente el creyente llega al *pisteuma*.[341] Ahora bien este "saber" es antes un gustar, un amar, que una *epistêmê*, que un conocimiento meramente especulativo. De ahí que sea la espiritualidad *bhakti* la que ha cultivado más esta noción, que no es ni meramente objetiva y ni puramente subjetiva. La *iṣṭa-devatā* permite la *iconolatría* sin caer en la idolatría, por una parte, ni en la abstracción idealista por otra.[342] Dios no es ni una cosa (idolatría) ni una idea (idealismo). El *icono* sólo es tal en el acto de *latría* – que requiere la fe del adorante. Pero el icono no es una imagen cualquiera. No basta la inspiración del artista; hace falta la "expiración", el descenso de lo divino realizado generalmente en un acto litúrgico.

De acuerdo con este espíritu la *bhakti* toma mil formas diferentes según las "aspiraciones" del devoto. El único punto fundamental es el del amor de una forma u otra, y por eso acaso sea mejor decir que la esencia de la *bhakti* consiste en la dedicación y consagración total al Señor por parte del *bhakta*, más que una especulación tanto sobre el amor como sobre el Amado. La praxis es primordial.

La mencionada historia del rey Ambarīśa ilustra bien el espíritu de la *bhakti*: se disponía el rey a romper el ayuno de tres días que se había impuesto para coronar un año de disciplinas espirituales, cuando apareció a su mesa el sabio Durvāsā, conocido por su fuerte temperamento en otras ocasiones. La hos-

341. Lo que el creyente cree "creer" y no lo que el observador externo "cree" ver. Cf. PANIKKAR (2003/XLVII), pp 69-72.

342. Sobre la "iconolatría" Cf. PANIKKAR (1998/XXIII), pp 38-45.

pitalidad más elemental exigía el respeto y los honores al huésped. Una vez aceptada la invitación, Durvāsā se fue a la orilla del río Kālindī para las abluciones de rigor. Realizadas éstas, el buen sabio cayó en profunda meditación. El tiempo pasaba y el rey sabía que si no rompía el ayuno dentro de un determinado período todas las buenas obras de aquel año de su voto quedarían sin efecto. Por otra parte tampoco podía cometer la falta de no esperar a su huésped. Lo solucionó bebiendo solamente agua.

Cuando Durvāsā regresó interpretó la impaciencia del rey como una falta abominable y lo maldijo. La maldición tomó la forma de un demonio que se apresuraba a devorar al rey; pero la tranquilidad y sosiego del mismo rindió impotente al tal demonio. El espíritu maligno, viéndose defraudado de su presa, se volvió en contra del mismo Durvāsā. Éste escapó rápidamente y, viendo que no podía por más tiempo defenderse del demonio, recurrió al Dios Brahmā y luego a Śiva, pero sin resultado, pues estos Dioses no podían ayudarlo contra una ofensa cometida a un devoto de Viṣṇu, Señor del universo. Pudo finalmente llegar hasta el mismo Viṣṇu, el cual le dijo: «Yo también soy incapaz de ayudarte, pues tú has ofendido a quien me ama. Yo amo a mis devotos y soy esclavo voluntario de mi amor. ¿Cómo podría ser de otra manera, pues los que me aman lo sacrifican absolutamente todo por y para mí? Se han consagrado totalmente a mí. Cuando alguien maldice a los que me aman, la maldición recae aún con mayor fuerza sobre él. Solamente uno puede liberarte, de la maldición. Ve a quien has ofendido con tu maldición y pídele perdón. Esto solamente puede salvarte. Ve inmediatamente y que te vaya bien».

No habiendo otra solución, el sabio fue a encontrar humildemente al rey para pedirle perdón. Ambarīśa le ofreció los respetos debidos y le perdonó liberalmente y, luego, para contrarrestar la maldición y liberar de ella al sabio Durvāsā, el rey ofreció esta plegaria:

«¡Oh Señor, tu infinito poder existe en todas las cosas.
Tú estás en el fuego, tú estás en el sol,
Tú estás en la luna, tú estás en las estrellas,
Tú estás en el agua, tú estás en la tierra,
Tú estás en el éter, tú estás en el viento,
Tú estás en los elementos sutiles del universo.
Salva y protege a Durvāsā con tu omniamoroso poder.
Que todos encontremos tu paz!».

Y Durvāsā encontró la paz de corazón y fue limpio de toda mancilla.[343]

d. El amor teándrico.

El amor es un camino, *mārga*, es verdaderamente un yugo, *yoga*: es ambas cosas a la vez. En cuanto vía hay que superarla, puesto que la senda conduce al fin cuando ésta se deja atrás, se pisa encima de ella y se abandona. El *bhakti-mārga* es camino de salvación y nos une a Dios. Pero es además *bhakti-yoga*, esto es, amor que une y liga, y como tal no desaparece, antes al contrario se refuerza tanto más cuanto mayor sea el amor, cuanto más fuerte sea la unión.

Si, desde el punto de vista teórico, muchos “indólogos” han considerado a menudo la *gnôsis* como un camino superior, desde el punto de vista práctico el amor conserva la primacía, no sólo en la religiosidad popular, sino aun en la más elaborada teológicamente; amor, sin embargo, que ha renunciado al mismo concepto de amor y aun al sentimiento amoroso.

La espiritualidad del amor en la India posee dos grandes vertientes, los podríamos llamar: el amor desnudo y la desnudez del amor.

El primero, el *amor desnudo*, es aquella *bhakti* que aspira sólo a Dios y que por tanto abandona y deja las demás cosas sin prestarles atención, es el amor puro que sólo ansía unirse

343. *BhagP* X, 29, 1 y ss.

con Dios y está dispuesto por él a renunciar a todo, incluso al mismo amor, es la finura del amor de modo que, habiendo dejado todo concepto y toda forma, coincide con el *jñāna-mārga* y se convierte en el elemento que se encuentra en el más rígido *vedānta*. El hecho tantas veces notado de que la *bhakti* no se considere incompatible con el *jñāna* proviene precisamente de la renuncia a cualquier revestimiento del amor, por amor. Esta *bhakti* es puramente escatológica y sin compromisos. Sería algo así como la correspondiente dimensión existencial de la vía del conocimiento.

La *desnudez del amor*, en cambio, representa la otra vertiente del *bhakti-mārga*. Es la dimensión amorosa propiamente dicha que lo convierte todo en amor y, por eso, renunciando a todo, en rigor no renuncia a nada, puesto que lo recupera en cuanto ha descubierto el núcleo amoroso de toda cosa. Todo se ha convertido en amor y, por tanto, no hay que abandonar nada, sino transformarlo todo y quemarlo purificándolo en el fuego del amor. Es la *bhakti* propiamente dicha. Su ejemplo más típico es el amor humano como epifanía del mismo amor divino.

Con mucha razón se ha hecho notar que, debido a la influencia de lo que hemos llamado segunda generación de indólogos, la espiritualidad bháktica ha sido relegada a un segundo plano.[344] Con igual razón la causa se atribuye a la popularidad del *vedānta*, sobre todo en los estudios académicos. Pero con menos razón se identifica el *advaita* con un monismo intelectualista. Hay que distinguir, como hemos señalado, entre monismo y *advaita*. La a-dualidad del *advaita* no excluye la *bhakti*.[345]

Acaso en ningún lugar se vea más claro este rasgo del *dharma* del hinduismo que en este tercer camino del amor.

344. Cf. DHAVAMONY (1971).
345. Cf. PANIKKAR (2000/XXVII), pp. 275-285.

Todo lo que hemos descrito hasta ahora sobre el amor divino se deja aplicar al amor humano. Mejor dicho no hay separación. Debemos distinguirlos, pero no podemos dividirlos más que en nuestra mente, que entonces destruye la pureza de los dos: convierte el "amor divino" en ilusión (una proyección de la razón) y el "amor humano" en concupiscencia (un mero deseo egoísta).

No es que la mística *bhakti* se sirva del lenguaje erótico para remontarse al amor divino. No hay dos amores. Un amor desencarnado no puede ser camino de salvación para el ser corporal que es el hombre. Un amor meramente sensual no liberará nunca a quien es fundamentalmente *cit* (inteligencia). Más aún, un amor que no transcienda cuerpo y alma no llegará hasta la mansión de *Īśvara* (Dios) y por tanto no nos unirá con Él, no nos salvará.

Esto podría servir como epítome de la espiritualidad *bhakti* según la tradición tamil.[346] Pero también en el tradicional *Śrīmad Bhāgavatan* se lee:

> «Aquellos que poseen una mente equilibrada, un conocimiento profundo y son expertos en yoga me ven en el cuerpo humano que es donde me manifiesto plenamente con todas mis cualidades«.[347]

Por eso mismo el Señor dice que entre todos los entes de la creación el cuerpo humano es su estancia preferida.[348] Pero este cuerpo humano, mansión de la divinidad, es inseparable del *ātman*, como nos relata la siguiente leyenda:

346. El *tattvatrayam* de Piḷḷai Lokācārya distingue tres clases de entes (*tattva*): *cit* (conciencia: el hombre [*ātman*]), *acit* (lo incognoscible: la materia) e Īśvara (la Divinidad). Cf. AMALADASS (1995) en su versión del comentario de la citada obra por otro clásico del tamil: el *tattvatrayavyākhyānam* de Maṇavāḷamāmuni.
347. *Bhāgavatan* II, 21.
348. Ib. II, 22.

Pingalā era una cortesana en la ciudad de Videha. Un día, atrayente y bien adornada, esperaba en la puerta de su casa al cliente más rico que pudiera satisfacer su deseo de dinero. Y así dejó pasar a unos y a otros esperando siempre a pretendientes mejores hasta que, habiendo dejado pasar todas las ocasiones, perdió toda esperanza. Después de su primera desazón le entró un "disgusto gozoso": reconoció que sólo el *ātman* divino la podía colmar de riqueza, paz y felicidad...[349] De ahí que sólo un corazón puro pueda encontrar la salvación en el amor humano.

Es este amor puro y no escindido entre lo material y lo espiritual el que describe la *bhakti*.[350] Kṛṣṇa es evidentemente el símbolo principal, el Dios juguetón, el Dios del amor teándrico.[351] Con Kṛṣṇa se juguetea, se siente toda la pasión amorosa corporal, se llega a la intimidad de los verdaderos amantes y se superan todos los miedos.[352]

e. El "bel amor"

Un aspecto fundamental de la *bhakti* es la belleza. El amor es bello y bello es también el objeto del amor. Acaso por eso el símbolo de la divinidad es tanto masculino como femenino y los Dioses más populares del *dharma* hindú tienen sus correspondientes Diosas en nada inferiores a los primeros. La belleza es bipolar: femenina y masculina, y el "enamorado de Dios" ha de descubrir su dimensión complementaria en la Divinidad.

349. Ib. III, 22-44.
350. La bibliografía es inmensa. Cf. como ejemplo reciente HOPKINS (2002).
351. Cf. DIMOCK & LEVERTOV (1967); con una bibliografía selecta WILSON (1875).
352. Podríamos aducir como equivalente homeomórfico la espiritualidad cristiana de los desposorios espirituales de algunos místicos. Es significativo observar la reciente aparición de escritos sobre Kṛṣṇa y Cristo tanto por parte hindú como por parte cristiana - aunque en lo que conozco les falte la audacia de la mística esponsalicia. Acaso sabemos demasiada psicología. Cf. vgr. BHAKTIPĀDA (1985); VEMPEY (1988); VENKATESANANDA (1983).

La experiencia de la belleza no puede separarse de la experiencia de Dios, so pena de convertirla en una elucubración intelectual. Por eso el amor en el juego y el juego en el amor es una intuición fundamental de la espiritualidad hindú: la creación es un juego de la Divinidad.[353] El juego no tiene otro fin que el puro deleite en sí mismo – cuando es juego no es competición.

Un texto clásico de uno de los *Āgama* más antiguos (probablemente anterior a Cristo),[354] y con mayor autoridad, del *śivaísmo* del Kaśmir nos dice:

«Cuando con concentrada atención se escuchan los largos sonidos de las cuerdas o de otros instrumentos musicales, entonces uno se identifica con la realidad suprema (*para-vyoman*)».[355]

Si otros muchos textos del mismo tantra y de otras escuelas subrayan el placer y la felicidad, éste, junto a otros, nos habla de la experiencia estética. Se trata de algo más que de un éxtasis musical.[356] Se trata de la experiencia en nuestra misma sensibilidad completa, de lo que he llamado la intuición cosmoteándrica que, por ser suprema, supera cualquier contenido sensible, intelectual y espiritual, y por eso se la llama del *vacío* – paradójicamente.

La belleza es inseparable de los sentidos, y éstos del cuerpo humano. El camino del amor es un camino de belleza. Y la belleza ha de ser sensible, corporal, aunque no exclusivamente.

353. Cf. BÄUMER (1969).

354. Según SILBURN (1961), p. 7.

355. *Vijñāna Bhairava*, §41. Cf. las traducciones de SILBURN (1961) y BÄUMER (2003B). Cf.también §73.

356. BÄUMER (2003B) traduce el "firmament suprême" [cielo supremo] de SILBURN (1961) por "höchster Raum des Bewusstseins" [el espacio más alto de la consciencia] –que aquí se ha traducido por "realidad suprema". Debemos abstenernos aquí de una exégesis de todo este importante texto. Recomendamos los comentarios de las dos autoras.

Las grandes obras de arte de la India, los templos en especial, no se construyen para la "gloria de Dios", como homenaje de la criatura al creador, sino para la misma salvación del hombre por la contemplación de la belleza.[357] La escisión entre Dyonisos y Apollon ha sido fatal para el mundo mediterráneo. El camino medio de Buddha y el justo medio de Aristóteles han sido las enseñanzas (difíciles) de los grandes sabios.

Este apartado podrá parecer abstracto y difícil al lector corriente que no tiene por qué ser experto en Filosofía, pero tan a menudo se reduce la religión a moral, la espiritualidad a praxis y las comparaciones a caricaturas (por ambas partes), que pienso sea importante esta reflexión.

4. La armonía entre las tres vías

Ya hemos indicado al comenzar esta tercera parte que los tres caminos son en rigor tres sendas que conducen a otras tantas cúspides que, sin confundirse, son para sus caminantes las cimas supremas que permiten gozar del horizonte común de los valles y planicies de la realidad. Si los caminos son diferentes y los picos no se pueden confundir, la visión, sin embargo, es equivalente. Decir que es una sola cúspide es tan inadecuado como afirmar que *hay* varias cimas. Lo que ocurre, siguiendo la metáfora, es que desde una cumbre se ven las otras cuando nuestra visión es experiencial. Las cumbres son distintas para nuestros pies cuando las pisan; las cumbres son armónicas para nuestros ojos cuando contemplan su belleza. Si no miramos a nuestras plantas, y hemos descansado de la fatiga de la ascen-

357. No estamos muy lejos de la Grecia clásica. Cf. Plotino diciendo que «¿dónde sería el Ser (*ousía*) si se le privase de ser bello (*kalón*)? Quitándole la belleza al Ser, éste desaparecería». *Enéada* V, 8,9 [39-40]. Para la India cf., entre otras muchas obras, DELAHOUTRE (1996); FISCHER (1987); LYLE (1992).

sión de manera que podamos ver cómo apuntan al cielo, las cumbres no son ni la misma ni varias: son *únicas*. La unicidad no es la unidad. No hay una sola cumbre. Las cumbres son únicas para quien ha escalado una de ellas, son incomparables. La introducción a la experiencia de la unicidad en cuanto incomparabilidad es la experiencia del amor, inseparable de la belleza. La verdad y la bondad tienen sus grados en cuanto se acercan más o menos a modelos objetivos de Verdad y de Bien. En la belleza no hay grados porque no tiene modelos objetivos sin que la belleza sea por ello puramente subjetiva: es una experiencia que abraza al objeto tanto como al sujeto. Por eso no tiene referente fuera de ella misma. Pero para descubrir la unicidad, en el sentido de lo *único*, de cada cumbre, en nuestro ejemplo, hay que amar(la). El amor excluye la comparación. La comparación es obra del intelecto y no del amor. Hay muchos hijos mejores que los propios y los padres, cuando los aman, quieren que tengan lo mejor, la virtud, la inteligencia, la salud, etc., de otros terceros, pero lo quieren para sus hijos. Es el amor el que descubre la unicidad sin por ello ser ciego a la diversidad.

Las tres vías son distintas pero son únicas para cada caminante. Desde fuera las podríamos llamar equivalentes homeomórficos: si las seguimos con fe nos llevarán a la cumbre – al cielo único, para continuar con la metáfora. Descubrir esta equivalencia es el propósito de la meditación filosófica de este cuarto capítulo.[358]

a. Los transcendentales

La India posee fama de ser el país de la mística por excelencia. Pero la visión de la mística puede ser fruto de una experiencia predominantemente sensible, intelectual o amorosa. Entendemos por

358. Nos vemos obligados a intercalar este capítulo menos descriptivo y más filosófico porque nos parece esencial para una comprensión más profunda del *dharma* hindú y no reducirlo a una simple moral.

mística la experiencia completa de la realidad. Pero la interpretación de esta experiencia puede dar prioridad al dato sensible, al inteligible o al espiritual.[359] La interpretación de esta prioridad ha llevado a decir que todo es materia, que todo es consciencia o que todo es espíritu. Son las interpretaciones monistas de la realidad. Cuando el hombre descubre que está interpretando la experiencia con su intelecto y se da cuenta que éste no lo puede reducir todo a una Unidad indiscriminada surge entonces la visión dualista de la realidad: hay cosas materiales y entidades espirituales irreductibles las unas a las otras. Pero el intelecto humano no puede cejar en su búsqueda de un vínculo entre ambas. En este esfuerzo intelectual aparecen entonces dos actitudes plausibles: el dualismo cualificado y el monismo cualificado. Occidente se ha inclinado por un dualismo cualificado (la creación es real pero dependiente de un Dios, Ser absoluto), una buena parte de Oriente se ha inclinado por un monismo cualificado (el mundo es aparentemente real sólo en tanto que somos ignorantes).

Pero hay una tercera opción más o menos latente en la mística de todos los tiempos. La interpretación no se hace entonces ni por la mente, dando prioridad a los sentidos (dualismo cualificado), ni por el intelecto, poniendo su confianza en sí mismo (monismo cualificado). Es la tercera opción del sentido específicamente místico o del tercer ojo de muchas tradiciones. Cuando este tercer ojo funciona por su cuenta aparecen los llamados misticismos negadores del mundo y de la vida humana. Cuando esta visión no se divorcia de los sentidos corporales ni del sentido intelectual, esto es, cuando los tres ojos están despiertos, la interpretación descubre la irreductibilidad de la realidad tanto a la sola materia como al solo intelecto. No todo es sólo *cit* ni sólo *acit*, recordando un tratado ya citado;[360] no todo es materia (inconsciente), ni todo intelecto (conscien-

359. Cf. mi estudio sobre *De la Mística*, de próxima aparición. Barcelona (Herder) 2005.
360. Cf. nota 346.

te): hay también una tercera dimensión. Esta visión descubre que, a pesar de no poderlo reducir todo a *Unidad*, tampoco hay *Dualidad*: ni monismo ni dualismo. Si aplicamos el pensar dialéctico a esta doble negación caemos en la contradicción: ni uno ni no-uno (puesto que el dos se identifica con el no-uno). Pero podemos superar la dialéctica. Esto es el *advaita* tantas veces mencionado. En este momento podemos recuperar una palabra, *armonía*, que al parecer Pythagoras introdujo en el pensamiento griego, aunque luego haya caído en desuso filosófico[361] – con algunas excepciones.[362] La armonía sería el equivalente homeomórfico del *advaita*, como aún veremos. Es la experiencia del *nirdvaṃda* o superación de todos los *dvaṃda*, de todos los pares de opuestos, de toda dualidad sin caer por otra parte en el monismo. Los opuestos, los *dvaṃda* aparecen como contradictorios sólo a la razón, frío y calor, dolor y gozo (por poner dos ejemplos clásicos). En realidad son opuestos pero sólo conceptualmente contradictorios.[363]

Todo esto equivale a decir que la mente hindú no descansa hasta encontrar la relacionalidad en todas las cosas – sin negar que éste no sea también un rasgo del espíritu humano. Para encontrar esta armonía hay que buscarla en la identidad de cada cosa, no en su igualdad con los demás. Y para encontrar la identidad hay que bucear en la interioridad, como reza una *Upaniṣad* ya citada, y de nuevo nos encontramos con el *svadharma* del hinduismo, en su sentido ontológico y no sólo moral.

Volviendo a nuestro problema, los tres *mārga* mencionados representan otras tantas sendas que conducen a la cúspide de la salvación, en donde la Verdad, la Belleza y el Bien coin-

361. La mayoría de los diccionarios de filosofía apenas mencionan la palabra excepto en su relación con la música.

362. La magna obra de Kepler lleva como título *Harmonices mundi libri* V (1619). Recuérdese también la "armonía preestablecida" de Leibniz, etc.

363. En la literatura sánscrita *nirdvaṃda* a menudo significa indiferente a los dilemas, indiferente a las alternativas. Cf. Glosario.

ciden en su Armonía. Armonía que en rigor transciende los clásicos transcendentales como una especie de transcendental de los transcendentales.[364]

Estos tres caminos de la espiritualidad hindú son, en rigor, tres métodos, en el sentido primario del vocablo, "caminos" que nos conducen al fin – si es el *mismo* o no allá los distintos filósofos, según lo que entiendan por *mismidad*. En todo caso no son tres compartimentos estancos y exclusivos. Los caminantes en su marcha ascendente se saludan por el camino, se cambian dones y provisiones y aun se pasan de senda algunas veces – aunque de vez en cuando también se peleen entre sí. En última instancia la atracción de la meta es la que condiciona e inspira las diversas sendas. La ascensión nos lleva a las profundidades del corazón. La meta no son las cimas sino un cielo que las trasciende todas y un viento que las envuelve todas. La meta, por el mismo hecho de ser transcendente, se encuentra de alguna manera inmanente en cada uno de los caminos que conducen hasta ella. Nadie buscaría la meta ni emprendería el camino si el fin no estuviese ya desde el principio atrayendo desde lo alto y empujando también desde dentro. La aspiración hacia *brahman* proviene de *brahman* mismo, dice el *Brahmasūtra*.[365]

Es la cultura competitiva contemporánea la que ha contagiado hasta el mismo pensar, volviéndolo competitivo y donde hay competitividad no hay amor. No olvidemos que estamos hablando de caminos de espiritualidad.[366]

364. Cf. ZUBIRI (1998). Para un diálogo con el Occidente utilizamos la teoría aristotélico-escolástica de los transcendentales. Cf. para una enjundiosa exposición de la misma OEING-HANHOFF (1953) y LOTZ (1985). Hay que conocer la tradición para luego superarla – con responsabilidad de lo que se hace.

365. *BS* I, 1,1-4.

366. Hemos dicho que uno de los sentidos de la palabra *nirdvaṃda* es la indiferencia a las alternativas, no confundiéndolas con dilemas lógicos. La *alter*-nativa no es necesariamente la contraposición de dos *aliud*, sino la conciencia de dos *alter*, la *altera pars* del todo (de la otra).

Ya desde los tiempos de la *Bhagavad-gītā*, hace más de veinticinco siglos, esta armonía ha sido proclamada considerando los tres *mārga* como tres *yoga*, esto es, interpretando los tres caminos como una única aunque triple trenza que une (que "yunta") al hombre con la Divinidad – por utilizar este nombre.

Nos dice en efecto la *Gītā* que la vía de la acción es indispensable y que nadie puede prescindir de ella; más aún, que es imposible restar en la pura inactividad.[367] Por otro lado las obras solas no conducen a la meta.[368] Es necesaria la devoción,[369] pero ésta es ineficaz si no va acompañada de la sabiduría,[370] más aún, si esta última no está vinculada al sacrificio,[371] puesto que el conocimiento verdadero no es una simple operación intelectual, sino el sacrificio del intelecto.[372] Convendría mencionar aquí la obra de Jñaneśvar, el gran místico del Maharaśtra, que, en el siglo XIII y a la edad de 18 años, compuso una *Gītā* de 9000 versos, en la que se expone magistralmente la armonía de las tres vías integradas en un *advaita* (a-dualismo) no monista.[373] Es una obra capital de la espiritualidad hindú, demasiado poco conocida fuera de la literatura marathi.[374]

Una cierta interpretación intelectualista del *vedānta* ha considerado estos tres caminos como tres estadios consecutivos, algo así como las tres clásicas edades de la vida interior del escolasticismo cristiano: la vía purgativa, la vía iluminativa y la vía unitiva, esto es, como peldaños que, aunque siem-

367. Cf. *BG* III, 4. 2.
368. *Ib*. IV, 14 y ss.
369. *Ib*. IX, 31.
370. *Ib*. X, 10.
371. *Ib*. III, 9; IV, 23, etc.
372. *Ib*. IX, 15.
373. Murió en 1296 a la edad de 21 años; no hay unanimidad en las fechas, si nació en 1271 tendría 25 años; pero probablemente su fecha de nacimiento fuera en 1275.
374. Cf. en castellano GÑANÉSHVAR (1994). Su obra más importante es *Jñaneshwari*, cf. una traducción al inglés de JÑANESHWARI (1995) y el estudio, con una antología de textos, de MACHADO (1998).

pre permanecen debajo de los anteriores, van superándose paulatina y progresivamente. Según esta versión vedántica el orden seria: acción, devoción y conocimiento. Quien "ama" no necesita ya actuar, y quien "conoce" ha rendido con ello superfluas la acción y la devoción. El *samṇyāsin* acósmico ha abandonado todo culto y eliminado toda afección. Para justificar esta gradación se ha recurrido a las tres clásicas cualidades (*guṇa*), mencionadas anteriormente. De esta manera a cada tipo antropológico le correspondería su vía peculiar. No se puede pedir mucha contemplación al hombre tamásico, ni mucha acción al sáttvico. Así todos contentos, cada uno en su casilla. Esta interpretación, que evita la competitividad, pero también el estímulo, es un poco forzada, y acaso corresponda a una fase del hinduismo influenciado por una cierta idea de casta. Cada casta no sólo tiene su finalidad sociológica sino su propio fin antropológico.

La clásica actitud hindú es más unitaria. Es importante no confundir la *unión* con la *unidad*. De ahí la corrección saludable de la *bhakti* al *jñāna*. La unidad a ultranza puede llevar al monismo. La unión altamente intelectualizada nos puede hacer caer en el dualismo. El compromiso que se consigue con el *karman* nos puede hacer caer en el activismo si no es a la vez consciente y amoroso. Se hace el Bien, se conoce la Verdad, se ama la Belleza, pero sólo cuando se vive en una experiencia a-dualista no se fragmenta la vida humana. Es aquí donde aparece la primacía de la Armonía por encima de los demás transcendentales. Con otras palabras, la clave nos parece residir en la intuición *advaita* de Armonía. Aquello que tantos pensadores occidentales llamaron el Super-uno, Super-ente o con expresiones similares, corresponde homeomórficamente a la visión *advaita* o a-dual de la realidad.

Para acomodarnos a las corrientes dominantes sobre la cuestión intentaremos utilizar primero el lenguaje tradicional del Uno antes de dar un paso más hablando de la Armonía.

b. La mística del Uno

La prioridad transcendental del Uno, la visión del Absoluto como Uno, la *Unicidad* pura e inefable de Aquello cuyo apelativo menos impropio es de ser "Uno sin segundo",[375] es una característica de la mente humana y fundamental en el hinduismo. Esto nos explica también la *unidad* interna de la triple vía de la salvación, sin necesidad de graduaciones más o menos artificiales. Esta primacía nos daría también una explicación convincente de la específica tolerancia hindú.[376]

Personalmente expresaría mis reservas filosóficas al lenguaje sobre lo Absoluto (en cuanto parece excluir toda relacionalidad); pero desde antiguo, y con diversos nombres, esta palabra ha servido de símbolo para expresar la última realidad – y como tal la uso en las páginas siguientes. Hay que aprender a hablar más de un lenguaje.

Es significativo que mientras una buena parte del pensamiento índico describe lo Absoluto como el "Uno sin segundo", otra buena parte del pensamiento occidental lo describe como el "Otro sin igual". La India diría que el Absoluto no es el "Otro" sino el Uno. El Otro lo es solamente tomándome a mí como término de referencia. Llamar a Dios el Otro es denominarlo en función de la criatura, siendo así que el orden mismo de las cosas exigiría la inversión de la perspectiva, la con-versión de nuestra mente. En todo caso, el "otro" sería el ser contingente, pero nunca Dios. El Otro (Dios) es pura Transcendencia – aunque hace falta aceptar su Inmanencia (en nosotros) para poder hablar de él. El Uno (*brahman*) es pura Inmanencia – aunque haga falta reconocer su Transcendencia para que nuestro lenguaje tenga un sentido.

Precisamente porque ni el Ser, ni la Verdad, ni el Bien, ni la Belleza son lo último y absoluto, aunque *quoad nos* [en cuanto

375. Cf. *CU* VI, 2, 1.
376. Cf. la nota 38.

a nosotros], coincidan con ello, puede darse una pluralidad de caminos y una real equivalencia entre ellos. Por ahí merodea la fundamentación ontológica del tan debatido "pluralismo" religioso – aunque haga falta introducir distinciones que no son de nuestra incumbencia en este lugar. Si el Ser fuese "antes" que la Verdad, o "primero" que el Bien, pongamos por caso, quien alcanzara el Ser llegaría más hondo, por así decir, al seno del Absoluto que quien lo realizase como Verdad o como Bien. Mas ello no es así porque todos los transcendentales son iguales con el Absoluto, aunque distintos entre sí; son equivalentes porque son "aspectos" del *único* absoluto.

¿De dónde nace la prioridad dialéctica del Uno sobre los demás transcendentales? Si nuestra respuesta fuese correcta nos ayudaría a comprender no sólo la cuestión que traemos entre manos, sino muchas de las aporías que el Occidente, hijo espiritual del helenismo, ha encontrado siempre en el hinduismo, y con ello contribuiría a deshacer el malentendido que desde antiguo ha venido imperando en el encuentro cultural y religioso entre el hinduismo y el cristianismo. Esto no significa que la mística del Uno haya sido desconocida en Occidente.[377] Lo que ha ocurrido por lo general es que se ha propagado con sordina a causa del temor visceral al monismo-panteísmo por parte de las religiones monoteístas – debido en última instancia al hecho de que ni la reflexión trinitaria ni la *advaita*, por razones muy diversas, han penetrado en la corriente principal de las civilizaciones monoteístas.

Hay excepciones sin embargo que confirman la regla, no sólo en el mundo griego sino incluso en el mundo cristiano.[378]

377. Cf. vgr. Plotino hablando del *Uno* como del principio que transciende al Ser. *Enéada* V, 10, y también VI, 9, 3 (y además vgr. III, 7, 6). Cf. también el comentario de Meister ECKHART al texto bíblico: «In die illa erit Dominus *unus*, et erit nomen eius *Unum*». (*Zach*. XIV, 9) y toda su metafísica de la unidad de raigambre tomista.

378. Cf. por ejemplo la brillante defensa de Pico della Mirandola, que fue acusado de panteísta, en la erudita obra de LUBAC (1974), en especial el magistral estudio sobre el *De ente et uno* del señor de la Mirandola y conde de la Concordia.

Pensemos además en un Nicolás de Cusa, por ejemplo, quien al parecer conocía la curiosa etimología medieval que identificaba lo Uno con el Ser haciendo derivar la *unidad* de la *entidad*.[379] Pero es el mismo Cusano quien, apoyándose en Proclo, da prioridad al Uno llegando hasta afirmar que el Uno abarca más que el Ser[380] – como afirman los platónicos frente a los discípulos de Aristóteles.[381]

El Uno muestra su prioridad con respecto a los demás transcendentales debido a una triple peculiaridad: α) puede conservar mejor su transcendencia, β) puede defender mejor su infinitud, γ) es más omnicomprensivo que el mismo Ser.

Ni que decir tiene que cualquier reflexión sobre los transcendentales, como nociones generalísimas que se dejan aplicar a toda la realidad, no permite una argumentación estrictamente apodíctica por no tener un punto de referencia fuera de ellos mismos. El pensamiento aquí ha de moverse por sugerencia y plausibilidad.

α) *El Uno puede conservar mejor su transcendencia*

La Verdad y el Bien, así como la Belleza, poseen como categorías humanas una tal carga de terrenalidad y creaturabilidad de la que difícilmente pueden desprenderse aun cuando, al aplicarlas al Absoluto, se procure purificarlas lo máximo de sus connotaciones criaturales. Lo mismo ocurre con el Ser. Por mucho que se le quiera purificar, la sombra de los seres

379. «Unitas quasi *ontitas* ab *on* graeco, id est *entitas*» [unidad, como *ontidad* del griego *on*, esto es entidad]. La frase viene de Teodorico de Chartres, *Comment. in Boeth. De Trinitate*, aceptada y repetida por el Cusano en *De docta ignorantia*, I, 8 y *De venatione sapientiae*, 24.

380. «Capacius est igitur unum quam ens» *De venatione sapientiae*, 21. La razón (contra Aristóteles) es clara: el *ser* sólo lo es en acto; el *uno* abarca también todo lo posible.

381. La discusión, clásica y antigua, se hace muy viva durante todo el Renacimiento. Cf. LUBAC (1974).

acecha de tal modo al Ser que, como la misma historia de la filosofía occidental prueba abundantemente, sólo pocos pensadores han sido capaces de expurgar totalmente al Ser de los seres.[382] La intuición última acaso sea la misma, pero cuando el andamiaje conceptual no es adecuado el esfuerzo debe ser mucho mayor y a veces resulta casi imposible de conseguir su fin.[383] Dentro de nuestra experiencia sublunar nos encontramos con el Ser, la Verdad, la Bondad y la Belleza. El salto necesario para aplicarlo a lo Absoluto nos permitirá sin duda conocerlo a nuestra manera, pero la dimensión de misterio y de inefabilidad sufrirá por la excesiva carga categorial de nuestro instrumentario conceptual. Podemos hablar de meta-verdad, de super-ser, de extra-belleza y de ultra-bien, pero los puntos de referencia continúan siendo nuestras respectivas concepciones de Verdad, Ser, Belleza o Bien. Aunque estos transcendentales sean transcendentales y no se puedan aislar, hay algo en ellos que los hace completos en nuestra experiencia. Así en la experiencia estética, por ejemplo no se puede añadir nada a algunas obras de Michelangelo, Zurbarán o Beethoven. Son completas. Nada hay en la tierra, en cambio, que sea plenamente Uno, no existe la unidad perfecta. El imparable fluir temporal de nuestro propio pensar nos impide aferrar intelectualmente el "Uno sin segundo". El Uno pensado en este instante ya tiene un segundo momento al ser escrito. Llamar Uno al Absoluto es llamarle por un nombre desconocido en el reino de la multiplicidad. He aquí un texto entre mil:

382. Cf. a guisa de ejemplo y sólo como punto de referencia del horizonte en el que se inserta lo que estamos apuntando, los importantes estudios de GILSON (1962, 2001). Cf. también PANIKKAR (1999/XIX).

383. La obra de Martin Heidegger es aquí paradigmática. Ha debido crear un lenguaje para expresar sus intuiciones.

> «La sola realidad aquí [después de la iluminación] es el Uno – ¡oh Achyuta!–. Nada hay aparte de Él, nada diferente [de Él]. Él es yo, y es tú. Renuncia pues a la ilusión de la pluralidad. Y así instruido [por el *guru* Ribhu], el rey adquirió la visión de la suprema realidad y renunció a la pluralidad».

Otra traducción reza:

> «Este Uno, que aquí es todas las cosas, es Achyuta [Viṣṇu]; fuera [otro] del cual no hay nada: él es yo; él es tú; pero es todo: este universo es su forma. Abandona el error de las distinciones».[384]

Nuestro concepto de la unidad es un concepto lógico, cuantitativo, a todas luces ineficaz e inaplicable para el Absoluto. El Uno no es un número. La abstracción es necesaria para obtener cualquier concepto, pero en este caso la abstracción se convierte en extracción aniquiladora. Ya no abstraemos una serie de aspectos de la realidad para quedarnos con un concepto formal, sino que extraemos la realidad misma del Uno si abstraemos su unidad. Puedo abstraer el color de una cosa, la parte de verdad de una afirmación, el aspecto moral de una acción, pero la cosa, la afirmación y la acción permanecen. Si abstraigo el ente del Ser, nos quedamos con el Ser; si abstraemos el Ser del Ser nos queda la Nada, una ausencia de Ser que no puede identificarse sin más con el No-ser. Si abstraemos el Uno del Uno nos resta un No-uno que no tiene sentido por ser intrínsecamente contradictorio. No puedo abstraer nada del Uno en cuanto Uno sin destruirlo. Se trata de una unidad–identidad inaccesible al pensar humano y totalmente distinta del clima antropocéntrico. En una palabra, el Uno mantiene mejor que cualquier otro transcendental la transcendencia de "Dios", del Absoluto.

384. *ViṣṇuP* II, 16, 23-24.

β) El Uno puede defender mejor su infinitud

La infinitud, por otro lado, tampoco encuentra mejor baluarte que el Uno. En efecto, a diferencia de los demás transcendentales, el Uno no tiene contradictorio que lo contradiga sin contradecirse en la misma contradicción, como acabamos de decir. El No-ser nos revela una ausencia, la No-verdad es el error, el No-bien es el mal, la No-belleza es la fealdad, aunque los respectivos conceptos no estén en un mismo plano. En cambio el No-uno no es como el No-ser que aún sin Ser posee un tipo de realidad no cubierta por el Ser. El No-uno, en cambio, es contradictorio en lo mismo que contradice, puesto que no tiene "un Segundo" desde el cual negarlo. Negar el Uno presupone al mismo Uno que se niega al intentar contradecirlo. No se puede negar una parte del Uno porque el Uno no tiene partes y entonces lo que se niega no es el Uno. De ahí que el *ekam advitīyam* (Uno sin segundo) al que hemos repetidamente hecho referencia, no deba traducirse como "no dualidad", sino antes como *a-dualidad*, *a-dvaita*.

El Bien se contrapone al Mal. Es cierto que no están en un mismo plano, pero no por ello deja de ser una herida, un contrario al Bien. Más aún, el árbol de la ciencia es siempre del bien y del mal.[385] ¿Podría el hombre conocer el Bien si no existiese el mal? El Absoluto es totalmente bueno, pero no tendría sentido la tal afirmación (en cuanto tal) si no la contrapusiésemos al mal. Algo semejante podríamos decir con respecto a la Belleza.[386]

Análogamente sucede con la Verdad. Ésta es la carencia de error y se contradistingue por su oposición a él. La Verdad es lo positivo y el error lo meramente negativo. El error, como el

385. Cf. *Gn* II, 17, aunque la frase sea probablemente un simple semitismo.
386. Tal vez no sea casualidad que la más reciente generación de cristianos de la India, influenciada por la espiritualidad hindú, descubra la importancia del pensar estético. Cf. AMALADASS (2002).

mal en sí, acaso no exista, pero la deformación de la Verdad no deja de ser real en la ignorancia del sujeto que la sufre. El límite de la Verdad es el error, y aunque cuando se aplica el concepto al Absoluto se le elimine cualquier limitación, la carga contingente del concepto originario de Verdad del que partimos, es mayor que la del concepto Uno, que no dice relación con nuestro intelecto, sentimiento o nuestra mente, sino consigo mismo. Ésta es la diferencia.

El hecho de que no se pueda negar al Uno le da prioridad sobre todos los demás transcendentales. La lógica se enfrenta con ellos y los puede contradecir. El Pensar puede negar la Verdad, el Bien y la Belleza, y la negación, en cuanto negación, tiene sentido. El caso del Ser es especial. El Pensar no puede negar el Ser solamente en el caso de que se acepte el dogma occidental formulado por Parménides sobre la identidad entre el Ser y el Pensar. Si son idénticos, el Pensar que niega el Ser equivale a que el Ser niegue el Ser, con lo que se cae en contradicción. Esto es, el Ser se niega a sí mismo, lo que no tiene sentido, puesto que se está presuponiendo en la propia negación. Solamente si se supera a Parménides (y esto es lo que hace una buena parte del pensar de la India), tiene sentido hablar de la Nada – como ausencia de Ser. De ahí que la filosofía de la Nada especialmente asiática no caiga bajo la lógica de Hegel.[387] En una palabra, se puede negar el Ser sin caer en contradicción.

Con el Uno ocurre algo distinto. La negación del Uno no tiene sentido alguno porque lo presuponemos ya al negarlo. Dicho en palabras sencillas, el Uno es Infinito y no hay por dónde "cogerlo". Éste mi pensar que es Uno, no puede pensar que es No-uno – puesto que ya necesita ser Uno para pensarlo

387. Existe ahora en original español un estudio sistemático sobre la llamada "Escuela de Kyoto" que representa un ejemplo contemporáneo sobre esta problemática. Me remito a HEISIG (2002).

como No-uno. No se diga que puede pensar que no es dos (que no es Uno): el dos es la suma de dos unidades y presupone ya el Uno.

γ) El Uno ni es ni no es

La gran audacia de la cultura índica, y de las culturas orientales en general, consiste en su resistencia a idolatrar el Ser, su pertinacia en no querer identificar al Ser con el Absoluto. No son filosofías del Ser, como la griega y las que de ella dimanan desde Parménides hasta Hegel. Esta diferencia es fundamental – y por esto nos entretenemos en explicarla un poco más. En el principio no era el Ser ni el No-ser, dice el famoso himno védico de la creación.[388] Algunos dicen que el No-ser estaba solo.[389] Pero entonces del No-ser no hubiera podido salir el Ser.[390] En rigor, el mundo no era la primera realidad (más allá del transcendente).[391] No era ni una cosa ni otra.[392] No era ni Ser ni No-ser, pero tampoco era Ser y No-ser a la vez.[393] Ni existía ni no existía.[394] El Principio supremo es inexpresable adecuadamente en términos de existencia.[395] Por este mismo motivo no se puede decir, con propiedad, que *brahman* sea existente, pero con ello no se le quiere negar realidad, antes al contrario, se le quiere atribuir toda, sin limitación alguna.[396]

La razón es siempre la misma, la India se resiste a identificar el Ser con el Absoluto para no limitarlo. Citemos un solo ejemplo:

388. *RV* X, 129, 1.
389. *CU* VI, 2, 1.
390. *CU* VI, 2, 2.
391. *CU* III, 19, 1; *TU* II, 6-7.
392. *BU* II, 3, 1.
393. *SubU* I, 1; II, 1.
394. *SubU* IV, 18; *SatB* X, 5, 1.
395. *BG* XIII, 12.
396. Cf. PANIKKAR (1961/3).

> «¿Y por qué no debieran adorarte a Ti, oh *Mahātman*, Tú que eres mayor que *brahman,* Tú el creador primigenio: Señor infinito de los Dioses y en quien el universo descansa? Tú eres el Imperecedero, el Ser y el No-ser y lo que está allende ambos. Tú eres el Dios originario, la Persona primordial, el refugio supremo de este universo. Tú eres el Cognoscente y quien debe ser conocido, el fin último. El mundo está penetrado por Ti, ¡Oh Tú, forma infinita!».[397]

El Ser, en efecto, está limitado, aunque sólo sea conceptualmente, por el No-ser. Es evidente que no están ambos en el mismo plano, pero no es menos cierto que la Nada es por lo menos dialécticamente necesaria para que el Ser se afirme como tal. El ser creado es tal porque ha emergido de la Nada y se mantiene fuera de ella, ex-siste porque se dis-tiende *extra causas*, fuera de su causa. Todo esto no puede decirse del Absoluto, pero tampoco puede afirmarse, en consecuencia, que sea Ser si se elimina toda referencia real a la Nada. Si el Absoluto es Causa de los seres (que son distintos de ella), él mismo no puede ser su propia causa, pues ésta debe ser diferente de lo causado. La noción de *causa sui* es contradictoria. La analogía nos salva del aprieto, pero no lo soluciona. Se dirá que la Nada se contrapone al Ser-existencia, pero no al Ser-esencia. El ser-esencia de una "cosa" particular puede muy bien pensarse sin referencia a la Nada, pero el Ser-esencia total y universal significa lo mismo que la Esencia del Ser, y ésta, aparte de no tener sentido real si se separa de la Existencia, vuelve a caer en las garras dialécticas de la limitación necesaria, ya que, como "aquello" que el Ser *es,* vuelve a ofrecer una referencia consti-

397. *Gītā* XI, 37-38. R. C. Zaehner en su traducción critica muchas de las versiones corrientes. El texto es deliciosamente ambiguo y no nos toca ahora terciar en la exégesis adecuada. Cf. *SU* II, 5; III, 7; V,1; V, II; *IsU* 13; etc. como contextos upaniṣádicos.

tutiva a lo que no-es. En breves palabras, el Ser aplicado al Absoluto no se escapa de decir relación a los *seres* (como la misma palabra connota) y a la Nada (como "aquello" que le "permite" ser). Esto basta para indicar que el tal Ser no puede ser *la* característica del Ab-soluto, del Independiente e Inefable. El Ser es Ser para los seres, en Sí mismo no tiene por qué ser Ser, aunque nuestro pensar se encuentre ahí sin camino.[398]

Entiéndase bien, no negamos que no se pueda decir que Dios es el Ser, sino tan sólo que el tal Ser sea la última caracterización posible del Absoluto. La divinización del Ser se encuentra tan íntimamente ligada al desarrollo filosófico y teológico de la cultura cristiana occidental que se hace difícil expresarse en términos distintos y convierte en delicadísima la operación de distinguir, y aun de separar, a Dios del Ser. La metafísica (puesto que se trata de un esfuerzo de inteligibilidad) puede y acaso debe incluso considerar a Dios como Ser, pero la religiosidad, como camino existencial hacia la meta, no se deja reducir a ninguna inteligibilidad. Quizás una buena parte del destino del pensamiento occidental se haya jugado en una cierta identificación prematura entre el Dios del cristianismo y el *esse* de la filosofía.[399] ¿No será éste uno de los motivos de la sed del mundo actual por una espiritualidad (religiosidad) liberada de las constricciones de los religionismos vigentes?

Sea de ello lo que fuere, lo cierto es que el hinduismo no ha verificado sin más esta identificación. Esto le ha permitido moverse con holgura en la esfera transcendente y en sus expre-

398. «Quoniam res divina prior est ente et omnibus differentiis eius: est enim super ens et super unum», [«porque la "cosa divina" es anterior al Ser y a todas sus diferencias; en rigor es un super-ente y un super-uno»] dice CAYETANO. *Comm. In Summ. theologiae*, I, q. 39, a. 1. Evidentemente se notan los ecos de Plotino.

399. Cf. nuestras observaciones sobre la interpretación del «Ego sum qui sum» de *Éxodo* III, 14 en PANIKKAR (1961/15). Para una problemática buddhista Cf. PANIKKAR (1999/XIX), pp. 187-9.

siones místicas. Le ha costado caro, sin embargo, puesto que el precio pagado ha sido que en el seno de su cultura no pudieran nacer ni la ciencia ni la técnica.[400] ¿Qué le vale, sin embargo, al hombre ganar el mundo si pierde su vida?[401] Acaso el hinduismo pueda ofrecer al Occidente la redención de esta "*felix culpa*" (la tecnología) que se ha convertido en el denominador común de la civilización predominante en nuestros días.

δ) La debilidad del Uno

El Uno tiene la prioridad entre los transcendentales desde el punto de vista lógico; pero la realidad no se deja captar exhaustivamente por la lógica. Y ésta es la debilidad del Uno.

Si el Absoluto es el Uno que no tiene Segundo ni permite Otro, el gran problema de la espiritualidad hindú será el de encontrarle al hombre un puesto en este Uno. Es cierto que el Ser no deja tampoco lugar para otra cosa, para ningún otro Ser a su lado, pero al menos conceptualmente deja sitio para los *seres* que, sin ser el Ser, hayan "emanado" de Él o estén en camino hacia Él. La mística del Uno, que tiene la ventaja indudable de garantizar mejor la inefabilidad y la transcendencia, se encuentra en posición desventajosa cuando se trata de salvaguardar los derechos de la criatura, por así decir, pero sobre todo cuando es cuestión de dar una carta de naturaleza al ser temporal. El dinamismo es constitutivo de la mística del Ser. Los seres no *son* el Ser, pero lo *serán*. "Serán", que desde el punto de vista del Ser que es, no tiene consistencia ni sentido alguno, pero que para los seres que *serán* constituye su único aguante y fundamento. Los seres *son* en cuanto caminan, en cuanto se mueven hacia el Ser. Sólo puede hablarse de seres en camino. Llegados a la meta sólo hay el Ser.[402]

400. Cf. PANIKKAR (1961/11), pp. 182 y ss.
401. Cf. *Mc* VIII, 36.
402. PANIKKAR (1972/II), p. 287 y ss.

El punto de vista del Uno no permite tal dinamismo. Nos sirve para el punto de llegada, pero no para el viaje. Es la perspectiva más pura una vez alcanzada la meta, pero es tan pura que es invisible durante la ascensión. Si la consistencia de los *seres* se salva en cuanto están en camino hacia el Ser, ya que en sí mismos no tienen consistencia alguna, la consistencia de lo que no es el Uno resulta mucho más problemática desde el punto de vista último. No se puede decir, en efecto, que el mundo sea lo Otro, ni que sea lo múltiple. Para el Uno, el "Otro" no tiene sentido. Pero lo múltiple tampoco puede sostener esta relación con respecto al Uno, porque no puede responder de qué (cosa) sea múltiple. No ciertamente del Uno. El Uno no se deja multiplicar. Tampoco puede decirse que la multiplicidad sea múltiple del No-uno. El Uno es tan inefable e infinito que no deja lugar para nada más. La dialéctica del Uno no permite ninguna multiplicidad ni ningún despliegue. No hay devenir ni dinamismo posibles. El Uno esta allende cualquier contingencia de cambio y de multiplicidad, de diversidad y de potencialidad.[403]

¿Significa esto que haya que rechazar el horizonte de la mística del Uno y que con ello se haya probado la superioridad del planteamiento del Ser? No lo creemos así. La lección que se desprende es, en primer lugar, de simbiosis positiva y de correctivos mutuos. La segunda consecuencia podría formularse diciendo que el campo de la mística del Uno no es la esfera de lo contingente y de lo temporal, que la mística del Uno no sirve para explicar este mundo y su devenir. Pero a esto ha renunciado la mística del Uno ya desde el principio. No se ha interesado nunca por este problema, que ha considerado siempre como irrelevante y provisional. La enorme pretensión de la mística del Uno es precisamente la de no moverse ya en la esfera del mundo de lo contingente, sino de haberse instalado en

403. Cf. como lentamente a través de Heidegger se ha llegado a resultados similares en Occidente. Cf. BALES (1983), pp. 197-208.

el Absoluto y de hablar desde Él, "*sub specie aeternitatis*", dirían algunos místicos occidentales – pero el Uno no admite perspectivas. El Uno está allende cualquier otro transcendental y se resiste a cualquier reducción. La dialéctica de la razón no sirve. Su pretensión no es la de darnos otro punto de vista, sino la eliminación incluso de la necesidad y del sentido de cualquier punto de vista. Ya no hay ni "punto" ni "vista".[404] No se trata de que pretenda darnos la "visión eterna" de la realidad temporal, o de decirnos cómo se ve el mundo *desde* Dios; no pretende ninguna visión *ad extra* sino que tiene la ambición de haber penetrado en la visión misma de Dios, no en cuanto ve las "cosas", sino en cuanto ha dejado atrás todo objeto y no ve "nada" sino que *ve*.[405]

c) La mística advaita

Como se habrá observado, nos hemos dejado llevar del pensar dialéctico en estas últimas páginas; pero la consciencia humana no es exclusivamente dialéctica, ni siquiera solamente racional. Hay "evidencias" no racionales. Éste es el campo del *advaita* que no puede confundirse ni con la mística del Ser ni con la del Uno.

Hemos querido exponer la problemática del Uno en toda su crudeza. Pero la espiritualidad de la India da un paso más; paso audaz que nos parece que representa la mayor originalidad de la espiritualidad hindú. En rigor no es la única; la mayoría de las espiritualidades asiáticas lo son y la espiritualidad trinitaria sería otro ejemplo de ello. Pero el predominio casi exclusivo de la racionalidad casi ha eliminado el ejercicio de otras facultades del hombre.

404. *Mādhhyamika*, *Vijñānavāda* y un cierto *Vedānta* serían, por ejemplo, tres sistemas que temáticamente defienden esta posición. Cf. como simple ejemplo del primero, MURTI (1998).

405. Cf. PANIKKAR (2000/33).

El nombre clásico de esta espiritualidad a la que nos estamos refiriendo es *advaita* que, como su mismo nombre indica, no puede confundirse con el monismo. El monismo es pura lógica racional; en él rige la mística del Uno. Y éste es el gran desafío del *advaita,* que no niega la racionalidad pero que la transciende. Debido al ambiente cultural de las primeras generaciones de indólogos, imbuidos por el pensar dialéctico, la palabra suele traducirse por "no-dualidad", pero en rigor debería traducirse por "a-dualidad" – como ya hemos indicado. En efecto, el *advaita* no es negativo sino privativo; no es la negación de "*dvaita*", de la dualidad, sino su ausencia. No estamos en la dialéctica del "*sic et non*" [del sí y del no], sino en la *dialógica* de la *meta-noia,* o sea en la esfera de la transcendencia de lo mental – más allá del *nous*, de la inteligibilidad racional, y no de su negación. No se trata de negar la dualidad sino de no caer en ella, sin por esto desembocar en el monismo. El monismo es la gran tentación de la razón y su consecuencia lógica. El dualismo es, por otra parte, la gran tentación del sentido común y su consecuencia práctica. La intuición *advaita* no consiste en afirmar la Unidad, ni en negar la dualidad, sino precisamente, con una visión que transciende el intelecto, en reconocer la ausencia de la dualidad en el trasfondo de *una* realidad que en sí misma carece de dualidad; a saber, que no es numérica puesto que no tiene un dos. O sea que ni la unidad ni la dualidad corresponden a la estructura propia de la realidad.[406] Dicho con otras palabras, la intuición *advaita* ve la polaridad de la realidad con prioridad a los polos que la constituyen; es la visión primaria de la relacionalidad en cuanto tal. Esto sólo es posi-

406. No olvidemos que *dvitīyaḥ* es un ordinal ("segundo"); no es "dos" (junto al Uno), sino "segundón". El *a-dvaita* sería entonces el Uno sin "segundón" – nadie a su lado. No se puede decir que es solo, pues esto presupone que debería o podría haber un segundo. La ausencia de dualidad no es una *privatio* en el sentido de que le falta algo debido.

ble, sin caer en la irracionalidad, si no se substantivizan los polos y se los ve en función de su misma relación, es decir como polos, no como substancias. No es una visión racional que sólo es posible en el movimiento dialéctico de la mente que ve primero un polo y acto seguido el otro. No es la visión de la inteligibilidad racional que necesita la reducción a la unidad del objeto percibido (*reductio ad unum*). Es un estado de consciencia que se da cuenta de la concatenación.[407] Se ve a la madre como madre-de-la-hija y no como a un ser que años atrás dio a luz a otro ser; se la ve como madre de la hija y a la hija como hija de su madre, y no como dos seres que antaño tuvieron una relación muy especial. Se *ve* la maternidad y la filiación al mismo tiempo, puesto que la una implica a la otra. Por eso forzamos la gramática y decimos "ve" y no "ven". Es una relación a doble dirección, pero es una sola relación. La madre cuando ha dado a luz ya dejó de ser madre; lo ha sido. De ahí que la intuición *advaita* sea constitutivamente dinámica y atemporal: no se deja fosilizar en pensamiento pensado. Es una experiencia y no una re-flexión (racional) sobre ella.

Los textos que insisten en que la realidad no es ni Una ni Múltiple, ni uno ni dos, ni Ser ni No-ser, aparecen irracionales si se examinan con el pensar dialéctico.[408] Esquivan el Scylla del monismo sin caer en el Charybdis del dualismo. He aquí la sabiduría del *advaita*. Se puede aún hablar del Uno, pero de un "Uno sin segundo"[409] y no contrapuesto a la dualidad. La ausencia de la dualidad da algo así como flexibilidad al Uno – porque en rigor no es ni uno ni dos. A esto nos referimos cuando afirmamos que la intuición *advaita* transciende el pensar dialéctico.

407. «Occulta concatenatio» decía Pico della Mirandola, *Opera omnia* (Basilea, 1572) citado por LUBAC (1974).
408. Cf. las notas 389 a 395 entre otros muchos textos.
409. *CU* VI, 2,1; ss.

Si la realidad no se deja reducir a Unidad ni tampoco a Dualidad, la espiritualidad *advaita* nos ayuda a superar la dicotomía moderna entre lo masculino y lo femenino. Lo masculino no es lo no-femenino ni viceversa. No hay Śiva sin Parvati, Dios sin Diosa, varón sin mujer. No son uno, pero tampoco son dos. La realidad no es ni masculina ni femenina; no se deja reducir a ningún monismo. Las consecuencias son enormes e impregnan toda la vida del hinduismo – aunque en la práctica no se puede negar un patriarcalismo, a menudo cruel, a pesar de las bolsas matriarcales del Norte y del Sur.

El *advaita* representa la superación del pensar dialéctico porque significa la renuncia a la inteligibilidad racional como criterio de realidad y aun de verdad. La realidad no tiene porqué ser inteligible sin que haya que caer por ello en el irracionalismo. No se niega la dualidad (no-dualismo) sino que se constata la ausencia de tal dualidad (a-dualismo) que no amenaza la unidad, la deja libre, por así decirlo, ni la constriñe a negar la dualidad. La visión *advaita* no es inteligible con la luz de la razón, pero es visible al conocimiento del tercer ojo, dirían muchas escuelas filosóficas; llámesele "ojo de la fe", *anubhāva* o experiencia de lo real o cualquier otro nombre. Dijimos que el pensar dialéctico de los últimos siglos europeos tradujo *advaita* como no-dualismo, porque para que la ausencia (de dualidad, en este caso) se pueda "percibir" no se puede escindir (como hace la dialéctica) el conocer del amar. Sólo cuando se ama se percibe la ausencia (del ser amado).

En esta esfera se mueve la mística del hinduismo. Si se pierde de vista esta pretensión y se le plantean problemas que ella ha creído ya haber superado o que no le interesan, no se la puede entender, ni establecer un diálogo fructífero. Pero debemos regresar a nuestro humilde papel de cronista.

La unidad de los tres *mārga* reside pues no sólo en su fin último sino también en que son más tendencias, tensiones, aspiraciones, que verdaderos caminos o sendas, como la misma etimología sugiere.[410] Son caminos en un sentido peculiar porque no hacen avanzar, sino tan sólo hacen desaparecer los obstáculos, dando la impresión de que ellos se han quedado atrás y nosotros hemos avanzado, algo así como cuando, desde un tren parado en una estación, el tren vecino que arranca en dirección contraria nos hace creer que somos nosotros los que nos hemos puesto en movimiento. No somos, pues, en rigor nosotros los que caminamos, sino que son las cosas las que van retrotrayéndose, los obstáculos los que van desapareciendo y, con ello, haciendo que nuestra verdadera realidad emerja y se purifique. Más que un pro-greso nuestro es un regreso de lo que no somos nosotros y un in-greso en lo que realmente somos. Esto es lo que son los tres *mārga*: caminos de purificación y de despojamiento. Uno avanza, como un globo, en la medida que arroja lastre, pero no es tan real la ascensión del globo como la caída del lastre; no es la tierra la que se va, es el cielo que desciende. La paz está siempre presente, respondió Ramana Maharshi a quien le preguntaba cómo alcanzarla, no hay más que apartar sus obstáculos. Los caminos son caminos en tanto en cuanto se dejan atrás, los medios son medios en tanto que se superan y se vuelven superfluos una vez utilizados. Aquellos mismos medios para nuestro progreso espiritual pueden convertirse en obstáculos así que se convierten en fines o incluso en indispensables. Como dice la conocida parábola buddhista, la balsa que nos ha servido para trasladarnos a "la otra orilla" desde las playas de la "mundanidad" se abandona una vez realizada la travesía.

410. *Mārga* traducido correctamente por camino, significa primariamente buscar, aspirar, emprender. No es tanto el camino material que tenemos debajo de los pies, como la tendencia nuestra hacia adelante, la aspiración hacia la meta, la búsqueda hacia arriba, el andar hacia la liberación. Algunos Padres de la Iglesia llamaban *epektasis* a este caminar.

La metáfora del camino daba aún para otra interpretación a la que la espiritualidad hindú en general da mucha importancia para evitar que esta interpretación degenere en libertinaje: hace falta, por lo general, un *guru*, un maestro espiritual. Por ser el camino eminentemente personal hace falta otra persona que, habiéndolo recorrido, nos comunique su experiencia para descubrir el nuestro.

Nos hemos entretenido en esta meditación sobre los transcendentales porque con ello desembocamos en un punto crucial para una descripción fiel del *dharma* del hinduismo: su carácter místico. La mística no es un lujo para los vulgarmente así llamados "místicos". La mística no es un aditamento al ser humano, una especificidad de algunos privilegiados. La mística es la experiencia completa de la realidad. El hombre podría definirse (pagando tributo al pensar típicamente occidental) como un animal místico. Las diversas dimensiones de la realidad no compiten entre sí, ni siquiera para tener el primado. La mística descubre la armonía de los transcendentales – sin ser por ello insensible a las desarmonías de la existencia.

* * *

Resumiendo: hemos descrito analíticamente las tres vías tradicionales de la espiritualidad hindú, por no decir de todo camino humano hacia la plenitud de la Vida. Pero hemos insistido igualmente en que existe una armonía entre ellas, puesto que en rigor las vías son antes una trenza que tres cuerdas independientes a las que el hombre se agarra para la ascensión a la meta. Esto nos ha llevado a subrayar la importancia de la armonía como una especie de transcendental de los transcendentales. La armonía, en efecto, no es una simple noción estética, como la mayoría de los diccionarios de filosofía nos pueden hacer suponer, sino un símbolo fundamental para acercarnos a la realidad. Y decimos símbolo, y no concepto, puesto que la armonía no es inteligible como concepto racional ya que exige la percepción de los polos a la vez – y no sólo dialécticamente. Los tres *mārga* no son ni uno ni tres. De ahí el *advaita* como hemos descrito.[411]

Tan inexacto sería decir que el *dharma* del hinduismo es uno como que es múltiple. La vida no se deja compartimentalizar – aunque a efectos de exposición debamos proceder mediante análisis.

411. «Nada nuevo bajo el sol» (*Eccles* I, 10): Ya Aristóteles describe cómo los pythagóricos descubrieron que todo el cielo era armonía y número (*arithmon* – que sugiere también ritmo), *Metaphysica* A, 5 (986a).

II. LA CUATERNIDAD PERFECTA: LOS CUATRO ASPECTOS DE LA VIDA ESPIRITUAL

Si el tres es el número místico por excelencia, si el tres es en casi todas las religiones la característica propia de la Divinidad, el cuatro es el número cósmico perfecto, a saber, la característica por antonomasia del ser creado. Si el tres es el número de la perfección (divina), el cuatro es el número de la totalidad (cósmica): el cuatro es la base de la tetrakys pitagórica y el Tetragrama del nombre de JHVH, cuatro son las estaciones del tiempo y cuatro las dimensiones del espacio, cuatro los brazos de la cruz y cuatro los elementos en Occidente, cuatro son los ríos sagrados[412] y cuatro los vientos, así como los jinetes y los animales del Apocalipsis,[413] cuatro las fases de la luna, cuatro las grandes verdades predicadas por Buddha y cuatro los imperios mundiales predichos por Daniel[414] como cuatro los Querubines[415] y los ángeles vecinos al Dios de los ejércitos.[416]

El número cuatro no es menos conocido en la India. Cuatro son, en efecto las cabezas de Brahmā y los brazos de Viṣṇu,

412. Cf. *Gn* II, 10.
413. Cf. *Ap* VI, 1.
414. Cf. *Dan* II, 32 y ss.
415. Cf. *Ez* 1, 5 y ss.
416. Cf. *Ap* IV, 6 y ss.; *Dan* VII, 3.

cuatro las partes de la ciencia médica, cuatro las edades (*yuga*, eón) de un período cósmico, cuatro los Veda y cuatro las cuaternas que a continuación describiremos.

1. Las cuatro castas – *varṇa*

El *varṇāśrama-dharma*, o sea el orden o el deber de las castas, es una pieza fundamental del hinduismo y con ello imprescindible para comprender la espiritualidad hindú. El problema es delicado y deberíamos precavernos tanto de una actitud idealizadora de un régimen social atávico como de la condenación de una tradición que ha sido la columna vertebral de una civilización durante siglos – aunque haya pasado por una evolución no siempre suficientemente reconocida.[417]

a. *El origen del* varṇāśrama-dharma

Debido a la degeneración sociológica de las castas en la India de hoy, así como a la influencia de la vida occidental tanto en la sociedad actual como en la mentalidad de sus dirigentes, es comprensible que el sistema de castas tal como actualmente aún existe en la India se vea combatido, y con razón, por la sociedad moderna. No obstante, la situación presente no corresponde ni a la teoría de las castas ni a la práctica de otros tiempos. Además, no todo en la casta es inaceptable aún hoy día. Entre una sociedad de clases o una sin clases, entre una sociedad monetizada en la que la desigualdad es económica y una estructuración adecuada y actualizada del sistema de castas, ésta última no tendría por qué no superar en valor a los otros dos extremos.[418] Mas todo ello no es nuestro tema más que

417. Cf. AKTOR, M. (2002), pp. 243-247.

418. No olvidemos que la diferencia entre países ricos y pobres era de 3 a 1 en 1820, que había subido de 72 a 1 en 1992. En el año 2000 tres países detentaban el

para decir que muchos sociólogos modernos, por las razones aludidas, combaten demasiado a la ligera el sistema religioso del *cāturvarṇyam*, el cuádruple orden de las castas, sin ofrecer más alternativa que no sea la lucha de todos contra todos.

Debido a que la palabra *varṇa* (casta) significa "color" y a que los *brahmanes* por lo general tienen un color de la piel menos cetrino, y debido también a la extrema racionalidad de la división del trabajo y de las funciones sociales de las castas, algunos estudiosos han querido ver el origen de las mismas o bien en un artilugio ario para el dominio racial, o bien en una invención meramente racionalista, hecha para la división del trabajo y cristalizada luego en la explotación de las castas inferiores por parte de las superiores. Sin negar que estos dos factores hayan jugado un cierto papel en la estructuración de la sociedad en castas, parece fuera de toda duda que el origen del sistema de castas es fundamentalmente religioso, cosa que no excluye los factores políticos y raciales ni la tentación del abuso por los "privilegiados" – ni tampoco significa que origen religioso equivalga a una valoración axiológica positiva. Es legítimo e imperativo, por otra parte, preguntarse por qué la religión sanciona el tal sistema. Hemos dicho repetidamente que la religión es un hecho antropológico (por ende también social) y que como tal puede servir tanto para practicar la justicia como para avalar la injusticia. No podemos pasar por alto las injusticias que aun hoy en día se perpetran en contra de los *dalit* y los aborígenes, y modernamente sin justificación religiosa alguna. Todos los días hay muertes y mutilaciones que

---

50% del PNB mundial, un 1% de la población (50 millones) tenía tantos ingresos como los 2.700 millones de habitantes más pobres. Entre 1980 y 2001 la deuda de los países pobres ascendía a 4,5 billones de dólares, 368.000 millones más que el dinero recibido. Por no hablar de los 900.000 millones de euros que el mundo ha gastado en armamento en el 2002; por lo visto el mundo se siente amenazado y quiere defenderse – de sus semejantes.

pasan impunes. Pero no basta con condenar, y debemos centrarnos en la descripción de un sistema que ha mantenido una cierta coherencia durante siglos – aunque sin esconder la degeneración en la que ha caído.

La primera vez que aparece la mención de las castas, éstas están ya plenamente cristalizadas y justificadas por una sanción religiosa. Un famoso himno del *Ṛg-veda*,[419] aunque tardío,[420] menciona ya las cuatro castas como originadas de la boca (*brāhmanes*), de los brazos (*kṣatriya*), de los muslos (*vaiśya*) y de los pies (*śūdra*) del *Brahman*, el Hombre divino primordial. El primer comentario pertinente es el de subrayar la unidad de las cuatro castas como diversas funciones de la sociedad considerada como una sola persona. Cualquier atributo de la casta es siempre en función del todo.[421] Es evidente que, cuando el todo se pierde de vista y cada hombre se convierte en un individuo autárquico, la función eminentemente ligada al todo degenera en un privilegio injusto. Cuando el hombre se convierte en individuo (cosa distinta de persona) la casta pierde su razón de ser.

La *Bhagavad-gītā* dice explícitamente que las cuatro castas han sido creadas por Dios y añade que lo han sido en vista de las distintas cualidades (*guṇa*) y del diverso *karman* de los hombres.[422] Son pues un don de Dios y tienen una sanción religiosa.

Un largo y difícil texto de la *Bṛhadārankya Upaniṣad*[423] hace ver cómo las castas de la tierra corresponden a las mis-

419. *RV* X, 90, 12. Algunos estudiosos afirman que este texto es una interpolación maligna y posterior, aunque no puede negarse la interpretación que de él se ha dado.
420. Según testimonio, aunque muy ambiguo, del mismo *RV* VIII, 35, 16-18.
421. Las tres primeras castas presentarían cada una el predominio de una de las tres cualidades (*guṇa*) fundamentales ya mencionadas: *sattva*, *rajas* y *tamas*, respectivamente. La cuarta casta estaría caracterizada por la ausencia de las tales cualidades.
422. *BG* IV, 13.
423. *BU* I, 4, 10-15.

mas castas en el cielo, de forma que lo que así ocurre en la tierra es ya un avance y una imagen de lo que ocurre en el cielo. También hay castas entre los dioses.[424] Esta sanción religiosa es delicadamente ambivalente. Por un lado la casta confiere estructura y estabilidad a una sociedad, y el factor religioso hace que los creyentes acepten positivamente el cumplimiento de los deberes de las respectivas castas. Por otro lado la misma función estabilizadora puede convertirse en factor de inmovilización y en ocasión de abuso de poder por los detentadores de éste. En la situación de la sociedad actual en la que la justificación religiosa ha perdido su fuerza, el sistema de castas resulta cada vez más problemático e incluso pernicioso, si no se transforma según el *dharma* – que no puede separarse ni de la justicia ni de la verdad.[425]

b. Su función

Las cualidades de las castas están claramente descritas en la misma *Gītā*: «Dominio de la mente, control de los sentidos, austeridad, pureza, paciencia, rectitud, sabiduría, conocimiento y fe» son el don y la actividad (*karma*) del *brahmán*.[426] «Fortaleza, audacia, valor, destreza, aguante en la batalla, generosidad y caudillaje» son el lote del *kṣatriya*.[427] «Cultura del campo, de las reses y comercio» la función del *vaiśya*[428] y, finalmente, «trabajo como servicio» el deber del *śūdra*.[429]

Las funciones de cada una de las castas están descritas en las Leyes de *Manu* o *Mānavadharma-śastra*.[430] Pero las castas

424. Cf. RANADE (1926) p. 60.
425. Cf. *BU* I, 4, 14.
426. *BG* XVIII, 42. Escribimos *brahmán*, con acento, para distinguirlo del *brahman* –aunque también se le podría llamar *brahmino*.
427. *Ib*. 43.
428. *Ib*. 44.
429. *Ib*.
430. *Manu* I, 87-91. Cf. la voz "*Manu*" en Glosario.

de *Manu* son flexibles. Se especifica que la conducta puede convertir a un *brahmán* en un *śūdra*[431] y viceversa.[432] Más aún, «si las cualidades de un nacido por segunda vez (las tres primeras castas) existen en un *śūdra* y no en el primero, un *śūdra* no es un *śūdra*, ni un *brahmán*, *brahmán*», dice el *Mahābhārata*[433] – aunque haya luego muchos pasajes que parecen justificar los privilegios y las desigualdades.

c. Su espiritualidad

Aunque la *Manusmṛti* reconozca a las tres primeras castas el derecho a celebrar el sacrificio como la participación del hombre en el destino del cosmos, la tradición posterior especifica que solamente el *brahmán* puede ofrecer el sacrificio para los otros y que las otras dos castas solamente para ellos mismos y, evidentemente, por analogía (puesto que la enseñanza está conectada con el sacrificio) tampoco deben enseñar más que en caso de necesidad. Significativamente, aunque el *kṣatra* es lo más alto, el *brahmán* es su origen, y aunque el *kṣatriya* preside el gran sacrificio (*rājasūya*), éste lo debe honrar como si procediera de él.[434] La auténtica jerarquía no es piramidal. Sólo el *brahmán* tiene capacidad para ser sacerdote, aunque por lo general para el sacrificio público no todo *brahmán* está capacitado para ello. Hay pues un sacerdocio sacramental particular del que sólo son capaces los miembros de la primera casta, un sacerdocio general de casta que poseen todos los *brahmanes* y un sacerdocio religioso humano del que gozan las tres primeras castas.

Estas tres primeras castas son las que permiten a sus miembros "nacer por segunda vez" (*dvija*)[435] esto es ser (re-)genera-

431. *Ib.* II, 168.
432. *Ib.* X, 65.
433. *VanP* CLXXX, 25.
434. Cf. *BU* I,4,13.
435. Cf. Glosario.

dos a la vida espiritual propiamente dicha. El sistema de las castas se mueve dentro del doble plano biológico y humano. Para alcanzar la salvación no bastan las buenas obras en el plano meramente terreno, es necesario haber renacido al orden supratemporal que se consigue con la iniciación correspondiente cuando el sujeto es apto para recibirla.[436] Toda la teoría de los sacramentos del hinduismo (*saṃskāra*) está ligada al sistema de castas.[437]

El sistema de castas no es tanto una división del trabajo, que el hombre debe realizar para vivir en sociedad, como una jerarquización de los deberes humanos para alcanzar la salvación. Como se habrá observado, hemos procurado mantener un cierto equilibrio entre extremos. Es un hecho innegable que, a pesar de que la Constitución de la India no reconoce la legitimidad de las castas, después de más de medio siglo éstas no han desaparecido ni de la estructura de la sociedad ni de la consciencia de las gentes. Sería utópico y contraproducente querer restablecer el antiguo sistema de castas, pero lo es igualmente ignorar su realidad y no esforzarse en una transformación positiva del mismo sistema. La actitud de Gandhi, aunque un tanto conservadora, no puede ignorarse completamente. Es uno de los problemas pendientes de la India actual. Y, repetimos, es una cuestión de espiritualidad y no de simple técnica política. No se pide a todos lo mismo porque no se da lo mismo a todos. El cumplimiento de los deberes de la propia casta significa el camino seguro para salvarse. Que luego esta salvación no se pueda conseguir de una vez o que haya que pasar por diversas reencarnaciones hasta poder llegar a la salva-

436. Un verso conocido dice: «*janmana jāyate śūdrah śamskārad dvija ucyate*» «Por nacimiento se es *śūdra*, por *śamskāra* (sacramento), *dvija*» (renacido), aunque no creo que el verso se encuentre en la *smṛti* antigua.

437. Sobre los sacramentos del hinduismo Cf. ALTEKAR (1952); DATTA (1951-56); DUBOIS (2001); HAMSA (1951); PANDEY (1949); PANDEY (1962); SIQUEIRA (1933); STEVENSON (1971); LEEUW (1949).

ción final (*mokṣa*) no invalida lo dicho. La fidelidad a la casta proporciona así, al que cree en ella, la concreción de los propios deberes y la justificación de su existencia. Que el estar satisfecho con la propia suerte haya podido llevar a contentarse pasivamente de la situación social, y con ello a una pasividad resignada explotada luego por las castas privilegiadas, es y ha sido una tentación demasiado fuerte para que no se haya caído en ella, hasta el punto de llegar a uno de los puntos sociológicos más lúgubres del hinduismo que es la expulsión fuera de las cuatro castas de una buena parte siempre creciente de la sociedad con la consiguiente formación de los *parias*, o fuera-de-casta, que luego Mahatma Gandhi bautizó con el nombre de *Hari-jan*, esto es hijos de Dios (*Hari*) porque repudiados por los hijos de los hombres.[438] Mas hay que decir que actualmente los propios interesados rechazan este calificativo por hallarlo condescendiente y paternalista, prefiriendo el de *dalit*,[439] esto es, oprimidos (víctimas de la opresión), que sigue siendo real en el siglo XXI y bajo todos los gobiernos. Hace medio siglo, con la independencia de la India, los príncipes y nobles fueron abolidos al mismo tiempo que las castas. Aunque algunos lo lamentan, prácticamente nadie se acuerda de los *rājas* y *mahārājas*. Las castas, sin embargo siguen vivas en la consciencia de la gente. Por algo será.

El fenómeno *dalit* merece una especial mención no sólo sociológica y política, sino también en un libro sobre espirituali-

438. Sobre el problema de las castas, desde el punto de vista que nos interesa puede consultarse: DELEURY (1978), especialmente el cap. 2; DUMONT (1966); DUTT (1968-69); GHURYE (1950); HUTTON (1985); KANE (1958); KETKAR (1998); MAJUMDAR & PUSALKER (1980); MAYER (1960) (estudio fenomenológico de un pueblo de poco menos de 1.000 habitantes); O'MALLEY (1974); RAO (1931); FÜRER-HAIMENDORF (1960).

439. Cf. PRABHAKAR (1989); RAJSHEKAR SHETTY (1978), además de otros autores ya citados.

dad. Por demasiado tiempo la India (y no sólo la India) ha cultivado una espiritualidad desencarnada, concentrada en los valores del "espíritu" y negligente de la realidad e importancia de la materia. La rebelión, sorda las más de las veces y aplastada otras muchas, de los *dalit* es un despertador, aún poco sonoro, para la conciencia del hinduismo de que la "otra vida" no puede desconectarse de ésta y que la negligencia social es un crimen de lesa espiritualidad. Es una paradójica incongruencia que una espiritualidad *advaita* haya olvidado que los factores sociales y políticos pertenecen también a la vida espiritual. Nadie debería rasgarse las vestiduras, puesto que es igualmente incongruentemente paradójico que una religión que proclama la "Resurrección de la Carne" haya olvidado el cuerpo, por no decir despreciado.

El problema de las castas en el hinduismo constituye un ejemplo paradigmático de la necesaria transformación de todo *dharma* en el mundo, tanto en el Este como en el Oeste. Las Leyes de Manu contienen ciertamente puntos muy positivos para un orden social justo, pero son al mismo tiempo crueles e injustas. Querer reformarlas no es suficiente; intentar abolirlas como leyes ya se ha hecho, pero eliminarlas sin más de la conciencia del pueblo es ilusorio. Lo que se requiere es una transformación, una *metanoia*, como superación del *nous* de lo mental, en términos cristianos, como criterio para estructurar una sociedad más justa. El *dharma* del hinduismo es aquí insuficiente, pero el *dharma* actual de la competitividad individualista no es tampoco una solución. Gandhi intentó un compromiso, pero la sociedad actual ha ido demasiado lejos para que una reforma sea posible. Hace falta un nuevo *dharma* que surja de las cenizas del tradicional – pero las cenizas son indispensables; el modelo occidental no sirve.

2. Los cuatro estados – *Āśrama*

Aun cuando en una buena parte de la población, sobre todo urbana, la consciencia de estos cuatro estadios tradicionales de la vida se haya perdido un tanto, en el subconsciente colectivo del pueblo está aun muy viva, con restos sociológicos bien patentes, como los *sādhu* y los muchos que esperan el retiro de sus empleos para dedicarse a la vida espiritual. No estamos (¿todavía?) hablando de reliquias, sino de un clima general que aun se percibe en el ambiente y que crea en la actualidad una tensión no siempre resuelta entre la secularidad instaurada por el gobierno, junto con las elites "modernizadas", por una parte, y la sacralidad tradicional por la otra. Acaso esta tensión pudiera resolverse con la distinción entre secularidad y secularismo y la conciencia de la "sacra secularidad".[440] La Constitución de la India habla de un Estado secular, que no secularizado.

A la cuádruple división de los Vedas en *Mantra*, *Brāhmaṇa*, *Āraṇyaka* y *Upaniṣad* corresponden, según una tradición algo posterior, los cuatro estados de la vida espiritual del hombre. La juventud es considerada como un noviciado para la vida, y la vida no significa la mera existencia terrena sino la vida espiritual que culmina en la Vida – llámesela auténtica, eterna, *nirvāṇa*, *mokṣa* o simplemente real. A este primer estado le corresponde el estudio y la recitación de breves expresiones, que pueden convertirse en jaculatorias grávidas de significado que se conocen con el nombre de *mantra*. El segundo estado es el del hombre casado y jefe de una familia. Durante este período el hombre debe cumplir sus deberes para con la sociedad y para con el mundo, que se cifran en el ejercicio de los ritos contenidos en los *Brāhmaṇa*. Cuando el hombre se retira para una mayor dedicación a la vida espiritual, en el tercer estado, debe can-

440. Cf. PANIKKAR (2000/XLIII).

tar las alabanzas a Dios y vivir más directa y exclusivamente de cara a lo transcendente. A ello le introducen la alegorización y espiritualización de la religión contenidas en los *Āraṇyaka*. Y, finalmente, cuando en el último estadio "lo único necesario" se le revela, son las *Upaniṣad* las que le conducen de la mano.

Es innegable que el cuadro sociológico de esta división detenta fuertes resabios de patriarcalismo – aunque, como hemos señalado, exista una antigua tradición matriarcal tanto en el norte (Megalaya) como en el sur (Kerala). Es innegable también que los abusos han sido muchos, pero, como en el caso de las castas, no podemos pasar juicios demasiados simplistas. Lo que parece ser cierto es que el clásico esquema no es ya viable en la sociedad moderna y que precisa una transformación – que sólo puede venir de una fecundación entre la cultura moderna y la tradicional. El papel de la mujer en esta transformación podría ser muy importante. Como símbolo sociológico no negligible puede observarse, que mientras una buena parte de los varones, sobre todo los jóvenes, ha adoptado el vestir occidental, las mujeres en su inmensa mayoría han conservado la indumentaria tradicional. Este detalle espontáneo nos revela algo más profundo de la *psychê* de la espiritualidad de la India, y es un símbolo de la necesaria transformación del *dharma* hindú a la que acabamos de referirnos.

Aunque en la India actual han surgido muchos movimientos feministas, no son, por lo general, como los que han nacido en Occidente.[441] Las mujeres están conquistando su puesto en la vida tanto pública como privada y empiezan a jugar su papel, a pesar de los muchos abusos todavía presentes en muchos sectores de la sociedad – en especial entre las castas más discriminadas. Estas conquistas las hacen afirmando su dignidad sin imitar un modelo "unisex" – a pesar, y también aquí, de la vida en centros urbanos altamente industrializados. Nuestro estudio no

441. Cf. el movimiento *strī-śakti* fuerte en el Maharastra y la revista *Manushi* publicada en Delhi.

es sociológico, pero debíamos mencionar y por lo menos subrayar el papel de la mujer en la transformación imperativa del *dharma* hindú. Dicho esto debemos recordar aquí de nuevo el papel imprescindible de la interculturalidad. La familia hindú no es la familia occidental moderna ni la psicología de las mujeres indias es igual a la de las occidentales. El problema es delicado y necesita diálogo antes que ofrecer soluciones exógenas a los problemas de la India – muy reales por otra parte. Una cierta mentalidad "misionaria" sigue prevaleciendo en el Occidente "post-cristiano" – como se ve en la llamada ayuda al "Tercer Mundo".[442] Pero cerremos este inciso, por importante que sea.

Parece que al principio los estados fueron solamente tres, a los que luego se añadió el cuarto que precisamente llevaba el nombre de *atyāśraman*, esto es, "allende todo *āśrama*". También parece ser un hecho que al principio no se interpretaron como cuatro estadios, que tenían que recorrerse todos uno después de otro, sino más bien como distintas vocaciones a seguir según el *svadharma*, el deber personal de cada cual. En rigor, como diremos enseguida, el segundo estado es considerado como el central, del que el primero es preparación y el tercero como su continuación, y luego quizá el cuarto como la superación de todo.[443]

Se ha visto, no sin razón, en los cuatro estados del hinduismo un intento de síntesis logrado entre la vida activa y la contemplativa para todo hombre y aun entre la vida mundana y la vida ascética. Los cuatro estados, en efecto, armonizan dentro de la vida humana los instintos o tendencias constitutivos del hombre, llamado por un lado a una vida ultraterrena que parece exigir de él una renuncia total a lo visible, y atraído, por el otro, hacia esta tierra para formar una familia y construir una sociedad. La espiritualidad hindú más auténtica está tocada de este espíritu de sínte-

442. Cf. como único ejemplo el testimonio iluminante de un diplomático persa: RAHNEMA (2003).
443. Cf. *Manu* VI, 87.

sis y de armonía aunque no ausente de tensiones. El asceta no siente la envidia del mundo porque o bien se prepara para él o bien porque lo ha dejado después de haberlo gustado ya. El hombre mundano no siente complejo de inferioridad o de culpa, porque ha pasado ya por un noviciado riguroso y sabe que, una vez cumplido su deber para con la sociedad y haber incluso colmado su deseo de amor terreno, de riqueza y de poder, volverá a retirarse a una vida más espiritual. El monje no posee el orgullo de sentirse superior, o la envidia de la comodidad de los otros, porque los ha dejado voluntariamente después de haberlos probado durante su vida o en existencias anteriores si, como sucede a veces, no ha pasado por los estados intermedios.

La discutida etimología de la palabra *āśrama* es instructiva, tanto por la tendencia humana y especialmente índica, de recurrir a los orígenes y a la sabiduría de las palabras, como por su contenido semántico. *Āśrama,* en efecto, puede venir de *śramaṇa* (peregrinar, caminar) y la partícula negativa *a* significaría un lugar de reposo y de paz que es uno de los sentidos modernos. Conocidos son los *āśrama* de Gandhi, Aurobindo, los de los cinco Śaṇkarācārya, el de Ramana Maharshi, el de Śivanānda y tantos otros incluyendo cristianos, etc.

La raíz de la palabra también puede ser *śram* [trabajo, esfuerzo] y así el *āśrama* sería un lugar o un estado de ascesis y de labor para alcanzar la plenitud de la vida.

Pero la misma raíz puede indicar cansancio, estar exhausto (*śrama* significa esto ya en el *ṚgVeda*) y entonces *āśrama* significaría reposo, paz, tranquilidad, después de la fatiga de la vida.

Ha sido probablemente la connotación espacial la que ha hecho evolucionar el sentido de la palabra de estados (de vida) a estadios (estancias de paz y disciplina).

Como quiera que ello sea, la teoría y la práctica de los *āśrama* tiene un profundo valor simbólico. En primer lugar los *āśrama* simbolizan la jerarquía de la misma vida humana – y por tanto de los mismos derechos y deberes del hombre. En segundo lugar simbolizan el superamiento de la separación (de origen griego) entre lo público y lo privado. El hombre no es un individuo que vive en dos mundos. Ni Dios es exclusivamente asunto privado ni la política solamente una actividad pública. En tercer lugar los *āśrama* simbolizan también la inserción de lo sagrado en lo profano y viceversa – por difícil que resulte mantener el equilibrio. Lo pro-fano tiene relación al *fanum* (templo, lo sagrado) y ambos aunque deben distinguirse no pueden separarse en la vida personal. Más aún, se condicionan mutuamente.[444] En cuarto lugar los *āśrama* simbolizan también la superación de la dicotomía entre individuo y sociedad – acaso de una forma superior a la representada por las castas. El hombre no es un individuo aislado.

Sirva esta breve digresión como ejemplo particular de las posibles repercusiones de la "espiritualidad hindú" en la vida humana de otras latitudes. Una sociedad sin clases ni jerarquía necesita de una democracia igualitaria que a su vez implica el imperio de la cantidad sobre la calidad.

No podía faltar en el hinduismo la noción del *sāmānya dharma* o *dharma* común para todo hindú sin distinción de los estadios que describiremos a continuación. Es también una característica del *sanātana dharma* que esta norma o deber hindú se interprete como un *dharma* universal para la humanidad.[445] Ésta sería la "religión del hombre" o religión universal como interpretó Tagore en el más puro espíritu hindú.[446]

444. Cf. PANIKKAR (2000/XLIII) en donde se intenta presentar la secularidad sagrada como un *novum* para una espiritualidad apropiada a la conciencia humana del III milenio.

445. Es significativo que Nilakanth Goreh, un erudito de Vārāṇasī en la primera mitad del XIX, para contrarrestar la atracción del cristianismo sobre los hindúes interprete el *sanātana dharma* como idéntico al hinduismo y tache al cristianismo de *mohadharma*, *dharma* ilusorio y pernicioso. He dicho "significativo" porque habiendo atacado a Jesús como *mohāvatāra*, falsa manifestación divina, en 1848 tuvo una experiencia de Cristo y se convirtió al cristianismo. La ideología *hindutva* parece querer volver a resucitar esta animadversión.

446. Cf. TAGORE (2002).

a. El estudiante – brahmacarya

α) El novicio

La vida es un noviciado para la verdadera Vida – con o sin solución de continuidad según las distintas espiritualidades. Pero la misma existencia terrestre comporta una iniciación a la vida – que en otras latitudes suele llamarse educación.

El primer período de estudio y de disciplina, que suele empezar a los 12 años y que suele durar un cuarto de la vida (aunque muchos textos lo alarguen a veces hasta los 48 años y por excepción pueda durar toda la vida), está dedicado al conocimiento de la doctrina de salvación y a la adquisición de todas las virtudes. El plan de vida está rigurosa y minuciosamente fijado: levantarse antes de salir el sol, hacer las abluciones de rigor, ofrecer el sacrificio y rezar las oraciones de la mañana (*samdhyā*), salir para pedir en limosna su comida, que depositará a los pies de su maestro y tomará lo que éste le dé (comida que será frugal, sin bebidas fermentadas, especias ni animales), dedicarse luego al estudio y a la disciplina obedeciendo a su preceptor; adoración y meditación al caer el sol hasta la aparición de las estrellas y segunda comida luego.[447]

Una característica saliente de este primer estado es la castidad perfecta, hasta tal punto que hoy día *brahmacarya* es sinónimo de celibato. Incluso la polución involuntaria, que es considerada como pérdida de energía y como disipación de la persona, debe ser cuidadosamente evitada.

Las disciplinas formativas varían de escuela a escuela y aun de maestro a maestro. La espiritualidad yoga pertenecería a este lugar.[448] Es evidente que la idea de educación subyacente a este género de vida dista mucho de las formas de instrucción de las instituciones en la India moderna, copiadas de las

447. Cf. *Manu* II, 54-57; 177-181; 191; etc.
448. Cf. *Ib*. II, 100.

británicas – con pocas, pero importantes excepciones que intentan continuar el ideal tradicional del *gurukula*. La educación se considera aquí como formación para vivir la Vida, consciente y profundamente. Esta educación no consiste en proporcionar al estudiante las informaciones para encontrar un trabajo y ganarse el derecho a existir (suele decirse "ganarse la vida") sino en despertar en la persona humana aquellas potencialidades latentes que le permitirán alcanzar su plenitud.[449] Pero esta tarea no puede llevarse a cabo en solitario. El hombre necesita del concurso de la sociedad, en especial de aquellos que han adquirido la experiencia de la vida y han conseguido una autoridad que les permite hacerlo sin violencia.

β) El maestro – guru

«¿Quién te ha enseñado todo esto?» preguntó el maestro a Satyakāma viéndolo radiante como uno que conoce *brahman*. «No precisamente hombres – replicó– pero yo deseo que tú, señor, me lo enseñes.»[450] «Solamente la doctrina enseñada por el *guru* es la que sirve para obtener el fin de todo conocimiento, que es la salvación» –añade luego el discípulo.[451] La enseñanza es un acto sagrado.

La doctrina de la salvación y el verdadero conocimiento de la Verdad (*brahman*, Dios, etc.) no puede obtenerse con medios exclusivamente teóricos porque son del orden transcendente. De ahí la necesidad absoluta de una iniciación personal, llevada a cabo por otra persona que sea capaz de comunicar las aguas vivas del conocimiento salvador. El maestro en el hinduismo es un elemento esencial e indispensable. La autoformación o el autodidactismo son contradicciones *in terminis*.

449. La expresión "ganarse la vida", corriente en una civilización del trabajo como sinónimo de tener un sueldo o recursos económicos, resulta escandalosa en la India tradicional.

450. *CU* IV, 9, 2.

451. *Ib*. 3.

«Aquel a quien muchos ni siquiera pueden oír,
a quien muchos, incluso oyéndolo, no lo conocen
... Enseñado por un hombre [de conocimiento] inferior,
no puede ser comprendido
... Solamente lo puede ser por uno que le conoce
... Porque no es alcanzable por ningún razonamiento.»[452]

Dice un célebre y clásico texto cuyo sentido tradicional es la justificación del *guru* como maestro espiritual para hacernos "realizar" la verdad salvadora. Sin maestro no hay realización posible. El conocimiento superior viene solamente a través de la comunicación vital del *guru*.[453]

Por un lado el *guru* se cuidará muy mucho de enseñar por encima de la razón y sobre todo del corazón de su discípulo; le enseñará solamente aquello que puede entender y soportar.[454]

«Solamente a los que han cumplido con los ritos y estudiado las escrituras [...] solamente a aquellos les puede ser comunicado este conocimiento de *brahman* (*brahman-vidyām*).»[455]

«A quien no ha subyugado sus pasiones y a quien no sea un discípulo o un hijo propio no se debe comunicar el alto misterio de los *Veda*.»[456]

Y, casi como colofón de toda la obra, la *Gītā* nos dice que

452. *KathU* I, 2, 7-9. Cf. *CU* IV, 9, 1-3. Nos abstenemos de insertar un comentario indológico a este texto y de comentar la interpretación forzada del gran Śaṅkara.
453. Cf. la *fides ex auditu* [fe por la audición] cristiana en *Rom* X, 17.
454. Cf. *Jn* XVI, 12.
455. *MandU* III, 2, 10. Cf. también *CU* III, 11, 5-6.
456. *SU* VI, 22. Cf. también *BU* VI, 3, 12; *MaitU* VI, 29.

no se debe hablar de ello «a quien no conduce una vida austera, no tiene amor de Dios y no le es obediente».[457] Esta prudencia no está inspirada por un deseo de esoterismo artificial, para mantener un secreto cerrado para los demás, sino por un respeto a la misma sacra doctrina y por una economía de la enseñanza, puesto que quien no está espiritualmente preparado no es capaz de comprender ni siquiera de lo que se trata.[458] Repetimos que la idea subyacente es el carácter eminentemente experiencial de la doctrina de salvación. El camino de la espiritualidad hindú no es una mera senda de buena voluntad sino que presupone la acción y la iniciativa de la gracia divina.

> «No por simple instrucción, ni por capacidad del intelecto, ni siquiera por mucho escuchar [la Escritura] puede el *ātman* alcanzarse, sino solamente por quien es escogido por él; solamente por aquel a quien se le revela puede [el *ātman*] ser alcanzado.»

Dice un famoso texto.[459]

Solamente a través de la gracia de Dios puede el hombre ver la grandeza del *ātman* – *ātman* que está escondido en el corazón de toda criatura. Un texto ya citado, y muy ambiguo, afirma que no es agradable a los Dioses que los hombres conozcan la verdad última – porque dejarían de ser humanos (interpretación metafísica) o porque no sacrificarían ya a los Dioses (interpretación sociológica).[460]

Por otro lado, se cuidará también muy mucho el *guru* de impartir otra doctrina distinta de la tradicional y perenne. Él no comunica, en el fondo, ninguna doctrina, sino que hace par-

457. *BG* XVIII, 67.
458. *KathU* I, 20-23. Cf. *Mt* VII, 6.
459. *Ib*.
460. *BU* I, 4, 10.

tícipe de su experiencia espiritual a los que son capaces de vibrar al unísono con él. Más aún, en rigor no es la persona del *guru* la que enseña, sino la gracia de Dios, y la Divinidad misma la que se sirve del intermediario del *guru* para llevar el discípulo hasta sí. De ahí que nunca será de la incumbencia del *guru* atraerse, o ni siquiera buscarse, discípulos.[461] Es el discípulo el que, buscando a Dios, se tropieza con él en la persona del *guru*. De ahí que en rigor el problema de la originalidad no se plantee, porque la pasividad es también cualidad específica del *guru*. Suele decirse a menudo en algunos círculos occidentales que el problema del mundo moderno es la escasez de maestros. La respuesta india consiste más bien en decir que lo que sufrimos es una crisis de discípulos, de los que están dispuestos a escuchar y a aprender. Es el discípulo el que hace al maestro, aunque ser *guru* no es algo de poca monta. Aquí, como en todo, la relacionalidad es constitutiva.

He aquí una descripción típica dentro de la línea śivaítica:

> «Un verdadero *guru* es un hombre que posee el hábito de practicar todas las virtudes, que con la espada de la sabiduría ha podado todas las ramas y extraído todas las raíces del pecado, que ha dispersado con la luz del intelecto las oscuras sombras en las que el pecado va envuelto [...], que posee los sentimientos de un padre para todos sus discípulos, que en su comportamiento no hace diferencia entre amigos y enemigos sino que muestra la misma bondad a ambos, que mira el oro y las piedras preciosas con la misma indiferencia que al hierro y a las vasijas de barro, valorando lo uno igual que lo otro, cuya preocupación principal es la de eliminar la ignorancia en la que está sumida una buena parte de la humanidad. Él es quien cumple con todos los actos que están prescritos para

461. Aunque el texto de la *KathU* que comentamos añade como exclamación: «¡Podamos encontrar, Naciketas, un discípulo como tú!».

> adorar a Śiva sin omitir ninguno, quien no conoce otro Dios que Śiva y no lee otra historia que la suya [...], quien rechaza incluso en el pensamiento cualquier acción pecaminosa y pone en práctica todas las virtudes que predica [...]. Él debe poseer un conocimiento profundo de las cosas y conoce el *vedānta* perfectamente. Es el hombre que ha ido en peregrinación a todos los lugares santos [...], se ha bañado en todos los ríos sagrados... Debe haber practicado todos estos ejercicios religiosos y sacado todo el fruto de ellos; debe conocer perfectamente los cuatro *Veda*, los *Tarka-*, *Bhūta-* y *Mīmāṃsā-śāstra* [...]. Éste es el tipo del verdadero *guru* y éstas las cualidades que debe poseer para poder mostrar a otros el camino de la virtud y ayudarles a superar el barrizal del vicio.»[462]

Y no obstante su fuerza no está en su personalidad sino en su ser *guru*. Muy popular y conocida es la anécdota siguiente: Un río infestado de cocodrilos vedaba el camino al *guru* y al *śiṣya* (discípulo). Éste último, lleno de fe en su maestro, pensó que era indigno que un tal obstáculo les entorpeciera el camino, e invocando el nombre de su *guru* se lanzó al agua llegando sano y salvo a la otra ribera, pues los cocodrilos huían amedrentados. Maravillado el maestro del poder de su propio nombre se echó él también al agua pronunciando su propio nombre pero fue pronto devorado por los cocodrilos... Nadie es *guru* para sí mismo. Otro ejemplo de que cualquier "objetivación" es tan falsa como la pura "subjetividad".

La espiritualidad india ha desarrollado con este motivo toda una teología de la obediencia. La obediencia al *guru* no es otra cosa que obediencia a Dios, así como honrar y servir al *guru* no se distingue del honrar y servir a Dios.[463] La obediencia no se

462. *VeSa* según la versión de DUBOIS (2001).

463. Es importante notar que la palabra constantemente empleada para expresar la relación del discípulo con el maestro es *śraddhā*, esto es, fe. La fe es esencialmente pr

hace a una doctrina ni presupone una discriminación crítica de quien por definición no está capacitado para ello, por esto no es una obediencia meramente racional sino religiosa.[464] El *guru* no enseña una doctrina teórica sino que dirige a una persona. La obediencia es el máximo de los sacrificios porque es el sacrificio de la voluntad que arrastra consigo hasta el intelecto.[465] En el *guru* no está solamente la voluntad de Dios (que, desgajada de su Ser, no sería sino una abstracción) sino Dios mismo.[466] Suele decirse que el *guru* es una encarnación de la Divinidad, pero no hay que interpretar esta afirmación con categorías substancialistas. También aquí debemos mencionar el peligro de los abusos por parte de falsos *guru* y el de la irracionalidad por parte de discípulos fanáticos. Para no caer en la irracionalidad hay que distinguir entre la obediencia total al *guru* y la visión de la "obediencialidad" que pertenece al discípulo. Éste debe obedecer al maestro aunque no comprenda lo *que* el *guru* le mande, pero debe comprender el *por qué* del mandato – para doblegar su voluntad o enseñarle la humildad, por ejemplo.

La institución del *guru* da al hinduismo un carácter marcadamente personalístico y aun individual. No hay vida religiosa posible sin un maestro espiritual y el hecho de que el hinduismo apenas posea organización alguna permite que la jerarquía

---

sonal y se refiere al *guru* aunque no como simple individuo sino como encarnación de la Divinidad. Cf. vgr. el citado *Sarva vedānta siddhānta sāra samgraha* núm. 210. Toda la obra contiene una teología del maestro espiritual de un gran valor.

464. Cf. para un estudio comparativo que aquí nosotros nos hemos prohibido: WACH (1925); DÜRR (1938); y aunque HAUSHERR (1955) trate sólo del Oriente cristiano es muy útil por ofrecer un importante punto de referencia. Recordemos que *De Magistro* es un título clásico de la cultura latina. Más recientemente ha aparecido una gran cantidad de publicaciones sobre la relación maestro-discípulo.

465. Cf. TOMÁS DE AQUINO, *Sum. theol.* II-II, q. 186, a. ad 5 y también a. 8.

466. Cf. *Rāmāyaṇa*, I, 20, 21. Śaṇkara llama a Dios el *sadguru*, o el *guru* universal: *Vivekachudāmani*, 1. Cf. la edición de MADHAVANANDA (1944).

hindú sea fundamentalmente del orden carismático y espiritual. En rigor solamente el santo es autoridad en el hinduismo.[467]

b. El ciudadano – gṛhastha

Una vez alcanzada la madurez de la edad adulta, el joven estudiante vuelve al mundo, o mejor dicho entra en él y se casa, o, mejor dicho también, le casan. El marido o la mujer no se "escogen" sino que se aceptan libremente, como tampoco se escogen los padres, ni la patria, ni el tiempo en que uno viene al mundo, ni la verdadera vocación. Los mejores valores, como los amores más altos, nos son siempre dados gratuitamente como un don. Se trata solamente de saber vivir en acción de gracias.[468] Conocida es la frase un tanto irrealista: «Los occidentales se casan con quienes aman; los orientales aman a aquél con quien se casan». Fuera de sus respectivos contextos la frase puede parecer intolerable – y aun dentro de ellos no puede absolutizarse. Su vida está también entonces meticulosamente regulada[469] y sus deberes se extienden a vivir de su trabajo, honrar a los huéspedes, ofrecer los cinco sacrificios diarios[470] y ejercitar la piedad para con todos.[471] Así como todas

467. El tantrismo dirá que el *guru* constituye la raíz (*mūla*) de la iniciación (*dīkṣā*), ésta, a su vez, raíz del *mantra*, éste, de la *devatā* (Divinidad, o invocación divina, particularizada para la persona individual) y ésta, la raíz de la perfección y salvación (*sidani*). Cf. WOODROFFE (1990). Lo que nos importa subrayar aquí es el aspecto de continuidad, y de continuidad física y no meramente intelectual, del hinduismo.
468. Cf. aquella petición litúrgica del cristianismo: «... ut in gratiarum actione semper maneamus». [para que permanezcamos siempre en acción de gracias].
469. Diez noches al mes le está permitida la unión marital, por ejemplo, según la *Manusmṛti*, III, 45-49.
470. Éstos son: *brahma-yajña* o sacrificio a Dios con el estudio, la enseñanza y el ejemplo de la sacra doctrina (los Veda); *deva-yajña* o sacrificio a las Divinidades o espíritus angélicos, consistente en las diversas oblaciones y los distintos ritos; *pitṛ-yajña* o sacrificio a los antepasados; *bhūta-yajña* o cuidado y preocupación por los animales en especial domésticos, y finalmente el *manuṣya-yajña* o la veneración al hombre en la persona del *brahmán*, el huésped y el pobre.
471. Cf. *Manu* III, 114 y ss. IV, 17, etc.

las criaturas son sustentadas por el aire, así también los demás estados son sustentados por el *gṛhastha*.[472] Dice un tratado de la misma *Manu-smṛti*:

> «Sólo es hombre perfecto aquel que consiste de tres [personas unidas]: su mujer y sus hijos.»[473]

El *gṛhastha* es el padre de familia y el jefe de casa. Su deber es procurar la felicidad incluso material de los suyos y de su subcasta. La política pertenece a este lugar y la espiritualidad hindú no es ajena a las preocupaciones por este mundo.[474] De los cuatro valores que mencionaremos en el apartado siguiente, la riqueza (*artha*) y el amor humano (*kāma*) son las características del hombre secular, del ciudadano que no quiere quemar las etapas de la vida antes de tiempo y que se preocupa por tanto de todos los asuntos mundanos sin el mínimo complejo maniqueo o jansenista. Una característica de la espiritualidad hindú es la coexistencia pacífica de las formas de vida más distintas, sin que se sienta ni siquiera una especie de reproche tácito de quien podría considerarse superior con respecto a una forma de vida más relajada.

Repetimos que el hinduismo es un estilo de vida y no una simple doctrina. Esta proyección de categorías ajenas al mundo cultural-religioso de la India ha dado lugar a malentendidos en todos los órdenes de la vida. La mayor parte de las clasificaciones modernas no se dejan aplicar a la cultura tradicional del hinduismo. Clasificar algo como mera cultura y otra cosa como exclusivamente religiosa no tiene sentido, así como tampoco lo tiene separar la religión de la política (sin que ello signifique una teocracia), ni la teología de la filosofía. Todo tiene sus ventajas y sus inconvenientes, y no todo se deja ex-

472. *Manu* III, 77.
473. *Manu* IX, 45 (según la traducción de BÜHLER (1897)).
474. La mención sola del *Arthaśāstra* de KAUṬILYA debería bastar.

plicar con criterios modernos, como tampoco la modernidad se deja adaptar a otras formas tradicionales de vida. Y aunque muchas costumbres de la espiritualidad hindú parezcan, o sean, "obsoletas", muchos arquetipos dormidos del alma de los pueblos de la India se despiertan más o menos violentamente al chocar con la modernidad. No se olvide que lo que en Occidente ha sido una evolución endógena de siglos, en Oriente ha sido una revolución exógena de lustros. La historia tiene sus ritmos que no son los individuales. La situación un tanto caótica de la India moderna acaso tenga mucho que ver con esta rotura de los ritmos históricos.

Hemos indicado ya dos rasgos de esta espiritualidad, uno negativo y otro positivo. El primero se refiere al patriarcalismo innegable de muchas afirmaciones y costumbres. El rasgo positivo subraya el valor de lo que hemos llamado "secularidad sagrada". La vida familiar (que no significa ni monogamia ni patriarcalismo) se encuentra en el centro de la vida humana.

Sería irresponsable querer defender el hinduismo a ultranza o querer mantener el patriarcalismo dominante, pero hay que entender las distintas formas de vida.[475]

c. *El ermitaño* – vāna-prastha

«Cuando el padre de familia (*gṛhastha*) vea arrugas (en su piel) y canas (en su cabeza), y al hijo de su hijo, que se retire entonces a la montaña.»[476] El *vāna-prastha* es aquel que se ha "establecido en el bosque". El sentido de este retiro del mundo puede resumirse en un triple ascetismo: el aligerarse de las cargas de la vida civil, el dejar sitio a las generaciones que vienen y el prepararse para la liberación final. Por este mismo

475. Me decía una mujer, por cierto ni pobre ni analfabeta, corroborada por otras de casta baja: los pobres varones se creen que mandan y nos han dejado lo mejor de la vida: la casa (en toda su extensión) y los hijos.

476. *Manu* VI, 2.

motivo el ermitaño puede llevarse consigo a la mujer si ésta así lo desea, bien que por la edad se excluya cualquier motivo de placer sexual. Puede también establecerse con una relativa comodidad en el bosque, recibir amigos y entretenerse en conversación espiritual con ellos. Por otra parte tampoco se excluye la ascesis y la penitencia y, de hecho, la tradición está llena de ascetas famosos que atraían a las personas más distinguidas y que realizaban los prodigios más estupendos. Algunos de éstos se unen en asociaciones de ascetas ermitaños.

Aún hoy día en la sociedad moderna de la India se practica de diversas formas este retirarse de la vida activa para dedicarse solamente a una vida de contemplación más o menos pura. Algunos lo dejarán todo y se irán a un lugar sagrado como Vārāṇasī para esperar allí la muerte, otros continuarán en sus casas pero sin trabajar ya y dedicados a los ocios más variados.

La temprana edad de los retiros forzosos, aún hoy día vigente sobre todo en los empleos oficiales,[477] no tiene solamente su origen en una vida media inferior a la occidental sino que procede también de la creencia de que el trabajo, sobre todo el económicamente productivo, no es más que una parte (muy parcial) de la misión del hombre sobre la tierra. La actual tendencia a retrasar el retiro forzoso, debido a motivos económicos, demuestra hasta qué punto el sentido religioso de la India hindú se ve amenazado por la "civilización moderna". Pronto se adelantará también el retiro, cuando la máquina sea más económica que el ser humano. El "*homo oeconomicus*" va adquiriendo el predominio en la sociedad. Por una paradoja muy irónica las jubilaciones anticipadas de la sociedad capitalista contemporánea vienen a corroborar la práctica tradicional – aunque, desgraciadamente, se ha perdido su sentido.

La espiritualidad del *vāna-prastha* posee un rasgo digno de ser notado: la vida está ahí para ser vivida – y nada más. La

477. 50 años era en 1960 la edad de jubilarse para un profesor universitario.

vida tiene sentido en sí misma con tal que sea vida y no que esté solamente en función de otra cosa. Hemos dicho ya que originariamente éste era el último estado. Lo que ocurre es que la vida tiene una profundidad que se nos escapa si no nos concentramos en vivirla. Por eso, en cierta manera, hay que haber antes agotado todos los objetivos inmediatos de nuestros deseos, aun los más nobles.

La verticalidad, sin embargo, es inconmensurable con la horizontalidad. Y, no obstante, la sed de infinito del hombre quiere también plasmarse en una forma de vida no institucionalizada, pero que por fuerza de las cosas se institucionalizó: el cuarto *aśrama*.

d. El monje – saṃnyāsa

Quien aspira a la salvación sin haber previamente satisfecho los tres grandes deberes del hombre: para con los Dioses con el sacrificio, para con los antepasados con la perpetuación de su casta en la vida familiar, y para con los sabios profetas (*ṛṣi*) con el estudio de los *Veda*, puede incluso irse al infierno.[478] Esto prueba ya por sí solo la seriedad de este cuarto estado. Es cierto, sin embargo, que el impulso hacia la vida de perfección y de desprendimiento total ha sido tan fuerte en la India que no es raro el caso del *saṃnyāsin* joven que, sin pasar por los estados segundo y tercero, entra directamente en el de *saṃnyāsa*. La justificación india viene empero enseguida: el tal ha cumplido ya con los mencionados deberes en existencias anteriores y la prueba de ello es la irresistible vocación que siente hacia la renuncia total, que no podría ni siquiera sentir si su *karman* no estuviera ya purificado de adherencias inferiores.

478. *Manu* VI, 35.

«Que no tenga ningún deseo de morir,
que no tenga ninguna inquietud por vivir;
que espere con serenidad su tiempo
como el mercenario espera su salario;
que sus pies (su camino) estén purificados por su vista
y su agua por un filtro;
que sus palabras estén purificadas por la verdad
y sus actos por la razón;
que resista el lenguaje duro
y él mismo que no insulte a nadie;
que no se preocupe por su cuerpo
ni le valga esto ninguna enemistad;
que no corresponda con cólera al colérico
y que bendiga cuando es maldecido;
que no pronuncie ninguna mentira
por ninguna de las siete puertas;[479]
que su gozo esté en lo divino (*adhyātman*),
sentado con indiferencia y lejos de los placeres;
que, consigo mismo como único compañero,
vaya peregrino [por este mundo]
caminando hacia la bienaventuranza suprema.»[480]

Todo el capítulo VI de la *Bhagavad-gītā* es una descripción modélica del verdadero *saṃnyāsin*, allí también llamado *yogin*. Éste es quien cumple con su deber (activo) renunciando a los frutos de sus acciones[481] porque ha renunciado también a sí mismo.[482] La misma palabra *saṃnyāsa* significa "renuncia".[483] Pero no solamente el control de sus sentidos y el dominio de sí

479. Los cinco sentidos junto a la mente y al corazón (*manas* y *buddhi*).
480. *Manu* VI, 45-49. 7
481. *BG* VI, 1.
482. *BG* I, 2.
483. Cf. Glosario.

mismo es la característica del verdadero monje,[484] sino que posee además la serenidad de todo su ser y brinda su amistad a todos los seres sin distinciones de buenos o malos, amigos o enemigos[485] porque toda su alegría está en el Ser Supremo.[486] Él es aquel «que Me ve en todas partes y que lo ve todo en Mí: Yo no estoy escondido para él, ni él lo está para Mí».[487]

«Deseándole solamente (*ātman*) los monjes renuncian a hijos, riquezas, mundos...» dice un texto upaniṣádico[488] hecho luego clásico por el comentario correspondiente de *Śaṇkarācārya*: el monje renuncia a los tres mundos, la tierra, el infierno y el cielo, para buscar solamente lo absoluto; por eso abandona todos los deseos, incluso el de adquirir la perfección, porque ésta no se adquiere como un bien que hay que conquistar o aun que realizar porque no está ahí, sino que precisamente con el apagamiento de cualquier deseo aparece lo que desde siempre *es*. El deseo de *brahman* en rigor debe ser superado; solamente se puede desear lo que no se ha alcanzado todavía.

Por esto mismo el *saṃnyāsin* renuncia hasta a los ritos y no participa ya más en el sacrificio, ni siquiera medita en lo que deviene o en el "*brahman* condicionado",[489] su vida está ya en la otra orilla y por encima de toda casta y de todo deber temporal. *Saṃnyāsa,* más que el cuarto *āśrama,* es el *ati-āśrama*, el estado allende cualquier estadio. El *saṃnyāsin* ha destruido su cordón sagrado, la casta ya no cuenta, su nombre se ha perdido, su casa ya no existe, no tiene nada propio tanto en el orden material como en el espiritual.

Aunque el ideal *saṃnyāsa* es anacorético, con el tiempo se formaron familias de monjes, que, aunque por lo general viví-

484. Cf. *BG* IV, 4; 7; 8; etc.
485. *Ib.* VI, 9
486. *Ib.* 20
487. *Ib.* 30. Cf. *IsU* 6 y *KaivU* 10, ya citado.
488. *BU* IV, 4, 22.
489. Cf. nota 265.

an independientemente, seguían por lo menos una tradición común. Hoy día se cuentan por centenares las asociaciones de *sādhu*.

La más antigua parece ser una fundada en el siglo VIII antes de Cristo por Párśvanātha, que luego, reformada por Mahāvira en el VI, dio lugar al jainismo. Los cuatro grandes preceptos de la primera eran: respeto total a cualquier ser viviente (con la consiguiente dieta estrictamente vegetariana), veracidad absoluta, castidad perfecta y renuncia a cualquier forma de propiedad. Es instructivo observar el desarrollo posterior de los preceptos monacales. Mahāvira añadió un quinto: el respeto de la propiedad ajena (por razones comprensibles de templar un celo desmedido).[490] Casi por el mismo tiempo del jainismo aparece el buddhismo que a los cinco preceptos de Mahāvira añade otros cinco: comer una sola vez al día, evitar cualquier género de espectáculos (música, danza, etc.), renuncia al uso de coronas, incienso, cosméticos, etc., dormir en el simple suelo y ni siquiera tocar oro o plata (dineros). En el siglo octavo después de Cristo, Śaṇkara funda su orden de acuerdo con su teología y más adelante Rāmānuja y Madhva fundan otras asociaciones de *saṃnyāsi* de acuerdo con sus creencias religiosas.[491]

La esencia del monaquismo hindú es su carácter eminentemente contemplativo y su tendencia acósmica. El monje no es ya de este mundo, ha muerto realmente a él, no pretende por tanto nada de él – ni siquiera que la sociedad le tolere, ni tampoco pide limosna o comida si la gente no se la da, y si la reci-

490. Sobre el jainismo Cf. SHĀNTĀ (1985) y en español PÁNIKER (2001). Sobre el buddhismo además de los textos ya citados cf. NAKAMURA (1989); THOMAS (1997). En español HARVEY (1998).

491. Sobre el monaquismo en la India además de las obras ya indicadas cf. BRUNTON (1992); DATTA, S. (1958), vol. II; DUMONT (1980) (basa la espiritualidad hindú en la dialéctica entre el *samnyāsa* y el *brahmán*, esto es entre el hombre que renuncia a este mundo y quien vive en él); DUTT (1941-45); GEDEN (1951); FARQUHAR (1928); fundamental es OLIVELLE (1976).

be no dará nunca las gracias, que sería el inicio ya de un ligamen con este mundo.[492] A guisa de resumen traducimos un texto védico fuera de lo común:[493]

El *keṣin*
«En él fuego, en él arrojo
dentro de él, el cielo y la tierra.
Él es el sol que contempla el universo entero;
él mismo es luminoso, el asceta de larga cabellera (*keṣin*).
Ceñido con el viento se ha puesto ocre por vestido.
Tan pronto los Dioses entran en ellos,
siguen las alas de los vientos
estos ascetas silentes.
Decís que, intoxicados por nuestra ascesis,
hemos confundido el viento con nuestros corceles;
vosotros, vulgares mortales, aquí abajo
no véis más que nuestros cuerpos.
El silencioso asceta vuela por los aires
contemplando la forma de todas las cosas.
Él se ha hecho amigo de todos los Dioses
y colaborador con ellos.
A caballo del viento, amigo de su resoplido,
empujado por los Dioses,
tiene su hogar en el mar del este y en el del oeste
este asceta silencioso.
Sigue las huellas de todos los espíritus
de las ninfas y de los ciervos del bosque;
comprende sus pensamientos y se eleva con éxtasis,
les encanta y es su amigo, el asceta de larga cabellera.

492. Para el problema de un monaquismo cristiano en la India cf. ABHISHIKTESVARĀNANDA (1956a; 1956b; 1956c); MONCHANIN & LE SAUX (1957); VV.AA. (1990).
493. *RV* X, 136.

El viento le ha preparado una bebida
prensada por Kunamnama.
Junto a Rudra ha bebido el veneno
el asceta de larga cabellera.»[494]

* * *

Se dirá que estas páginas describen una concepción ideal y utópica de la realidad. La reacción tradicional hindú es doble. Por una parte consiste en decir que solamente la utopía y el modelo sirven de acicate y de intuición para realizarla. Por otra parte estas descripciones idílicas de la realidad nos permiten vivir en este (otro) mundo idílico, que no por ello es menos real. Uno de los resultados más desanimantes del encuentro entre la mentalidad oriental y la occidental (valga la simplificación y la caricatura) es la impresión del occidental moderno de que el indio vive en un mundo "teórico" (onírico) que toma como real. En consecuencia ni tiene complejo de culpa porque no llega al ideal, ni "propósito de enmienda", porque en su praxis (léase vida "real") deja mucho que desear. De algo de esto hablaremos en el apartado 4 de este capítulo.

3. Los cuatro valores – *Puruṣārtha*

Desde que Albert Schweitzer afirmó que la religión hindú es negadora del mundo, a diferencia del judaísmo y del cristianismo, que afirman los valores seculares, no hay apenas escritor hindú que, tocando este tema, no se sienta obligado a contradecir tal afirmación.[495] La misma vehemencia con que se la ha con-

494. Cf. PANIKKAR (2000/XXVIII), traducción en pp. 54-55 y comentario en pp. 209-212; aunque aquí doy una traducción un tanto distinta.
495. Cf. SCHWEITZER (1987).

tradicho demuestra que el problema no es irrelevante, a la par que muestra también hasta qué punto una cierta mentalidad judeo-cristiana-occidental haya penetrado en los ambientes del neo-hinduismo. No quisiéramos terciar en la discusión, que por lo general adolece de un excesivo espíritu apologético que hace olvidar que la dimensión escatológica e incluso una cierta superación de lo mundano es esencial a toda religión. Sería, sin embargo, falso presentar al hinduismo como una religión preocupada exclusivamente por los valores ultraterrenos y pintarla como desconocedora y aun negadora de la realidad temporal, humana y aun demasiado humana. En rigor las dos dimensiones están presentes en la espiritualidad hindú, que procura establecer una síntesis entre estas dos tendencias constitutivas de toda religión. Toda la espiritualidad del śaktismo, por ejemplo, no es otra cosa que el intento de una tal síntesis, que pretende unir con el espíritu las realidades más materiales del cuerpo humano.

Ya desde las Leyes de Manu y desde el tiempo del *Mahābhārata* se distingue *abhyudaya* (prosperidad material, gozo mundano) y *niḥśreyasa* (beatitud suprema) como los dos fines a los que conduce el camino del cumplimiento del recto deber.[496] Precisamente la carencia de una creencia de pecado original le permite al hinduismo ser más optimista que una cierta espiritualidad cristiana por lo que se refiere a la conjugación armónica de las dos beatitudes.[497]

El primer grupo de valores suele dividirse en amor, riqueza y deber. Éste último forma como un puente que nos conecta con el cuarto valor del segundo grupo, que consiste en la salvación eterna o suprema felicidad.[498] Veamos de describirlos muy esquemáticamente.

496. Cf. *Manu* XII, 88.

497. Cf. *Santpar* CXXIII, 5 y ss.

498. «La mayoría de las doctrinas índicas coinciden al definir el vocablo "valor" como "objeto" de deseo (*iṣṭa*); pero, por lo que se refiere a lo que el objeto sea,

a. El amor sensual – kāma

El primer valor del *trivarga* (tres categorías) del primer grupo mencionado es el amor sensual, en especial el sexual. Un clásico libro hindú, el *Kāmasūtra*, habla de él casi exclusivamente, y de la forma más explícita.[499] *Kāma* es además, identificado al deseo,[500] un Dios mitológico que el *Atharva Veda* no duda en exaltar como el primero de los Dioses y que tiene una larga y compleja mitología.[501]

El placer sensual y el deseo carnal tienen su lugar en el hinduismo, hasta un punto máximo en alguna escuela, pero lo que nos interesa para nuestro tema es la valoración positiva de esta tendencia humana fundamental, a pesar de los excesos tanto teóricos como prácticos que puedan encontrarse en diversas ramas del hinduismo – y en otras partes.

Independientemente de los esfuerzos de sublimación del yoga y del tantrismo, *kāma* representa para el hindú medio un valor que hay que realizar dentro de los límites señalados por el *dharma*. El ascetismo del hinduismo no dirá por lo general que *kāma* sea un valor negativo, sino que procurará hacer evolucionar la consciencia y la voluntad del hombre hasta que éste no se presente ya como deseable.

---

existe una divergencia de opiniones considerable. Así Uddyotakara dice que, mientras algunos piensan que *dharma*, *artha*, *kāma* y *mokṣa* son el objeto deseado, él mismo considera que el valor consiste en lograr el placer (*sukhaprāpti*) o en evitar el dolor (*duḥkha-nivṛtti*).» HIRIYANNA (1957), p. 127. Todo este capítulo consiste en una valoración positiva del hedonismo – cosa que no significa que la corriente contraria no exista también.

499. Poco o nada se conoce de VĀTSYĀNA MALLANĀGA, el autor, o mejor, compilador del *Kāmasūtra*, cuya fecha oscila entre el siglo V y el VII después de Cristo, aunque contenga elementos mucho más antiguos; cf. además JAYADEVA (1971) [que describe los amores de Kṛṣṇa con Radha].

500. Cf. *RV* X, 129.

501. Cf. *AV* XIX, 2.

No debemos olvidar que *kāma* es ante todo un valor eminentemente religioso, repleto por tanto de un simbolismo que carga a toda la sexualidad con un contenido muy superior al de la mera psicología o del simple erotismo – en el sentido vulgar de la palabra. La esencia de la religión consiste en el sacrificio considerado como aquel cambio y aun rotura de plano, o sea aquel paso del orden de la mera terrenalidad y temporalidad al orden divino y eterno. El acto sexual es considerado aún por las *Upaniṣad* como un sacrificio en su sentido clásico de "comercio" (intercambio) con la Divinidad.[502] La unión sexual es una hierogamia: «Yo soy el cielo y tú la tierra».[503] Su realización es un acto cultual.[504]

Es pues la sacralidad del amor lo que cuenta. No se trata por tanto de "espiritualizarlo", acaso vaciándolo de su pasión y robándole su sexo, como de realizarlo con la consciencia superior inherente a cualquier acción sacra. El gran obstáculo para ello es la visión meramente profana y desconectada del todo. Perdida la inocencia intelectual difícilmente puede creerse en el valor religioso del *kāma*.

Éste es un punto delicado de toda espiritualidad: el papel del placer en el camino espiritual. *Kāma* suele traducirse muchas veces por placer sensual y ello no es falso, pero puede inducir a error tanto si se "idealiza" el placer como una mera alegría anímica, como si se lo "materializa" como una simple sensación fisiológica. No nos toca hacer comparaciones, pero por lo general puede decirse que el placer en la India está exento de esa difusa sensación de culpabilidad presente en una cierta espiritualidad cristiana.

502. Cf. *BU* VI, 4, 3.
503. Dice el esposo a la esposa: «*Dyana aham, pṛthim tvam*». *BU* VI, 4, 20.
504. Cf. toda la sección VI, 4 de la citada *BU* y *CU* II, 13, 1-2.

b. La riqueza – artha

Quizá una traducción más correspondiente al sentido, dentro de este contexto, fuese la del poder.[505] El otro gran deseo humano al lado del placer en cualquiera de sus formas es, indiscutiblemente, la voluntad de poder, cuyo instrumento inmediato es la riqueza. La aspiración hacia la riqueza no será considerada inmoral por el hinduismo y todo aquello que trae consigo riqueza caerá dentro de esta categoría.[506] De ahí que los famosos *artha-śāstra* sean aquellos tratados que tratan de los diversos medios tanto de adquirir riqueza (artes mecánicas) como de llegar al dominio de la cosa pública (política y economía).[507]

El principal deber del padre de familia, esto es del miembro del segundo estado, es precisamente el de adquirir riqueza con la que poder sostener a su familia y cumplir con el resto de sus deberes para con los diversos estados sociales. La riqueza, aquí como en muchas otras civilizaciones, es signo positivo de espiritualidad y de bondad.

Es evidente que *artha* no significa directamente riqueza monetaria, sino más bien agrícola.[508] Igualmente es claro que *artha* no proporciona tanto poder como prestigio. Hemos mencionado ya la autoridad del *brahmán* aunque sea pobre. La riqueza de este valor proporciona ante todo la auto-suficiencia necesaria para la libertad. Se comprende que sea un valor. No

505. La traducción de FILLIOZAT, en RENOU & FILLIOZAT (1947) núm. 1.607, por "*intérêt*" no deja tampoco de ser muy adecuada, aunque subraye justamente el aspecto subjetivo.
506. La palabra "*artha*" significa propósito, esfuerzo, trabajo, objetivo e incluso cosa. "*Anartha*" tiene la connotación de inútil.
507. Cf. La deliciosa plegaria del comerciante a Dios como a otro "hombre de negocios" para que aumente su riqueza: *AV* III,15. Cf. también *AV* III, 20 con el mismo espíritu.
508. Recordemos que "capital" (de *caput*, cabeza) aplicado a la riqueza representa el número de cabezas de ganado, lo mismo que pecuniario (de *pecus*, oveja).

olvidemos que el *artha*, a diferencia del dinero, no se puede acumular sin límite ni indefinidamente. De ahí que la palabra "riqueza" pueda inducir a confusión.

c. *La virtud* – dharma

Esta noción compleja y central del hinduismo adquiere aquí el sentido de virtud. El fin del hombre no es sólo el de satisfacer su doble deseo de placer y de poder, sino que estriba también en adquirir aquella perfección humana que le permitirá ser plenamente hombre y aun utilizar y fruir aquellos otros dos primeros valores, que no son fines en sí mismos.

Dentro de nuestro contexto (porque luego la noción, como hemos visto, ha adquirido una extensión mayor) el *Mahābhārata* distingue ocho vías del *dharma*, cuatro cultuales (sacrificio, oración vocal, don de sí mismo y de sus bienes, ascetismo) y cuatro morales (veracidad, paciencia, dominio de sí mismo y ausencia de concupiscencia). Éstas son las virtudes que hacen al hombre virtuoso.

La tradición purāṇica ha visto en la verdad la cúspide del *dharma*.[509] «Todo el universo se sostiene en la verdad.»[510] La verdad, *satya*, en el fondo es el mismo ser, *sat*. A través del puente de la verdad el *dharma* pasa a ser el orden óntico del universo.[511]

Nos encontramos también aquí con una cuestión relativa a la traducción. Cada cultura representa un mundo que es el marco obligado para entender lo que una palabra significa. Cada palabra es un símbolo además de concepto, y la comprensión de un símbolo exige participación en el mundo en el que el símbolo está vivo, en el que simboliza. Al principio ya

509. Cf. VENKATESWARAN (1958) vol. II, p. 289.
510. «*Satyamūlam jagat sarvam*» dice el *BP* CCXXVII, 22 Cf. VENKATESWARAN (1958).
511. Cf. PANIKKAR (1971/12), p. 235 y ss.

hemos dicho algo sobre el *dharma*. Lo tradujimos como "orden". Aquí lo hemos traducido como "virtud", y en rigor un acto "*adhármico*" es un acto no virtuoso. Las connotaciones y las resonancias son muy diversas, y con todo hay una red que las une. Decimos "red" y no hilo conductor porque las relaciones no son unilaterales. Cada palabra genera un campo de fuerza, por así decir, en que toda palabra adquiere su sentido pleno. Si "virtud" sugiere fuerza (y aun virilidad), *dharma* connota cohesión, como dijimos. Igualmente hubiéramos podido traducir *dharma* por "deber", y con ello se amplía el campo semántico de la palabra. Éste es otro efecto colateral de la interculturalidad: nos libera de confundir las palabras con conceptos unívocos y con ello de la tentación de absolutizar nuestras opiniones, evitando así el peligro de fanatismo.

Si añadimos a ello que *dharma* también puede significar "religión" y otros muchos significados que vimos al principio, se verá claramente que no hay un (solo) concepto de *dharma*; pero la pluralidad de conceptos que expresan el significado de la misma palabra no puede ser otro concepto dentro del mismo grado de abstracción – porque fuera de él podríamos decir "actitudes humanas" u otros conceptos semejantes. Esto significa que *dharma* no es un concepto sino un símbolo y que necesitamos el pensar simbólico. Éste es uno de los desafíos de la interculturalidad, como he intentado explicitar repetidamente.

d. La liberación – mokṣa

El último fin del hombre es la beatitud suprema, idéntica a la liberación definitiva de cualquier ligamen de orden contingente. No podemos intercalar aquí una monografía sobre *mokṣa*, el *parama-puruṣārtha*, el valor supremo por excelencia, el *summum bonum* al que no puede menos de aspirar el ser humano. Todo, en la espiritualidad hindú, lo mismo que en su filosofía, viene visto en función de este último fin del hombre. Incluso la metafísica vedántica es más bien una teología de la visión beatífica (dicho en terminología cristiana) que un mero análisis racional de la última estructura del ser.

Si *kāma* y *artha* aseguran un cierto bienestar en este mundo y si el *dharma* es el garante del gozo celeste, en un ciclo que no es aún el estado final y absoluto del hombre, el *mokṣa* como *niḥśreyasa* (lo que está allende el bienestar) transciende el *trivarga* mencionado. En rigor, es inefable y está más allá de la beatitud. Como su mismo nombre indica,[512] *mokṣa* significa la liberación del ciclo cósmico de la existencia, del *saṃsāra* temporal, y la extinción de cualquier resto karmático aún apegado al orden contingente.

Siendo éste un pivote capital de todo el hinduismo se comprende que cada escuela haya desarrollado su teoría propia sobre la esencia de la liberación. Sin entrar ahora en detalles podemos decir que, a excepción de los *cārvākas* (materialistas), todos los demás sistemas filosóficos y religiosos convienen en afirmar el carácter supraconceptual e inefable del *mokṣa* como expresión del fin último del hombre. La aporía sobre la que se revuelve la mente hindú es la siguiente: por un lado la liberación es absoluta y por tanto sin sombra de contingencia ni de temporalidad o creaturabilidad alguna; *mokṣa* es unión y unidad perfecta con *brahman*. Con otras palabras, en *brahman* todo es *brahman* y fuera de Él no hay ni puede haber nada. Si la unión con *brahman* es real no pueden admitirse distinciones en el seno de la Divinidad sin destruir su simplicidad absoluta. La "visión de Dios" no puede ser la contemplación de Dios como "objeto" de una mente contingente. El beato es vidente con el "Vidente".[513] No hay separación posible; la distinción sería solo mental.

Por el otro lado si *mokṣa* significa liberación, tiene que ser liberación de "algo", que al liberarse se une a *brahman*. ¿Qué es lo que se une a *brahman* cuando las escamas del *karman* o

512. De la raíz *muc*, *mokṣ*, que significa liberar, desatar.
513. Cf. vgr. *BU* IV, 5, 15.

el velo de *māyā* han caído? ¿Cuál es, por otra parte, la "realidad" de lo caído, de los *upādhi* (adjuntos)? Si la respuesta al primer "algo" es positiva, entonces *brahman* se modifica y aumenta con la llegada de estos "algos" que se unen a Él. Si la contestación es negativa entonces no hay liberación de nada. En otros términos: ¿cómo conservar la personalidad humana si la unión con *brahman* se toma en todo su rigor? Por otra parte ¿qué fuerza es capaz de mantener separada del imán divino a la criatura que ha traspasado ya el umbral de la temporalidad y abandonado el reino de lo contingente?

Śaṇkara, Rāmānuja, Madhva, para no citar más que tres nombres clásicos se esfuerzan en contestar cada cual según su sistema a estos interrogantes.[514]

Ni que decir tiene que el *mokṣa* del que venimos hablando nada tiene que ver con el *svarga* o cielo como un lugar de premio transitorio y no definitivo.[515] Precisamente una cierta espiritualidad hindú distingue temáticamente entre la beatitud subjetiva aunque perfecta y la unión, o, mejor aún, unidad total con el Absoluto: cuando un hombre muere recibe en otra existencia el premio o el castigo merecido y, según la concepción corriente, vuelve a la tierra o luego pasa al cielo en donde los Dioses o seres angélicos le sirven y le recrean.[516] Pero hay más todavía: en el último estadio, atraviesa el río intemporal (*vijarā*) y allí deja atrás sus acciones tanto buenas como malas, el premio ha sido ya obtenido y la última mansión representa la

514. Una monografía sobre *mokṣa* y *visio beatifica* sería uno de los puntos en los que la teología cristiana mayor fruto sacaría de su contacto con la hindú. Me permito apuntar a la Trinidad como respuesta a la problemática planteada – no ajena tampoco al *Sat-cit-ānanda* del hinduismo.

515. La traducción del "cielo" cristiano por *svarga* ha sido y continúa siendo fuente de lamentables confusiones – por ambas partes. Cf. I *Re*. VIII, 27 en donde se dice que ni el cielo, ni el cielo de los cielos, pueden contener a Dios. «Coelum ergo est anima iusti» [El cielo, por tanto, es el alma del justo] dice san GREGORIO MAGNO, *Homil. 38 in Ev*. (*Brev. Rom dom. XIX post. Pentec.*).

516. Cf. *KausU* 1, 2-4.

desnudez óntica total, sin acciones buenas, ni malas, concomitantes, y es entonces cuando el conocedor de *brahman* entra en *brahman*.[517] «Así como las corrientes fluviales desaparecen en el océano dejando cualquier traza de nombre y de forma [el célebre *nāma-rūpa*], así aquel que conoce [*brahman*], liberado de [cualquier] nombre y forma, alcanza la divina Persona suprema [*parāt-param puruṣam... divyam*], la efulgente [divina] Persona, más excelsa [aún] que lo más alto.»[518] «Quien conoce el *brahman* supremo deviene *brahman*.»[519]

Fieles a nuestro propósito de examinar el hinduismo en sí mismo y en lo que tiene de más positivo y valioso, debemos decir que no hay por qué interpretar forzosamente estos, y otros textos análogos, en sentido panteísta o monista. La gran preocupación de la espiritualidad hindú está precisamente en la experiencia de la realidad absoluta no desde *mi* punto de vista, esto es desde la perspectiva humana, desde la cual evidentemente no tiene sentido alguno hablar de pérdida de la personalidad, sino desde el punto de vista (que con ello ya no es por tanto punto de vista) del Absoluto mismo. Se trata de la realidad absoluta habiendo dejado «las buenas y las malas acciones»[520] y habiendo dejado atrás «placer y sufrimiento»,[521] esto es, habiendo prescindido de nuestra misma creaturabilidad, buscando aquello que está «más allá de lo justo y lo injusto (*dharma* y *adharma*), independiente de toda posibilidad (de lo que está hecho o no está hecho) y fuera de todo pasado y todo futuro».[522] Es desde lo Absoluto mismo desde donde resulta cierto que nadie «nunca ha nacido ni nunca muere, que no ha surgido de nada y que nada surge de él. Es in-

517. *Ib.* I, 4.
518. *MandU* III, 2, 8.
519. *Ib.* III, 2, 9. Todo el pasaje III, 2, 5-10, sería digno de un estudio detallado para una teología del *mokṣa*.
520. *KausU* I, 4.
521. *KathU* I, 2, 12.
522. *KathU* I, 2, 14.

génito, eterno, perenne, primordial y no es destruido cuando el cuerpo se destruye».[523] Y el gran misterio que el joven Naciketas ha conseguido arrancarle al Dios Yama es que este Supremo, «más pequeño que lo pequeño y mayor que lo grande, está escondido en el corazón de toda criatura»,[524] aunque no pueda *alcanzarse* por ningún esfuerzo humano sino solamente por la gracia del Señor[525] que recae en aquel que Él escoge,[526] ya que este *brahman* supremo es inmanente y transcendente a la vez,[527] allende cualquier palabra, concepto o visión.[528] «Excepto por aquél que dice, ¡*Él es*! ¿Cómo puede ser comprendido?»[529]

Los conceptos de *nivṛtti*[530] y de *nirvāṇa*[531], aunque éste último monopolizado luego por el buddhismo, complementan la concepción hindú de la salvación y de la liberación total. El gran texto buddhista, el *Dhammapada,* describe el *nirvāṇa* como "suprema felicidad".[532]

No carece de interés consignar, aunque sea esquemáticamente, algunas de las expresiones que utiliza la *Gītā* refiriéndose al estado final. En ellas se pone una vez más de manifiesto lo que hemos venido diciendo y el carácter eminentemente escatológico del hinduismo.

Hemos ya indicado que el cielo de *brahman,* o *brahmaloka*, no es considerado el estado final. Éste es más bien *brāhmīsthitiḥ,*[533] o estado divino o de divinización. Se está junto con,

523. *Ib.* I, 2, 18.
524. *Ib.* I, 2, 20. Cf. también I, 1, 14; I, 3, 12 (escondido en todos los seres); *BG* VI, 21.
525. Cf. *KathU* I, 2, 20.
526. Cf. *Ib.* I, 2, 23.
527. Cf. *Ib.* II, 2, 9-15.
528. Cf. *Ib.* II, 3, 12.
529. *Ib.*
530. Cf. vgr. *MaitU* VI, 22.
531. Cf. vgr. *BG* II, 72; V. 25-26 (*brahmanirvāṇa*); VI, 15 (*nirvāṇaparamām*).
532. *Dhammapada* (203 y 204, con otra numeración: XV, 6 y también 7): *nibbāṇam paramaṃ sukham.*
533. *BG* II, 72.

unido a, *brahman* y se participa del *brahma-nirvāṇa*,[534] de la unidad y del gozo de Dios; se está instalado[535] en Él, el Supremo (*param*),[536] el estado eterno e inmutable.[537] Este estado es sin retorno,[538] perfecto,[539] paz suprema.[540] La *Gītā* nos habla de una divinización: *brahma-bhūtah*,[541] de llegar a ser *brahman*,[542] de convertirse en *brahman*[543] por contacto con Él,[544] entrando en su seno.[545] En una palabra: liberación.[546] Refugiarse en Dios sin temor puesto que Dios nos ama y entregarse a Él totalmente es el último mensaje de la *Gītā*.[547]

4. Las cuatro dimensiones de la realidad – *Catuṣpāt*

«Todas las criaturas son un cuarto de él; (los otros) tres cuartos son lo inmortal, en el cielo», dice el famoso himno del *Ṛg Veda* sobre el Hombre primordial (Dios o Principio supremo).[548]

Que *brahman* posea cuatro cuartos es desde entonces un lugar común del hinduismo.[549] Y cuando se ha realizado la

534. *Ib.* V, 24-26.
535. *BG* II, 72 (*sthitvā*).
536. *Ib.* III, 19.
537. *Ib.* XVIII, 56.
538. *Ib.* V, 17 (*apunarāvṛttim*).
539. *Ib.* XII, 10 (*siddhim*).
540. *Ib.* IV, 39 (*parām śāntim*). Significativo es además que aquí se presupone la fe (*śraddhá*) como condición para obtener la salvación final.
541. *Ib.* V, 24.
542. Obsérvese el carácter dinámico de todas las expresiones de la *BG* tanto en este caso como en la utilización del verbo "ir" en la mayoría de los lugares citados.
543. *Gīta* XIV, 26 (*brahma-bhūyāya*).
544. *Ib.* VI, 28 (*brahma-samsparśam*).
545. Cf. *ibid.* IV, 9; IV, 10; etc. además de los ya citados.
546. Cf. *ibid.* III, 31; IV, 15; etc.
547. *Ib.* XVIII, 64 y ss.
548. *RV* X, 90, 3.
549. Cf. *CU* IV, 5, 2; *MaitU* VII, 11; etc.

identificación entre *brahman* y *ātman* entonces se puede decir que también el *ātman* tiene cuatro dimensiones:

> «Todo esto [la realidad] es *brahman*. Este *ātman* es *brahman*. Este *ātman* es cuádruple [tiene cuatro dimensiones].»[550]

Algunos intérpretes no han querido ver en toda la *Māṇḍūkya Upaniṣad* sino una teoría epistemológica.[551] Ignorando con ello tanto el sentido inmediato de las palabras como la *kārikā* de Gaudapāda sin contar con el famoso comentario de Śaṇkara (tanto si éste salió directamente de su pluma o pertenece solamente a su escuela).[552] Más aún, la distinción que Mircea Eliade ha introducido con motivo de la doctrina yoga entre éxtasis y éntasis,[553] es aprovechada luego por la escuela francesa de mística comparada para distinguir la mística cristiana sobrenatural de la "natural", que sería no cristiana.[554] Esta distinción se basa en gran parte en la interpretación psicologista de estas cuatro di-

550. *MandU* 2.

551. «No hay tal cosa como una epistemología upaniṣádica» dice con razón GUPTA, S. R. (1991-2001) vol. II, p. 161.

552. Cf. la manejable edición con los tres textos (*Upaniṣad*, *Kārikā* y *Bhāṣya*) de NIKHILĀNANDA (1949). Cf. más recientemente la magnífica traducción y muy importante comentario de GUPTA, S.R. (1991-2001) vol. II.

553. Cf. ELIADE (1991a).

554. Cf. vgr. ANAWATI & GARDET (1961) (en especial el cap. II de la segunda parte de L, GARDET); DE LETTER (1956); GARDET (1948; 1954; 1958; 1970); GARRIGOU-LAGRANGE (1933); LACOMBE (1937; 1938; 1949a; 1949b; 1951; 1956a; 1956b); MARITAIN (1963) (el capitulo dedicado al conocimiento místico); MARITAIN (1956) (cap. III, "L'expérience mystique naturelle et le vide"). Sería de justicia citar también en este lugar la inmensa obra de L. MASSIGNON aunque no se refiera directamente al hinduismo y se abstenga por lo general de hacer teorías. No se puede cerrar esta nota de autores contemporáneos sin recordar la obra precursora de MARÉCHAL (1924-37) (con abundante y útil bibliografía) y la de GARDEIL (1927).

mensiones de la realidad.[555] La interpretación de lo sobrenatural como específicamente cristiano no deja de ser un *a priori* injustificado cuando se aplica a la interpretación de otras culturas.[556] Esta teoría está hoy prácticamente abandonada, sin por ello hacer violencia a lo cristiano – aunque haya repercusiones de ella en otros ámbitos de la teología cristiana, como es, por ejemplo, su complejo de superioridad con respecto a las otras religiones.[557]

Nuestra intención no es con todo terciar en la discusión o comparar espiritualidades sino tan sólo describir algunos puntos salientes del *dharma* hindú, basándonos en la tradición del mismo hinduismo.

Se puede elaborar ciertamente una teoría del conocimiento a partir de los pasajes a que nos referimos, pero ello no corresponde a la intención primaria de los textos, que subrayan taxativamente las cuatro dimensiones de la única realidad que estas distintas formas de conocer nos descubren.[558] No existen, en rigor, grados de realidad para la mentalidad india. La realidad es una. Decir dos realidades no tiene sentido, si por realidad se entiende aquello que por definición no admite plural. Decir "dos realidades", en efecto, implica reconocer por lo menos un concepto común a las dos que permite llamarlas tales – concepto meramente formal, evidentemente. Entendemos por realidad todo aquello que de alguna mane-

555. Cf. GUÉNON (1925), que dedica una serie de capítulos (XII-XVII) a describir estos cuatro estados.

556. Cf. LUBAC (1991) y la obra colectiva de más de 1.100 páginas *La mystique et les mystiques* (VV. AA. 1964) cuyo título es ya revelador –a pesar de la gran calidad de sus capítulos. Cf. como ejemplo del gran avance teológico la más reciente obra de MARTÍN VELASCO (1999). Útil para nuestro propósito (entre otras muchas obras que merecerían ser también citadas) es la obra colectiva homenaje a MASUI (1981).

557. Cf. ZAEHNER (1957)

558. Cf. *MahnarU* 12-17, en donde explícitamente se afirma que los tres estados de consciencia por los que entramos en contacto con la realidad son "*brahman* sin segundo" (*Ib*. 19).

ra cae en el campo de nuestra consciencia – incluso como inefable, inconsciente o desconocido.[559] En este sentido también los conceptos son reales, pero esto no significa que solamente ellos sean reales, esto es, que se identifiquen con lo real – como si la realidad fuera solamente conceptual. Ésta es la gran tentación del idealismo: caer en un círculo vicioso por aceptar acríticamente el "dogma de Parménides" identificando además la conciencia conceptual con el pensamiento, como si todo pensamiento hubiera de ser conceptual. Esto nos lleva a identificar el pensamiento con la realidad.

Lo que corresponde al pensamiento no es la realidad sino la verdad. El pensamiento es el órgano de la verdad, no de la realidad – aunque ambas no puedan separarse. El binomio realidad/verdad nos ofrece una clave para superar un malentendido frecuente entre Oriente y Occidente. Mientras la India insiste en la unicidad de la realidad y el pluralismo de la verdad, Occidente se inclina por la unicidad de la verdad y la pluralidad de la realidad: hay grados de realidad pero la verdad es una. Para la India, en cambio, la verdad posee varios grados de profundidad que nos vienen descubiertos según la mayor o menor perfección de nuestro conocimiento. Podría pues, hablarse de grados de verdad.[560]

Ahora bien, estos grados no son meramente epistémicos sino ontológicos; con lo cual parece que se reviene a lo mismo, esto es a dos grados de realidad. Pero con una diferencia fundamental aunque sutil. El Occidente moderno, después de Descartes, pero sobre todo después de Kant, ha escindido la epistemología de la ontología. Los grados epistémicos son los llamados epistemológicos por esta epistemología desgajada de la metafísica. Los grados ontológicos serían los grados metafí-

559. Cf. La profunda reflexión de ZUBIRI (1962) sobre realidad y la diferencia que hace entre cosmos y mundo – en la que no podemos entrar ahora.
560. Cf. PANIKKAR (1970/XI).

sicos o del Ser. La epistemología desgajada de la metafísica pertenecería sólo al conocimiento (del fenómeno), pero no nos diría nada sobre el Ser y acaso ni tan siquiera sobre el ente (el *noumenon*). Los grados de realidad son ónticos en cuanto se refieren a los entes, pero no al Ser. En cambio hay también grados ontológicos, descubiertos por un *logos* inseparable del *on* pero sí distinto de él. Son grados de ser o metafísicos, pero ello no es todo. No podemos evitar esta reflexión filosófica fundamental a riesgo de contribuir al malentendido entre la cultura occidental y la oriental – aceptando la simplificación *cum grano salis*. El dogma de Parménides (identidad entre Pensar y Ser) podría aceptarse si se "reconociese" que ni el Pensar ni el Ser agotan lo real, esto es, si al lado tanto del Ser como del Pensar se reconoce la realidad de algo no separable pero sí distinto tanto del Ser como del Pensar.[561] Nos referimos a la experiencia de la Nada.[562] Se trata sencillamente de la experiencia profunda de la *con-tingencia*, esto es de que el hombre "toca" (*cum-tangere*) lo Infinito, Absoluto, Dios, Realidad... en un solo punto sin dimensiones, siendo consciente de que lo que toca en un solo punto le trasciende completamente. Entonces puede percatarse de que tanto el Pensar como el Ser, a los que tiene un cierto acceso, no agotan el misterio de la Realidad.

Dicho esto, hay que añadir que una buena parte del *vedānta* ha aceptado también lo que hemos llamado el dogma de Parménides – pues ello representa acaso la tentación más peligrosa para el intelectual puro: el idealismo, en el que según muchos exégetas ha caído también Śaṇkarācārya con su doctrina del *māyāvāda* – esto es, que todo es apariencia, aunque la ilusión (*māyā*) sólo lo es si es ilusión de algo que no lo es. Nos abstendremos de entrar más profundamente en la materia – pues no pertenece a este lugar.

561. Cf. PANIKKAR(1990/33).
562. Cf. HEISIG (2002).

Ahora bien la confusión se explica, por lo menos en parte, debido a las divergencias léxicográficas entre *veritas* (*aletheia*) y *satyam*, que puede traducirse tanto por verdad como por "aquello que es" (en realidad) – de *sat* (raíz del verbo ser). *Satyam* es entonces una y múltiple a la vez: una en cuanto ser (*satyam*) y múltiple en cuanto verdad (*satyam*). Ello nos hace ver la dificultad de tales elucubraciones, que no debemos continuar aquí.

Sea de ello lo que fuere, lo importante para nuestro caso es lo siguiente: salvación significa "realización", esto es "llegar" a la realidad, "conocerla", "unirse" a ella. Es evidente que si la realidad no admite grados, tampoco admite ningún devenir y que, por tanto, los conceptos entrecomillados no pueden interpretarse al pie de la letra. Quizá la noción más adecuada sea la que interpreta la salvación como el descubrimiento de la realidad, realidad que estaba cubierta por el velo (*māyā*) de la ignorancia (*avidyā*). Algunas veces se ha querido interpretar esta doctrina como diciendo que se trata de un mero "hallazgo" de la realidad que estaba ya allí y que no permite ningún cambio. Nos parece que esta interpretación un tanto corriente no corresponda a la intuición profunda del hinduismo. No se trata para el hinduismo ni de un simple hallazgo de la realidad que permanece inalterada, incólume e indiferente al encuentro humano, ni tampoco de un llegar a ser esta realidad, que como tal no es cambiable ni puede crecer, sino de un descubrimiento de la realidad que, a pesar de estar ahí y de ser inmutable, se encontraba "realmente" (y ahí está todo el problema filosófico) cubierta por el estado temporal y fenoménico de la realidad. Nos parece que desde esta perspectiva deba interpretarse la teoría hindú de los cuatro estados de *brahman* y del *ātman*, y que desde este punto de vista podría representar una aportación importante a la filosofía de la mística.

Antes de describir estas cuatro dimensiones separadamente mencionemos una bella parábola que nos cuenta la *Chāndogya*

Upaniṣad:[563] «Así habló Prajāpati (el padre de los Dioses): "el *ātman*, el cual está libre de maldad, sin vejez, ni muerte, ni pena, ni hambre, ni sed, cuyo amor es lo real (la verdad, *satya-kāmaḥ*), cuya estructura intelectual es lo real (la verdad, *satya-samkalpaḥ*),[564] (este *ātman*) hay que buscar y desear entender". Esto oyeron los Dioses y los demonios y, sin comunicárselo el uno al otro fueron, Indra de entre los primeros y Virocana de entre los segundos, a presentar sus respetos a Prajāpati. Durante treinta y dos años vivieron a su servicio aprendiendo la disciplina, pasados los cuales Prajāpati les preguntó su deseo y luego les respondió: "la persona (*puruṣa*) que es vista en el ojo, ésta es el *ātman* [...] esto es *brahman*". Luego se fueron a mirar a un espejo de agua para conocer el *ātman*. No sin ironía Prajāpati les aconsejó que se pusieran sus mejores prendas y que se acicalaran lo mejor que pudieran. "Lo que 'veis' –les dijo– es *brahman*." Ambos se fueron con el ánimo sosegado. Virocana se lo creyó y por esto desde entonces la doctrina de los demonios consiste en el servicio del cuerpo. Indra, en cambio, no se satisfizo, y retornó a Prajāpati para preguntarle qué le ocurría al *ātman* cuando el cuerpo era ciego, tullido o deforme. ¿Es posible que le ocurra lo mismo al *ātman*? Durante otros treinta y dos años estuvo de nuevo a su servicio, al cabo de los cuales Prajāpati le impartió otra ración de su doctrina: "Aquél que se mueve felizmente en el sueño, aquél es el *ātman*, el inmortal, el inespantable, aquél es *brahman*". Indra se fue con el corazón contento, pero aún antes de llegar a la mansión de los Dioses se dio cuenta de que la respuesta no era satisfactoria porque, si bien la imagen que se tiene en los sueños no es ciega o deforme aunque el cuerpo lo sea, no obstante también en sueños se sufre y se llora y se experimentan angustias. Volvió pues a Prajāpati con su problema, estuvo con él otros treinta y dos años

563. *CU* VIII, 7, 1 y ss.

564. *Satya* significa a la vez verdad y realidad, como hemos dicho.

y recibió la tercera respuesta: "Aquél que está completamente dormido, compuesto, sereno y que no tiene sueño alguno, aquél es el *ātman* el inmortal...". Se fue primero contento pero de nuevo le asaltó la duda: si ello fuese así uno no se conocería a sí mismo, ni que "yo soy él" (*ayam aham asmi*) ni a las cosas que nos rodean. Lo único que así se consigue es llegar a la aniquilación. Vuelto otra vez a Prajāpati, éste le dio la razón, le pidió que viviese aún cinco años más con él y por fin le comunicó la doctrina suprema y última: "Este cuerpo es ciertamente mortal [...], pero es el soporte del *ātman* inmortal y sin cuerpo. Ciertamente el *ātman* envuelto en el cuerpo está sujeto al placer y al dolor [...], pero ni el uno ni el otro toca a quien no posee cuerpo. Continúa luego con la comparación del relámpago y del trueno, que cuando aparecen en el espacio adquieren su forma propia, así este *ātman* perfecto y sosegado (*samprasāda),*[565] cuando se remonta por encima de este cuerpo y alcanza la luz suprema, aparece entonces en su propia forma. Él es la persona suprema". Viene luego la descripción del *ātman* como el sujeto último de cualquier actividad: "Quien conoce el *ātman* y lo entiende, alcanza todos los mundos y todos los deseos".»

Esta cuádruple experiencia antropológica de la realidad no es sólo una ascensión epistemológica sino que corresponde a las cuatro dimensiones mismas de la realidad. La idea central de la *Māṇḍūkya Upaniṣad* al describir los cuatro estados en cuestión consiste en presentarlos como una explicitación de la palabra mística *AUM,* que contiene en sí «todo lo que es pasado, presente y futuro»[566] y que «se identifica con el mismo *ātman*».[567] No podemos entrar ahora en mayores disquisiciones sobre este importante capítulo introductivo a toda la mística hindú cuya relación con el *logos* helénico y aun cristiano for-

565. Cf. Glosario.
566. *MandU* 1.
567. *Ib.* 12.

man un punto esencial para una mística comparada.[568] Baste subrayar no solo la distinta antropología sino también la diferente cosmología subyacente a esta espiritualidad. Intentemos describir ahora estas cuatro dimensiones de la realidad.

a. El mundo físico – vaiśvānara

> «*El primer cuarto* (*pādah*) [del *ātman*] consiste en la dimensión patente al hombre común (*vaiśvānara*), cuya esfera de acción [cuyo mundo] es el estado de vigilia, que conoce los objetos exteriores, que posee siete miembros y diecinueve órganos [bocas], y que se abre a la experiencia de los objetos físicos.»[569]

Vaiśvānara o el primer pie (*pāda*) de *brahman* es real, es también *brahman*.[570] Como su mismo nombre indica, es el hombre universal considerado tanto en su acepción más alta, y entonces es identificado a *Agni*,[571] como en el sentido de representar aquello que de común tienen todos los hombres.[572]

Los siete miembros del cuerpo macrocósmico de *vaiśvānara*, conocido también como *virāt-ātman*, esto es como la totalidad de los cuerpos físicos, forman el macrocosmos que podemos llamar el mundo físico. Existe una correlación entre los miembros del hombre y los del universo material.[573]

568. «El *Om* ocupa en la filosofía india el mismo lugar que el Logos ocupa en la Cristología» afirma no sin exageración pero tampoco sin una cierta razón (aún por dilucidar con profundidad) RANADE (1926), p. 333.
569. *MandU* 3. Para una homologación cosmoantropológica muy útil cf. las notas de DEUSSEN (1963) en su traducción de la *CU*, V, 3 y ss.
570. Cf. *BS* I, 2, 24. Cf. para todo el problema hasta el aforismo 32, en donde se nos dice que este primer estado de *vaiśvānara* es también *brahman*.
571. Cf. *SatB* X, 6, 1, 11, que además lo llama "persona".
572. *Iśva* significa todo y *nara* (Cf. *anêr* en griego) hombre.
573. Los siete miembros corresponden a los símbolos del *ātman* y según Śaṇkara a los órganos de los sentidos. La *CU* enumera once, a saber: la cabeza (luz, cielo), los

Los diecinueve órganos están constituidos por los cinco sentidos (ver, oír, gustar, oler y tocar), los cinco órganos de la acción (hablar, gesticular, moverse, engendrar y excretar), los cinco aspectos de la respiración vital (*prāṇa, apāna, samāna, vyāna* y *udāna*) y los cuatro órganos superiores del conocimiento (la mente o sentido interno (*manas*), el intelecto (*buddhi*), la conciencia del yo (*aham-kāra*) y el pensamiento (*citta*))[574] – aunque no haya uniformidad en las traducciones.

Hemos dado estos detalles elementales y sucintos para mostrar el inicio de esta cosmovisión, sin el conocimiento de la cual resulta difícil comprender esta espiritualidad. Hemos dicho ya, e insistimos de nuevo, que tenemos que habérnoslas con otra antropología y cosmología que las dominantes en nuestros días. De ahí que no podamos trasponer sin más las frutas y flores de la espiritualidad hindú sin conocer el árbol que las ha producido. Por otra parte el conocimiento de este árbol representa un desafío tanto a la antropología bipartita (cuerpo y alma individuales) como a la cosmología científica (mundo cuantificable).

La primera dimensión de la realidad es pues el mundo exterior sensible, la realidad física. Toda ella no es sino un aspecto de *brahman*, del Absoluto, del Ser, y corresponde a la experiencia que se tiene de la realidad cuando se está despierto (en estado de vigilia). Limitar toda la realidad a la que se nos aparece en este empirismo sería, tanto para la India como para cualquier espiritualidad, un gran error y puro materialismo. La for-

---

ojos (sol), el respiro (viento), el torso corporal (espacio, extensión), la vejiga (agua), los pies (tierra), el pecho (altar), los cabellos (hierba del sacrificio), el corazón (fuego *gārhapatya*), la mente (fuego *anvārhārya*), la boca (fuego *āhavanīya*).

574. Cf. un resumen de la concepción tradicional en *BS* II, 4, 1, y ss. Hay numerosos textos de las *Upaniṣad* (Vgr. *KausU* III, 1, y ss.; *SU* I, 4 y ss.; etc.), de los *Yoga-sūtra* (I, 34; etc.) y de otras muchas Escrituras que son la base de la antropología subyacente a esta espiritualidad distinta de la corriente en Occidente.

mación espiritual consistirá en enseñar al hombre a transcender lo que le muestran sus sentidos tanto externos como internos; más aún, la realidad más profunda se obtiene transcendiendo incluso todo lo que nos puede dar a conocer la razón natural.

La espiritualidad hindú parte de este punto: Todo aquello de lo que podemos llegar a ser conscientes por medio de los órganos "naturales" del conocer, esto es, de lo que conocemos en estado de vigilia, no sirve más que como una simple introducción a la vida espiritual y debe ser superado, puesto que en su conjunto no es sino un cuarto, y el cuarto más inferior, de la realidad. Una vida de oración, por ejemplo, que se limite a hacer funcionar solamente la razón, no llegará a ser nunca una verdadera oración religiosa; será siempre una especulación racional. Es interesante percatarse de la impresión que la espiritualidad occidental da al hombre espiritual hindú: por caricaturesca que ésta sea, parecería que el occidental se moviese y viviese en una existencia reducida a la cuarta parte de la realidad. Es significativo que el mundo del inconsciente se haya visto sólo desde hace menos de un siglo como la gran innovación de la psicología moderna – cosa que no le priva de su originalidad ni importancia. Pero nos hemos prohibido entretenernos en comparaciones.

b. El mundo ideal – taijasa

La segunda dimensión de la realidad se nos descubre en el estado de sueño y penetramos en ella, precisamente, a través de nuestra actividad onírica.[575] Esta segunda esfera posee también los mismos miembros y órganos que la primera, pero descubre el mundo de los objetos sutiles; por eso se la llama conciencia interna (*antaḥ-prajñā*).[576]

575. Cf *MandU* 4, 8, 10.

576. Cf. el comentario de Śaṇkara al respecto, que no resumimos para no cargar excesivamente este capítulo.

Hemos utilizado la expresión de "mundo ideal" porque acaso represente en un cierto sentido la esfera ideal, en aproximación a lo que por "idea" pudiera entender un Platón o el idealismo alemán, pero no es el caso ahora de penetrar por esos vericuetos. Simplificando pudiéramos decir que la base para la introducción de esta nueva esfera es doble.

Por una parte la mente india descubre la inadecuación entre las cosas externas y nuestro pensar sobre ellas. No hay identidad entre ellas. Debe, luego, buscarse una superación porque hasta que no encuentra una cierta unidad el hombre no está tranquilo. Aquí se abren dos caminos: o el sendero de las cosas o el del pensamiento; esto es, o se da mayor valor y consistencia a las cosas del mundo físico o a nuestro pensar sobre ellas. Esta segunda dimensión pertenece a una tradición humana casi universal: dar mayor valor al pensamiento que a las cosas, o, con otras palabras, fiarse más de la estructura ideal de la realidad que nuestra mente descubre que no de las cosas en bruto.[577] Ahora bien, no se iría muy lejos si aquello de que nos fiásemos fuese simplemente nuestro primer pensamiento sobre las cosas. Éste no es solamente imperfecto, sino que es además dependiente de las mismas cosas y, por tanto, más imperfecto que ellas. Y aquí se inserta la original especulación india. Hay que purificar nuestro pensar sobre las cosas de su dependencia de ellas. Y he aquí que el sueño aparece como la realidad de un mundo ideal que no sigue la ley de gravitación de las cosas. En él, el pensamiento es señor y las

577. Permítasenos aducir un texto que evoca este sabor: «Augustinus etiam ex Platone dicit quod sapientia et veritas non sunt in hoc mundo, sed in mundo altiori, scilicet mundo intellectuali». [Agustín, también, a partir de Platón, dice que la sabiduría y la verdad no pertenecen a este mundo, sino a un mundo más alto, es decir al mundo del intelecto] ECKHART, *Expos in Eccli*. (Lateinische Werke, II, 240, n. 10). Que la verdad no está en las cosas sino en el intelecto es, desde ARISTÓTELES [Met. V1 (1027 1) 251], un lugar común de toda la filosofía occidental; pero aquí se trata de la ontologización del intelecto.

cosas se amoldan a los dictámenes de nuestro pensar sobre ellas: aparece el señorío del mundo de las ideas. Pero no puede negarse que, a pesar de su primera independencia de las cosas, la actividad onírica es en el fondo igualmente dependiente de ellas. Combinamos muchas impresiones sensibles. Será pues una experiencia de tránsito hacia una región allende la "tiranía" de las cosas, hacia una actividad intelectual verdaderamente libre.[578] La misma palabra *taijasa*, (luminoso),[579] nos sugiere que se trata de internarse por el elemento ígneo de las cosas, esto es, por su contenido ideal, separado de la ganga bruta de la apariencia material.[580]

Sobre la dimensión sutil de todas las cosas materiales basará luego la escuela de espiritualidad *yógica* toda una técnica para la liberación del hombre.

Lo que interesa para nuestro caso es el reconocimiento de una realidad ideal más pura que la material e independiente de ésta hasta un cierto punto. El ámbito de la consciencia se alarga y no se limita a su actividad en estado de vigilia. Sin entrar en teorías sobre el subconsciente o el inconsciente, notemos, sin embargo, que el presupuesto subyacente al *taijasa* es la confianza en la función autónoma del mundo ideal y el reconocimiento de la superioridad del tal mundo.[581] Es instructivo observar que mientras Platón, y con él buena parte de Occidente, independiza este mundo ideal y le da consistencia onto-

578. *Sandhyā*, esto es "estado intermedio" lo llama la *BS* III, 2, 1 siguiendo la *BU* IV, 3, 9.
579. Cf. Glosario.
580. El carácter luminoso de las cosas no debería ser muy ajeno al cristianismo, que afirma que Dios, siendo creador, es también Luz (I *Jn* I, 5), luz que es vida de los hombres (*Jn* I, 4) y que es la esencia de todo lo que se manifiesta (*faneroumenon*) (*Ef*. V, 14 [13]), porque en el fondo todo desciende del Padre de las luces (*Sant* I, 17). Cf. toda la especulación escolástica sobre la "Lichtmetaphysik", vgr. en la clásica obra de BAEUMKER (1908).
581. Cf. *BU* IV, 3, 7-18 para una descripción del estado de sueño. Cf. también *BS*, III, 2, 1-6 para su interpretación vedántica.

lógica allende el mundo material, la India no lo separa del hombre y con ello permite al hombre vivir en esta esfera ideal. El problema es el mismo; pero los acentos son distintos.

Lo que acaso haya subyugado más la mente india es la mayor libertad que se experimenta en el sueño. Una buena parte de las limitaciones que se sufren en estado de vigilia desaparecen en los sueños y la realidad onírica se pliega dócilmente a nuestros deseos. «Cuando uno se va a dormir uno se lleva el material de este mundo [...] y sueña por medio de su propia claridad, envuelto en su propia luz.»[582] Pero he aquí que esta dependencia, no ya de las cosas sino de nuestra voluntad, es la prueba más palmaria de que no se trata de la última dimensión de la realidad.[583] Esto nos introduce ya de lleno en el estado siguiente.

c. *El mundo espiritual* – prajñā

> «Éste es el estado de sueño profundo en el que el durmiente no tiene ya ningún deseo ni ve ningún sueño. El tercer cuarto es *prajñā*, cuya esfera es el sueño profundo y en el cual todo está unificado, todo se ha reducido a una masa de [pura] conciencia, a una plenitud de gozo y a una experiencia del mismo y cuya faz es [puro] pensamiento.»[584]

Los dos estados anteriores nos manifiestan dos dimensiones meramente externas de la realidad. Ninguna dimensión en rigor es homogénea. No se trata de cuatro aspectos más o menos equivalentes de la realidad, ni tampoco complementarios. Cada dimensión incluye en cierta manera las otras. Por eso

582. *BU* IV, 3, 9.
583. Prescindimos de la discusión meramente filosófica acerca de la distinción o indistinción real entre los dos primeros estados.
584. *MandU* 5.

quien ha llegado a alcanzar una determinada dimensión no puede ya ver la realidad desde una sola dimensión o con los ojos de la perspectiva inferior.

> «Cuando una persona duerme [...] se ha unido al ser [ha alcanzado el puro ser], se ha ido a su propio ser [ha alcanzado su naturaleza propia].»[585]

La meta del deseo humano es infinita y su misma infinitud destruye cualquier posibilidad de deseo, pues el deseo no sólo implica la imperfección de no tener aún lo deseado sino que significa no haber llegado a colmar posibilidades que pueden todavía realizarse. De ahí que el estado de puro ser, sin actividad intelectual alguna, haya sido desde la época de las *Upaniṣad* el modelo de la comunión con el Ser y la forma verdadera de ser en la que el objeto y el sujeto se han identificado y, por tanto, sin la dicotomía entre cognoscente y conocido.

La realidad descubierta en esta tercera dimensión no está ya dispersa en la multiplicidad de objetos sino que es unitaria (*ekībhūta*, que traducimos por "unificación" de experiencias), esto es, las formas particulares de las cosas desaparecen como tales, apareciendo más bien como simples apariencias de una realidad única subyacente. Esta misma indiferenciación no permite describir esta realidad más que como una masa de pura conciencia sin la diferenciación entre objeto y sujeto. Y es precisamente esta unificación la que causa la beatitud activa y pasiva a la que se hace referencia en el texto citado. El Ser es espíritu, esto es, pura intelección y puro gozo.

Cuando se ha descubierto esta dimensión de la realidad, se ha descubierto a Dios, al Señor del universo y sostenedor de todo el orden creado: *Īśvara*.

585. *CU* VI, 8, 1.

«Éste es el Señor de todo, el conocedor de todas las cosas; él es el ordenador interno de todo, la fuente de todo, el origen y el fin de todos los seres.»[586]

El descubrimiento de Dios no es tanto un esfuerzo de la razón como un penetrar en la realidad, olvidándonos de los pensamientos humanos, transcendiendo toda actividad intelectual, dejando atrás el mundo de las ideas y adquiriendo aquel estado representado por el *estar*, al desnudo, en el sueño profundo, sin sueños, ni deseos, ni preocupaciones. Solamente la entrega rendida al Ser, la "*devotio*" total, es el camino existencial que nos abre la puerta para descubrir al Señor, al Dios vivo, muy distinto de un primer motor inmóvil.[587]

Parecería que éste debería ser el estado último e insuperable de la realidad. Dos tipos diversos de experiencias llevan a la India a intentar superar lo que parece insuperable. La primera es de orden antropológico, por no decir psicológico. Con palabras del *Brahma-sūtra*, es la misma alma la que vuelve al mundo de la existencia inauténtica después de haberse identificado a *brahman* en el sueño profundo.[588] No sería posible ningún retorno si la unión hubiese sido absoluta. La segunda razón es de tipo intelectual y aun espiritual. *Īśvara*, Señor y aun Dios, son todo nombres relativos y por consecuencia no

586. *MandU* 6. Un análisis de este maravilloso texto requeriría todo un estudio. Baste decir que las expresiones usadas: *Īśvara* (Señor), *sarvajña* (omnisciente), *antar-yāmi* (el controlador interno, cf. *BU* III, 7, 1-23 y nota 608), *yoni* (la matriz), *prabhāva* (origen) y *apyaya* (fin) tienen todas una larga tradición y están grávidas de toda la religiosidad del pueblo hindú.

587. Séanos permitido citar sin comentarios: «Deus sub ratione esse et essentiae est quasi dormiens et latens, absconditus in se ipso»,[«Dios en cuanto ser y esencia es un quasi-durmiente y latente, escondido en sí mismo»]. M. ECKHART, *Expos. Io.* (*Codex Cusanus*, f. 122, 11, 51-52), en LOSSKY (1998). Cf. también: «ubi et quando Deus non quaeritur, dicitur Deus dormire», [«siempre y cuando Dios no es buscado, se dice que Dios duerme»] o.c. y WHITE (1982).

588. *BS* III, 2, 9.

son ab-solutos, no pueden ser el nombre último de la realidad sin referencia ninguna a estados condicionados. Más aún, el puro y desnudo Ser experimentado en el sueño profundo, en rigor posee una carga de negatividad por el mismo hecho de que no puede ser experimentado directamente: sólo podemos describirlo o desde fuera (viendo al otro dormir) o después (hablando de memoria). Dejemos de un lado el puesto de "nuestra" personalidad y la manera de "salvarla" en la última realidad. Lo que interesa a la India es esta realidad misma y en sí misma, esto es la "cosa en sí" y, parafraseando a Kant, "Dios en sí". Para ello hay que transcender tanto cualquier perspectiva humana "nuestra", como cualquier punto de vista "relativo", aun en el seno de la misma Divinidad. Dios, es sólo Dios para nosotros, esto es, para los que no somos Dios, el Señor no es Señor de sí mismo, la Causa primera no es "*causa sui*", causa de sí misma. En sí no *es* causa, es "causa" para los otros. La espiritualidad hindú ha osado penetrar por esta escondida senda y no ha cejado hasta "perderse" en el Dios abscóndito y por encima de cualquier nombre. «*Brahman* es silencio» decía una *Upaniṣad* que no podía menos que haberse perdido.[589] De ahí que haya todavía un cuarto estado: el silente.

Un precioso texto upaniṣádico[590] dice que quienes han llegado a la verdadera contemplación «ven la misma *Śakti* de Dios escondida en sus propias cualidades».[591] El texto upaniṣádico es difícil de traducir y dice así:

589. Citado por Śaṇkara, *BSB* III, 2, 17.

590. *SU* I,3.

591. *SU* I, 3. La expresión "*devātma-śaktim*" «the self-power of the Divine» (RADHAKRISHNAN), «die Selbstkraft Gottes» (Gonda), o bien con una traducción que traiciona el espíritu de un cierto sincretismo hindú moderno: «the God of religion [*deva*], the Self of Philosophy and the Energy of science» [*śakti*] (*Tyāgīśānanda*) es con todo muy diversa de la *prakṛti* o naturaleza del *Sāmkhya*, puesto que ésta es un principio independiente de Dios, mientras que aquélla es precisamente la misma energía divina o su cristalización en el mundo.

Te dhyāna-yogānugatā apaśyan devātma-śaktim sva guṇair nigūḍam

«Es por la meditación y el yoga como se ve el propio poder de Dios escondido en sus propias cualidades.»

La última realidad es directamente visible en sus mismas manifestaciones. El "Dios en sí mismo" es una tentación de la mente que tiende a hacer de Él un concepto. El tercer ojo ve a Dios viendo las cosas. Para ello hace falta la contemplación y la disciplina. De ahí que el deseo de ver a "Dios en sí mismo" sea una falacia. Dios no tiene "sí mismo"; esto sería una abstracción: el concepto de Dios, un Dios separado.

d. El mundo transcendente – turīya

El cuarto pie, o cuarto de brahman, corresponde por otro lado a tres cuartos de él, como ya mencionamos. Los tres primeros estados nos descubren, por así decir, solamente un cuarto de *brahman,* mientras que este cuarto estado nos revela los otros tres cuartos de él.[592] Penetramos ahora, como ya hemos recordado, en la misma vida interior del Absoluto. Para ello es necesario, también metodológicamente (y para comprender lo que sigue dentro del espíritu de la espiritualidad hindú), abandonar y superar nuestra forma de pensar dialéctica. Nos encontramos en una región allende el tercer estado de la existencia desnuda desvelada en el sueño profundo. Fe, intuición, luz, iluminación, realización, ha llamado el hinduismo al órgano (que ya no es una simple facultad antropológica) que nos permite adentrarnos por este camino en busca del *brahman* incondicionado.

592. Cf. *MaitU* VII, 11.

> «*Caturtham* [el cuarto cuarto, *turīya*] no es el conocimiento interior (*prajñā*) [de los objetos del mundo interior], ni conoce lo exterior [objetos exteriores], ni tampoco lo que conoce a ambos, ni siquiera es una masa de [pura] conciencia; no es conocimiento ni no-conocimiento. Es invisible, inefable, incomprensible, indeductible, impensable, indescriptible. Constituye la esencia de la conciencia del *ātman*, cesación de cualquier manifestación,[593] paz, benignidad [gozo, *śiva*], sin dualismo. Es el *ātman*; él tiene que ser sabido.»[594]

Podríamos aducir aquí todos los demás textos apofáticos de los que tan positivamente está cargado el hinduismo, pero aun sin ellos se puede ya vislumbrar de lo que se trata.[595]

Si los tres primeros estados estaban realmente simbolizados por cada una de las letras de la sílaba mística *AUM*, este cuarto estado no tiene elementos y representaría todo el *AUM*, esto es la totalidad de la realidad.[596]

Del texto citado se ve claramente que no se trata de un grado epistemológico, sino de la dimensión más profunda, y por ende más verdadera, de la realidad, que en sí contiene todas las demás y que en cierta manera, esto es, desde ella, hace a las

593. Ésta nos parece ser la traducción más exacta de *prapañcopaśamam*, cf. Glosario. «Into which the world is resolved» traduce RADHAKRISHNAN, y «negation of all phenomena», traduce NIKHILANANDA (1968)

594. *MandU* 7.

595. Para paliar las imperfecciones de cualquier traducción damos otra versión del mismo texto:

> «Aquello que no es ni conciencia interior (*prajñā*) (de los objetos del mundo interior), ni conciencia exterior (de los objetos exteriores), ni tampoco las dos juntas, que no consiste exclusivamente en una masa de conciencia (compacta), que no es ni consciente ni inconsciente. Aquello que es invisible, inaccesible, impalpable, indefinible, impensable, innombrable, cuya esencia consiste en la experiencia de su propio sí-mismo (*ātman*), que absorbe toda multiplicidad, es tranquilo y benigno, sin dualidad. Esto es *Caturtham* (el cuarto cuarto, *turīya*). Esto es el *ātman*, lo que tiene que ser conocido».

596. Cf. *MandU* 12.

demás superfluas, puesto que desde este último punto aquéllas son irreales. «Una relación entre lo real y lo irreal no puede ser expresada en palabras, porque la tal relación es ella misma inexistente.»[597]

Es evidente que solamente de una manera negativa y por «negación de todos los atributos, puede *turīya* ser alcanzado»,[598] pero sería un grave error confundirlo con un cierto nihilismo. Es, más bien, la plenitud absoluta, que como tal transciende toda «diferenciación entre cognoscente, conocido y conocimiento».[599]

Lo importante para la espiritualidad india es el convencimiento de que esta esfera existe: es la pura transcendencia. La "mística" del yo, la experiencia del "Sí-mismo", la auscultación del ser creado, o, en otras palabras, la experiencia "mística natural" aludida, cesa por definición en el umbral de este cuarto estado. Se podrá afirmar que sin la gracia este estado no se puede alcanzar y esto es lo que temáticamente viene repitiendo la tradición hindú de todos los tiempos. Quedará aún por ver cómo se "salva" la personalidad humana en este estado y cuál es la formulación filosófica de esta experiencia, pero lo que no se puede negar es la pretensión de pura transcendencia y de total sobrenaturalidad del *brahman* incondicionado y único realmente real. Se podrá discutir si el hombre posee la capacidad de instalarse en el Absoluto y si no es vanidad o locura pretender saltar hasta el absolutamente transcendente y "ver" la realidad en sí misma sin ninguna referencia al ser contingente, pero no se puede negar que la espiritualidad hindú lo ha intentado y lo intenta, y que la mayor parte de su teología se mueve precisamente en esta esfera, la del seno mismo de la Divinidad.

597. Dice Śaṇkara en su comentario a este pasaje.
598. *Ib.*
599. *Ib.*

La manera en que acabamos de presentar la cuestión en el párrafo anterior demuestra que aún no se ha llegado a este último estadio, que se caracteriza precisamente porque el problema de salvar al hombre ni tan siquiera surge. El hombre "allí" no tiene cabida; sería puro antropomorfismo. «Y en el monte nada».[600] No solamente no hay camino sino que no hay caminante – que presupone siempre un camino por el que camina el caminante. La experiencia suprema suprime tanto el sujeto como el objeto de la experiencia.[601] Afirmar que no hay ni objeto ni sujeto no significa que no haya la experiencia pura. ¿Cómo se puede entonces decir? No se puede decir. Sólo se dice que no podemos. Por eso mismo se afirma que la experiencia es vacía; es una experiencia de nada, no es una experiencia (de-nada). El lenguaje nos abandona.

Hay una contradicción interna en hablar del silencio y descubrir el apofatismo – como no puede ser menos. De esta experiencia no se puede hablar – y no obstante una tradición poco menos que universal nos señala que la humanidad desde siempre ha "barruntado", "sentido" y/o "vislumbrado" algo en esta dirección que se resiste a ser eliminado. Los extremos se tocan. En este estado no hay autoconsciencia (refleja). Es la consciencia de la piedra. *Brahman* no sabe qué es *brahman*. Quién lo sabe es *Īśvara*, igual a él. Es el mismo dinamismo trinitario o plotiniano.[602] Todo esto es incomunicable, no pertenece a las ciencias de la información ni de la comunicación; se basa en una comunión previa.

600. JUAN DE LA CRUZ, Frontispicio a la *Subida al Monte Carmelo*.
601. PANIKKAR (2000/XXVII), pp. 287-312
602. Cf. *Enneadas* V, 2, 1, etc.

5. Resumen

Fieles a nuestro propósito de mantenernos alejados tanto de la mera especulación como de la controversia y de la comparación, veamos de describir, de acuerdo con los cuatro estados descritos, los cuatro grados de la vida espiritual a los que puede reducirse la enorme variedad de escuelas de espiritualidad del hinduismo. Usamos la palabra "Dios" como símbolo de la Realidad, aunque algunos preferían decir "realidad última". Como hace notar S. Radhakrishnan, comentando nuestro último texto, se trata de un "super-teísmo" y no de ateísmo o antiteísmo.[603] Acaso sería mejor decir la Divinidad o lo divino, pero entrar en la discusión nos alejaría de nuestro propósito.

El primer grado en la vida espiritual consiste en descubrir a Dios en las cosas del mundo sensible. La vía de la acción, el *karma-mārga,* es el camino adecuado para este estado. Dios se manifiesta en lo contingente, es el primer pie o cuarto de *brahman*.

El segundo grado es un camino de interioridad y descubre la nihilidad de las cosas de este mundo tales como aparecen a nuestros sentidos y sentimientos. La verdadera realidad empieza a aparecer allende las apariencias. El salto se verifica por el amor. El amor necesita apoyo y quiere un objeto, pero éste ya no es más del mundo fenoménico. Es el camino de la *bhakti*. Dios sigue siendo en todas las cosas, pero éstas no son ya queridas por sí mismas sino en cuanto peldaños que nos hacen remontarnos hasta Él – y que le pertenecen.

El tercer grado viene representado por el descubrimiento del Creador. No se ven ya las cosas en Dios, sino que se ve a Dios en las cosas. Lo que interesa ya no son las cosas sino Dios. Lo que rapta la mente es Dios en cuanto creador, en cuanto Ser. Es el camino de la sabiduría, es el *jñāna-mārga*. Junto a la vi-

603. Cf. RADHAKRISHNAN (1953b); SWARUP RAM (1980).

vencia de la nonada de las cosas aparece la plenitud divina. Dios lo abarca todo y lo "es" todo. El amor se reduce porque no encuentra soporte y la inteligencia se hace transparente porque le desaparecen los objetos. El mundo desaparece y Dios lo invade todo. La oración ha dejado atrás el pensar y el amor en cuanto deseo está desapareciendo. La confianza no está ya en el intelecto, ni en el corazón, no está en la acción ni en una contemplación de algo, sino en la desnudez total.

Pero hay todavía un cuarto grado. En éste, Dios no aparece ya como creador sino en Sí mismo, o, mejor dicho, Dios no aparece – y ni siquiera podemos decir que *es*. El cordón umbilical que le unía con las criaturas se ha roto, su relación con el mundo ha desaparecido de la vista. Dios ya no es Señor, ni Creador, ni siquiera Dios, pues no tiene nadie para quien ser Dios. La sabiduría desaparece porque no tiene objeto alguno y el amor está quieto porque no hay deseo ninguno, la criatura no es, ni está. La experiencia ya no es experiencia, ni el camino, camino, pues no hay camino ni caminante. El problema de la personalidad no se pone, ni el del mundo, ni el de la creación, ni el del tiempo. La libertad es absoluta, no está ligada ni siquiera al Ser; pues no hay No-ser que lo limite. El silencio es total, pero tampoco hay silencio. Dios que ya no es Dios, pues no tiene criaturas, está consigo mismo. La identidad no existe, porque no hay segundo que se le pueda poner al lado para igualársele. Empieza la vida infradivina, la vida *ad intra*, el *sat*, *cit*, *ānanda*… Los maestros se callan.

III. LAS TRES GRANDES RELIGIONES - TANTRA

Hemos dicho y repetido que el hinduismo es antes una ortopraxis que una ortodoxia. Todas las disquisiciones anteriores no nos darían pues una idea adecuada del hinduismo si se considerasen como meras teorías. El hinduismo es, como dijimos, más bien un conjunto de religiones que una sola religión. Por razones de brevedad y de sistematización, aunque ésta última no pueda considerarse de una manera excesivamente férrea, dividimos en tres las grandes religiones del hinduismo, aunque éstas a su vez deberían más bien considerarse como grupos de religiones, que por lo demás se entrecruzan a menudo.

No vamos, sin embargo, a describir estas religiones en su aspecto dogmático, ni siquiera vamos a describirlas globalmente; nos apartaría de nuestro propósito inicial de ceñirnos al *dharma* del hinduismo. La dificultad de esta tercera parte estriba, precisamente, en lograr resumir en pocas páginas lo que requeriría una colección de libros.

Como su nombre indica los *tantra* son aquellos medios por los cuales la salvación se difunde.[604] Una interpretación posterior identificando salvación con conocimiento dirá que el *tantra* es aquello por lo que el conocimiento se difunde. De ahí

604. Proviene de la raíz *tan*, que significa difundir, espaciar, extender, y *tra*, proteger. Cf. *teino*, en griego y *tendo*, en latín con el mismo significado.

que otros hayan querido descubrir incluso una nueva raíz y traduzcan *tantra* como origen de conocimiento.[605]

1. Viṣṇuismo

El viṣṇuismo es aquella corriente religiosa, de innumerables formas, que reconoce a Viṣṇu como la realidad suprema, como Dios supremo, quien, como todo viṣṇuita piadoso aún recitará todos los días, tiene muchos *nombres*.[606]

Según los *tantra* viṣṇuitas Dios posee cinco formas, o mejor dicho hay cinco maneras posibles de hablar de Él. Su enumeración nos dará inmediatamente el ambiente en que se mueve esta religión eminentemente piadosa, personal y concreta. La primera forma es la transcendente y suprema (*para*), la segunda es aquélla agrupada (*vyūha*) según cuatro grupos, que representan otras tantas funciones de la Divinidad: Vāsudeva, que simboliza su misma forma transcendente, Samkarṣana, Pradyumna y Aniruddha, nombres del hermano mayor, del padre y del abuelo de Kṛṣṇa, que simbolizan las diversas funciones de Dios para con la creación. La tercera forma es la descensión física e histórica de Dios (*vibhāva*),[607] la cuarta representa a Dios en su inmanencia (*antaryāmin*)[608] y la quinta, como manifestación visible y

605. Sería entonces la raíz *tatri* o *tantri*.

606. Los doce nombres personales de Dios que pertenecen a una especie de sub-*vyūha* (nombre que explicaremos en el texto a continuación), son: Kēśava, Nārāyana, Mādhava, Govinda, Viṣṇu (aquí como nombre personal), Madhusūdana, Trivikrama, Vāmara, Śrīdhara, Hṣṛīkeśa, Padmanābha y Dāmodara.

607. Interesante es el análisis de la misma expresión. Cf. en Glosario las voces *Bhava* y *Vibhāva*.

608. Conocida es la importancia de este concepto en la filosofía del viṣṇuismo así como del śivaísmo. Sobre su fuente upaniṣádica, cf *BU* III, 7, 1-23. Una monografía sobre este punto y su relación con el Dios abscóndito, o mejor inexpresado (*avyakta*) de la *KathU* I, 3, 11 (Cf. *BG* VIII, 18, 20-22) completando las referencias de RAWSON (1934) p. 135 y ss., sería hoy día muy oportuna. Cf. nota 576.

material, en la imagen (*arcā*). La historia del viṣṇuismo es larga y compleja.[609]

Aunque el Viṣṇu de los *Veda* sea una figura bastante discreta, en ellos se dibujan ya los caracteres fundamentales que harán luego de él uno de los mayores nombres de Dios. Aparte haber salido victorioso de la contienda sobre cuál de los Dioses fuese el mayor[610] y de haber conquistado los tres mundos,[611] es comparado con el sol,[612] "vestido con rayos de luz" (*śipiviṣṭa*), pero sobre todo es identificado con el creador, Prajāpati[613] y con el mismo sacrificio,[614] él es el mismo rito[615] y el embrión del orden cósmico, el *garbha* del famoso *ṛta*.[616] De todo esto emerge el carácter personal y amistoso de Viṣṇu que contrasta con el de Śiva, por ejemplo.

El viṣṇuismo ha venido llamándose de muchas maneras, cada una de las cuales tiene un origen histórico distinto, representando además una característica peculiar del viṣṇuismo en su conjunto. Entre estos nombres se encuentran los de *ekāntika*, *sāttvata*, *pāñcarātra* y *bhāgavata*. El culto de Viṣṇu muy extendido en la India desde el Himalaya, con el famoso santuario de Badrināth dedicado a Nārāyaṇa, hasta el mismo Sur, con el gran templo de Śrirangam en el estado de Chennai, dedicado a Ranganātha, posee importantes templos, lugares de peregrinaciones innumerables en Mathurā (Kṛṣṇa), Vṛndāvana (Kṛṣṇa), Puri (Jagannātha), Kāñcipuram (Vadarājā), Tiru-

609. Además de los grandes filósofos Rāmānuja, Madhva, Nimbārka, Vallabha, Caitanya, etc., los *ālvārs* del Tamilnādu, los santos del Mahārāsṭtra, Kabīr, Tulsidās y los grandes maestros como Yāmunācārya, Śaṇkara Deva y Rāmānanda pertenecen todos al mundo espiritual del viṣṇuismo.

610. Cf. *SatB* XIV, 1, 1 (repetido luego con variaciones en *TA* V, 1 y *PVB* VII, 5, 6).

611. Cf. *RV* I, 22, 18 y ss.; *SatB* I, 9, 3, 9.

612. Cf. *RV* I, 155, 6.

613. Cf. *SatB* VI, 2, 3, 1 y, para mayor detalle, GONDA (1993).

614. Cf. *SatB* I, 9, 3, 9.

615. Cf. *SatB* V, 4, 5, 18.

616. Cf. *RV* I, 156, 3.

pati (Śrinivāsa), Pandharpūr (Vithobhā), etc. Una breve descripción nos parece ser la mejor manera de introducirnos dentro del mundo viṣṇuita.

a. Ekānta-dharma

Eka anta, esto es "un fin" único, es el que persigue el viṣṇuismo. Este fin único expresa el carácter rigurosamente teísta del viṣṇuismo. Nārāyaṇa es el único y exclusivo fin del hombre. Dios personal, es el destino de la criatura. Todas las filosofías dependientes del viṣṇuismo subrayarán este carácter personalista. Los grandes *ācārya*, esto es maestros del viṣṇuismo, como Rāmānuja, Madhva, Nimbārka, Vallabha, etc., aun cuando, como en el caso del primero, se sientan atraídos por una concepción filosófica absolutista con una cierta tendencia monista, la superarán siempre en virtud del carácter eminentemente personal de su religión.[617] La filosofía en la India es siempre una teología.

Ekāntika es también el viṣṇuismo no sólo por su fin único sino también por el medio único que reconoce para alcanzar este fin, a saber un amor único e indiviso que contiene dentro de sí el elemento cognoscitivo, más o menos explícito según las tendencias particulares.

Por un simple juego de palabras suele decirse que Nārāyaṇa no es sólo el fin, *upeya*, sino también el medio, *upāya*. El Señor lo es todo y el medio para reconocer si una cosa es buena o mala consiste en saber si le es o no agradable.[618]

De ahí también la importancia de la gracia (*anugraha*) y su potencia absoluta. Parece como si Dios sólo esperase algún pretexto para salvar el alma.[619] Por esto la gracia se llama natu-

617. Así por ejemplo el *viśiṣṭādvaita* de Rāmānuja no pretende ser otra cosa que una especie de *advaita* personalista.

618. «*Karman* (auténtico) es lo que place a Hari, conocimiento (verdadero) [*vidyā*] es concentrarse (sólo) en Él.» *BhagP* IV, 29, 49.

619. Cf. MAHADEVAN (1971a).

ral (*svābhāvika*) e incondicional (*nirhetuka*). Esta operación de la gracia está representada por *Śrī*[620] o *Lakṣmī*.[621] Ningún observante viṣṇuita hará una visita a Viṣṇu en alguno de sus templos sin haber antes presentado sus respetos y ofrecida su oración a Lakṣmī, su consorte y mediadora de todas las gracias e intercesora para todos los favores.[622] En ella se encarna también el espíritu femenino de la Deidad y representa la gran Madre, la energía cósmica que sostiene el mundo.[623]

b. Sāttvata

El carácter personal del viṣṇuismo viene acentuado cuando se considera que esta otra denominación indica el nombre de la subcasta o clan de los *kṣatriya* a la que pertenecía Vāsudeva-Kṛṣṇa, el histórico Kṛṣṇa y fundador de una corriente religiosa identificada luego con el viṣṇuismo.[624] Con ello la historicidad se vuelve una característica del viṣṇuismo, aunque luego Kṛṣṇa haya sido considerado como un *avatāra* de Dios con independencia del Vāsudeva histórico. Este carácter lo convierte en una religión concreta y personal, llena de un elemento personalístico que se basa en el sentimiento amoroso. La razón y el intelecto son factores de generalización y universalidad pero con ello también de abstracción y vaguedad;

620. *Śrī* es una antigua Divinidad védica aunque de naturaleza agraria: Diosa de la belleza y de la fecundidad, patrona de la agricultura y de la felicidad. Su mismo nombre significa felicidad, gloria, prosperidad, bienestar.
621. Desde muy antiguo identificada con *Śrī* y enseguida conectada con Viṣṇu como su poder y gloria, su consorte y que luego como su *śakti* se identificará a Durgā, a Jagaddhātri, etc. como otras tantas manifestaciones de la Divinidad, como la gran Madre.
622. Católicos y ortodoxos pueden pensar en María, mediadora de todas las gracias.
623. Cf. GONDA (1993) (y la bibliografía citada), además de las obras que citaremos al referirnos al tantrismo. Sobre Kāli del templo famoso de Kolkata (Calcuta), *Kalighat*, cf. TUCCI (1940).
624. Para un buen resumen científico del culto a Kṛṣṇa, cf. GONDA (1960-63); además de la obra ya citada del mismo autor. Cf. también, CHANDRA SIRCAR (1958) II, p.108 y ss.

mientras que el sentimiento y el amor son factores de individualización y de concreción, aunque luego éstos puedan convertirse en tentaciones de fanatismo y miopía. Toda la historia religiosa de la India podría escribirse sobre el paradigma de la tensión creadora entre el viṣṇuismo y el śivaísmo como representantes de estas dos tendencias invariantes del ser humano.

c. *Pāñcarātra*

Los *pāñcarātra Āgama* o *saṃhitā* igualaron un tiempo en autoridad a los mismos *Veda*.[625] Son una sucesión de textos que contienen un completo ritual religioso que se extiende, desde obras especulativas, hasta las formas de consagración de templos e imágenes, celebración de fiestas y práctica de la concentración mental.[626]

Seguramente fue al principio una forma religiosa totalmente diferente del viṣṇuismo aunque luego se identificara con él. Prescindiendo de describirlo ni siquiera someramente debido a su enorme complejidad,[627] registremos solamente el carácter concreto, detallado y ritualista de las religiones vividas de la India, en especial del viṣṇuismo.

El mismo nombre de *pāñca-rātra*, esto es cinco noches, o bien cinco estaciones o períodos, es suficientemente enigmático como para haber dado lugar a las más diversas interpretaciones. Sus seguidores, según algunos, debían ofrecer el culto sacrificial cinco veces al año; según otros el nombre simboliza la quíntuple manifestación de la Divinidad suprema. Muy posiblemente haya en el mismo nombre una alusión al sacrificio

625. Es conocido el origen no védico de esta colección, escrita seguramente alrededor de los siglos VII al IX.

626. A lo que se habría de añadir un *mantra-śāstra* más o menos esotérico. Muchos de los textos no son aún hoy día suficientemente conocidos o editados.

627. La tradición cuenta con 108 obras, pero se conocen al menos 215 (SCHRADER (1916) habla de 224).

de las cinco noches descritas en el *Śatapathabrāhmaṇa*, esto es el sacrificio que Nārāyaṇa como hombre primordial (*puruṣa*) hace de sí mismo con el fin de identificarse con el cosmos y con cuyo sacrificio Viṣṇu adquiere la plenitud.[628]

d. Bhāgavatismo

Hemos dicho ya que uno de los elementos más salientes y sobre todo populares del viṣṇuismo es la figura de Kṛṣṇa. Prescindiendo del problema histórico sobre la aparición de esta forma de religiosidad debemos distinguir con todo dos aspectos bien distintos de Kṛṣṇa: el Dios de la *Bhagavad-gītā* que puede considerarse como una de las descripciones más perfectas de la Divinidad en todos sus aspectos, desde el transcendente hasta el inmanente, desde el inefable hasta el de amigo y compañero y, en segundo lugar, el Dios Gopāla Kṛṣṇa, considerado como uno de los *avatāra* de Viṣṇu, cuya leyenda se ha extendido en la India como pocas otras y ha constituido como una religión aparte.[629] Aún dentro de este segundo aspecto hay que distinguir la devoción pura del *bhāgavata-purāṇa* y todo el desarrollo posterior en las innumerables leyendas kṛṣṇaíticas.[630]

* * *

Las ventajas de las clasificaciones cuando se trata de conceptos son a todas luces evidentes. Pero cuando es cuestión de clasificar entidades vivas se debe estar muy atento a no aprisio-

628. Cf. SCHRADER (1916).
629. Cf. BRYANT (1978); KINSLEY (1975); WILSON (1975).
630. Para el interesante y discutido problema sobre la posible influencia del cristianismo sobre el kṛṣṇaísmo Cf. DAHLQUIST (1962). (Todo parece indicar que, aunque haya podido haber alguna influencia, todas ellas son de fecha relativamente tardía y que no han podido, en consecuencia, influir en las innegables semejanzas externas entre ambas religiones.). Cf. también VEMPENY (1988) y VENKATESANANDA (1983).

nar la realidad en moldes apriorísticos que la deformen. La cuádruple división anterior tiene solo un cierto valor heurístico.

Las dos características que mencionaremos a continuación pertenecen al mismo viṣṇuismo en general y la primera de ellas no se deja en manera alguna reducir a ser una especialidad de esta religión.

α) *Bhakti*

«Los santos son mi corazón, pero yo soy el corazón de los santos. No conocen otra cosa más que a Mí, ni yo conozco otra cosa sino a ellos» dice uno de los mayores textos bhákticos ya citados.[631] El amor, la *bhakti*, es lo fundamental. Todo lo demás, sin amor, no sirve.[632]

Sobre la *bhakti* pura hemos dicho ya alguna cosa anteriormente. Por un lado forma toda una religión con características propias y por el otro constituye un elemento que embebe una gran parte de toda la espiritualidad hindú.

La otra manifestación del bhagavatismo es el culto y la devoción a Kṛṣṇa, el Dios moreno[633] que enamora los corazones, que juega con los hombres y que exige un amor ilimitado y total. Independientemente de los problemas del Kṛṣṇa-Vāsudeva histórico, su figura aparece primero discretamente en el *Mahābhārata*[634] y se va luego engrandeciendo hasta adquirir en la *Bhagavad-gītā* la forma del Dios único y perfecto. Dios es, según la *Bhagavad-gītā*, entre otras cosas: principio, medio

631. *BhagP* IX, 4, 68 (estamos en el siglo X probablemente).
632. *Ib.* VII, 7, 52 y compárese con I *Cor* XIII, 1 y ss.
633. Ésta sería la significación etimológica de la palabra, por lo que algunos han querido ver en él un origen no ario, cosa por otra parte no comprobada.
634. Cf. *Mahāb.* V, 70, 3; XII, 341, 41, como simple hombre. En XIII, 147, es un héroe y luego paulatinamente se le van dando nombres cada vez más divinos o divinizables, hasta llegar a ser considerado como una teofanía de Nārāyana en V, 29; VI, 23; etc. En la *CU* III, 17, 6 se nos habla de *Kṛṣṇa-devaki-putra* (esto es, hijo de Devaki) cuya identificación con el hijo de Vāsudeva es problemática.

y fin de todas las criaturas;[635] origen de todo pero no mezclado a las cosas;[636] causa de todo sin perder su transcendencia e inmutabilidad;[637] residiendo en él corazón de todos los hombres[638] y de todas las criaturas;[639] última sustentación y fundamento ontológico de todo;[640] eterna semilla de lo creado;[641] idéntico al sacrificio y a la ofrenda;[642] fin último de todas las cosas;[643] salvación y bienaventuranza; amor y deseo recto dentro de los hombres;[644] padre del mundo;[645] padre, amigo y amante para nosotros,[646] pues los hombres no son sino un fragmento, una participación suya;[647] etc.

El elemento fundamental de la devoción a Kṛṣṇa es el aspecto humano, algunos dirían incluso demasiado humano, del amor, que viene sublimado o a veces sin sublimar, y es considerado como la expresión máxima de la religiosidad. Kṛṣṇa juega con las *gopī* o pastoras y se entretiene con ellas en las formas más variadas, hasta las más lascivas, en una buena parte de la literatura posterior. Representan el juego de toda la creación y en especial del alma humana en su búsqueda hacia Dios y su amor. Si algunas de las *gopī* pueden ser consideradas como las mujeres legales de Kṛṣṇa, el caso de Rādhā de la literatura mística posterior quiere simbolizar el amor más intenso posible representado por el amor entre Kṛṣṇa y una mujer ya

635. *BG* X, 20.
636. Ib. VII, 12.
637. Ib. IX, 4-5.
638. Ib. XV, 15.
639. Ib. XVIII, 61.
640. Ib. VII, 8 y ss.
641. Ib. VII, 10.
642. Ib. IX, 16.
643. Ib. IX, 18.
644. Ib. VII, 11.
645. Ib. XI, 43.
646. Ib. XI, 44.
647. Ib. XV, 7.

casada;[648] amor que supera todos los obstáculos y límites aun los de la moral, el prestigio, etc. Cuanto más peligroso, imposible y apasionado es un amor, tanto más amor hace falta para mantenerlo siempre encendido.

Si el amor apasionado es la característica de la devoción a Kṛṣṇa, el amor sereno, pero no menos fuerte, es el aspecto saliente de la religiosidad centrada en Rāma, el séptimo *avatāra* de Viṣṇu. En él se encarnan todas las virtudes humanas, fidelidad y amor para con su esposa Sitā, amistad y protección para su hermanastro Lakṣmana, lealtad para con la patria, fortaleza en el combate, veracidad para los amigos, perseverancia en soportar los infortunios, aun cuando sean debidos a la injusticia de los hombres, etc. El *Rāmāyaṇa* en sus distintas formas y a través de las diferentes épocas del hinduismo ha sido y es todavía una de las mayores fuerzas de inspiración moral y religiosa del pueblo indio. Vālmiki, describiendo la historia de un hombre perfecto hizo que necesariamente el pueblo lo convirtiera en un Dios.[649]

β) Avatāra

Una importante característica del viṣṇuismo en su conjunto y en especial del bhāgavatismo es su teoría sobre las descensiones de Dios, los famosos *avatāra* o las formas creadas o naturales de Dios a la que ya nos hemos referido (*vibhāva*).[650]

Prescindiendo de referencias eruditas como sobre su origen en los *Veda*[651] y sus múltiples interpretaciones en los diversos textos posteriores[652] y sin pararnos tampoco a describir los clá-

648. Para otros, en cambio, su legítima esposa.
649. Cf. BULCKE (1950).
650. Cf. nota 607.
651. Cf. vgr. *RV* IV, 49, 13 y la leyenda del *SatB* I, 2, 5, conectándola con XIV, 1, 2 y con el *Taitt. Sam.* VII, 1, 5 y *Taitt. Brāh.* I, 1, 3, etc.
652. El *Mahābhārata* (*Nārāyanīya*, XII, 349, 37) describe sólo cuatro *avatāra*, mientras que en otro lugar cita seis (íd. 339, 77-99). El mismo *Bhāgavatapurāṇa* da cuatro diferentes elencos (íd. I, 3; II, 7; VI, 8; XI, 4), en el primero de

sicos diez *avatāra*,[653] nos interesa sobre todo describir la atmósfera espiritual de la doctrina de las descensiones de Dios como una expresión de la providencia divina concreta sobre los hombres, o con las palabras célebres de la *Gītā*:[654]

> «Cuando la justicia (*dharma*) declina y la injusticia (*adharma*) crece, entonces, ¡oh Bhārata!, me envío a mí mismo.[655] Para la protección de los buenos y para la perdición de los malos, para la restauración del orden (*dharma*) yo me naturalizo (tomo carta de naturaleza en el mundo) de tiempo en tiempo (*Sambhavāmi yuge-yuge*)».[656]

El sentido religioso es claro: Dios se preocupa directamente de los hombres, se siente tocado por el estado del mundo y envía cuando es necesario una manifestación suya, una teofa-

---

los cuales admite que los *avatāra* son, en rigor, innumerables. Otros *purāṇa* hablan de 10, 19, 39 *avatāra*, etc.

653. Éstos son: el pez (*matsya*), la tortuga (*kūrma*), el jabalí (*varāha*), el hombre-león (*nārasimha*), el enano (*vāmana*), *Paraśurāma*, *Rāmacandra*, *Kṛṣṇa*, *Buddha* y *Kalki* o el *avatāra* que aún debe venir y al que los pueblos esperan. Se ha hecho notar el carácter ontológicamente ascendente de esta lista y su dinamismo hacia una paulatina divinización del mundo, o en el sentido de una progresiva teofanía.

654. *BG* IV, 7-8.

655. «*Tada ātmānam sṛjāmy aham*», entonces yo emito mi *ātman* –traducido literalmente. Interesante e importante es el uso del verbo *sṛj*, que significa emitir, emanar, crear, dejar libre, hacer caer (la lluvia). Cf. otro texto sugestivo: «Emitte Spiritum tuum, et creabuntur, et renovabis faciem terrae» [Emite tu Espíritu, y serán (re-)creados, y renovarás la faz de la tierra] *Ps*. CIII, 30, de uso inmemorial en la liturgia cristiana de Pentecostés.

656. «*Sambhavāmi yuge-yuge*», de *yuga* en *yuga* (esto es de período en período – cada eón (*kalpa*) consta de los famosos cuatro *yuga*) yo me convierto en un ser natural (esto es en un ser que ha llegado a ser). Cf. otra vez el uso del verbo *bhū* (cf. Glosario la voz *bhāva*). La idea de encarnación no está aquí directamente sugerida sino más bien la de naturalización, y aunque conforme a la misma palabra (y a su traducción), (cf. *(g)natura*, *(g)nascor*-), podría también traducirse: de tiempo en tiempo yo nazco (como ser contingente), adquiero existencia contingente.

nía para que restablezca el orden. Es un verdadero *avatāra,* esto es, una descensión del divino en el cosmos.[657] Dijimos ya que esta doctrina no se corresponde morfológicamente al dogma cristiano de la encarnación, aunque puede encontrarse un equivalente homeomórfico parcial. La diferencia estriba en el hecho de que las "encarnaciones" del hinduismo son verdaderas descensiones de la Divinidad. Los *avatāra* son realmente divinos y sólo aparentemente criaturas, lo que en la terminología cristiana se llama "docetismo". La encarnación cristiana es algo más que una simple descensión de una "forma" divina o una mera teofanía. El Cristo encarnado del cristianismo es la misma Persona trinitaria que, siendo el Unigénito del Padre,[658] es el Primogénito de toda criatura[659] y aun del mundo definitivo allende la muerte.[660] Cristo es tan realmente divino como realmente humano.[661]

Toda la teología del *avatāra* se encuentra en el verso de la *Gītā* precedente a los citados:

> «Aunque no-nacido y de inmutable *ātman*, aunque Señor de las criaturas y patrón de mi propia substancia (*prakṛtim*), yo tomo carta de naturaleza (nazco, me vuelvo existencia contingente: *sambhavami*) en virtud de mi propio Poder (*māyā*)».[662]

657. Cf. Glosario.
658. Cf. *Jn* I, 14.
659. Cf. *Col.* I, 15.
660. Cf. *Col.* I, 18.
661. Como introducción a este estudio comparativo Cf. ABEGG (1928); BHAGAVĀN DĀS (1990); JACOBI (1923); NEUNER (1951-54), vol. III; PARRINDER (1993); SCHOMERUS (1941); THOMPSON (1956); WHITE (1954); ZACHARIAS (1952).
662. *BG* IV, 6 Tenemos que renunciar aquí a un comentario adecuado a este texto capital.

Un aspecto importante de la creencia en los *avatāra* es su sucesión temporal. Si por una parte se distingue de la concepción cristiana de la encarnación que no puede suceder más que una vez, porque la encarnación no es la simple manifestación de Dios en el tiempo sino la *plerofanía* temporal, esto es, la manifestación plenaria de quien ya estaba desde el principio y de quien permanecerá hasta el fin: el alfa y omega de la creación entera sin excluir el tiempo, por otra parte los *avatāra* se distinguen de los *prādurbhāva,* o manifestaciones de la Divinidad que no inciden en su transcendencia. Diversas manifestaciones de Dios pueden ser coexistentes porque no son otra cosa que formas divinas que aparecen, aspectos de la Divinidad que se nos muestran; así los diversos Dioses son otras tantas manifestaciones de Dios que ni se excluyen entre sí ni contradicen la unicidad de Dios. Los *avatāra* en cambio se excluyen mutuamente en el tiempo. Cada *avatāra* es un salvador para una determinada época y posee un mensaje de salvación para los hombres de un determinado intervalo, sea temporal o espacial.[663]

El *avatāra* desde el punto de vista histórico-religioso permite conjugar la transcendencia y unicidad de Dios con su inmanencia y multiformidad. No hay contradicción alguna entre un Dios uno y transcendente y su descenso entre las criaturas. Las describiremos según un orden creciente de subjetividad y decreciente de objetividad.

El *ídolo* es una imagen de la Divinidad que sin ser la Divinidad la sugiere más o menos directamente, sobre todo para aquellos que no los distinguen.

La *mūrti* es un equivalente homeomórfico del *icono*: una imagen consagrada, que por este mismo hecho contiene una cierta energía divina hasta llegar a una cierta manifestación de su presencia. Su diferencia con el ídolo es muy sutil y en gran parte subjetiva. La fe es aquí, como en cualquier caso, funda-

663. Cf. *Ap* I, 8; XXI, 6; XXII, 13; etc.

mental. La fe en un ídolo lo convierte en cierta manera en divino y su profanación puede ser una blasfemia que hiere y hasta destruye al creyente – aunque a la Divinidad objetivamente no le ocurra nada. La fe en un icono o una *mūrti* no los diviniza más que hasta cierto punto y su destrucción puede tener efectos nocivos allende el círculo de los "fieles". La *mūrti* tiene una divina presencia litúrgica, esto es, en el acto mismo de su veneración en un acto sagrado. Algunas imágenes sagradas se echan al río después de la *pūjā*; la Escritura cristiana es "palabra de Dios" en la asamblea litúrgica – no fuera de ella, al menos en el mismo grado.

La *iṣṭa-devatā* corresponde a un mayor descenso de la Divinidad, en cuanto es la forma concreta a través de la cual el creyente identifica la Divinidad y se identifica con ella, consciente de que tal relación es a doble dirección, por así decir. Para el creyente es la misma manifestación de Dios. En cierta manera hay un equilibrio entre lo objetivo y lo subjetivo. La *iṣṭa-devatā* es una imagen real de la Divinidad aunque con un grado de realidad que sólo vale para el iniciado. Si un perro recibe la "hostia consagrada", aclara Tomás de Aquino, no recibe el "cuerpo de Cristo".

El *avatāra* es el mismo Dios que ha tomado una forma sensible en un descenso real del misterio divino. La objetividad crece en el *avatāra* hasta identificarlo con Dios mismo, pero nada impide que este Dios descienda luego en otros seres. Puede haber una multiplicidad de *avatāra*. Kṛṣṇa es Viṣṇu, el Dios real; por esto su existencia como personaje histórico es muy secundaria. Lo importante es el Kṛṣṇa de la fe, el que se alberga en el corazón. Si se niega la historicidad de Cristo se hiere gravemente al cristianismo; si se hace lo mismo con Kṛṣṇa la fe del viṣṇuita no se tambalea.

La *encarnación* es el mismo Dios que se hace carne, o mejor dicho que *es* carne. No hay un "descenso" aparente o provisional, sino que es el mismo Dios el que está encarnado. Por la misma razón que si hubiera muchos Dioses estos serían el mismo Dios, si hubiera muchos Cristos estos serían el mismo Cristo – aunque pudieran tener nombres y funciones diferentes. Debería ser evidente que la tal noción rompe con la idea de un rígido monoteísmo y sólo es comprensible dentro de una visión trinitaria de la Divinidad.

2. Śivaísmo

Aunque Śiva no sea un Dios védico,[664] no puede dudarse de su relación de continuidad con Rudra,[665] descrito en el *Ṛg-veda* como una Divinidad terrible, de lo que tampoco se librará Śiva.[666] Es en la época del *Mahābhārata* tardío en donde Śiva empieza a adquirir su significación y universalidad.[667] Así como la *Gītā* es el gran monumento del viṣṇuismo puro, la *Śvetāśvatara-upaniṣad* representa la carta magna del puro śivaísmo.[668]

Prescindiendo del problema no resuelto del posible origen pre-ario de Śiva,[669] el śivaísmo como religión, en cualquiera de

664. La palabra "*śiva*" aparece en los *Veda* solamente como un adjetivo, con la significación de "amable", "propicio, "benigno".
665. Cf. *RV* X, 92, 9.
666. Cf. *MhBh* VII, 19, 35; XII, 73, 17; XIII, 14, 413; etc.
667. Aunque Viṣṇu sea llamado todavía *Mahādeva*, gran Dios, en el *Mahābhārata*, 11, 84, 147, Śiva va adquiriendo cada vez más poder. Cf. XIII, 14, 33, en donde se dice que todos los seres le pertenecen. Conocida es la leyenda del *SivP* II, 5, según la cual la primacía absoluta corresponde a Śiva.
668. Cf. vgr. *SU* IV, 19; VI, 20, etc.
669. Los argumentos serían las diatribas del *RV* VII, 21, 5; X, 99, 3, en contra de los adoradores del *liṅgam* fálico y la interpretación de este símbolo, junto con algunas pequeñas estatuas encontradas en Mohenjo- daro y Harappā, como precursores del Śiva post-védico. Las discusiones se han exacerbado con la interpretación favorecida por los simpatizantes de la *hindutva*-ideología que remonta el origen de los arios a los tiempos protoíndicos, como ya hemos apuntado. Cf. la revista quincenal de Chennai *Frontline* XVII, 19 (sept./oct.2000), pp. 4-16, con una descripción seria de la problemática que desautoriza el uso que de ella quiere hacer el movimiento *hindutva* próximo al gobierno de New Delhi hasta 2004.

sus múltiples formas[670] y tal como está extendido por toda la India,[671] adora en Śiva la Divinidad suprema y absoluta.[672] El absolutismo en todos sus aspectos es precisamente una característica del śivaísmo, que, a diferencia del viṣṇuismo, se presta mucho menos al compromiso y al sincretismo. Śiva es el Dios absoluto, sin cualidades y transcendente de Śaṇkarācārya, por ejemplo. Para entrar en comunión con él no basta, podríamos decir, la buena voluntad, sino que es necesaria la iniciación (*dīkṣā*), el segundo nacimiento, pues solamente quien ha estado elevado al orden de la Divinidad es capaz de entrar en contacto con ella.

La figura de Śiva es extremadamente ambivalente. En el fondo hay en ella una cierta tendencia a la *coincidentia oppositorum*, única forma de expresar su transcendencia y su carácter absoluto. Desde el Śiva andrógino (*ardhanārīśvara*) hasta el Śiva tanto destructor y temible como creador y reparador, desde el Śiva sin atributos del *liṇgam* hasta el Dios danzante y orgiástico. Este último carácter viene también contrarrestado por la figura ascética de Śiva como el *Mahāyogin* o *Yogīśvara* por excelencia.[673] Los *Śaiva Āgama* contienen en cierta manera el núcleo común de las distintas escuelas śivaíticas. Śiva, Di-

670. No podemos describir la enorme variedad y extensa riqueza de las diversas familias śivaíticas como el śivaísmo de Kachemira, los *lingāyata* de Karnātaka, el *śaiva-siddhānta*, etc.

671. Los templos de Amarnāth y Kārnath en el Himalaya, los de Chidambaram, Kāñcipūram y el de Rāmeśvaram en el Sur, sin olvidar la ciudad sagrada de Vārāṇasi, son otros tantos testimonios de la vitalidad del śivaísmo hoy.

672. Para una introducción moderna al hinduismo cf. la extensa obra de SUBRAMUINIYASWAMI (1993), cuyo subtítulo ilustra su carácter: *Hinduism's Contemporary Catechism*, pues, aunque centrado en Śiva, expone y compara el conjunto de religiones de la India con las otras religiones del mundo desde un punto de vista confesionalmente hindú.

673. Para una iniciación bibliográfica sobre el śivaísmo, además de las obras generales ya mencionadas, cf. BHANDARKAR (1982); CHATTERJI (1986); DHAVAMONY (1971); MILES (1951); NANDIMATH (1979); SHIVAPADASUNDARAM (1934); TIRU PILLAI (1948); VENKATARAMANAYYA (1941).

vinidad suprema, es transcendente e inmanente, creador y destructor del universo a la par que la fuerza que lo conserva con su gracia, que lo revela y lo esconde. Las principales escuelas pueden resumirse en seis: *pāśupata, śaiva siddhānta,* vīra śaivismo, *siddha siddhānta, Śiva advaita* y el *śivaísmo* de Kashmir.[674] En el fondo su espiritualidad se centra en adquirir la consciencia de Śiva, no como una adquisición meramente cognoscitiva, sino como el estadio supremo de toda la realidad. Describiremos sólo tres rasgos.

a. Pāśupata

Aunque seguramente al principio una forma de religiosidad aparte, los *pāśupata* se identificaron luego con el śivaísmo. En líneas generales podría decirse que constituyen el paralelo al *pāñcarātra* para el viṣṇuismo, aunque acaso con un sabor yógico más marcado. Reducido a sus más simples rasgos se trata de salvar el alma animal (*paśu*), de su *encadenamiento* a este mundo (*pāśa*), por medio del maestro (*pati*), Śiva.

Toda una compleja sucesión de medios sirve para realizar esta liberación y el ascetismo, a veces el más riguroso, caracterizan este camino. Por este mismo motivo este sistema religioso, de carácter más bien exclusivo, elimina por lo general la acción de la gracia. La forma *pāśupata* pura no se encuentra ya hoy día; prácticamente ha desaparecido, aunque dejando su influencia en las distintas escuelas de espiritualidad śivaítica.

b. El Śivaliṇgam

No quisiéramos terciar en la discusión sobre el posible origen fálico del famoso *liṇgam,* piedra vertical que constituye el

674. Éste último posiblemente el más elaborado filosóficamente y representa una visión *advaita* de la realidad que mantiene la tensión entre monismo y dualismo. Cf. BÄUMER (2003B).

símbolo máximo del śivaísmo.[675] A pesar de su visibilidad el *liṅgam* es la expresión anicónica del śivaísmo, el *axis mundi* centro invisible de la creación. De ahí que haya que proceder con mucha cautela en la interpretación que se suele dar al mismo como símbolo fálico. El erotismo de cariz moderno está muy lejos de representar el simbolismo del *liṅgam*. Pero éste no es el lugar para una disertación sobre el tema. Nos limitaremos a reproducir los sentimientos de un śivaíta culto y creyente frente al *śivaliṅgam*.

En lo más profundo de los templos śivaíticos, en la *garbhagṛha*, que las guías turísticas actuales suelen traducir por el *sancta sanctorum*, lugar oscuro y numinoso en donde la Divinidad se manifiesta y se retrotrae, el lugar que es considerado a veces como el centro del mundo[676] y como punto de entronque entre lo temporal y lo eterno, allí, reposando sobre la *yoni*, se yergue el *liṅgam* como símbolo real de la presencia de Śiva, como *mūrti*, icono el más purificado y espiritualizado, sin forma (*arūpa*) y no obstante todavía visible, aunque invisible a la vez. En el proceso de reducción típicamente hindú para encontrar a Dios, éste es el camino de eliminación de esto y de lo otro (el famoso "*neti, neti*" upaniṣádico)[677] y de todo, para encontrar al sin forma, ni nombre, ni ser, ni nada, el último peldaño dentro de esta tierra. Esto es el *liṅgam*. Ya no tiene forma ninguna y no obstante está aún allí, ya no posee nombre (*nāma*) ninguno y no obstante puede aún nombrarse. El *liṅgam* representa el puro símbolo de quien no tiene símbolo, la manifestación transparente del que emergiendo de la tierra, del que naciendo de la *yoni* de este universo, se remonta hacia

675. A veces no es necesariamente de piedra, y el *śivaísmo* vivo hoy día suele venerar el *liṅgam* de los cinco elementos: de tierra, de agua, de fuego, de aire y de espacio. Cf. en MONCHANIN & LE SAUX (1957) los lugares en donde se encuentran estos *liṅga*.

676. Así, por ejemplo, aún hoy día en el templo de Chidambaran.

677. Cf. *BU* II, 3, 6; III, 9, 28; IV, 2, 4.

la región transcendente y sin fin. El culto al *liṅgam* no es ya el sacrificio sino la adoración, la *pūjā* del *śivaliṅgam* ya no es el ofrecimiento sino la libación en acción de gracias y la alabanza pura, esto es, la latría desnuda en sí misma sin otra justificación posterior ni otro motivo ulterior.[678]

La desnudez del *liṅgam* es tal que muchas veces se recubre y aun se le esculpe encima como cuando en él se insertan las tres o cuatro caras de Śiva. Pero el *liṅgam* verdadero es siempre desnudo y sin aditamentos. Más aún, precisamente es por medio del *liṅgam* como se ha querido combatir la idolatría inferior.[679] La idolatría no ha efectuado la separación necesaria, o digamos con rigor, la distinción entre Dios y el mundo. Adora a Dios adorando un pedazo de mundo. El culto al *śivaliṅgam*, como el poder eléctrico "de las puntas" nos hace transcender el mundo y nos apunta al transcendente, sin separarlo con todo completamente de este mundo, sin romper la tensión. El *liṅga*, en efecto, de piedra por lo general, contiene en sí todavía toda la carga telúrica del icono pero sin el peso muerto de las formas. Hay que distinguir entre idolatría e iconolatría.[680]

678. Una de las formas más puras del śivaísmo es el de Kaśmir, que actualmente está siendo revalorizado y del que ABHINAVAGUPTA es el mayor representante. Cf. las diversas traducciones del francés de SILBURN, casi todas publicadas por las ediciones De Boccard de París. Una introducción muy útil en alemán con traducción de una selección de textos importantes es BÄUMER (1992). La traducción al italiano de la obra capital de ABHINAVAGUPTA, *Tantrāloka*, se debe a GNOLI (1972). SINGH JAIDEVA (1980) ha traducido y comentado los *Śiva Sūtra. The Yoga of Supreme Identity*, además de otros textos de ABHINAVAGUPTA. Una de las pocas obras en español sobre la estética del śivaísmo de Kaśmir, traducción de una selección de textos empezando por los fragmentos del *Naṭya śāstra* sobre el *rasa* (placer, literalmente jugo, linfa, sabor, y de ahí sentimiento), MAILLARD & PUJOL (1999).

679. Este culto «se ha refinado, convirtiéndose en símbolo abstracto, por reacción contra la idolatría», dice RENOU (1947), I (Nr. 1062). Más que "abstracto" acaso conviniera decir dinámico o espiritual.

680. Cf. PANIKKAR (1998/XXII). pp. 38-45.

c. *La danza de Śiva* – Naṭarāja

Cuando la multitud de fieles, aglomerada en la gran sala del templo de Chidambaram, preguntó a Mānikkavācakar (uno de los grandes santos śivaíticos de la India del Sur, poeta encendido en el amor de Dios personal en la figura de Śiva y de una vida taumatúrgica de primera magnitud) por el sentido de sus inspirados himnos, apuntó el santo simplemente con un gesto a la imagen de Naṭarāja, la figura danzante de Śiva, diciendo: «Él es el sentido de mis cantos», y desapareció en un rayo de luz uniéndose a la Divinidad.[681]

Dejando también aquí de lado una disquisición erudita sobre el origen del culto a Śiva como "rey de la danza", Naṭarāja,[682] veamos de describir los sentimientos religiosos que aún hoy día se encuentran vivos en el śivaísmo.

Ante todo la danza divina simboliza la plenitud de Dios, que no necesita de nada ni de ninguna criatura para gozar de su propia infinitud y gloria. Dios es la suprema beatitud, autosuficiente y absoluta. Dios es feliz porque es la plenitud misma, danza porque no tiene quehacer ninguno que llevar a cabo. La danza no es la expresión de un deseo o de una tendencia para conseguir algo sino la explosión de una plenitud interna y la manifestación de un gozo interior. Naṭarāja el rey de la danza, es el Dios de la gloria. Acaso no pueda existir otro símbolo de la Divinidad que llegue tan adentro en el ser divino. La danza es la re-velación, el desvelamiento de la misma vida intradivina. Dios se ex-presa a sí mismo.

681. Cf. sobre la vida del fundador del *sat-mārga*, uno de los cuatro caminos tradicionales del śivaísmo, MAHADEVAN (1971b). Mānikkavācakar (Māṛikka Vāsahar) es uno de los cuatro *ācārya* del śivaísmo tamil. Cf. KINGSBU & PHILLIPS (1921). HOPKINS (2002).

682. El *tāṇḍava*, descrito en el *nāṭyaśāstra* es una danza extática, acompañada de "daimones", sobre el cuerpo de un demonio rebelde. Cf. COOMARASWAMY (1985).

Pero hay más aún, la danza de *Natarāja* es también la danza cósmica, la manifestación divina *ad extra*. La acción divina hacia el exterior no está marcada por el signo de la necesidad, como tampoco está caracterizada por una especie de degradación pesimista. No es ni un acto divino necesario al que el Ser supremo se vea obligado, ni tampoco una condescendencia de Dios, que, lleno de misericordia y de compasión, quiere hacer algo bueno al exterior. La creación no es ni una necesidad divina ni tampoco una especie de limosna, algo así como un acto indigno de Dios que se abaja y rebaja a crear las criaturas: es, por el contrario, una danza divina, una expansión de su gloria, una explosión de su exuberancia, un don gracioso (en todos los sentidos de la palabra) hecho por mero placer, por exclusivo amor, por un único impulso interior de gozo y despliegue de su misma alegría divina.

La creación es *līlā,* esto es un juego divino, un "pasatiempo" gozoso de Dios, un deporte del Ser supremo, que se entretiene y divierte haciendo partícipes de su gloria divina a los seres que por este mismo despliegue de su gloria llegan a ser. Más aún, toda la creación no es solamente *līlā* por parte de Dios, es también "juego" en sí misma. Todo el dinamismo del mundo creado, toda la tensión del universo, todo el sentido de la vida humana no es otro que el de un juego divino, que el de un deporte sobrenatural en el que los seres pueden participar para gozar de la misma beatitud divina y para convertirse en dignos compañeros de juego de Dios, que en la explosión de su belleza manda destellos de su mismo Ser hacia la nada que le circunda, alrededor de las tinieblas que fuera de Él existirían si no se entretuviese en enviar como en un castillo de fuegos artificiales sus propios rayos luminosos para el "divertimiento" y gozo de sí mismo y de los mismos destellos que Él produce. Todo en la vida es un juego, y la fe consiste en descubrirlo, realizando la experiencia de que nada hay de definitivo, excepto el mismo paso de danza por el cual volvemos a penetrar en el seno de la Divinidad, de la cual, como chispas inexistentes, habíamos salido, excusándonos del lenguaje antropomórfico a que nuestra cultura nos obliga.

No se trata tanto aquí de la danza humana como de la danza divina, no tanto del carácter cúltico de la danza, de la danza como sacrificio, como de la danza como sacramento, esto es como manifestación divina.[683] La danza cósmica de Śiva con su ritmo primordial da origen a los cinco poderes cósmicos tradicionales. Es por, y en, la danza cómo Śiva, el refulgente y terrible, el benigno y severo, realiza las cinco acciones cósmicas (*pañca-kṛtya*): la producción, la conservación, la destrucción, la descensión divinizante y la liberación. El Dios danzante lanza fuera de sí el mundo, creándolo. Una vez hecho venir "fuera", lo conserva haciéndolo tomar parte y participar en el ritmo de su danza, ritmo empero que *in crescendo* llega hasta inebriar a la criatura y la destruye. Viene luego el cuarto momento en el que es Dios mismo quien sostiene la marcha ya divina de la danza en el orden transcendente, en el estado en el que ningún ser creado puede sostener por sí solo el ritmo divino y finalmente cuando el alma, en este movimiento centrífugo, ha echado fuera y eliminado todo el resto de su creaturabilidad (*māyā*), entonces, viene la liberación total, la danza se termina y el alma en el fondo descubre que todo sólo ha sido un paso de baile y que en rigor todo ha sido sólo un compás de espera y esperanza en el "calderón" de la sinfonía cósmica de la realidad.

Hemos preferido expresarnos simbólicamente antes que entretenernos en una descripción de la filosofía subyacente. Digamos solamente que a diferencia de una cierta espiritualidad vedántica con tendencias monistas, el śivaísmo, en espe-

683. Ésta sería una diferencia con el *līlā* del kṛṣṇaísmo, que es más bien un juego, primero teándrico en Kṛṣṇa y luego humano en las almas enamoradas de él. El concepto de *līlā* sobrepasa con mucho el mundo śivaítico como también el viṣṇuíta. BÄUMER (1969), RAHNER, H. (1990), etc.

cial el de los grandes representantes del Kaśmir, es taxativamente *advaita*, a-dualista. Esto significa no sólo que no niega la realidad sensible sino que no la relega a un plano secundario. De ahí su relación con el tercer gran grupo de religiones de la India, como vamos a exponer a continuación.

3. Śaktismo

El śaktismo es el tercer *tantra* y puede decirse que constituye el *tantra* por excelencia, hasta el punto de que tantrismo se ha convertido poco menos que en sinónimo de śaktismo. En rigor el śaktismo, antes de ser una religión por su cuenta o un grupo de formas religiosas, como hemos puntualizado al principio de este capítulo, constituye una dimensión esencial de toda religión, y desde luego de todas las religiones del hinduismo. Lo consideraremos pues bajo este doble aspecto separadamente, esto es, como una religión eminentemente cultual por una parte, y como el aspecto cultual de toda religión por la otra. Podríamos añadir que en el primer aspecto el śaktismo representa el *culto de toda religión* y, en el segundo, la *religión del culto*.

Sirva como introducción decir que el término *śakti* aparece ya en el mismo *Ṛg Veda* como una especie de principio creador del que se sirve un Dios para su acción.[684] La misma presencia divina en el mundo, en cuanto el poder divino lo sostiene todo, se llama también *Śakti*.[685] La omnipotencia divina está ligada a su omnipresencia.[686] Más aún. Dios *en* el mundo es su *śakti*, su poder.

684. Cf. *RV* VII, 68, 8, en donde es por la *śakti* por la que las aguas se levantan.
685. Cf. *RV* X, 88, 10, en donde se describe que *Agni* llena el mundo con su *śakti*.
686. Cf. la noción de escolástica cristiana de la presencia divina por "potencia", cf. vgr. TOMÁS DE AQUINO, *Sum. theol.* I, q. 8,.a. 3.; y la noción de "energías" de la Ortodoxia, cf. LOSSKY (1982), pp. 51 y ss.

En última instancia la razón teológica-filosófica que introduce y justifica la *śakti* nos parece ser la siguiente: Dios, en cuanto a Ser supremo, es inmutable y transcendente, pero por otro lado tiene que tener alguna relación con el mundo, puesto que el mundo, en una forma u otra, es obra de la Divinidad. Dios tiene que habérselas con el mundo, pero no puede ensuciarse las manos, por así decir, en un contacto con él. La *śakti,* como "poder" divino, será el intermediario. Poder que luego será personificado y considerado como la consorte de Dios. Puestos a expresarnos aristotélicamente, acaso pudiera decirse que la *Śakti*, como complemento metafísico de *Īśvara*,[687] representa la *causa materialis* del mundo, al lado de la *efficiens* representada por *Īśvara*.

Dios está en todas partes con su Poder y lo es todo en cuanto el todo no es sino su manifestación. El alma contemplativa descubre las cosas como lo que en realidad son y, más aún, perforando las apariencias encuentra al Dios escondido en sus propias manifestaciones (*sva-guṇaih)*.[688] La *Śakti* divina es lo que permite al hinduismo conectar Dios y el mundo sin necesidad de caer en ninguno de los dos extremos: o monismo o dualismo. «Sin su *Śakti*, Śiva es sólo un cadáver», dice un texto tántrico.[689] Muchas de las aporías del pensamiento dialéctico caerían por su base si la llamada omnipotencia divina se interpretase como omnipresencia.

687. SCHRADER (1916), p. 29.

688. "*Sva-guṇaih*", en sus propios *guṇa*, es en rigor un instrumental. Dios se esconde por medio de sus propias manifestaciones, se recubre con el mismo velo con que se manifiesta. Si Dios se re-velase completamente, si se des-cubriese de una manera absoluta, sería completamente invisible. Dios es un Ser abscóndito y no puede dejar de serlo. Cf. el bello y paralelo texto que habla de Dios como escondido en todos los seres: *sarva-bhūteṣu gūdham*, *SU* VI, 15-17, Para las *Upaniṣad* hay una correlación muy profunda entre el *deus absconditus* y el *deus intimus*. Una monografía sobre la Trinidad cristiana y *Brahman*, *Īśvara* y *Śakti* es un estudio que resta todavía casi por iniciar. Cf. un esbozo de una problemática parcial en PANIKKAR (1961/5).

689. *Kubjikā Tantra* en GONDA (1960-63) II, p. 80.

Una característica fundamental de todo śaktismo es su concreción, y aun materialidad, sin temor alguno de comprometer la transcendencia, la inefabilidad o la inmutabilidad divinas. El śaktismo es eminentemente realista y, sin embargo, no tiene por qué ser dualista. De hecho, el śaktismo surge al lado de los monismos más rigurosos como una especie de compensación y complemento. El śaktismo representa, con ello, el polo humano e inmanente de toda religión. No es pues extraña su enorme difusión en el hinduismo y su penetración en todas las demás formas religiosas.[690] No sin razón se le ha llamado una moda paníndica.[691] El tantrismo, en rigor, es considerado frecuentemente como formando parte de la *śruti*, esto es, de la revelación y por tanto al lado de los *Veda*,[692] sería *Āgama* y no *nigama*.

El realismo śáktico abre el camino al método de la reintegración como el camino general para la salvación humana. Para el śaktismo la salvación no es tanto una liberación, entendida como escapismo de la materia o del mundo, como penetración y "redención" del cuerpo y de la materia por el espíritu, aunque estas expresiones no deban entenderse en el sentido occidental corriente, porque no se trata tanto de una espiritualización como de una superación del dualismo. Se ha contrapuesto el ideal de la *liberación* característico de la India al ideal de *libertad* propio del Occidente, para añadir que esta distinción no se aplica al tantrismo, que desde este punto debería clasificarse como puramente occidental.[693] Otros hacen no-

690. Se impone un estudio monográfico sobre la *śakti* y las energías divinas de la Patrística griega, tanto antes como después de la ruptura con Occidente. Éste es el problema de la Trinidad y de Cristo, tan arrinconado en la tradición cristiana – con honrosas excepciones.

691. Cf. ELIADE (1991a), cap. VI. Cf. como ejemplo. BOLLE (1962), pp. 128-142 – aunque estos "elementos" se pueden encontrar en casi todos los escritores indios.

692. Los *tantras* suelen ser llamados *śrutiśakhāviśeṣah*, "rama particular de la revelación".

693. EVOLA (1971), p. 288.

tar con mucha razón que la gran dificultad para aproximarse adecuadamente al tantrismo en particular y a la espiritualidad índica en general, para el occidental moderno, estriba en el individualismo de éste último:

> «Un tántrico es poco consciente de sí mismo – su búsqueda no es personal, no es una búsqueda individual, sino una experiencia del misterio del mundo y del cosmos. La experiencia en cuanto tal es más importante que la libertad individual, que el derecho individual.»[694]

Acaso una buena parte de la espiritualidad contemporánea, incluso en clima cristiano, se acerca a esta revalorización de la materia y del cuerpo, y a la recuperación del estado primigenio del hombre, perdido por el pecado original. Toda la teoría de la oración de Evagrio, por ejemplo, está dominada por esta idea, que al principio la revelación del Espíritu era la luz misma de la inteligencia y ésta la guía de los sentidos. La oración consiste en recuperar el estado paradisíaco.[695] Simeón, el Nuevo Teólogo, nos podría ofrecer otro ejemplo.[696] Pero no es de nuestra incumbencia ahora el seguir por estos derroteros.[697]

De acuerdo con el carácter no especulativo del śaktismo, éste no tiene una teoría sobre el estado original del hombre y su método de reintegración; se presenta más bien como integración de una perfección originaria intemporal.[698] Lo que en el cristianismo puede llamarse una vuelta al seno de Dios, en el śaktismo sería una penetración de Dios, de la *Śakti* de Dios en el hombre y en el mundo – una descensión de Dios más bien que una ascensión a Él.

694. NAYAK (2001), p. 125.
695. Cf. vgr. *Centurias* III, 55.
696. Cf. vgr. SYMEON, *Orat.* 57 (P.G. 120, 297) y también *Vita Symeon*, n. 4, p. 7, etc.
697. Cf. LOSSKY (1982).
698. Cf. HOLDREGE (1998), pp. 341-386, con abundante bibliografía.

A efectos de claridad terminológica, aunque esta división no pueda nunca tomarse al pie de la letra, llamaremos śaktismo propiamente dicho a la forma de religiosidad propia de las diversas religiones que podríamos denominar śākticas, y tantrismo a la religiosidad cultual difuminada en toda religión y en el hinduismo en particular.

a. El śaktismo como la religión del culto

La categoría fundamental del śaktismo es el *sādhana*.[699] Suele traducirse por "realización". El *sādhaka* es ciertamente quien ha conseguido la realización – aunque en el lenguaje técnico corriente signifique simplemente "el iniciado".[700]

Diciendo que el śaktismo es puro culto queremos expresar que la preocupación central, y en rigor única, del śaktismo es la consecución del fin, la realización de la meta, la llegada a la salvación. Menos que ninguna otra forma religiosa el śaktismo se preocupará de dar una formulación teórica a su único interés. Lo único que el śaktismo afirma es el camino o los caminos, en el sentido más concreto de acciones a realizar para alcanzar la tal salvación. El śaktismo es puro culto, esto es simple acción salvífica. Toda la enorme literatura śāktica no hará otra cosa que describirnos cómo se hace para, en cada caso, conseguir el fin último del hombre.

Ni que decir tiene que el śaktismo, como cualquier otra forma religiosa, tiene una determinada concepción latente e implícita, pero, a diferencia de las otras religiones, no se preocupará en sacarla a la luz.

Intentando explicitar alguna de estas concepciones podríamos encontrar las siguientes características:

La prioridad de la experiencia, sobre el conocimiento teorético.[701] Algunos autores hacen la distinción entre *vijñāna*

699. Cf. Glosario.
700. Cf. VARENNE (1997).
701. Cf. NAYAK (2001), el cual cita un poeta del siglo XVIII al que alude Ramakrishna Paramahamsa: «Yo quisiera gustar la miel y no convertirme en miel».

como experiencia y *jñāna* como *epistêmê* o ciencia especulativa, aunque el vocabulario sánscrito es muy impreciso en estas palabras.[702] Lo cierto es que el śaktismo, como hemos dicho, insiste en la experiencia personal que sólo puede obtenerse si hay la ortopraxis ritual. Una antigua *Upaniṣad*,[703] por ejemplo, nos describirá el cuerpo femenino como el altar del sacrificio y la imagen del macrocosmos. El śaktismo construirá todo un rito muy elaborado para convertirlo en experiencia personal. En todo caso el śaktismo no rehúye el experimento para llegar a la experiencia – lo que exige evidentemente una gran preparación (iniciación, purificación, etc.) del experimentador. El presupuesto teórico de esta actitud es, naturalmente, que este mundo es real y que los famosos sacrificios mentales del *vedānta* no son suficientes para hacernos llegar a la realización.

El principio de la polaridad es acaso el segundo presupuesto implícito del śaktismo. Toda la realidad presenta, en efecto, este innegable carácter bipolar: el Ser (*sat*) y el No-ser (*asat*), el sujeto y el objeto, la conciencia (*cit*) y la ignorancia (*avidyā*), el yo (*aham*) y lo esto (*idam*), el placer y el dolor, lo masculino y lo femenino, el espíritu y la carne, etc. En una palabra Śiva y su *Śakti* o, en términos generales, Dios y su Poder o Energía; o, con lenguaje filosófico, la eternidad y el tiempo, lo transcendente y este mundo, lo absoluto y lo relativo.[704]

El principio de la reconquista positiva de la unidad nos parece ser la tercera hipótesis fundamental del śaktismo. Decimos positiva porque el intento de recuperar la unidad o, por lo menos, de alcanzarla, es poco menos que un principio religio-

702. Cf. PANIKKAR (1997/XXXIX), pp. 124-131.

703. *BU* VI, 4.

704. Sobre *Śiva* y *Śakti* cf. la traducción española de ZIMMER (1995) y en general toda la obra de este gran indólogo. El principal interés de Mircea Eliade por el hinduismo se concentraba también en el śaktismo (visto más como una religión que como una filosofía, más como ortopraxis que como ortodoxia) aunque, como hemos dicho, estas discusiones son un tanto artificiales y poco índicas.

so general. Si nos ceñimos a la India, aunque nuestra reflexión valga también allende los límites del hinduismo, podemos decir que existen dos métodos diversos de recuperación de la unidad, *negativo* el uno y *positivo* el otro.

El camino de la pura negación es el clásico método del *māyāvāda*, típico del *vedānta* predominantemente filosófico. El célebre "*neti neti*" upaniṣádico podría ser su expresión más simple.[705] En rigor no se trata de recuperación sino tan sólo del descubrimiento de la única realidad que siempre ha sido, incluso allí en donde no se reconocía. Se trata de la negación radical del *asat*, del no-ser, del reconocimiento de la irrealidad de los *upādhi*, de las adherencias ilusorias que se han pegado al Ser. El sacrificio de los *Veda* se ha interiorizado tanto que no se ha contentado con reconocer la primacía del sacrificio interior y del intelecto como hacen las *Upaniṣad*, sino que se ha convertido en un simple reconocimiento de la realidad eterna, habiendo eliminado cualquier posibilidad de acción ontológica.

El método positivo es, en cambio, el típico del śaktismo. Se le podría llamar también camino de sublimación. Para el śaktismo la reconquista es real, se trata de un camino de recuperación. La salvación no es considerada como un simple descubrimiento sino como una verdadera realización. La polaridad se sublima por la unión de todos los contrarios. El śaktismo es un camino de integración. No quiere perder nada, ni dejar nada por el camino. Para el realismo śáktico el mundo físico y el cuerpo humano son reales, frente al idealismo de un cierto *vedānta* monista que afirma que el mundo es inconsistente y en último término irreal. Aquí se podría poner en relación la espiritualidad śáktica con la noción sacramental del universo – que dejamos sólo apuntada.

705. «*Sa eṣa neti nety ātmā*», «no es esto el *ātman*», *BU* IV, 4, 22. Cf. también Ib. II, 3, 6; III, 9, 26. *Neti*, como es sabido, significa: *na iti*, "no esto". Los textos citados son explícitos por lo que se refiere a la incomprensibilidad del *ātman*.

El principio de la integración regresiva constituye, en cuarto lugar, la característica más propia del śaktismo. Basado sobre el axioma de que la integración debe llevarse a cabo por el mismo medio por el que ha tenido lugar la desmembración, el śaktismo lo lleva hasta sus más extremas consecuencias. Este principio de la integración regresiva viene a decir que aquello mismo que ha sido ocasión de caída debe ser la medicina regeneradora. Cuando uno tropieza y se cae al suelo es apoyándose en el mismo suelo como uno se levanta.[706]

Según la terminología śáktica el hombre pasa por tres estadios (*bhāva*): *paśu* (animal) o el alma encadenada a este mundo, *vīra* (hombre) o estado heroico y *divya* o estado divino. Pues bien, el paso de *paśu* a *vīra* debe hacerse rompiendo los *pāśa* o cadenas y apegamientos que el hombre animal aún tiene. Aunque la lista de los distintos *tantra-śakta* sea un tanto fluctuante, según una opinión bastante común los ocho lazos que hay que romper para pasar de *paśu* a *vīra* son: compasión, perplejidad, vergüenza, familia, moralidad, casta, ternura y miedo. Ahora bien, para liberarse de estas cadenas hay que apoyarse en los mismos anillos de esta cadena. De ahí las diversas prácticas del śaktismo, desde las más refinadas hasta las más burdas. Pero si todo debe ser salvado no se puede en rigor decir que haya realidades que sean impuras o que deban ser ignoradas.

Se trata pues, no sólo de una integración total para salvar cualquier átomo de ser, sino de una integración regresiva, esto es, que deshace el camino andado invirtiendo el signo a todo el proceso cósmico. Los tres elementos del *sādhana* son el hombre, en especial su *corporeidad*, el *cosmos* y el *tiempo*. Hay que sublimarlos, invirtiendo el proceso por el cual estas tres realidades han llegado a ser.

Al primer elemento, el cuerpo humano, corresponde el famoso *pañca-makāra* o sistema de las cinco *m*, porque los cin-

706. Según el *Kulārṇava-tantra*, texto del siglo XIII en NAYAK (2001) p. 113.

co métodos se refieren a cinco objetos cuyo nombre sánscrito empieza por *m*. La *pañca-makāra-pújā* consiste en la utilización ritual de estos cinco objetos en forma inversa a la que generalmente vienen usados. Si el vino (*madyā*), la carne (*māṃsā*), el pescado (*matsya*), los gestos (o el grano, según otra interpretación) (*mudrā*), la unión sexual (*maithuna*), encadenan al hombre, será por la sublimación, pero no por la huida de estas cinco cosas como el hombre podrá llegar a superarlas e integrarlas en su regreso hasta la Divinidad. Al segundo elemento corresponde toda la práctica yoga, sobre todo del *haṭha-yoga* como dominio del propio cuerpo, imagen real de todo el cosmos. El proceso es doble: por un lado tiende a poner en armonía el cuerpo humano con el cosmos, a sintonizarlo con el universo y hacer así que la imagen del microcosmos sea la perfecta reproducción del macrocosmos, o, mejor aún, llegar a la identificación de ambos, ya que en rigor no hay un micro y un macrocosmos. Por el otro lado, el śaktismo como religión no se contenta con conseguir solamente una cierta serenidad psíquica o apaciguamiento psicológico.[707] Una vez el ser humano ha sido *universalizado*, "cosmificado",[708] hace falta transcender el universo y unir los opuestos y todos los contrarios. Hay que llegar a la absorción final y a la realización de la unidad. Es aquí en donde la interpretación, por otro lado un poco ecléctica, de la triple *Śakti* identificada a los tres *mārga*: *karma*, *bhakti* y *jñāna,* encuentra su sentido más profundo.[709]

El tercer elemento (*tiempo*) se refiere en primer lugar al dominio del ritmo respiratorio (*prāṇāyāma*) como introducción a

707. Esto lo deberían tener muy presente en Occidente los enamorados del yoga como de una simple higiene psicofísica.
708. La expresión es de ELIADE (1991a) en su libro citado sobre el Yoga.
709. Así suelen interpretarse los siete *ācāra* o comportamientos clásicos del *kulārnava-tantra*.

la concentración (*dhārana*), a la meditación (*dhyāna*) y al éntasis[710] (*samādhi*). El salto del tiempo a la eternidad, de acuerdo con el principio anunciado, no se hará pues huyendo del tiempo, o simplemente transcendiéndolo, sino empezando por hacerlo caminar al revés, esto es parándolo, reteniendo primeramente la respiración, luego las ideas y, más allá, el curso mismo del cosmos humano y aun del mismo universo cuando se llega a aquel punto de contacto en el que el tiempo es como reabsorbido en la eternidad.[711]

El *principio de la feminidad* constituye finalmente la quinta dimensión del śaktismo que le confiere un color particular y una modalidad especial.

Hemos dicho ya que la *Śakti* corresponde al aspecto femenino de la Divinidad y desde un cierto ángulo a la maternidad divina universal. Es la *Śakti* quien ha dado a luz al mundo. El principio femenino forma parte de la polaridad descrita, pero el śaktismo lo pone constantemente en relieve como la parte más característica y, desde el punto de vista del cosmos, más inmanente y directa. Incluso allí en donde se realizan sacrificios cruentos, los animales hembras no deben ser sacrificados. La *Śakti* como Divinidad personificada es la consorte del Dios correspondiente, como hemos dicho ya, pero además es la mediadora entre el alma devota y la Divinidad. Ningún creyente irá a visitar la imagen de su Dios, a tener el *darśana* de la Divinidad, sin ir primero a hacer una visita a la *Śakti* correspondiente como propiciatoria e intercesora, como hemos dicho ya hablando del viṣṇuismo. La idea filosófica, que mencionamos al principio, de la *Śakti* como puente intermedio entre lo Absoluto y lo relativo encuentra aquí su símbolo más real. De ahí

710. Cf. ELIADE (1991a).
711. Vienen a la mente las técnicas para "parar el mundo" descritas por Carlos Castaneda en su numerosa obra sobre el chamanismo mexicano. Cf., en particular, CASTANEDA (1978).

que la adoración tome frecuentemente las formas de la deidad femenina como más adecuadas para expresar nuestra relación con Dios. El erotismo de algunas prácticas y el colorido femenino de la *bhakti* śáktica encuentran también aquí su explicación. Después de esta breve descripción general de lo que nos parece que sean los principios más importantes del śaktismo habría que descender a la explicación de la práctica, pero ello nos llevaría demasiado lejos.[712]

Resumiendo, forzosamente simplificando e intentando descubrir su dimensión más profunda, la gran fuerza del śaktismo consiste en el (re)descubrimiento de la dimensión divina del amor carnal. Todo amor real en el hombre, si no se reduce a una abstracción del intelecto, es un amor que incluye también el cuerpo. Su peligro estriba en deshumanizar el amor humano y hacerlo degenerar en una mera técnica para el amor divino, como se comprueba en su interpretación del amor humano que es reducido a menudo a un simple medio o instrumento para la "realización" – generalmente del varón. Y ésta es otra lacra, a pesar de las excepciones. La mujer es reducida a un simple objeto, no obstante su idealización. El equilibrio entre los dos amores, así como la armonía entre el "espíritu" y la "materia" no es facil de conseguir. Y aquí, de nuevo, aparece el papel central de la experiencia (y no sólo del concepto) del *advaita* o *a-dualidad.*

b. El tantrismo como el culto de la religión

Lo que dijimos de la pretensión del tantrismo, de formar parte de los *Veda* o de ser una parte constitutiva de la *śruti,* no deja de tener sus visos de verosimilitud si se considera que el

712. Como iniciación bibliográfica pueden consultarse, además de las obras ya citadas, CHAKRAVARTI (1986); DASGUPTA S.B. (1969; 1974), que aunque toca un campo en el que no hemos entrado contiene importante material y sirve de punto de comparación y contraste; GLASENAPP (1936), pp. 120-133; GOSH (1935); PAL (1910); WOODROFFE (1963; 1974; 1978; 1991).

tantrismo no quiere ser otra cosa que la realización concreta del camino ritualístico y de la acción sacrificial de los *Veda*. De ahí que pueda muy bien considerarse como una especial espiritualidad de tipo concreto y práctico difuminada por todo el hinduismo.

Por esta misma razón, aunque el tantrismo diga una relación especial con el śivaísmo, se encuentra presente en todos los grupos religiosos del hinduismo, sin excluir, antes al contrario, el buddhismo y el jainismo. Al lado de los 18 clásicos *Āgama* o *Śiva-tantra* nos encontramos (aunque de un período algo posterior) los *yāmala* (*Rudra, Skanda, Brahma, Viṣṇu, Yama, Vāyu, Kubera e Indra*).

Para delimitar un campo poco menos que sin fronteras nos limitaremos a explicar algunas de las categorías tántricas que pueden encontrarse en las más variadas formas del hinduismo, añadiendo en seguida que tampoco pueden considerarse estas categorías como exclusivas del tantrismo.

Más aún, el tantrismo como el culto de la religión, no pretende estar ligado a ningún sistema teológico ni siquiera a ninguna religión particular. En rigor, cualquier puesta en práctica de los principios de toda religión pudiera muy bien llamarse tantrismo. Estamos tan acostumbrados a identificar continentes con contenidos, y a las religiones con sus vestimentas culturales, que nos parece extraño que pueda por ejemplo decirse que lo que en el cristianismo se llama liturgia, esto es la actualización y la autoaplicación de la salvación, en las religiones de origen indio se llame tantrismo. El tantrismo, en efecto, no pretende ser otra cosa que la "realización", esto es la aplicación personal del método, a saber del camino de salvación. Que luego el "*methodos*" se convierta en simple "*technê*" es un peligro del que no está exenta ninguna religión. Ritualismo mágico y superstición son grados de esta degeneración, pero el verdadero tantrismo, como la auténtica liturgia, están muy lejos de las tales exageraciones.

El principio general que rige el culto tántrico nos parece ser el siguiente: La salvación no es una abstracción sino un acto (y, como acto, muy real) por el cual el hombre llega a su plenitud, al "Absoluto". Ahora bien, de acuerdo con lo que hemos dicho hasta ahora, el tantrismo no quiere perder nada ni dejar nada sin integrar. El culto salvífico no podrá, por tanto, consistir solamente en una sublimación de la praxis salvífica por el intelecto, sino que tendrá que llevarse a cabo en todas las capas del ser humano y en todos los niveles del cosmos. En otras palabras, la acción salvífica (y esto y no otra cosa quiere ser el culto, aquí como en todas partes) tendrá que ser una *realización* o una integración de todo nuestro ser para hacerlo llegar a la meta. De ahí que el tantrismo no sea otra cosa que el proceso de materialización, de encarnación si se quiere, o de realización del acto cultual. Para salvarse hay que llevar a cabo un acto, hay que realizar algo. Ahora bien, este algo no puede ser menos que el "todo", esto es, la salvación de todo el hombre y de todo el cosmos. No basta un acto del mero intelecto o de la simple voluntad para salvarse, porque no se trata de salvar solamente la voluntad o el intelecto, ni aun tan sólo el alma, sino el hombre entero y aun el cosmos todo. Un conocido dicho tántrico reza: «Sólo un Dios puede adorar a un Dios». De ahí que haya que transfigurar el cuerpo del adorante antes de cualquier culto tántrico.[713]

El culto interior, el sacrificio de la mente, deberá pues manifestarse y extenderse hasta la participación del cuerpo y la integración del espacio y del tiempo. De ahí que podamos reducir las principales categorías tántricas, que de una forma u otra se encuentran en todo el hinduismo y aun en toda religión, a las siguientes:

La salvación debe ser realizada por la palabra además de serlo por la mente. La vocalización del culto le es esencial si éste quiere ser completo. La palabra es la primera categoría

713. Cf. PIANO (1996a), vol IV, p. 165.

tántrica. Pero no se trata de una mera especulación sobre la esencia de la *vāc*, sino de la palabra realmente pronunciada, del sonido, de la plegaria vocal audible y física, más aún, retransmitida y conferida por quien tiene autoridad para hacerlo. El *mantra* es la primera categoría tántrica, aunque éste existiese mucho antes que la elaboración y la utilización hecha por el tantrismo.[714] Dijimos ya que estamos considerando el tantrismo como algo más que una simple religión particular.

No basta la audición para que el culto sea completo. Hace falta también la visualización, la realización en el espacio y su penetración en todo aquello que nos es accesible por el sentido de la vista. El hombre necesita ver y, viendo, caminar por el espacio. Si el *mantra* asimila el tiempo, el *yantra* integra el espacio y toda la zona de la visualidad humana.

La localización, esto es el *nyāsa*, representa la concreción más particular y física para que no pueda nunca el hombre sucumbir a la tentación de abandonar la materia o de separarse del resto de la humanidad. La continuidad física pertenece a la esencia de toda religión.

Finalmente el cuerpo humano en su complejidad participa también del proceso de reintegración salvífica. De ahí que las *mudrā* formen también parte de la espiritualidad tántrica, al lado de los otros gestos humanos que no sólo expresan el estado del alma sino que pertenecen al mismo regreso rítmico de todas las cosas a su origen. Hemos hablado ya de la danza como acto ritual.

714. Un importante estudio, aún por hacer, a pesar de los numerosos paralelismos descritos por los especialistas, sería el que relacionase el tantrismo con el chamanismo. De nuevo viene a la mente el nombre de Mircea Eliade (Cf. ELIADE (2001a)). El público español tiene también a su alcance los tres volúmenes de su *Historia de las creencias y las ideas religiosas*, ELIADE (1999), aunque no trate específicamente del tema. Tampoco trata del tema, pero contiene sugerencias implícitas la descripción autobiográfica de una antropóloga rusa en la tierra (*taiga*) de los chamanes en Siberia, NAUMOVA (1999).

Describiremos muy sucintamente estas cuatro características, que nos permitirán una visión interior del hinduismo en su complejidad. Insistimos sobre ello porque demasiadas veces se ha identificado el hinduismo con una simple doctrina especulativa más o menos desconectada de la vida y se ha interpretado como un escapismo de la materia, una negación del tiempo o un desprecio de las realidades espaciales.

α) *El* mantra

La misma etimología de la palabra nos introducirá de lleno en el espíritu y en la función del *mantra*. Dejando aparte variaciones secundarias, o ya demasiado elaboradas,[715] podemos decir que *mantra* significa un "instrumento de la mente",[716] un medio para la realización de la acción sagrada, el acompañante natural del rito.[717] «Los *mantra* y los *brāhmaṇa* componen los *Veda*», dice la ortodoxia brahmánica.[718] No hay en efecto *Veda* sin la asimilación personal y sin la acción que el *Veda* comporta. El *Veda* no es un "libro", como dijimos ya. La recitación mántrica pertenece al mismo *Veda*. Un estudio meramente teórico de los *Veda* no significa nada para el hinduismo.[719] El estudio tiene su razón de ser, pero siempre integrado en la praxis y como una función del todo.

El *mantra* consiste en un versículo sagrado, o aun en una simple palabra, que puede tener un significado inmediato o es-

715. «El fonema *man* de *mantra* procede de la primera sílaba de *manana* (pensar), y el fonema *tra* de *trāna* (liberación), de la servidumbre del *saṃsāra* (mundo fenoménico).» WOODROFFE (1955), p. 259.

716. La raíz *man* significa pensar y está relacionada con el griego *menô* [permanecer y, originalmente, pensar], el alemán *meinen*, el inglés *mind*, etc. Cf. también los vocablos latinos *meminisse*, *monere* y los correspondientes griegos, etc. «Instrument of thought, speech» traduce el diccionario de MONIER-WILLIAMS.

717. Cf. LEVI (1858), p. 3.

718. Cf. *ib*.

719. Cf. *TU* I, 9.

tar desprovisto de él, que se recita y aun repite en voz alta primero y que se interioriza luego. El *mantra* es un sonido con contenido no sólo supra-intelectual sino primordialmente sacro, por tanto salvífico, y en consecuencia eficaz cuando es recitado con las disposiciones y condiciones debidas. El *mantra* posee un carácter sacramental.[720]

Dejamos de lado la profunda y elaborada concepción especulativa sobre la palabra (*vāc*)[721] y la palabra pronunciada (*śabda*)[722] para intentar expresar el contenido último de la espiritualidad del *mantra* sin entrar en otras consideraciones.[723]

"Sonido místico"[724] ha solido traducirse, a veces, la palabra *mantra* para expresar su dinámica función salvífica. En efecto, la repetición ritual del *mantra* posee la eficacia de identificarnos con su objeto. Esta eficacia nos parece ser triple: En primer lugar sirve como punto concreto de eficacia psicológica para la concentración meditativa (*dhāraṇā*). Cualquier espiritualidad conoce el efecto de la oración vocal, por ejemplo. La meditación concentrada en la repetición lenta y cada vez más jugosa, espiritual y corporal a la vez, es un procedimiento indiscutible de interiorización.[725] En segundo lugar el *mantra* ve-

720. Cf. Las diez contribuciones en ALPER (1989), con 87 páginas de útil bibliografía (unas 1.500 entradas). Cf. también PADOUX (1975), quien ha escrito mucho sobre el particular.

721. Cf. vgr. *AB* X, 3, 1 y la selección de textos védicos en PANIKKAR (2001/XXV), pp. 119-152.

722. Conocido es que todo el fundamento de la *mīmāṃsā*, reposa sobre el valor de la palabra védica.

723. Sobre *śabda* en el tantrismo Cf. WOODROFFE (2001). Nos parece que sería muy importante para la filosofía del lenguaje occidental moderno intentar abrirse a la problemática del lenguaje-sonido del tantrismo. Cf. COWARD (1980); GÄECHTER (1983) y SASTRI G. (1980).

724. Cf. vgr. BAGHI (1958), IV, p. 211; ELIADE (1991a), etc.

725. El *yoga* hindú, el *nembutsu*, *zen*, el *dhikr* islámico, el *hesicasmo* cristiano, incluso el *rosario*, etc., a pesar de que no deben confundirse, presentan indudablemente semejanzas profundas y emergen de una misma necesidad humana y atracción divina.

rifica la identificación intelectual de nuestro espíritu con el contenido inteligible o espiritual del *mantra*. La verdad religiosa que salva no es la simple enunciación de una doctrina sino su asimilación personal, su realización también intelectual. En tercer lugar el culto mántrico permite una identificación más profunda y más total que la meramente intelectual o que la intencional.[726] El *mantra* es una realidad, una manifestación mística, un eco audible del transcendente y, por tanto, una escalera para encaramarse hasta él. Por esto, hicimos ya notar que hay *mantra* que no poseen ningún sentido inteligible inmediato, para que esta tercera función no venga obnubilada por la segunda.

Para completar la exposición de la tercera función del *mantra* debemos integrarla dentro del conjunto de los demás ritos, en especial del *nyāsa,* e introducir el importante concepto de *bīja*.

La eficacia del *mantra* no es mágica ni automática. Puede decirse que el *mantra* es solamente *mantra* cuando es un *bīja-mantra*, esto es cuando posee un *bīja*, es decir una *semilla* viva y divina que es quien le da eficacia y valor. La presencia de este *bīja* no está dada con la mera repetición externa del *mantra*. Hace falta que la semilla divina le sea inoculada por así decir.[727] Esto ocurre con la imposición del *mantra* por el *guru*. Nadie puede darse un *mantra* a sí mismo. El *mantra* pertenece a la iniciación.[728]

Cada aspecto de la Divinidad o cada personificación divina tiene su *bīja,* y es éste el que da fuerza y eficacia al *mantra*,

726. Obsérvese que estos tres elementos: "acción", "intención" y "soporte material", son esenciales a la morfología de todo sacramento.

727. Cf. un apotegma de los Padres del desierto: «¿En qué consiste la plegaria pura? Y el anciano respondió: aquella que comporta pocas palabras y muchas acciones; porque si tus acciones no sobrepasan en mucho tu petición, tus oraciones no son más que palabras, palabras vacías de semillas». WALLIS-BUDGE (1907).

728. Sobre el *mantra,* además de las obras ya citadas, cf. RENOU (1956). Bibliografía y textos en ELIADE (1991a); VISHNU DEVANDA (1988).

más aún, es esta alma invisible del *mantra* la que permite la identificación con la Divinidad a quien recite convenientemente el *mantra*.[729]

Es precisamente la presencia vital del *bīja*, esto es del germen divino en el *mantra*, el que permite las famosas reducciones de los textos sagrados del hinduismo (como del buddhismo – y aun en cierto modo del cristianismo)[730] de manera que millares de *śloka* (estrofas) vengan reducidas a unas pocas y aun éstas a un *mantra* único, de un solo sonido a menudo monosilábico.[731]

Otro concepto importante para la espiritualidad del *mantra* es el *japa* o la repetición rítmica y ritual bien sea del nombre de Dios, *nāma-japa*, bien de un *mantra* determinado, generalmente un *mantra-japa*.[732]

El *japa* realizado según los diversos métodos de las distintas escuelas tiene por finalidad inmediata la de introducir a una presencia de Dios no solamente intelectual sino plenaria, es decir, que no se reduce a la mera conciencia última de nuestra religación con Dios, sino a la penetración y compenetración del ser divino en todas las acciones del *sādhaka*. Es Śiva mismo quien define el *japa* como la misma conversación ordinaria del *yoga*: «La conversación del *yoga*, ésta es su recitación, su *kathā japa*».

729. No creemos traicionar mucho ni el cristianismo ni el hinduismo diciendo que el *opus operatum* [el poder objetivo] del *mantra* corresponde al *opus operantis* [poder del transmitente en cuanto personificación de la Divinidad] del *bīja*, distinto, evidentemente, del *opus operans* [la cualificación del que la recibe] del *sādhaka* o del *opus operantis* de quien lo confiere.
730. Cf. *Mt* XXII, 40.
731. El caso más notorio es el de la sílaba mística *Aum*, que encerraría dentro de sí todos los *Veda*. Cf. *TU* I, 8; *CU* 11, 23, 3; *MandU* 1, 8-12; etc.
732. Sobre la recitación del nombre de Dios en el cristianismo cf. HAUSHERR (1960) y su amplia bibliografía que nos exime de ser más prolijos. En español pueden consultarse dos obras clásicas de la iglesia de Oriente: *La Filocalia de la oración de Jesús*, VV. AA. (1994) y *Relatos de un peregrino ruso*, ANÓNIMO; y el más reciente *Invocación del Nombre de Jesús*, ANÓNIMO (1988).

«Todas las palabras del alma ya liberada, incluso las más ordinarias, son *japa* porque están todas ellas impregnadas de la realización ininterrumpida de la Divinidad del *ātman*.»

Comenta Kśemarāja.[733] Aunque el yoga conozca el *ajapa-mantra*, esto es, la recitación sin fórmula que se verifica a un cierto momento del *ātmaprāṇa-pratiṣṭhā* (ejercicio de la respiración, *prāṇāyāma*), aun la mística más monística del hinduismo no desconoce el *japa*, que va interiorizando paulatinamente.[734]

Innumerables son los métodos para practicar el *japa*.[735] En el fondo se trata de repetir el *mantra* recibido, normalmente, en la iniciación, de manera que el *bīja* o la fuerza divina del mismo vaya penetrando en nuestro interior y la conciencia humana se vaya ampliando hasta las dimensiones cósmicas.[736]

Junto al *japa* se encuentra la recitación de preces litánicas (*stotra*) o la repetición de los innumerables nombres de Dios.[737]

Según el śivaísmo del Kaśmir la eficacia del *mantra* estriba en que llega un momento en que ya no es el individuo particular quien reza o profiere la fórmula sino Dios mismo en nosotros.[738] Cualquier palabra en la que el Yo último es el sujeto se

733. KŚEMARĀJA, *Śivasūtravimarśini* III, 27, 1, 10 (en SILBURN (1961)). Estamos en el śivaísmo del Kaśmir.

734. Cf. vgr. *Vijñānabhairava* 145 (en SILBURN (1961), p. 163).

735. Cf. toda la parte cuarta de la obra de GARDET (1960), en donde se estudia el fenómeno paralelo en el islam y se compara con el yoga y el hesicasmo. Para una explicación, desde el punto de vista del sufismo, puede verse NURBAKHSH (2001), pp. 41-59 y SCHIMMEL (2002), pp. 184-195.

736. Cf. RABBOW (1954), en donde se muestra cómo en las mismas escuelas de filosofía griegas el método de la repetición era conocido y practicado. Como con razón hace notar HAUSHERR (1960), p. 170, la *meleté* de los Padres del cristianismo, que se suele traducir por meditación, se acerca más a esta repetición incluso verbal y vocal para que la "verdad" meditada penetre en todo nuestro psiquismo, que no a la reflexión mental que se suele entender hoy día por "meditación".

737. Cf. los nombres de *Viṣṇu* y los de *Śiva* en el *Mahābhārata*, XIII, 149 y XII, 284 respectivamente.

738. Cf. *Gal* II, 20; II *Cor* III, 5; *Rom* VIII, 26; etc.

convierte así en *mantra*, el *mantra-vīrya*, el *aham* (yo) que confiere eficacia y valor a la manifestación exterior del *mantra*.[739] No es, pues, el sonido desconectado del todo lo que vale.[740]

β) El yantra

La dimensión sonora de la realidad que viene representada en el *mantra* encuentra su complemento espacial en el *yantra*. La integración humana en el todo no se verifica solamente por medio de la oración vocal y mental, esto es por medio de la penetración meditativa en la realidad que se nos desvela en el culto mántrico, sino que requiere también, para ser completa, la asociación del espacio, o mejor dicho aún, la penetración y compenetración del hombre con la dimensión más material de la realidad, su dimensión espacial. La salvación del hombre no es una huida sino un retorno, no es una salida del mundo sino una auténtica entrada en él, no es un despojarse de lo material sino una unificación y sublimación.

El *yantra* representa un diagrama directo del *mantra* e indirectamente de toda la realidad. Consiste en un dibujo más o menos complicado, y de formas en cada caso precisas, que se hace, sea en diversos objetos, sea en el mismo suelo, en especial delante de las casas o en los templos. Son generalmente figuras geométricas en las que el círculo, el cuadrado y el triángulo forman los elementos principales.

«El *mantra* es eficaz, pero el *yantra* es potente» suele decir el tantrismo. De ahí que en rigor vayan siempre juntos. La consagración de la materia y, muy en especial, la consagración de aquel espacio reservado para la aparición y la acción de la

739. Cf. el típico simbolismo sonoro: La primera y la última letra del alfabeto sánscrito (*A* y *H*) se unifican en el punto *M* para formar *aham*, que significa "yo". Cf. SILBURN (1961), p. 164.

740. Cf. san AGUSTÍN, *In Ioam*. tract. 102, n. 1 (P. L. 35, 1896), diciendo que «no es el sonido de las letras o de las sílabas, sino su sentido» lo que cuenta cuando se reza en nombre de Cristo.

Divinidad, el altar, dice relación directa con toda la espiritualidad del *yantra* unida al *mantra*.[741]

El *yantra*, de acuerdo con el significado directo del mismo nombre ("instrumento", "empuñadura", "máquina"), posee una doble función: por un lado pretende ser la representación total del cosmos desde su principio divino hasta su manifestación creada; por el otro lado es el puente por el que el hombre entra visualmente dentro del universo real y auténtico. De un lado es objetivo, del otro es el instrumento subjetivo para llegar a la tal objetividad, es la visualización que le hace falta al hombre para ensimismarse en su verdadero "sí".

Para adorar a Dios de una manera real, y por tanto también eficaz, hay que "homogeneizarse" de alguna manera con él, de otro modo no hay contacto posible. Ya hemos citado un dicho tántrico muy repetido: que no se puede venerar a ninguna Divinidad si no se es ya divino.[742] El *yantra* permitiría esta introducción al mundo divino.

El tipo de *yantra* más conocido y más estudiado también en Occidente es el llamado *maṇḍala*. Su forma suele ser predominantemente circular de acuerdo con el significado mismo del nombre ("círculo").[743]

Además del carácter de representación de todo el universo posee también el sentido de protección y está íntimamente ligado al problema de la iniciación.[744]

741. Sobre el importante problema del altar cf. GALLING (1925); MUS (1935), continúa siendo una obra no solamente monumental sino también fundamental; HEESTERMAN (1957); KRAMRISCH (1996); además de las ya citadas obras de ELIADE. En terreno cristiano cabría mencionar: CONGAR (1958) y JANI (1983), y en campo islámico CORBIN (1998 y 2002). Añadimos estos títulos para indicar que, después de todo, los problemas de una auténtica espiritualidad no son tan divergentes.

742. «*Nādevo devam arcayet.*»

743. Sobre el *maṇḍala*, además de otras obras, cf. JUNG (2002a); TUCCI (1978); y la bibliografía aducida en ELIADE (1991a) y cf. también GÓMEZ DE LIAÑO (1998).

744. Cf. nota 269.

No podemos detenernos aquí en este importante tema, que también ha sido bien utilizado como una demostración de la teoría del inconsciente colectivo de la psicología profunda de C. G. Jung.[745]

γ) El nyāsa

Este otro elemento del tantrismo consiste en la proyección ritual de la Divinidad o de su gracia al hombre, de una manera concreta por contacto físico como canal para la impregnación real. En el fondo se trata de la localización más concreta posible dentro de la línea general del tantrismo. Esto es, no basta con la buena intención, ni siquiera con una meditación muy espiritual y muy profunda, pero que tiene el riesgo de dejar de lado la corporeidad humana y la continuidad física necesaria para la salvación integral.

Dijimos ya que todo el cuerpo humano es *yantra-tattva* para el tantrismo. El *nyāsa* no hace otra cosa que ponerlo en práctica, esto es que proyectar la gracia de la Divinidad en virtud del contacto físico entre el sacerdote o el iniciador y el pueblo o el iniciado, para que la transformación divina sea completa.

Los ritos son muy diversos y los hay desde aquellos que comportan un significado profundo hasta degeneraciones incontroladas. Quizá el más común sea el llamado *ṣaḍaṇga nyāsa*, o sea la localización o proyección de la "Divinidad" en los seis miembros del cuerpo por medio del contacto con los dedos, a saber: el corazón, la cabeza, la punta del cráneo, el tórax, los tres ojos y la mano.

Lo interesante para nuestro propósito es el reconocimiento del contacto físico y corporal para la retransmisión de la "gracia".

El *nyāsa* no sólo puede hacerse en el cuerpo humano, sino que también debe llevarse a cabo por ejemplo en la entronización-bendición de una imagen sagrada.[746]

745. Cf. vgr. JUNG (1944; 2002a; 2002b) y el resto de la bibliografía citada en la nota 743.
746. Cf. vgr. RAVI VARNA (1958), vol. IV, p. 451.

δ) La mudrā

La *mudrā,* o gestos litúrgicos del tantrismo, forma en cierta manera el culmen de la realización tántrica en cuanto puede considerarse como la representación, la materialización o, aún podríamos añadir, la encarnación del estado de salvación o de camino hacia ella.

Una *mudrā* es un gesto tanto del cuerpo como, en especial, de la mano, con una doble vertiente. Por un lado es la preparación para la ceremonia litúrgica y representa la condición más o menos necesaria para que el acto sea eficaz. La *mudrā* en este sentido pertenece al ritual y prepara tanto el cuerpo como el espíritu para su purificación. Los célebres *āsana* del yoga son otras tantas *mudrā* del cuerpo entero. Por el otro lado la *mudrā* es el resultado o la cristalización de la purificación, la representación exterior de un estado interior, la faceta corporal y visible de la realidad espiritual e invisible.

Existen los más variados tipos de *mudrā*, desde los gestos de la mano hasta las posiciones y las acciones (*kriyā*) yógicas.

La danza ha popularizado las diversas *mudrā* de la mano, aunque toda la danza sea una *mudrā*, el *kathākalī*, la famosa danza de Malabar conoce por lo menos 504 *mudrā* diferentes.[747] Aquí sería el momento de hablar de la danza en el hinduismo como la *mudrā* poco menos que perfecta en el doble sentido indicado anteriormente.[748] Conocido es que la danza junto al sacrificio es el acto cúltico por excelencia.[749]

747. Cf. los esquemas o fotografías en el número monográfico dedicado al *kathākalī* de *Marg*, Bombay, XI, 1 (XII/1957), p. 16 y ss.

748. Cf. vgr. COOMARASWAMY (1996), la obra, introducida por R. ROLLAND, contiene catorce ensayos, uno de los cuales (de entre los más breves) da título a todo el libro; BANERJI (1965); BOWERS (1967); CUISINIER (1951); DE ZOETE (1953; 1957); FRÉDÉRIC (1957); IYER (1955); VV. AA.(1963).

749. La bibliografía sobre la danza desde este punto de vista religioso es hoy día inmensa. Valga como simple indicación con referencia particular a la India, además de la citada en la nota anterior, BACKMANN (1977); OESTERLEY (1970); RAHNER (1990); SACHS (1933); TORNAI (1951); LEEUW (1930).

La *mudrā* representa la participación por parte de nuestro cuerpo en la obra de salvación. No es indiferente para el tantrismo la postura del cuerpo o los gestos de nuestros miembros cuando se ora, por ejemplo. La influencia es recíproca. La *mudrā* es un apoyo y al mismo tiempo una expresión.

EPÍLOGO

Dijimos ya al principio que este estudio no pretendía ser ni siquiera temáticamente completo. Hemos omitido toda la espiritualidad yoga, por ejemplo, y lo mismo debemos decir de la espiritualidad popular de las fiestas, templos y peregrinaciones, etc.

También hemos omitido una parte especulativa que tratase de los grandes problemas espirituales de la mística, la oración y el culto según el hinduismo, para poder obtener una visión sintética de su *dharma*. Laguna que el autor lamenta especialmente, puesto que le hubiera servido para deshacer un malentendido de proporciones históricas debido a la proyección del concepto moderno occidental a las distintas filosofías de la India, olvidando que son otras tantas escuelas de espiritualidad. La filosofía en la India es *sādhana*, esto es praxis especulativa para alcanzar la realización.[750] Hemos dicho, pero no lo hemos elaborado, que la filosofía es salvífica. La capacidad analítica de Occidente ha conseguido, sobre todo modernamente, escindir la filosofía de la teología y aún ésta de la religión.[751] Las distinciones son útiles, pero las dicotomías separadoras pue-

750. Cf. El simposium "Philosophy and Sādhana" organizado por la sesión XXII del "Indian Philosophical Congress" (Patna 1949) y publicado luego en BANERJEE (1949), pp. 1-22, con contribuciones de J.M.CHUBB y S.V. DANDEKAR, a las que podría añadirse el discurso presidencial de J. R. MALKANI sobre "Philosophical Truth", pp. 1-31 del segundo volumen.

751. Cf. PANIKKAR (1997/XXXIX), pp. 25 y ss.

den ser mortales. Otro tanto cabría decir sobre el divorcio entre espiritualidad y religión, como el apuntado entre teoría y praxis.

Lo dicho hasta aquí puede, sin embargo, servir de introducción al pensamiento religioso de la India y esperamos que también a la vida religiosa del lector.

* * *

El mesocosmos que es el hombre según el hinduismo (a diferencia del microcosmos helénico), este mundo intermedio entre lo caduco y lo perenne, lo temporal y lo eterno, lo creado y lo divino, contiene en su seno una doble vida: una a lo largo del tiempo, peregrinante y agobiada, otra en la tempiternidad, optimista y serena.[752] El cristianismo histórico insiste en la primera para *conseguir* la segunda.[753] El hinduismo subraya la segunda para *superar* la primera. Ambos momentos están presentes en las dos religiones, pero mientras el cristianismo occidental (moderno sobre todo) ha insistido sobre la primera vía, el hinduismo tradicional (antiguo en especial) se ha apasionado por la segunda. La "secularidad sagrada" mencionada varias veces como el gran desafío del tercer milenio a la mayoría de las religiones consiste precisamente en conectar estas dos vidas en una armonía *advaita*. La "otra" vida está ya presente en ésta.[754]

752. Cf. la cita de san Agustín quien habla también «de dos vías [...], de ellas una se desenvuelve en la fe, la otra en la visión; una durante el tiempo de nuestra peregrinación, la otra en las moradas eternas; una en medio de la fatiga, la otra en el descanso; una en el camino, la otra en la patria; una en el esfuerzo de la actividad, la otra en el premio de la contemplación» *Tract. 124 in Ioann.* (*Brev. Rom* die 27/XII).

753. El neoplatonismo del Renacimiento, por influencia cristiana, coloca también al hombre en el centro del cosmos. Cf., por ejemplo, el *Discurso sobre la Dignidad del Hombre* de Pico della Mirandola y al hombre como «*nodus et copula mundi*» en M. Ficino.

754. Cf. PANIKKAR (2000/XLIII).

Si expurgamos una terminología cristiana de sus interpretaciones sectarias, para contribuir a la comprensión mutua podríamos decir lo siguiente, en lenguaje cristiano:

Una de las grandes intuiciones del hinduismo es el misterio pascual, esto es, la vivencia de que el mundo ha sido ya vencido, que la verdadera Vida está ya aquí (que el Pantocrátor ha resucitado), y que estamos, por tanto, liberados de la cautividad del tiempo y de la esclavitud del espacio, que la victoria sobre este mundo que pasa y cuya figura es transitoria, es una realidad, porque la eternidad incide sobre el tiempo y nos libera con la verdadera libertad, que no es la criatural *para* hacer algo, sino la liberación de la mera creaturabilidad, para que el divino emerja en lo humano y la comunión sea perfecta. El fin del hombre no está en el futuro sino en el presente y es profundizando el presente (perforándolo) como se llega al núcleo tempiterno del ser humano. La perfección no se adquiere por acumulación sino por simplificación, la verdadera ciencia no se conquista conociendo muchas cosas sino olvidándolas; la felicidad no está en la posesión sino en el ser poseído, no en el amar sino en el ser amado. El *jīvamukta* (el resucitado) está ya en esta tierra.

La espiritualidad hindú no está centrada tanto en la inquietud de nuestro corazón[755] o en la búsqueda de Dios[756] como en su encuentro. No se trata tanto de llegar hasta él como de descubrirle. La vida se vive menos como una peregrinación que como una espera – y en último término esperanza.

El último fundamento de la espiritualidad hindú consiste, en primer lugar, en el reposo pleno y total en el Ser, dejando por tanto en rango secundario todo el conjunto de voliciones y

755. Cf. el famoso «Fecisti nos ad te et inquietum est cor nostrum donec requiescat in te» [nos has hecho para ti y nuestro corazón está inquieto mientras no descanse en ti] de san Agustín. *Conf.* I, 1.

756. Cf. el no menos importante «si revera Deum quaerit» [si de verdad se busca a Dios] de la Regla de san Benito.

de pensamientos.[757] Pero en segundo lugar, la espiritualidad hindú no se para ahí y va aún más lejos: una vez se ha abandonado al Ser, abandona al mismo Ser y renuncia a él porque de otra manera no se puede realizar la unión absoluta.[758]

A la espiritualidad de la *participación* a la que los griegos han inclinado la teología cristiana (siendo así que ésta sería antes de comunión)[759] la mentalidad hindú opondría una espiritualidad de *manifestación*. A la participación *(metexis)* se contrapone la manifestación (*epifanía*); a la imitación (*mímesis*), la realización. El carácter teofánico del hombre, y de todo el ser creado, puede considerarse también como una reflexión divina, esto es, no como una "parte", sino como un "reflejo". Por eso toda la Divinidad se refleja en cada parcela de ser. Es el carácter especular del universo el que hace posible, por ejemplo, que el *maṇḍala* sea un cosmograma que represente todo el universo y que con su integración en nosotros nos haga ser lo que somos: un reflejo del todo, el mismo todo reflejado, igual y distinto en cada uno de nosotros. Que la Divinidad no es un Individuo Supremo separado de todo el resto debería quedar claro.

Resumiendo algunas características del *dharma* hindú acaso pudiéramos aducir, entre otras, las siguientes:

Una espiritualidad *no conceptual*. Utiliza forzosamente conceptos, pero difícilmente se contenta con ellos y los considera siempre como una traducción muy aproximada y traicionera. Las ventajas y los peligros de una tal actitud saltan a la vista. El Occidente oficial, que tolera a los artistas y ha conseguido reducir la filosofía a un álgebra de conceptos, ha olvida-

757. Pensamos también en un Meister Eckhart cuando habla de renunciar a Dios por Dios. (Sermón *Qui audit me...*).

758. Cf. la Patrística siria en uno de sus máximos exponentes: «Quien cree que Dios es, no busca ya ni cuándo ni cómo...» FILOXENES DE MABBUG (en HAUSHERR (1960), p. 105). «Desgraciado quien te escruta, ¡Hijo de Dios!», exclama SANTIAGO DE SARUG (*Ib*.).

759. Cf. II *Pe* I, 4.

do el conocimiento simbólico, clave para entender la espiritualidad hindú – y, en último término, a nosotros mismos.

Éste su primer carácter es condicionado por el segundo: su dimensión *experiencial* que le lleva a veces hasta querer ser experimental. Lo que cuenta no es el concepto, con todo lo que éste comporta, sino la experiencia personal, esto es, lo vivido por la persona concreta y asimilado en la experiencia personal e intransferible. También aquí los límites y la fuerza de una tal actitud son palmarios. La escisión entre ontología y epistemología (entre el Ser reflejado en el conocimiento y el estudio de este conocimiento independientemente del Ser), sin que ello signifique que deban confundirse, es una de las causas del malentendido entre Oriente y Occidente.

Un tercer aspecto, en el fondo explicitación siempre del mismo carácter, sería su pretensión de *integralidad*. La espiritualidad hindú pretende coger al hombre entero, su cabeza, su corazón y su acción – como, en el fondo, cualquier espiritualidad digna de este nombre. Esto explicaría, en última instancia, el eco que ha encontrado la ideología del *hindutva* como reacción a las dicotomías modernas – lo que no significa que el remedio no pueda ser peor que la enfermedad.

Finalmente su faceta *absoluta*, por no decir a veces absolutista, salta también a la vista. No admite compromisos y es consecuente hasta el fin. No se detiene ante ningún obstáculo ni se contenta con soluciones que no sean totales ni absolutamente definitivas. También aquí el peligro de transcenderlo todo, incluso la verdad y la realidad mismas, es patente, aunque por otro lado cualquier parada a mitad del camino fuese todavía peor.

Es obvio que no se puede dar una descripción fenomenológica del *dharma* hindú por el mismo hecho de su enorme variedad. Cualquier otra caracterización como negativa, pasiva, escatológica, etc. no abarcaría la espiritualidadhindú sino una tendencia solamente. Cada cultura es un mundo y no se puede desgajar la espiritualidad o, mejor dicho, las espiritualidades de la India, de su mundo cultural. De ahí que las comparaciones sean peligrosas. Por otro lado son inevitables, porque sólo podemos comprender algo si lo referimos a nuestros parámetros de inteligibilidad, que están condicionados por nuestras respectivas culturas. No se trata por tanto de imitar, puesto que lo que es bueno en un clima no tiene por qué serlo en otro. Se trataría más bien de dejarse fecundar por aquellas semillas que encuentran un campo adecuado en la cultura propia. Este cultivo es indispensable sobre todo para aquellas culturas que han estado en barbecho durante demasiado tiempo.[760]

* * *

Séanos permitido, para terminar, hacer un breve comentario del famoso primer verso de la *Īśa Upaniṣad*:

> «Īśāvāsyam idaṃ sarvam
> yat kiṃ ca jagatyāṃ jagat
> tena tyaktena bhuñjīthā,
> mā gṛdhaḥ kasya svid dhanam.»

> «Todo esto, todo lo que se mueve en este mundo mutable, está inhabitado por el Señor; encuentra por lo tanto tu alegría en el despojamiento; no ambiciones la riqueza de nadie.»

Dios es la primera y única realidad, Él es el principio interno de toda cosa y el vigilante atento a todo lo que existe.[761]

760. Cf. PANIKKAR (2003/XLVII).
761. *Īśa* significa Dios, el Maestro, el Controlador. *Īśvara*, el Señor, viene de la misma raíz *īś*, ser el maestro. *Īśa* connota también la idea de posesión y de dominio. Él es a quien el mundo, y las cosas que están en él, le pertenecen (cf. en alemán "eigen" "Eigentum" de la raíz gótica "aigan", haber, tener. Dios no es solamente, sino que con respecto al mundo es también el que "tiene", el que lo "ha"). De ahí la significación de poderoso, de capaz (facultad, poder, dominio.). La tra-

Junto a Él existe un mundo mundano y movedizo, las apariencias de las cosas y la misma base en la que éstas reposan. Éste es el otro polo de la tensión que constituye todo el proceso temporal del universo.[762]

La relación íntima y constitutiva entre estos dos polos es la inhabitación divina. Dios lo invade y lo penetra todo, está en todas partes y constituye la base última, el sostén final de toda cosa. *No son dos*, porque no hay predicado que pueda decirme qué clase de dos cosas son. El mundo es el templo de Dios, es el medio divino, es como la vestimenta externa de que Dios se ha revestido, es como un perfume penetrante que lo envuelve todo.[763] La relación es de transcendencia y de inmanencia al mismo tiempo. La una requiere la otra. Dios y "todo esto" no son dos cosas, pero tampoco son una. Tampoco aquí hay un predicado capaz de

---

ducción más común es Señor, aunque se ha usado Divinidad, Dios, Espíritu Supremo e incluso "Self".

762. *Jagatyām jagat*. Juego de palabras intraducible: "en el mundo mundo". Lo que hay en el mundo de mundo. Pero mundo, *jagat,* es el reduplicativo de *gam* (cf. PĀNINI, III, 2, 178), ir (cf. "to go", "gehen", "Gang"), y significa cambio, movimiento, mutabilidad. El mundo es lo que se mueve, lo que cambia, lo que va, lo que camina. De ahí que *jagat* signifique también "mundo" en el sentido de gente: todo lo que por ahí pulula. Otras traducciones: "lo que se mueve entre lo móvil", "alles was auf Erden lebt", "bewegt", "se meut", "moving world", "whatever changing there is in this changing (world)", "ogni cosa è un universo che si muove nell'universale movimento", etc.

763. La rica raíz *vas* es probablemente quíntuple, y con toda certeza triple. Por un lado significa brillar, refulgir (Dios brilla, reluce e ilumina todo). Luego hay una raíz con el significado de vestir, revestir, cubrir (cf. en inglés "to wear") (Dios se recubre y se viste con el manto de su creación). En tercer lugar (y parece la raíz más apropiada a nuestro texto) significa habitar, residir (cf. en alemán "ge-wesen", "war" y en inglés "was", "were" con el sentido de estar del verbo "ser") (Dios inhabita en este mundo como en su templo). El cuarto y quinto significado dicen relación a "amar", "aspirar" y "separar". El sánscrito permite las mayores divagaciones filológicas. Otras traducciones: "covered", "enveloped", "encompassed", "controlled and owned", "into be hidden", "persuaded", "in the glory [of God]", "[God has caused] it to be", "revêtu", "[in Gott] versenke", "umhüllt", "habitado", "cubierto", "tutto ciò che esiste è una veste", etc.

comprehender a los dos. El mundo no es Dios y Dios no es el mundo y no obstante no son ni uno ni dos, ni menos puede decirse que sean dos "aspectos" de una misma realidad porque si bien el mundo en cierta manera pueda caracterizarse como una manifestación de la Divinidad, Dios no es un aspecto de sí mismo o de una Divinidad superior a él.[764] El pánico al panteísmo del Occidente, sobre todo el monoteísta, ha insistido tanto sobre la transcendencia divina que la ha convertido en una hipótesis superflua en relación al mundo: acaso se encuentre al principio (la "*chiquenaude*" de Descartes)[765] o al final (Teilhard de Chardin) como α u ω; pero no en todo el alfabeto.[766] La penetración divina en todo el universo, a pesar de constituir un principio de la Escolástica, ha sido prácticamente relegada a un *theologoumenon* abstruso.[767]

La espiritualidad reflejada en este texto, uno entre cientos, sin negar la transcendencia del "Señor" subraya su inmanencia. Dios está en todo.

Por este motivo el "camino", la realización, la salvación consiste en el despojamiento, en la "renuncia", en saltar por encima de todos los obstáculos, en dejar caer la piel vieja y que des-aparezca la a-pariencia. El desapego es, por consiguiente, no sólo la condición necesaria para cualquier vida espiritual sino, en rigor,

764. *Īśa-vāsyam* indica esta peculiar relación entre Dios y su mundo. *Idam sarvam*: "todo esto", esto que se ve, esto que se señala con el dedo, todo lo que "es" en el sentido más inmediato y existencial es *īśa-vāsyam*, penetrado y perfumado por Dios, inscrito y envuelto en él, revestido de él. La realidad de "todo esto" es su ser *īśavāsyam*.
765. El impulso (*chiquenaude*, papirotazo) inicial para poner el mundo en movimiento a que, según Pascal, se reduce el papel de Dios en la filosofía de Descartes.
766. Uno de los símbolos de lo divino en la piedad popular del hinduismo es la letra *a* porque ésta se encuentra presente en todas las consonantes (que se pronuncian ka, ga, na, ja, da, pa, sa, ha, etc.).
767. En los años 40 introduje la noción de *teofísica* no como una física *de* Dios sino como el estudio del mundo material como una manifestación del mismo Dios. Cf. PANIKKAR (1961/V).

también la suficiente, ya que al despojarnos de lo que no somos aparece sin más lo que en realidad somos. Más aún, la renuncia al ser no es ónticamente posible ni pensable ontológicamente. La aniquilación está tan lejos de nuestro poder como la creación estricta. El desasimiento no es, en consecuencia, una virtud negativa o solamente previa, es el abandono máximo al Ser que nos penetra y nos envuelve. Por tanto (*tena*), como consecuencia de esta verdad, como única posición congruente con la realidad de las cosas y no como un acto frenético de tu voluntad o en virtud de tu deseo desaforado de salvación, decídete a colocarte en sintonía con este mundo penetrado de Dios. Permítasenos traducir como ejemplo de este espíritu la canción popular que Rabindranath Tagore[768] transcribió:

> «O cruel man of urgent needs, must you scorch with fire the mind which still is a bud...? »

> «¡Oh, hombre cruel, de deseos urgentes! ¿Has de agostar con fuego la mente que aún está en capullo?
>
> ¿Quieres que del botón brote la flor y difunda su perfume sin esperar?
>
> ¿No ves que mi Señor, el Supremo Maestro, pasa siglos haciendo perfecta la flor y jamás siente la furia de la prisa?
>
> Pero a causa de tu terrible codicia sólo en la fuerza te apoyas y así, ¿qué dejas a la esperanza?, ¡oh, hombre de deseos urgentes!
>
> ¡Prthi!, dice Madan el poeta, no injuries el espíritu del Maestro.
>
> Piérdete en la simple corriente después de escuchar su voz, ¡oh, hombre de imperiosos deseos!».

768. En su mensaje presidencial a la primera sección del "Indian Philosophical Congress" en 1925.

Y esta actitud es la de encontrar tu alegría en la renuncia, la de gozarte en el despojamiento total y así sostenerte a ti mismo.[769] Se trata de una actitud activa y positiva de gozarte en la verdad, de descansar en la realidad, de saciarte con la renuncia.[770] Esta renuncia no es la negación de algo positivo sino el abandono de lo que no es, el arrojar fuera de sí los obstáculos que impiden aquella penetración total por parte de Dios.[771]

Finalmente, como prueba y también como consecuencia, no desees la riqueza de nadie, no pongas la ambición en el mero despliegue horizontal de tu existencia, no poseas estas ansias de poseer lo que no te pertenece; sé libre.[772]

Los dieciocho versos de esta breve *Upaniṣad* podrían ofrecernos un tratado casi completo de lo más saliente de la espiritualidad hindú, pero valga solamente el primer verso como un botón de muestra.[773] Hemos referido algunos ejemplos de tra-

769. Algunos traducen el *bhuñjithā* como soportar, aguantar, y así, por el desasimiento uno se sostendría a sí mismo.
770. La raíz *bhuj* significa gozar y gozarse. De ahí también, comer, beber y aun poseer. Se trata pues de subrayar la paradoja del gozo del despojamiento, de la posesión de la desnudez, de la saciedad del desapego.
771. *Tyaktena*, esto es "por medio del abandono", del renunciamiento. *Tyaj* significa propiamente abandonar, dejar (un lugar, una idea, una cosa cualquiera). "Find your enjoyment in renunciation", "protect (your self) through that detachment", "Thou mayest be pleased with whatever thou mayest receive", "through such renunciation do thou save (Myself)", "erfreue dich, indem du dieses (Vergängliche) loslässt", "wer ihm entsagt, geniesst wahrhaft", "contente-toi de ce qu'Il t'abandonne", "en lo que él deja ir te regocijas", "disfruta con lo renunciado", "goza con la renuncia", "di tutto ciò fruisci, essendotene distaccato", etc.
772. *Mā gṛdhah*, no ambiciones, desees. La raíz *grdh* significa propiamente ser ambicioso (Cf. en alemán "Gier" y en inglés "greedy"). "Covetest thou not anyone's riches", "covet not the goods of anyone at all", "wealth", "set not your heart on another's possession", "ne convoite le bien de personne", "ne jalouse le bien de qui que ce soit d'autre", "no ambiciones ningún bien", "no desees los bienes de nadie", "no ansíes el don de nadie más", "nach freudem Gute giere nicht", "strebe nicht nach eines anderen Besitz". Hemos prescindido de traducciones prácticamente iguales o de disgresiones aclaratorias.
773. Es interesante conocer lo que GANDHI dijo en Kottayam en 1937 (publicado en *Harijan* del mismo año): «...Puesto que Dios lo llena todo, nada te pertenece, ni

ducciones en lenguas europeas, como ejemplo de la posible variedad de interpretaciones,

De esta *Upaniṣad* son los últimos versos (que suelen recitarse como preparación para alcanzar la muerte y que son una plegaria para alcanzar la remisión de los pecados y la visión de Dios):

> «La faz de la verdad está cubierta con un brillante disco dorado. Desvélamelo, ¡oh, Pūṣan!, para que pueda también yo ver la verdad que tanto amo.
>
> ¡Oh, Pūṣan!, el solo vidente, el vigilante, el sol, hijo de Dios, condensa tus rayos y retira tu brillante luz para que yo pueda ver tu forma más gloriosa. Yo soy también aquella persona.
>
> Deja que ahora mi espíritu entre en el espíritu inmortal y que mi cuerpo se reduzca a cenizas. ¡*Aum*! ¡Recuerda, oh mente, recuérdate de lo que has hecho; recuerda, oh mente, lo que has hecho, recuerda!
>
> ¡Oh, *Agni*, condúcenos por el camino recto hacia la felicidad; oh, Dios que conoces todas nuestras acciones! Destruye en nosotros los perversos pecados. Te ofrecemos nuestras muchas plegarias.»[774]

Hay dos versiones de estas estrofas. Una reciente traducción española presenta así la otra versión:

---

siquiera tu propio cuerpo. Dios es el maestro indisputado e indiscutible de todo lo que tú posees. Si se trata de la fraternidad universal (no sólo de la fraternidad de los seres humanos, sino de todas las criaturas vivas), yo la encuentro en este *mantra*. Si de una fe imperturbable en el Señor y Maestro [...] la encuentro en este *mantra*. Si de una idea de absoluta sumisión a Dios y fe en su providencia, la encuentro en este *mantra* [...]. De él deduzco la igualdad de todas las criaturas sobre la tierra [...]. Este *mantra* me dice que no puedo considerar como mío nada que pertenece a Dios y que [...] mi vida [...] ha de ser un continuo servicio a todas sus criaturas, mis hermanas. (En RADHAKRISHNAN (1953b).)

774. *IsU* 15-18.

> «En un cáliz de oro está oculta la faz de la verdad, descúbrela tú, Pūṣan, para que lo vea quien sostiene la verdad.
>
> ¡Pūṣan, único *ṛṣi*! ¡Yama, sol hijo de Prajāpati!, dispersa los rayos y concentra el esplendor, esa tu hermosísima forma que estoy viendo. Ese *puruṣa* que es aquél, ése soy yo.
>
> Viento, aire y luego inmortal es este cuerpo que en ceniza acaba. ¡*Om*! ¡Inteligencia, recuerda! ¡Lo que has hecho, recuerda!
>
> ¡Oh, *Agni*, llévanos por buen camino a la riqueza, tú que conoces, oh dios, todos los caminos! Aparta de nosotros el pecado que tuerce la vida, honrémoste con óptimo homenaje."[775]

Quizá el texto más citado en la India moderna de todas las *Upaniṣad* y acaso de toda la tradición sánscrita del hinduismo es aquella conocida oración litúrgica:

> «Asato mā sad gamaya,
> tamaso mā jyotir gamaya,
> mṛtyor māmṛtam gamaya.»
> «Hazme ir de lo irreal a la Realidad,
> Hazme ir de las tinieblas a la Luz,
> Hazme ir de la muerte a la Inmortalidad».[776]

775. AGUD & RUBIO (2000).
776. *BU* I, 3, 28.

Bibliografía Consultada[1]

Ediciones de los libros sagrados[2]

ARTHAŚĀSTRA

JOLLY & SCHMIDT (1923)
SHAMA SASTRI (1961)

BRAHMASŪTRA

GAMBHIRANANDA (1965)
MARTÍN (2000)
PALMA (1997)
RADHAKRISHNAN (1960)
SHASTRI (1933)
VIREŚWĀRANANDA (1948)

DHARMA-ŚĀSTRA

BÜHLER (1970)
DUTT (1906-08)
HOUGHTON (1925)
JHA (1920-26)
KANE (1958)
OLIVELLE (1999)

GĪTĀ

EDGERTON (1952)
JAYADENA (1971)
MARTÍN (2002)
MODI (1956)
OTTO (1939)
RAJAGOPALACHARI (1941)
RIVIÈRE (1980)
SASTRI (1949)
SASTRI MAHADEVA (1977)
TELANG (1965)

1. Salvo excepciones se cita la edición española (si existe) y la edición más reciente a la que se ha tenido acceso. Cuando no consta la referencia completa, o el texto contiene referencias a páginas concretas de una edición anterior, simplemente se añaden los datos de la última edición. Se ha respetado la ortografía de los términos sánscritos utilizados por los distintos autores, aunque no coincida con la adoptada en este libro.
2. Las ediciones de los Libros Sagrados son innumerables, citamos sólo algunas de las más representativas y las más accesibles en lengua española. La referencia completa se da en la Bibliografía.

PLA (1997)
RADHAKRISHNAN (1953a)
TILAK (1935)
TOLA (2000)
GNOLI (2001)

MAHĀBHĀRATA

BIARDEAU (2002)
BUITENEN (1973-1978)
JACOBI (1903)
LIDCHI-GRASSI (1997)
LIDCHI-GRASS (1998)
OLDENBERG (1922)
RAY (1893-96)

PURĀṆA

BHATT (1995)
DAS AKHTAR (1972)
DUTT SHASTRĪ (1967;1968)
KUNST & SHASTRI (1969-1970)
PARGITER (1969)
SHASTRI (1973)
SWARUP GUPTA (1968;1972)
VED KUMARI (1968-1973)
WILSON (1972)

RĀMĀYAṆA

DUTT (1897-1894)
GRIFFITH (1870-1874)
JACOBI (1893)
AIYER (1954)
PRASAD (1993)
RAJAPOLACHARI (1957)
SHASTRI (1952-1959)
VĀLMĪKI (1969)
VAUDEVILLE (1955a; 1955b)

ŚIVA SŪTRA

SINGH (1980)

UPANIṢAD

AUROBINDO (1981)
AGUD & RUBIO (2000)
PALMA (1995)
HUME (1934)
CATTEDRA (1980-1981)
ILÁRRAZ (1988)
LEON HERRERA (1966)
MARTIN (2001; 2002)
MASCARÓ (1965)
RADHAKRISHNAN (1953b)
RAJ GUPTA (1901-2001)
SENART, E. (1967; 1971)

VEDA

BLOOMFIELD (1969)
GELDNER (1951)
GRIFFITH (1995)
MAX MÜLLER (1964)
PANIKKAR (2001/XXV)
O'FLAHERTY (1981)
OLDENBERG (1905; 1964)
RENOU (1956)
TOLA (1968a; 1968b)
VARENNE (1967)

BIBLIOGRAFÍA GENERAL

ABEGG, E. 1928. *Der Messiasglaube in Indien und Iran*. Berlin (Walter de Gruyter & Co.).

ABHINAVAGUPTA. 1972. *Tantrāloka*.

1992 *Wege ins Licht*, Zürich. (Benzinger) (edición a cargo de BAÜMER B.).

ABHISHIKTESVARĀNANDA o ABHISHIKTĀNANDA o LE SAUX, H. 1956a. "Christian Sannyasis". En: *The Clergy Monthly Supplement*, Ranchi.

— 1956b. "Le monachisme chrétien aux Indes". En: *La vie spirituelle* Suppl. num. 38, Paris.

— 1956c. "L'Hindouisme est-il toujours vivant?". En: *La vie intellectuelle*.

AGRAWALA, V.S. 1970. *Ancient India Flok Cults*. Varanasi (Prithini Prakashan).

AGUD, A. & RUBIO, F. 2000. *La ciencia del brahman. Once Upaniśad antiguas*. [AU, KaushU, KenU, TU, KathU, IsU, SU, MundU, PrasnU, MaitU]. Madrid (Trotta).

AGUILAR i MATAS, E. 1991. *Ṛgvedic Society*. Leiden (Brill).

AIYER N. CHANDRASEKHARA. 1954. *Vālmīki-Rāmāyaṇa*. Bombay (Bharatiya Vidyabhavan).

AKHILANANDA SWAMI. 1972. *Spiritual practice*. Boston, (Branden Press).

AKTOR, M. 2000. "Rules of untouchability in ancient and medieval law books : Householders, competence and inauspiciousness". En: *International Journal of Hindu Studies*, VI, 3.

ALPER, H.P. 1991. *Understanding Mantras*. Delhi (M. Banarsidass).

ALSTON, A.J, (trad. e intr.) 1980. *The Devotional Poems of Mirabai*. Delhi (M. Banarsidass).

ALTEKAR, A.S. 1952. *Sources of Hindu Dharma in its Socio-religious Aspects*. Sholapur (Institute of Public Administration).

AMALADASS, A. 2002. *Thinking Aesthetically* [10 years of Sahrdaya]. Chennai (Satya Nilayam).

AMALADASS, A. (trad.) 1995. *Tattvatrayavyākhyānam of Maṇanāḷamāmuny's Commentary on Piḷḷai Lokācārya's Tattvatrayam*. Madras (Satya Nilayam Publications).
ĀNANDAMAYĪ MĀ. 1982. *Words of Sri Ānandamayī Mā* (Translated and compiled by Atmananda). Calcutta (Shree Shree Anandamayee Charitable Society).
ANAWATI, G.C. & GARDET, L. 1961. *Mystique musulmane: Aspects et tendances, expériences et techniques*. Paris (Vrin) [hay reedición de 1976].
ANCILLI, E. 1990. *Dizionario enciclopedico di Spiritualità*. Roma, (Città Nuova), 2 vols. [trad. española 1987 *Diccionario enciclopédico de espiritualidad*, Barcelona (Herder)[2], 3 vols.]
ANCILLI, E. & HELEWA G. 1986. *La spiritualità cristiana. Fondamenti biblici e sintesi storica*, Pontificio Istituto di Spiritualità del Teresianum. Roma-Milano (Edizioni O.R.).
ANCILLI, E. (dir.) 1981 y ss. *La spiritualità cristiana. Storia e testi*. Roma, (Studium).
ANCOCHEA, G. & TOSCANO, M. 1997. *Iniciación a la iniciación*. Barcelona (Obelisco).
ANDERSEN, W. &DAMLE, S. 1987. *The Brotherhood in Saffron*. Boulder, Colorado (Westview Press).
ANDRÈ, J. & FILLIOZAT, J. 1986. *L'Inde vue de Rome* (Textes Latins de l'Antiquité relatifs à l'Inde). Paris (Belles Lettres).
ANIMANANDA, B. 1945. *The Blae. Life and Work of Brahmabandhab Upadhyaya*. Calcutta (Roy & Sun)
ANĪRVAN. 1983. *Buddhiyoga of the Gīta and other essays*. New York (Biblia Impex).
ANÓNIMO. 1988. *Invocación del nombre de Jesús*. Madrid (Narcea) con Introducción de Vanucchi G.
ANÓNIMO. 1997 *Relatos de un peregrino ruso*, Salamanca (Sígueme)
ANTOINE, R. 1957. L'hindouisme contemporain. En: *Rythmes du monde*, V. 3-4 (1957).
AROKIASAMY, A.P. 1935. *The Doctrine of Grace in the Śaiva-Siḍdhanta*. Trichinopoly (S. Joseph's).
AUBERT, R. 1958. *Le problème de l'acte de foi*. Louvain (Warny) [hay edición de 1969[4]].
AUROBINDO, ŚRĪ. 1950. *Essay's on the Gītā*. Pondichery (Śrī Aurobindo Ashram).
— 1955. *The Life Divine*. Pondicherry (Śrī Aurobindo Ashram.). [trad. española s.f. *La Vida Divina* Buenos Aires (Kier).]
— 1956. *Vyāsa and Vālmīki*. Pondicherry (Aurobindo Ashram).
— 1971. *The Secret of the Veda*. Pondichery (Śrī Aurobindo Ashram). [trad.

española s.f. *El secreto de los Veda*, Barcelona (Fundación Centro Sri Aurobindo.]
— 1981. *The Upanishads: Text, Translation and Commentaries* [IsU, KenU, MundU, KathU, TaitUK.
BAEUMKER, CL. 1908. *Witelo*. Münster (Aschendorff).
BAGH,I P. C. 1958. "Evolution of the Tantras". En: *CHI* (1958).
BAHIRAT, B.P. 1993. *The Philosophy of Jnanadeva*. Bombay (Popular Prakasan).
BALES, E.F. 1983. "A Heideggerian Interpretation of Negative Theology in Plotinus", *The Thomist*, 47,2 (april 1983).
BALLESTEROS, E. 1992. *Comentarios al Sat Darshana de Sri Ramana Maharshi*. Madrid (Bhisma).
— 1995. *Día a día con Bhagavān (Sri Ramana Maharshi)*. Madrid (etnos).
— 1998. *Las enseñanzas de Ramana Maharshi*. Barcelona (Kairós).
BANERJEE, B.N. 1998. *Globalisation. Rough and Risky Road*. Delhi (New Age International Limited Publishers).
BANERJEE, N.V. (ed.) 1949. *Proceedings of the XXIV Session of the Indian Philosophical Congress*. Delhi (University Press).
BANERJI, N.C. 1927. *Kauṭilya: or an Exposition of his Social Ideal and Political Theory*. Calcutta (R. Cambrai), 2 vols.
BANERJI, P. 1956. *Dance of India*. Allahabad[5] (Kitabistan).
BANERJI, R.D. 1927. "Dravidian Civilization". En: *Modern Review*. Calcutta, IX-X-1927.
BANERJI, S.C. 1971. *A Companion to Sanskrit Literature*. Delhi (M. Banarsidass).
BAREAU, A.; SCHUBRING, W. & FÜHRER-HAIMENDORF, CH. 1964. *Die Religionen Indiens*, III, [*Buddhismus, Jinismus, Primitivvölker*]. Stuttgart (W. Kohlhammer).
BARFIELD, O. 1988. *Saving the Appearances*. Middletown, CT (Wesleyan U P).
BARY, TH. DE; HAY, S. N.; WEILER, R.; YARROW, A. 1950. *Sources of Indian Tradition*. London (Oxford University Press).
BARY, W.M.T. De y otros. 1988. *Sources of Indian Tradition*. Columbia (Columbia University Press).
BÄUMER, B. 1969. *Schöpfung als Spiel. Der Begriff līlā im Hinduismus*. München (Ph. D. Dissertation).
— 1982. *Rūpa Pratirūpa*. New Delhi (Biblia Impex).
— 2003a. *Trika. Grundthemen des kaschmirischen Sivaismus*. [trad. del inglés por Ernst Fürlinger]. Innsbruck-Wien (Tyrolia).
— 2003b. *Vijñāna Bhairava, das Göttliche Bewusstesen*. Grafing [Alemania] (Adyar).

BAUSANI, A. 1983. "La liberazione del male nella mistica islamica". En: VV.AA. (1983).

BENZ, E. 1934. "Der Toleranzgedanke in der Religionswissenschaft". En: *Viertaljahresschrift für Literaturwissenschaft und Geistesgeschichte*, 12.

BENZ, E. 1951. *Indische Einflüsse auf die frühchristliche Theologie* (Akad. d. Wssens. u. d. Liter./Abhandl. d. Geist. u. sozialwis. KL). Wiesbaden (F. Steiner).

BERGAIGNE, A. 1963. *La religion védique d'après les hymnes du Rigveda*. Paris (Librairie Honoré Champion, Bibliothèque de l'Ecole des hautes études) 4 vols.

— s.f. En: "Mémoires de la Société de Linguistique de Paris" (4), 96.

BHAGAVĀN DĀS. 1990. *A Study in the Theory of Avatāras*. Bombay (Bharatiya Vidya Bhavan).

BHAGAVĀN DĀS (publicado bajo los auspicios de). 1940. *Sanātanadharma. An advanced Textbook of Hindu Religion and Ethics*. Madras-Adyar (The Theosophical Publishing House).

BHAKTIPĀDA, S. 1985. *Christ and Krishna. The Path of Future Devotion*. Moundsville (Bhaktipada Books).

BHANDARKAR, D.R. s.f. "Siva of Prehistoric India". En: *Journal Ind. Soc. Ant. V* (Calcuta).

BHANDARKAR, R.G. 1982. *Vaiśṇavism, Śaivism and minor Religious Systems*. Poona (Bhandarkar Oriental Research Institute) [Reedición de 2001, New Delhi (Munshiram Manoharlal Publishers)].

BHATT, H.L. 1995. *The Skanda Purāṇa*. Delhi, (M. Banarsidass) (Introducción de TAGARE G.V.).

BIARDEAU, M. 2002. *Le Mahabharata: un récit fondateur du brahmanisme et son interprétation*. Paris (Seuil).

BLOOMFIELD, M. 1969. *Hymns of the Atharva-Veda*. New York (Greenwood Press).

BOLLE, K.W. 1962. "Tantric elements in Śri Aurobindo". En: *Numen* IX, 2 (September 1962).

BORI, R.C. 1987. *L'Interpretazione infinita*. Bologna (Il Mulino).

BORRIELLO, L. (y otros) dir. 2002. *Diccionario de Mística*. San Pablo (Madrid).

BOSE, A.V. 1954. *The Call of the Vedas*. Bombay (Bharatiya Vidya Bhavan).

BOSE, N.K. 1958. "The Stone Age in India". En: *CHI* (1958), vol. I.

BOUYER, L. 1960. *Histoire de la spiritualité chrétienne*. Paris (Aubier) 3 vols. [hay reedición de 1966].

—1961. Études III/1961.

—1962. *Le rite et l'homme*. Paris (Cerf)

BOUYER, L. (y otros) 1960-65. *La Spiritualité* [du Nouveau Testament et des Pères (vol. I); du Moyen Age (vol. II); Horthodoxe, Protestante et Anglicane (vol. III)]. Paris (Aubier).
BOWERS, F. 1967. *The Dance in India*. New York (Ams Press).
BRUNTON, P. 1992. *La India secreta*. Buenos Aires (Kier)[10].
BRYANT, K.E. 1978. *Poems to the Child-God*. Berkeley (Univ. of California).
BUCKHARDT, T. 1982. *Principios y métodos del arte sagrado*. Buenos Aires (Lidium).
BÜHLER, G. 1897. *The Sacred Laws of the Aryans as Taught in the Schools of Apastamba, Gautama Visiṣtta and Baudhāyana*. "The Sacred Books of the East Series", Nrs. 2, 14. Oxford (Clarendon Press), 2 vols.
BÜHLER, G. (trad.) 1970. *The Laws of Manu*. Delhi, (M. Banarsidass)[3].
BUITENEN, J.A.B. (ed. y trad.) 1973-1978. *The Mahabharata*. Chicago (The University of Chicago Press).
BUJO, B. 1987. "Initiation" en KÖNIG & WALDENFELS (1987).
BULCKE, C. 1950. *Rāma-Katha*. Allahabad.
CÄMPCHEN. 1988. "Indische Spiritualität". En: SCHÜTZ (1988).
CAMPENHAUSEN (y otros). 1957-65. *Die Religion in Geschichte und Gegenwart*. Tübingen (Mohr)[3] 7 vols.
CANCIK (y otros, coord.). 1993-2000. *Handbuch religionswissenschaftlicher Grundbegriffe*. Stuttgart (Kohlammer). 5 vols.
CANNEY, M. 1939. "The Skin of Rebirth". En: *Man* Nr. 91 (VII-1939).
CARMAN, J.B. 1994. *Majesty and Meekness. A Comparative Study of Contrast and Harmony in the Concept of God*. Michigan (W. B. Eerdmans Publishing Co.).
CARRERO, P.; AUDIJE, P. & GALLUD, E. (eds.). 2000. *La India de ayer a hoy*. Delhi (Goyal).
CASEY, R.R. 1935. "The Study of Gnosticism". En: *Journal of Theological Studies* (1935), XXXVI.
CASTANEDA, C. 1978. *Viaje a Ixtlan*. México, Madrid, Buenos Aires (F.C.E.).
CATTEDRA, O. 1980-81. "La Māndūkyakārika de Gaudapāda I y II" [Introducción, transliteración, traducción y notas]. En: *Oriente-Occidente, Rev. de Investigaciones comparadas I, 2- II,1*. (Buenos Aires).
CELA CONDE, C.J. 2001. *Senderos de la evolución humana*. Madrid (Alianza).
CHAKRAVARTI, P.C. 1986. *Doctrine of Śakti in Indian Literature*. Patna, (Eastern Book House).
CHAKRAVARTI, S.C. (ed.) 1935. *Rammohun Roy: The Father of Modern India*. Calcutta (R. Roy Centenary Committee).

CHANDRA SIRCAR, D. 1958. "Early History Vaiṣṇavism". En: *CHI* (1958).
CHARTERJI, S.K. 1958. "Contributions from different Language-culture Groups". En: *CHI* (1958).
CHATTERJEE, S. 1960. *The Fundamentals of Hinduism*. Calcutta (Das Gupta).
CHATTERJI, J.C. 1986. *Kashmir Shaivaism*. New York (Suny).
CHAUDHURI, N.C.C. 2001. *The Autobiography of an Unknown Indian*. New York (New York Review Books).
CHI. 1958 y ss. *The Cultural Heritage of India*. Calcutta (The Ramakrishna Mission Institute of Culture) 5 vols. [Hay edición de 1985 en 6 vols.].
CONGAR, Y. M.J. 1958. *Le mystère du temple*. Paris (Cerf) [trad. española *El misterio del templo*. Barcelona (Estela), 1967].
— 1960. *La tradition et les traditions*. Paris (Fayard) [trad. española *La tradición y las tradiciones*. San Sebastián (Dinar) 1964].
CONIO, C. 1974. *Mito e filosofia nella tradizione indiana*. Milano (Mursia).
— 2000. "Hinduismo" en FIORES (2000).
COOMARASWAMY, A.K & NIVEDITA. 1967. *Myths of the hindus & buddhists*. New York (Dover Publications, Inc.).
COOMARASWAMY, A.K. 1983. *Sobre la doctrina tradicional del arte*. Palma de Mallorca (Olañeta).
— 1996. *La danza de Śiva*. Madrid (Siruela). Original de 1985.
— 1998. "'Monotesismo' védico". Paidós, *Axis Mundi*, 3. Primer Cuatrimestre.
— 1944. "On the One and Only Transmigrant". En: *Supplement of Journal of the American Oriental Society*. Baltimore (3, 1944).
— 1994. *Buddha y el evangelio del buddhismo*. Barcelona (Paidós)[2.]
CORBIN, H. 1996 *Cuerpo espiritual y tierra celeste*, Madrid (Siruela)
— 2002. *Templo y contemplación*. Madrid (Trotta).
COWARD, H.G. 1980. *Sphota theory of language*. Delhi (M. Banarsidass).
CUISINIER, J. 1951. *La danse sacrée en Indochine et Indonésie*. Paris (PUF)[2.]
CUMMING, J. (ed.) 1939. *Revealing India's Past*. London (The India Society). [hay reedición de 2002 en Pilgrims Book House].
DAHLQUIST, A. 1962. *Megasthenes and Indian Religion*. Stockholm, (Almgvist & Wiksell), [hay edición de 1977 en Delhi (M. Banarsidass)].
DANGE, S.A. 1969. *Legends in the Mahābhārata*. Delhi (Motilal Banarsidass)
DANGLE, A. (ed.) 1992. *Poisoned Bread: Translations from Modern Marathi Dalit Literature*. New Delhi (Orient Longman).

DANIELOU, J. 1944. *Platonisme et théologie mystique*. Paris (Aubier).
— 1961. *Études*. Paris II/1961.
DAS AKHTAR, J. 1972. *The Matsya Purāṇam*. Delhi (Oriental Publisher).
DASGUPTA, S. 1994. *Development of Moral Philosophy in India*. Delhi (Munshiram Manoharlal).
DASGUPTA, S.B. 1974. *An Introduction to Tantric Buddhism*. Berkeley (Shambhala).
— 1979. *Obscure Religious Cults as Background of Bengali Literature*. Calcutta (Firma KLMukhopadhyaya).
DASGUPTA, S.N. 1991-95. *A History of Indian Philosophy*. Delhi (M. Banarsidass) 5 vols.
DATTA, B.N. 1951-56. *Dialectics of Hindu Rituals*. Calcutta (Gupta Press), 2 vols.
DATTA, S. 1958. "Monasticism in India". En: *CHI* (1958).
DE, S.K. 1962. *A History of Sanskrit Literature*. Calcutta (University Press)[2], vol. 1.
DEHEJIA, H.V. 2000. *The Advaita of Art*. Delhi (M. Banarsidass).
DELAHOUTRE, M. 1996. *Art et spiritualité de l'Inde*. Paris (Zodiaque).
DELEURY, G. 1978. *Le modèle hindou*. Paris (Hachette).
DESHPANDE, P.Y. 1988. *Jnanadeva (Marathi saint-poet)*. New Delhi (Sahitiya Akademi).
DEUSSEN, P. 1894-1920. *Allgemeine Geschichte der Philosophie*. Leipzig (Blockhaus), 7 vols.
— 1963. *Sechzig Upanischad des Veda*. Darmstadt (Wissenschaftliche Buchgesellschaft)[4].
DHAVAMONY, M. 1971. *Love of God According to Śaiva Siddhānta*. Oxford (Clarendon).
DIMMITT, C.; van BUITENEN, JAB. 1978. *Classical Hindu Mythology. A Reader in the Sanskrit Purānas*. Philadelphia (Temple University Press).
DIMOCK, E.C. jr.; LEVERTOV, D. (trad.) 1967. *In Praise of Krishna. Songs from the Bengali*. New York (Anchor Books).
DORESSE, J. 1984. "La Gnosis". En: PUECH (1977-82) vol. 6
DOWSON, J. 1953. *A Classical Dictionary of Hindu Mythology and Religion, Geography, History and Literature*. London (Routledge & Kegan). [2000 hay reedición en New Delhi [D K Publishers].
DS. 1920-95. *Dictionnaire de Spiritualité, ascétique et mystique, doctrine et histoire*. Paris (Beauchesne), VILLER M.[fundador y primer editor] 17 vols.
DUBANT, B. 1997. "Las tres Nivṛtti Mârga del Sanâtana Dharma". En: *Sarasvati* nº 6. Madrid pp. 63-117.
DUBOIS, A. 2001. *Hindu Manners, Customs and Ceremonies*. Simon Pu-

blications, (traducción y revisión de la clásica obra del abate francés escrita en 1806).

DUBOIS, J.A. 2002. "Each in its proper place : Śankara's approach to diversity in Upaniṣadic insight text". En: *International Journal of Hindu Studies* VI/3.

DUMEIGE, G. 1979. "Storia della Spiritualità" en FIORES DE & GOFFI (1979)

DUMÉZIL, G. 1958. *L'Idéologie tripartite des indo-européens*. Bruxelles (Coll. Latomus).

DUMONT, L. 1960. "World Renunciation in Indian Religions" en *Contributions to Indian Sociology*. Editado por el autor y por D. POCOCK, cuaderno, IV. Paris, The Hague (Mouton).

— 1980. *Homo Hierarchicus: The Caste System and its Implications*. Complete Revised English Edition. Chicago (University of Chicago Press) [trad. española 1970 *Homo Hierarchicus. Ensayo sobre el sistema de castas*. Madrid. (Aguilar)].

DUPONT, J. 1949. *Gnosis. La connaissance religieuse dans les épîtres de Saint Paul*. Louvain (Nauwelaerts), Paris (Gabalda).

DUPUY, M. 1990. "Spiritualité" en [DS].

DURAND, G. 1996. *Introduction à la mythodologie*. Paris (A. Michel).

DÜRR, L. 1938. "Heilige Vaterschaft im antiken Orient". En: la *Festgabe* dedicada al abad *Ildefons Herwegen*. Münster i. W.

DUTT, M. 1897-1894. *The Rāmāyaṇa*. Calcutta (G. C. Chakravarty), 7 vols.

DUTT, M.N. 1906-08. *Dharma-śāstra*. Calcutta (Elysium Press), 2 vols.

DUTT, N.1941-45. *Early Monastic Buddhism*. Calcutta, 2 vols. [hay reedición de 1971 en Calcutta (Firma K. L., Mukhopadhyay).

DUTT, N.K. 1968-69. *Origin Growth of Caste in India*. Calcutta (Firma Klm Private Limited,) 2 vols.

DUTT SHASTRĪ, M.N. 1967. *Agni Purāṇam*. Varanasi (Chow Khamba) 2 vols.

— 1968. *Garuda Purāṇam*. Varanasi (Chow Khamba).

EBERHARDT, P. 1920. *Der Weisheit letzter Schluss*, Jena.

EDGERTON, F. 1952. *The Bhagavad-Gītā*. Cambridge (May ss.) (Harvard Univ. Press), 2 vols.

ELIADE, M. 1967. *De los primitivos al Zen*. Buenos Aires (Megalópolis).

— 1989. *Iniciaciones místicas*. Madrid (Taurus).

— 1991a. *El yoga, Inmortalidad y libertad*. Buenos Aires (FCE).

— 1991b. *Mitos, sueños y misterios*. Madrid (GRUPSA).

— 1999. *Historia de las creencias y las ideas religiosas*. Barcelona (Paidós), 4 vols.

— 2000. *El mito del eterno retorno*. Madrid (Alianza).

— 2001a. *El chamanismo y las técnicas arcaicas del éxtasis*. Madrid (Fondo de Cultura Económica).

— 2001b. *Tratado de historia de las religiones*. Madrid (Cristiandad)[3].

ELIADE, M. (ed.) 1987. *The Encyclopedia of Religions*. New York (Macmillan), 16 vols.
ERE 1920. *Encyclopedia of Religion and Ethics*. Edinburgh (T. and T. Clark) HASTINGS J. (ed.) 13 vols. [hay reedición de 1994-96].
ERNOUT, A. & MEILLET 1979. *Dictionnaire éthymologique de la langue latine*. Paris (Klincksieck) (4ª ed. por ANDRÈ J.).
ESNOUL, A.M. 1985. "El hinduismo" en PUECH (1977-82) vol. 4.
ESNOUL, A.M. (a cargo de) 1972. *L'hindouisme: textes et traditions sacrés*. Paris, (Fayard-Denoël).
EVOLA, J. 1971. *Le Yoga Tantrique*. Paris (Fayard) [trad. española *El yoga tántrico*, Madrid (Edaf), 1991].
FALK, M. 1986. "Genesi della dottrina dei tre Guṇa",.apéndice a *Il mito psicologico nell'India antica*. Milano (Adelphi).
FARQUHAR, J.N. 1920. *An Outline of the Religions Literature of India*. Oxford (Milford).
— 1999. *Modern Religious Movements in India*. Delhi (Munshiram Manoharlal).
— 1928. "The Organisation of the Sannyāsīs of the Vedānta". En: *Journal of the Royal Asiatic Society*. London.
FILORAMO, G. 1996. *Storia delle Religioni*, vol. IV. Roma (Laterza).
FIORES, S. DE 2000. "Espiritualidad contemporánea". En: DE FIORES & GOFFI (2000).
FIORES, S. DE. & GOFFI, T. (coord.) 2000. *Nuevo diccionario de espiritualidad*. Madrid (Paulinas)[5].
FISCHER, K. [y otros] 1987. *Architektur des indischen Subkontinents*, Darmstadt (Wissenschaftliche Buchgesellschaft).
FRAUWALLNER, E. 1953-56. *Geschichte der indischen, Philosophie*. Salzburg (Otto Müller), 3 vols.
FRÉDÉRIC, L. 1957. *La danse sacrée de l'Inde*. Paris (Arts et Métiers Graphiques).
FÜRER-HAIMENDORF, C. VON. 1960. "Caste in the multi-ethnic Society of Nepal". En: *Contributions to Indian Sociology*, IV. Paris, The Hague (Mouton).
FYFFE, D. 1920. "Spirituality". En: [ERE], 1920, (vol. XI).
GÄECHTER, O. 1980. *Hermeneutics and languages in Pūrvamīmāmsā*. Delhi (M. Banarsidass).
GALLING, K. 1925. *Der Altar in der Kulturen des alten Orients*. Berlin.
GAMBHIRANANDA. 1965. *Brahma Sūtra Bhāṣya de Śaṅkara*. Calcutta (Advaita Ashrama).
GANAPATI MUNI. 1986. *Ramana Gita. Dialogues with Ramana Maharshi*. Bangalore (Ramana Maharshi Center for Learning).

GANDHI, M.K. (Mahātma). 1950. *Hindu Dharma* (editado por B. Kumarappa). Ahmedabad (Navajivan Publising House).
— 1986-1997. *Obras completas*. Ahmenabad (Navajivam T.) 10 vols. (reedición).
GARBE, R. 1914. *Indien und das Christenthum*. Tübingen (J.C.B.).
GARCÍA BAZÁN, F. 1978. *Gnosis, la esencia del dualismo gnóstico*. San Antonio de Padua, Buenos Aires, (Ediciones Castañeda).
— 2000 *Aspectos inusuales de lo sagrado*, Madrid (Trotta)
GARDEIL, A. 1927. *La structure de l'âme et l'expérience mystique*. Paris (Gabalda) 2 vols.
GARDET, L. 1948. "Recherches sur la 'mystique naturelle'". En: *Revue thomiste*, XLVIII.
— 1954. "Vraie et fausse mystique". En: *Revue thomiste* LIV, 2.
— 1958. *Thèmes et textes mystiques. Recherches de critères en mystique comparée*. Paris (Alsatia).
— 1960. *L'esperienza del Dhikr*. En: ANAWATI & GARDET (1960).
— 1970. *Experiencias místicas en tierras no cristianas*. Madrid (Studium).
GARRIGOU-LAGRANGE, R. 1933. "Prémystique naturelle et mystique surnaturelle". En: *Études carmélitaines*, II.
GATHIER, E. 1960. *La pensée hindoue*. Paris (Seuil).
GEDEN, A.S. 1951. "Monasticism" (Buddhist, Hindu). En: [ERE] (1920), (vol. VIII).
GELDNER, K.F. 1951. *Der Rig-Veda*. London, Leipzig (Harvard University Press) 3 vols. más uno de índices de 1957.
GENNEP, A. VAN 1969. *Les rites de passage*. Paris (Picard).
GHURYE, G.S. 1950. *Caste and Class in India*. Bombay London (K. Paul, Trench, Trübner) [republicado en 1969 con el título - *Caste and race in India*. Bombay (Popular Prakashan)][5].
GILSON, E. 1962. "L'Être et Dieu". En: *Revue Thomiste*, LXII/341(397, 2-3).
GILSON, E. 2001. *El ser y los filósofos*. Barañáin (Eunsa).
GISPERT-SAUCH, G. cf. LIPNER.
GLASENAPP, H. VON. 1936. "Tantrismus und Śaktismus". En: *Ostasiatische Zeitschrift*, N.F. XII, Berlin.
— 1938. "Zur Geschichte der buddhistischen Dharma-Theorie". En: *Zeitschrift der Deutschen Morgenländischen Gesellschaft*. Leipzig-Weiesbaden.
— 1939. "Der Ursprung der buddhistischen Dharma-Theorie". En: *Wiener Zeitschrift für die Kunden des Morgenlandes*. Wien, 46.
GNOLI, R. 2001. *Bhagavadgītā Il canto del beato*. Introduzione e traduzione. Milano (RCS).

GÑANÉSHVAR. 1994. *Amritanubhāva (sublime experiencia de la unidad)*. Madrid (etnos). Traducción y notas de ARRESE A. [cf. también JÑANESHWARI].

GOMEZ DE LIAÑO, I. 1998. *El círculo de la sabiduría*. Madrid (Siruela) 2 vols.

GONDA, J. 1958. "Het begrip *dharma* in het Indische denken". En: *Tijdschrift voor Philosophie*. Löwen, 20.

— 1960-63. *Die Religionen Indiens*. Stuttgart (W. Kohlhammer) 2 vols. [hay reedición de 1978 Stuttgart (W. Kohlhammer)].

— 1993. *Aspects of early Visnuism*. Delhi (M. Banarsidass).

GOPAL, RAM. 1959. *India of Vedic Kalpa-Sūtras*. Delhi (National Publishing House).

GOSH, A.B. 1935. *Śiva and Śakti*. Rajshahi.

GREENLEES, D. 1952. *The Gospel of the Granth Sahib*. Madras (The Theosophical Publishing House).

GRIFFITH, T.H.R. 1870-1874. *The Rāmāyaṇa of Vālmīki*. Banaras (L. J. Lazarus), en verso. 5 vols.

GRIFFITH, T.H. (ed.) 1995. *The Hymns of the ṚgVeda*. Delhi (M. Banarsidass) [reedición a cargo de SHASTRI J.L.].

GRILLMEIER, A. & BACHT, H. (ed.) 1951-54. *Das Konzil von Chalkedon*. Würzburg (Echter) 3 vols.

GRIMES, J. 1996. *A Concise Dictionary of Indian Philosophy*. New York (SUNNY)[2].

GROHS, E. 1993. "Initiation" en CANCIK (1993).

GUÉNON, R.

— 1925. *L'homme et son devenir selon le Védānta*. Paris (Bossard), [trad. española *El hombre y su devenir según el Vedanta*. Buenos Aires (C.S. Ediciones), 1990].

— 1983. *Aperçus sur l'ésotérisme chrétien*. Paris (Les éditions traditionnelles) [trad. española *Esoterismo cristiano*. Barcelona, (Obelisco) 1993].

— 1985. *Aperçus sur l'initiation*. Paris (Les éditions traditionnelles) [trad. española *Apreciaciones sobre la iniciación*. Buenos Aires (C.S. Ediciones) 1993].

— 1986. *Initiation et Réalisation spirituelle*. Paris (Les éditions traditionnelles).

GUSDORF, G. 1984. *Mythe et Métaphysique*. Paris (Flammarion) [trad. española *Mito y Metafísica*. Buenos Aires (Ed. Nova) 1970].

HACKER, P. 1958. "Der *Dharma*-Begriff des Neuhinduismus". En: *Zeitschrift für Missionswissenschaft und Religionswissenschaft*.

— 1965. "Dharma im Hinduismus". En: *Zeitschrift für Missionswissenschaft und Religionswissenchaft*. Münster.

— s.f. "Religiöse Toleranz und Intoleranz im Hinduismus". En: *Saeculum* VIII, 2/3.

HALBFASS, W. 1990. *India and Europe*. Delhi (M. Banarsidass).
— 2000. *Karma y Renacimiento*. Barcelona (Ceac).
HANI, J. 1983. *El simbolismo del templo cristiano*. Palma de Mallorca (J. J. Olañeta).
HARVEY, P. 1998. *El Budismo*. Madrid, (Cambridge U.Press),
HARVEY, A. (ed.) 1989, *Understanding Mantras*, New York (SUNY) [hay edición de 1991 Delhi (M. Banarsidass)],
HAUER, J.W. 1961, *Toleranz und Intoleranz in der nichtchristlichen Religionen*, Stuttgart (W. Kohlhammer),
HAUSHERR, I. 1936, "Ignorance infinie". En: *Orientalia christiana periodica II*.
— 1955. *Direction spirituelle en Orient autrefois*. Roma (Pont. Inst. Orient. Stud.).
— 1960. *Noms du Christ et voies d'oraison*. Roma (Pont. Inst. Orient. Stud.).
— 1966. "Hésychasme et prière". En: *Orientalia Christiana Analecta, 176*. Roma (Pont.Inst. Orient. Stud.).
HEAD, J. & CRANSTON, S.L. (ed.) 1977. *Reincarnation*. New York (Crown).
HEESTERMAN, J. 1957. *The ancient Indian royal Consecration*. The Hague (Mouton).
HEILER, F. 1925. *Die Mystik in der Upanischaden*. München.
— 1979. *Erscheinungsformen und Wesen der Religion*. Stuttgart (Kohlhammer)[2].
HEIMANN, B. 1964. *Facets of Indian Thought*. London (George Allen & Unwind).
HEINE-GELDERN, R. VON. 1956. "The Coming of the Aryans and the End of the Harappā Civilization". En: *Man* (X/1956).
HEISIG, J. 2002. *Filósofos de la Nada*. Barcelona (Herder).
HERAS, H. 1958. *Studies in Proto-Mediterranean Culture*, vol. I. Bombay (Indian Historical Research Institute).
— s.f. a "The Religion of the Mohenjo people according to the Inscriptions". En: *Journal University Bombay* año V.
— s.f. b "Were Mohenjodarians Aryans or Dravidians?". En: *Journal of Indian History*. Madras, XXI, pp. 23-3
HERBERT, J. 1972. *Spiritualité Hindoue*. Paris (A. Michel).
— 1975. *L' Hindouisme vivant. Sanatana dharma*. Paris (Robert Laffont).
HERTEL, J. 1921. *Die Weisheit der Upanischaden*. München.
HERTSENS, M. 1968. *Trésors mystiques de l'Inde*. Paris (Centurion).
HIRIYANNA, M. 1957. *Indian Philosophical Studies*, I. Mysore (Ravyalaya), [hay reedición de 1972].
— 1999. *Outlines of Indian Philosophy*. Delhi (M. Banarsidass).

HOLDREGE, B.O. 1998. "Body Connections: Hindu discourses of the body and the study of religion". En: *International Journal of Hindu Studies*, II, 3.
HOPKINS, E.W. 1986. *Epic Mythology*. Delhi (M. Banarsidass).
HOPKINS, S.P. 2002. *Singing the Body of God – The Hymns of Vedāntadaśika in Their South Indian Tradition*. Oxford (Universitary Press).
HORNER, I.B. (trad.) 1957. *Majjhima-Nikāya (The Middle Length Sayings)*. London (Luzac&Co.).
HOUGHTON, G.C. 1925. *Mānava-Dharma-śāstra, or the Institute of Manu*. London (vol. 1, texto sánscrito; vol. 2 traducción inglesa).
HUART, A. 1956. "Hindouisme et tolérance religieuse". En: *Nouvelle Revue Théologique*. Louvain, IX-X (1956).
HUBERT, H. & MAUSS, M. 1897-98. "Essai sur la nature et la fonction du sacrifice". En: *L'Année sociologique*. Paris, II (1897-98).
HÜBNER, K. 1985. *Die Wahrheit des Mythos*. München (Beck).
HUME, R.E. 1934. *The Thirteen Principal Upanishads translated*. Oxford (Univ. Press)[2].
HUTTON, J.H. 1985. *Caste in India*. New York (Asia Book Corporation of America).
ILÁRRAZ, F.G. 1988. *La Upanishhad del Gran Bosque* [BU]. Salamanca (Universidad Pontificia).
IYER, K.B. 1955. *Kathakali. The Sacred Dance-Drama of Malabar*. London (Luzac).
JACOBI, H. 1893. *Das Rāmāyaṇa*. Bonn.
— 1903. *Mahābhārata*. Bonn.
— 1923. *Die Entwicklung der Gottesidee bei den Indern*. Bonn.
JASPERS, K. 1956. *Vom Ursprung und Ziel der Geschichte*. Frankfurt (Fischer) [primera edición de 1889].
JAVASWAL, K.P. 1930. *Manu and Yājñavalkya: A Comparison and a Contrast*. Calcutta (Butterworth).
JAYADEVA. 1971. *Gītā Govinda* (traducción de F. TOLA). Buenos Aires (ed. Suramericana).
JHA, G. 1920-26. *Manu Smṛti: The Laws of Manu with the Bhāṣya of Medhātithi*. Calcutta (Calcutta University), 5 vols.
JHA – RAJARAM, N.S. 2000. *The Deciphered India Script*. Delhi (Aditya Prakashan).
JIMÉNEZ DUQUE, B. & SALA BALUST, L. 1969. *Historia de la Espiritualidad*. Barcelona (Juan Flors) 4 vols.
JÑANESHWARI. 1995. *Shri Jnanadeva's Bhavartha Dipika* [popularly known as Jnaneshwari]. Pune (Bharatiya Vidya Bhavan)[2] traducido por YARDI, M.R. [cf. también GÑANÉSHVAR].

JOHANNS, P. 1952. *La pensée religieuse de l'Inde*. Namur (Fac. Universitaires).
— 1996. *To Christ Through The Vedānta* [recopilación de artículos en *Light of the East* (1922-34)]. Bangalore (United Theological College).
JOLLY, J. & SCHMIDT, R. 1923. *Arthaśāstra of Kauṭilya*. Lahore (Punjab Oriental Series)[2].
JONAS, H. 2000. *La religión gnóstica*. Madrid (Siruela).
JOSHI, S. 2002. "The possibility of supermoralism in the Bhagavadgītā", *Indian Philosophical Quarterly XXIX*, 4.
JUNG, C.G. 1944. *Psychologie und Alchemie*. Zürich [trad. española cf. JUNG (2002b)].
— 2002a. *Los arquetipos y lo inconsciente colectivo* (Obra completa vol.10). Madrid (Trotta).
— 2002b. *Mysterium coniuntionis* (Obra completa vol.14). Madrid (Trotta).
KABIR. 1945. *One hundred poems of Kabir*. London (McMillan) (trad. de TAGORE R.).
— 1957. *Granthāvalī*. Pondichery (Institut français d'lndologie), (trad. de poemas de KABIR de VAUDEVILLE, CH.).
— 1992. *Kabir, The Great Mystic*. Punjab (R. S. Satsang Bees) (traducción de EZEKIEL, I.A.).
— 2000. *Poemas místicos, cien poemas de Kabir*. Barcelona (Obelisco) (traducción del francés de PERADEJORDI, J.).
KANE, V. 1958. *History of Dharmaśāstra*. Poona (Bhandarkar Oriental Research Institute) 5 vols.
KEITH, A.B. 1989. *The Religion and Philosophy of the Veda and the Upanishads*, 2 vols. Delhi (Motilal Barnasidas).
KETKAR, S.V. 1998. *History of Caste in India*. Delhi (Low Price Publications).
KINGSBURY, F. & PHILLIPS, G.E. 1921. *Hymns of the Tamil Śaivite Saints* [The Heritage of India Series]. Calcutta (Association Press), London, (Oxford University Press).
KINSLEY, D.R. 1975. *The Sword and the Flute: Kālī and Kṛṣṇa*. Berkeley (Univ. of California).
KIRK, J.A. 1972. *Stories of the Hindus. An Introduction through Texts and Interpretation*. New York (The Macmillan Company).
KLOSTERMAIER, K.K. 1989. *A Survey of Hinduism*. Albany (SUNY).
KÖNIG & WALDENFELS. 1987. *Lexikon der Religionen*. Freiburg (Herder).
KRÄMER, A. 1958. *Christus und Christentum im Denken des modernen Hinduismus*. Bonn (L. Röhrscheid), (con abundante bibliografía).
KRAMRISCH, S. 1996. *The Hindu Temple*. Delhi (M. Banarsidass) 2 vols.
KRISHNA RAO, M.V. 1979. *Studies in Kauṭilya*. Delhi (M. R. Manohar Lal).

KRISHNAMOORTI, K. 1974. *Ānandavardhana's Dhvanyāloka*. Dharwar, (Karnatk Univ.)
KRISHNAMURTI, R. 1978. *The Saints of the Cauvery Delta*. Delhi (Concept Publ. Co.).
KUMAR VIJAYA. 1995. *State of Human Rights in India – 1994*. Madras (Dalit Liberation Education Trust).
KUNST, A. & SHASTRI, J.L. 1969-70. *Śiva Purāṇa*. Delhi (M. Banarsidass) 4 vols.
LACOMBE, O. 1937. "Sur le yoga indien". En: *Études Carmélitaines*. (Paris), XXVII (X/1937).
— 1938. "Un exemple de mystique naturelle: l'Inde". En: *Études Carmélitaines*. (Paris)XXVIII (X/1938).
— 1949a. "Sagesse chrétienne et Sagesse d'Orient". En: *Lumen Vitae* IV.
— 1949b. "Technique et contemplation". En: *Études Carmélitaines*. Paris.
— 1951. "La mystique naturelle dans l'Inde". En: *Revue thomiste*. (St. Maximin, Paris) LI, 1.
— 1956a. "Le Vedānta comme méthode de spiritualité". En: *Revue thomiste*. (St. Maximin, Paris) LVI, 1.
— 1956b. *Chemins de l'Inde et philosophie chrétienne*. Paris (Alsatia).
— 1986. *L'élan spirituel de l'Hindouisme*. Paris (D.E.I.L.).
LAMOTTE, É. 1981. *Le traité de la Grande Vertu de sagesse de Nāgārjuna (Mahāprajñaparamtāshastra) III, 31.42)*. Louvain-La Neuve (Institut Orientaliste) 5 vols.
LARSON, G.J. 1972. "The trimūrti of dharma in Indian thought: Paradox or Contradiction?". *Philosophy East & West*, vol. 22, n. 2.
— 1995. *India's Agony over Religion*. Albany (SUNY).
LATOUCHE, S. 1989. *L'occidentalisation du monde*. Paris (La découverte).
LAVARENNE, C. s.f. (hacia 1994). *Swāmi Brahmabandhab Upadhyay (Theologie Chrétienne et Penseé du Védānta)*, tesis doctoral de la Universidad de Provence (Département E. R. L. A. O. S. Section "Études Indiennes") 3 vol.
LEEUW, G. VAN DER. 1930. *In dem Himmel ist ein Tanz. Über die religiöse Bedeutung des Tanzes und Festzuges*. München.
— 1949. *Sacramentstheologie*. Nijkerk
— 1986. *Fenomenología de la Religión*. México. (FCE)
LEÓN HERRERA, J. 1966. *Upanishads* [IsU, KenU, KathU, MandU, BU, KaivU]. Lima (Universidad Católica del Perú).
LETTER, P. DE 1956. "Natural Mysticism in Hindu Religion". En: "*The Clergy Monthly*". Kurseong.
— 1958. *The Christian and the Hindu Concept of Grace*. Calcutta (Light of the East Series, núm. 52) (Little Flower Press).

LEVI, S. 1898. *La doctrine du sacrifice dans les brāhmaṇas*. Paris (Bibl. de l'École des Hautes Études sc. rel.).
LIDCHI-GRASSI, M. 1997. *La batalla del Kurukśetra*. Barcelona (Apóstrofe).
— 1998. *El auriga de los caballos del Sol*. Barcelona (Apóstrofe).
LIPNER, J.J. 2001. *Brahmabandhab Upadhyay. The Life and Thought of a Revolutionary*. New Delhi (Oxford India Paperbacks).
LIPNER, J.J.& GISPERT-SAUCH, G. 1993-2002. *The Writings of Brahmabandhab Upadhyay*. Bangalore (The United Theological College) 2 vols.
LOES, E.M. 1929. "Tribal Initiation and Secret Societies", *American Archaeology and Ethnology*. Berkeley (Univ. of California), XXV/3.
LOSSKY, V. 1982. *Teología mística de la iglesia de oriente*. Barcelona (Herder).
— 1998. *Théologie négative et connaissance de Dieu chez Maître Eckhart*. Paris (Vrin)[2].
LOTZ, J.B. 1985. "Trascendentales" en RAHNER&DARLAP (1982-86), *Sacramentum Mundi*. Barcelona (Herder)[3].
LOY, L. 2000. *No Dualidad*. Barcelona (Kairós).
LUBAC, H. de. 1974. *Pic de la Mirandole. Études et discussions*. Paris (Aubier-Montaigne).
— 1991 *El misterio de lo sobrenatural*, Madrid (Encuentro)
LYLE, E. (ed.) 1992. *Sacred Architecture in the Traditions of India, China, Judaism and Islam*. Edinburgh (Edinburgh Univ. Press).
M. (seudónimo) 1947. *The Gospel of Śri Ramakrishna*, (trad. del bengalí). Madras (Sri Ramakrishna Math).
MACAULIFFE, M.A. 1978. *The Sikh Religion*. Delhi. (S. Chand & Company Ltd.).
MACDONELL, A.A. 1995. *Vedic Mythology*. Delhi (M. Banarsidass).
MACHADO, F. 1998. *Jñaneshvari Path of Liberation*. Mumbay (Somaiya).
MACKAY, E. 1945. *Early Indus Civilization*. London (Luzac)[2] [hay edición de 1989].
MACNICOL, N. 1968. *Indian Theism: From the Vedic to the Muhammadan Period*. Delhi (Munshiram Manoharlal)[2].
MADHAVANANDA, S. 1987. *The Last Message of Shri Krishna*. Calcutta (Advaita Ashrama).
MAHADEVAN, T.M.P. 1958. "The Culture of India". En: *CHI* (1958), vol. 1.
— 1959. *Ramana Maharshi and his Philosophy of Existence*. Madras (Vasanta Press).
— 1971a. *Outlines of Hinduism*. Bombay (Chetān Limited).

— 1971b. *Ten Saints of India*, Bombay (Bharatiya Vidya Bhavan).
— 1998. *Invitación a la Filosofía de la India*. México (F.C.E.).
MAHADEVAN, T.M.P. (ed.) 1956a. *The Great Scriptures*. Madras (G. S. Press).
MAHADEVAN, T.M.P. y otros. 1969. *Hinduism*. Patiala (Punjabi University).
MAILLARD, CH. 1997. "Experiencia estética y experiencia mística. Su relación en la Escuela de Cachemira", *Contrastes. Revista Interdisciplinar de Filosofía*. Universidad de Málaga, Vol. II.
MAILLARD, CH. & PUJOL, O. 1999. *Rasa. El placer estético en la tradición india*. Varanasi (Indica Books) y Madrid (etnos).
MAJUMDAR, R.C. & PUSALKER, A.D. 1980. *The History and Culture of the Indian People*. Bombay (Bharatiya Vidya Bhawan) 11 vols.
MALL, R.A. 1977. *Der Hinduismus seine Stellung in der Vielfalt der Religionen*. Darmstadt (Wissenschaftliche Buchgesellschaft).
MANESSY-GUITTON, J. 1958. *La Civilisation védique d'après le Rig-Veda*. Paris (Institut de linguistique).
MANI, V. 1975. *Purāṇic Encyclopaedia*. Delhi (M. Banarsidass).
MANICKAM, T.M. 1977. *Dharma according to Manu and Moses*. Bangalore (Dharmaram Publications).
MANKAD, D.R. 1951. *Purāṇic Chronology*. Bombay (Vallabhvidyanagar).
MARÉCHAL, J. 1924. *Études sur la psychologie des mystiques*. Bruxelles (Ed. Univ.). Paris (Desclée), 2 vols. (2ed. 1938) y 1937.
MARITAIN, J. 1956. *Quatre essais sur l'esprit dans sa condition charnelle*. Paris (Alsatia)[2] [trad. española *Cuatro ensayos sobre el espíritu y su condición carnal*, Buenos Aires (Desclée de Brouver) 1947].
— 1963. *Les degrés du savoir*. Paris (Desclée de Brouwer)[2] [trad. española *Los grados del saber*, Buenos Aires (Club de Lectores) 1983].
MARSHALL, J. & MACKAY, E., etc. 1996. *Mohenjo-Daro and the Indus Civilization*. Delhi (Asian Educational Services).
MARTÍN, C. 1979. *Jiva: El ser humano a través de los cuatro estados de conciencia*. Madrid (L. Cárcamo).
—. 2000. *Brahma Sūtras*. Madrid (Trotta) con el comentario de Śaṅkara.
— 2001. *Upaniṣad* (con los comentarios de Śaṅkara) [KenU, KathU, IsU, SU, AU]. Madrid (Trotta).
— 2002. *Gran Upaniṣad del Bosque*, *Brihadāranyaka Upaniṣad* con los comentarios advaita de Śaṅkara. Madrid (Trotta).
— 2002[2]. *Bhagavad Gītā*. Madrid (Trotta).
MARTÍN VELASCO, J. 1999. *El fenómeno místico. Estudio comparado*. Madrid (Trotta).

MASCARENHAS, H.O. 1951. *The Quintessence of Hinduism*. Bombay (Gemini Printers).
MASCARÓ, J. 1965. *The Upanishads* [IsU, KenU, PrasnU, Mundu, MandU, SveU y selección de otras]. Harmondsworth Middlesex, (Penguin Books).
— 2001. *Diàlegs amb L'Índia*. Barcelona (Proa).
MASSEY, J. 1991. *Roots. A concise history of Dalits*. Delhi (ISPCK).
MASUI, J. 1981. *Les voies de la mystique*. Paris, (Editions des Océans [Hermès nouvelle serie nº 1]).
MATANIC, A. 1990. "Spiritualità" en ANCILLI (1990).
MAUPILIER, M. 1985. *Les mystiques hindous chrétiens* (1830-1967). Paris (D.E.I.L.).
MAX MÜLLER, F. 1964. *Vedic Hymns*. Delhi (M. Banarsidass).
MAYER, A.C. 1960. *Caste and Kinship in Central India*. Berkeley (University of California).
MAYRHOFER. 1956-1980. *Kurzgefasstes etymologisches Wörterbuch des Altindishen*. Heidelberg (Karl Winter) 4 vols.
MENSCHING, G. 1953. "Toleranz, eine Form der Auseinandersetzung der Religionen". En: *Theologische Literaturzeitung*, 78 (1953)
1955. *Toleranz und Wahrheit in der Religion*. (Heidelberg)
MERLO, V. 1998 *Sri Aurobindo*, Barcelona (Kairós)
MESLIN, M. 1978. *Aproximación a una ciencia de las religiones*. Madrid (Cristiandad).
MEYER, H. 1961. *Thomas von Aquin*. Paderborn (Ferdinand Schöningh)[2].
MICHAELIS, A. 1998. *Der Hinduismus.Geschichte und Gegenwart*. München (Beck).
MILES, A. 1951. *Le culte de Śiva*. Paris[2].
MILLER, J. 1974. *The Vedas* (Harmony, Meditation and Fulfilment). London (Rider).
— 1985. *The Vision of Cosmic Order in the Vedas* [Foreword by R. PANIKKAR]. London (Routledge & Kegan Paul).
MODE, H. 1944. *Indische Frühkulturen und ihre Beziehungen zum Westen*. Basel.
MOD, P.M. 1956. *The Bhagavad-Gītā, a fresh Approach with Special Reference to Śaṅkarāchārya's Bhāsya*. Baroda.
MOLINOS, M. de. *Guía Espiritual*.
— 1974. Barcelona (Barral) [con ensayo introductorio de VALENTE, J.A.].
— 1976. Madrid (Universidad Pontificia de Salamanca) [Edición crítica con introducción y notas de TELLECHEA, J.I.].
— 1998. Barcelona (Obelisco) [con introducción de TOSCANO M.].
MONCHANIN, J. & LE SAUX, H. 1957. *Ermites du Saccidānanda*. Tournai-Paris (Casterman)[2].

MONIER-WILLIAMS, M. 1974. *A Sanskrit-English Dictionary*. Delhi (M. Banarsidass)[5].
[hay reedición revisada de 1989 y edición digital]
MONTSERRAT TORRENTS, J. 1983. *Los gnósticos* [traducción y textos]. Madrid (Gredos) 2 vols.
MORENO, P. 1992. El pensamiento de Miguel de Molinos. Madrid (FUE).
MORRETTA, A. 1960. *Lo spirito dell'India. Cinquemila anni di cultura indiana*. Roma (Editrice Aldininana).
— 1982. *Miti indiani*. Milano (Longanesi & C.).
MUKERJI, B. 1981. *From the Life of Sri Anandamayi Ma*. Calcutta (Anandamayee Society) 2 vols.
MUNI, K.G. 1959. *Sri Ramana Gita*. Madras (M.L.J. Press).
MURTI, T.R.V. 1998. *The Central Philosophy of Buddhism*. London (G. Allen & Unwin).
MURTY, K.S. 1961. "Revelation and Reason" en *Advaita Vedanta*. London (Asia Publishing House).
MUS, P. 1935. *Barabudur*. Hanoi (Imprimerie d'Extrême-Orient), 2 vols. [reedición de 1990 en 1 vol., Paris (Arma Artis)].
NAG, K. D. 1941. *India and the Pacific World*. Calcutta (Book Co.).
NĀGĀRJUNA. 1903-13. *Mūlamadhyamak-Kārikās* (comentario de Candrakīrti – editado por VALLÉE POUSSIN). St. Petesbourg (Académie des Sciences – Bibliotheca Buddhica IV) [hay una reimpresión en Osnabrück (Biblio Verlag) de 1970].
NAKAMURA, H. 1989. *Indian Buddhism*. Delhi (M. Banarsidass).
NANDIMATH, C.S. 1979. *Handbook of Virashaivism*. Delhi (M. Banarsidass).
NARASIMHASWAMI, B.V. 1962. *Self Realisation: Life and Teachings of Ramana Maharshi*. Madrass (Jupiter Press)[6].
NATARAJAN, A.T. (trad.) 1986. *Ramana Gita, Dialogs with Sri Ramana Maharshi*. Bangalore (Modern Process Printers).
NAUMOVA, G. 1999. *Sibirische Heilgeheimnisse*. Bergisch Gladbach (Bastei-Lübbe).
NAYAK 2001. *Die innere Welt des Tantra*. Freiburg (Herder).
NEUNER, J. 1951-54. "Das Christus Mysterium und die indische Lehre von den Avatāras". En: GRILLMEIER & BACHT (1951-54).
— 1957. "Bhakti and Christian Meditation". En: *The Clergy Monthly Missionary Supplement*. Ranchi.
NEUNHEUSER, B. (dir.) 1960. *Opfer Christi und Opfer der Kirche*. Düsseldorf (Patmos).
NIEREMBERG, J.E. 1640. *Diferencia entre lo temporal y lo eterno* (primera edición de 1640). Cf. la edición de E. de Ochoa. Paris, 1847 [versión española, Barcelona (Antalbe) 1983].

NIKHILANANDA. 1968. *Hinduism*. New York (Ramakrishna-Vivekananda Center).
NIVEDITA (Sister) 1952. *Religion and Dharma*. Calcutta (Advaita Ashrama).
NURBAKHSH, J. 1986. *The Great Satan "Eblis"*. London (Khaniqahi Nimatullahi Publications).
— 2001. *En la Taberna, paraíso del Sufí*. Madrid (Nur)².
O'FLAHERTY, W.D. 1981. *The Rig Veda: An Anthology*. Harmundsworth. England (Penguin).
OEING-HANHOFF, L. 1953. *Ens et unum convertuntur. Stellung und Gehalt des Grundsatzes in der Philosophie des hl. Thomas von Aquin*. Münster (Aschendorf).
OESTERLEY, W.O.E. 1970. *The Sacred Dance*. New York (Dance Horizons).
OLDENBERG, H. 1886-1892. *The Gṛhya-Sūtras: Rules of Vedic Domestic Ceremonies*, "The Sacred Books of the East Series", Nrs. 29, 30. Oxford (Clarendon Press), 2 vols.
— 1905. *Vedaforschung*. Stuttgart U. (Berlin).
— 1922. *Das Mahābhārata*. Göttingen (Vandehoeck & Ruprecht).
— 1923a. *Die Lehre der Upanischaden und die Anfänge des Buddhismus*. Göttingen (Vandehoeck & Ruprecht).
— 1923b. *Religion der Vedas*. Berlin.
— 1964. *Vedic Hymns* (Hymns to Agni). Varanasi (M. Banarsidass).
OLIVELLE, P. 1976. *Vāsudevāśrama Jatidharmaprakāśa* (A Treatise of World Renunciation). Vienna (Herald) 2 vols.
— 1999. *Dharmasūtras: The law codes of ancient India*. New York (Oxford University Press).
O'MALLEY, L.S.S. 1974. *Indian Caste Customs*. London (Curzon Press).
ORBE, A. 1976. *Cristología gnóstica*. Madrid (BAC), 2 vols.
OSBORNE, A. (ed.) 1986. *The Collected Works of Ramana Maharshi*. Tiruvannamalai (Ramanashram)².
OTTO, R. 1930. *Die Gnadenreligion Indiens und das Christentum*. Gotha (L. Klotz).
— 1939. *The Original Gītā*. London (Allen & Unwin), (traducción del alemán por J. E. TURNER).
— 2001. *Lo Santo*. Madrid (Alianza).
PADOUX, A. 1975. *Recherches sur la symbolique et l'énergie de la parole dans certains textes tantriques*. Paris (De Boccard)².
PAL, D.N. 1910. *Śiva and Śakti*. Calcutta 2 vols.
PAL, R.B. 1958. *The History Of Hindu Law in the Vedic Age and in Post-Vedic Times down to the Institutes of Manu*. Calcutta (Calcutta University).

PALMA, D. DE. 1995. *Upaniṣads* [CU, KathU, SU, IsU]. Madrid (Siruela).
— 1997. *Brahma Sūtra*. Madrid (etnos).
PALSETIA, J. 2001. *The parsis in India: Preservation of Identity in Bombay City*. Leiden (Brill).
PANDEY, R.B. 1949. *Hindu Samskāras*. Banaras (Vikrama Publications).
— 1962. "Hindu Sacrements". En: *CHI* (1958), vol. 2.
PÁNIKER, A. 2001. *El jainismo*. Barcelona (Kairós).
PANIKKAR, K.M. 1955. "Grundlagen der indischen Kultur, Toleranz und Universalität". En: *Bulletin der indischen Botschaft*. Bonn, 6 (VI-1955).
PANIKKAR, R. (s.f.). *Indra's Cunning: The Challenge of Modernity. The Indic Experience* [próxima publicación].
— 1960/III. *La India: Gente, cultura y creencias*. Madrid (Rialp).
— 1961/12. "Introducción al pensamiento filosófico de la India", *Orbis Catholicus*. Barcelona, V, 2, pp. 476-487.
— 1961/15. "La demitologizzazione nell'incontro del Cristianesimo con l'Induismo". En: *Problema della Demitizzazione* "Archivio di Filosofia". Roma, 1961/1-2, (publicado por E. CASTELLI.).
— 1961/3. "Das Brahman der Upaniśaden und der Gott der Philosophen". En: *Kairos*, 1961, 1/2 y 3/4. Salzburg.
— 1961/4. "Pluralismus, Toleranz und Christenheit". En: *Pluralismus, Toleranz und Christenheit*. Nüremberg (Abendländische Akademie).
— 1961/5. "Der Īśvara des Vedānta und der Christus der Trinität". En: *Antaios*, II, 5. Stuttgart.
— 1961/6. "La Misa como 'consecratio temporis'. La tempiternidad". En: *Sanctum Sacrificium*. Zaragoza (V Congreso Eucarístico Nacional).
— 1961/61. "Algunos aspectos fenomenológicos de la espiritualidad hindú de hoy", *Nuestro Tiempo*. Pamplona, 88, pp. 1181-1207.
— 1961/V. *Ontonomía de la ciencia*. Madrid (Gredos) (o PANIKER).
— 1963/27. "Sur l'herméneutique de la tradition selon l'hindouisme. Pour un dialogue avec le christianisme". En: *Ermeneutica e tradizione* Archivio di Filosofia 1963. E. CASTELLI, (ed).
— 1970/13. "Fe y creencia. Sobre la experiencia multireligiosa. Un fragmento autobiográfico objetivado", *Homenaje a Xavier Zubiri*, II. Madrid (Editorial Moneda y Crédito), pp. 435-459.
— 1970/XI. *Kultmysterium im Hinduismus und Christentum*. Freiburg i. Br. (K. Alber).
— 1970/XI. *Le mystère du culte dans l'hindouisme et le christianisme*. Paris (Cerf).
— 1971/2. "La loi du karma et la dimension historique de l'homme" *La théologie de l'histoire. Herméneutique et eschatologie*, E. Castelli. Paris (Aubier), pp. 205-230.

— 1971/XII. *Misterio y Revelación*. Madrid (Marova).
— 1972/II. *El concepto de naturaleza*. Madrid (C.S.I.C.). 2ªedición revisada.
— 1978/6. "'Gedankenfreie' Meditation oder seinserfüllte Gelassenheit?" *Munen Musô. Ungegenständliche Meditation*. Festschrift für Hugo M. Enomiya-Lassalle. Hrsg. G. Stachel. Mainz (Grünewald), pp. 309-316.
— 1990/33. "Thinking & Being". En: *Du Vrai, du Beau, du Bien: Études Philosophiques Présentées au Professeur Evanghélos A. Moutsopoulos*. Paris (Vring) pp. 39-42.
— 1993/27. "Les religions i la cultura de la pau". En: *Qüestions de Vida Cristiana*. Montserrat nº 169.
— 1994/44. "La religión del futuro o la crisis del concepto de religión - la religiosidad humana". En: *Filosofía de la Religión*. Madrid (Trotta) (FRAIJÓ M. ed.).
— 1994/X. *El Cristo desconocido del hinduismo*. Madrid (Grupo Libro).
— 1997/XXXIX. *La experiencia filosófica de la India*. Madrid (Trotta).
— 1998/XXIII. *La Trinidad*. Madrid (Siruela).
— 1999/XIX. *El silencio del Buddha*. Madrid (Siruela).
— 1999/XXXII. *La nueva inocencia*. Estella (Verbo Divino)².
— 1999/XXXVII. *La plenitud del hombre*. Madrid (Siruela).
— 2000/33. "Das unwissende Bewusstsein" *Bewusstsein und Person*, G.Rager/A.Holderegger (eds.). Freiburg (Universitätsverlag) pp.124-144.
— 2000/XLIII. *El mundanal silencio*. Barcelona (Círculo de Lectores).
— 2000/XXVII. *Mito, Fede ed Ermeneutica, "il triplice velo della realtà"*. Milano (Jaca Book).
— 2000/XXVIII. *Elogio de la sencillez*. Estella (Verbo Divino)².
— 2001/50. "Modern Science and Technology are neither Neutral nor Universal" *Metanoia*, vol.11, 3-4, autumn-winter, pp. 51-58.
— 2001/XXV. *I Veda (Testi fondamentali della rivelazione vedica)*. Milano (Rizzoli) [traducción de *The Vedic Experience*, Delhi (M. Banarsidass) PANIKKAR (1994/XXV)].
— 2002/6. "Evangelio y pluralidad cultural". En: *Sufí*, (nº 3 Primavera y verano 2002). Madrid, pp. 10-13.
— 2003/XLVII. *El encuentro indispensable*. Barcelona (Península).
PĀṆINI. 1891. *Aṣṭādhyāyī*, 2 vols. [hay reedición en 1977 Delhi (M. Banarsidass), edited & translated by Śriśa Chandra Vasu].
PARGITER, F.E. 1969. *Mārkaṇdeya Purāṇa*. Delhi, (Varanasi Indological Book House).
PARK, R.L. 1971. "Change and the Persistence of Tradition in India" *Michigan Papers on South and Souhteast Asia* (2).

PARMESHWARANAND. 2000. *Encyclopaedic dictionary of Vedic terms*. New Delhi (Sarup & Sons) 2 vols.
PARRINDER, G. 1993. *Avatar y Reencarnación*. Barcelona (Paidós).
PASWAN, S. & JAIDEVA, P. 2002. *Encyclopaedia of Dalits in India*. Delhi (Kalpaz) 14 vols.
PATEL, H. & GOGA D'SOUZA, N. 1987. *A Review of "Proud". A people's Organisation in Dharavi*. Delhi (ISPCK).
PEREIRA, J. 1991. *Hindu Theology: Themes, Textes and Structures*. Delhi (M. Banarsidass).
PIANO, S. 1971. *Guru Nānak e il Sikhismo*. Fossano (Cuneo) (Editrice Esperienze).
— 1996a. "Lo Hinduismo (II) – La prassi religiosa". En: FILORAMO (1996).
— 1996b. *Sanātana-Dharma: Un incontro con l'induismo*. Milano (San Paolo).
PIANO, S. (coord.) 1999. *Enciclopedia dello Yoga*. Torino (Promolibri)[2].
PIANTELLI, M. 1996a. "La religione vedica". En: FILORAMO (1996).
— 1996b. "Lo hinduismo (I) Testi e dottrine". En: FILORAMO (1996).
PILLAI, G.S. 1948. *Introduction and History of Śaiva Siddhānta*. Annamalai (Annamalai University) [reeditado como parte de *Collected Lectures on Saiva Siddhanta 1946-54*. Annamalai University 1965].
PIÑERO, A.; MONSTERRAT TORRENTS, J.; GARCÍA BAZÁN, F. (eds.) 1997-2000. *Textos gnósticos. Biblioteca de Naj Hammadi*. Madrid (Trotta) 3 vols.
PLA, R. 1997. *Bhagavad Gītā*. Madrid (etnos).
POTTER, K. (dir.) 1970-90. *Encyclopaedia of Indian Philosophies*. Delhi (M. Banarsidass), 6 vols. aparecidos hasta la fecha.
PRABHAKAR, M.E. (ed.) 1989. *Towards a Dalit Theology*. Delhi (ISPCK).
PRASAD, R.C. 1993. *Śrī Rāmacaritamānasa (The holy lake of the acts of Rāma)* de TULASĪDĀSA. Delhi (M. Banarsidass) (versión del texto original y traducción al inglés de).
PUECH, H.C. (dir.) 1977-82. *Historia de las Religiones*. Madrid (Siglo XXI), 12 vols.
PUECH, H.C. 1982. *En torno a la Gnosis*. Madrid (Taurus).
QUEGUINER, M. 1956. "Tolérance indienne, intolérance hindoue". En: *Études*. Paris (1956).
— 1958. *Introduction à l'hindouisme*. Paris (Éd. de l'Orante).
RABBOW, P. 1954. *Seelenführung. Methoden der Exerzitien in der Antike*. München.
RADHAKRISHNAN, S. 1953a. *The Bhagavadgītā*. London (Allen & Unwin)[3].

— 1953b. *The Principal Upaniṣads*. London (Allen & Unwin).
— 1960. *The Brahma Sūtra*. London (Allen & Unwin).
— 1982. *La concepción hindú de la vida*. Madrid (Alianza).
— 1996. *Indian Philosophy*. London (Oxford University Press).
RADHAKRISHNAN, S. (ed.) 1967. *History of Philosophy: Eastern and Western*. London (Allen & Unwin), 2 vols.
RADHAKRISHNAN, S. & MOORE, CH.A. (eds.) 1957. *A Source Book in Indian Philosophy*. Princeton (Princeton University Press).
RAGHAVAN, V. 1963. *The Indian Heritage. An Anthology of Sanskrit Literature*. Basavangudi (The Indian Institute of World Culture).
RAHNEMA, M. 2003. *Quand la misère chasse la pauvreté*. Paris (Gayard-Actes Sud).
RAHNER, H. 1990. *Der spielende Mensch*. Freiburg. (Johannes Einsiedeln).
RAHNER, K. & DARLAP, A. (dir.) 1982-86. *Sacramentum Mundi*. Barcelona (Herder), 6 vols.
RAHNER, K. & RATZINGER, J. 1961. *Episkopat und Primat*. Freiburg, (Herder).
RAJ GUPTA, S.R. 1991-2001. *The Word Speaks to the Faustian Man*, (*A translation and interpretation of The Prasthānatrayī and Śaṇkara's bhāṣya for the participation of contemporary man)*. Delhi (M. Banarsidass) publicados 4 vols. [trad. española *La palabra se revela al hombre fáustico: El canon Vedanta comentado por Śaṇkara*. Madrid (etnos) 2002 vol. 1. El proyecto prevé 10 vols.]
RAJ, J.J. 1990. *The Grace in the Śaiva Siddhantam and in St. Paul*. Madras (SouthIndia Salesian Society).
RAJADHYAKSHA, N.D. 1997. *Los seis sistemas de la filosofía india*. Madrid, (etnos).
RAJAGOPALACHARI, C. 1941. *The Bhagavad-Gītā*. Delhi (Hindusthan Times Press)[4].
RAJAPOLACHARI, C. 1957. *Rāmāyaṇa*. Bombay (Bharatiya Vidyabhavan).
RAJSHEKAR SHETTY, V.T. 1978. *Dalit Movement in Karnataka*. Bangalore (The Christian Institute for Religion and Society).
RAJU, P.T. 1985. *Structural Depths of Indian Thought*. Delhi (South Asian Publishers).
RAMAKRISHNA, ŚRĪ. 1981. *The Gospel of Śrī Ramakrishna*. Madras (Ramakrishna Math) [Traducción de Nikhilananda].
RAMANA MAHARSHI. 1994. *Sé lo que eres: Las enseñanzas de Ramana Maharshi*. Tiravammalri (*Śrī Ramanasramam)*.
— 1995. *Día a día con Bhagavān (Śrī Ramana Maharshi)*. Madrid (etnos).

RAMASWAMI SASTR, I.K. 1944. *Studies in the Rāmāyaṇa*. Baroda (Department of Education).
RANADE, D.R. 1926. *A Constructive Survey of Upanishadic Philosophy*. Poona (Oriental Book Agency) [hay reedición de 1968 en Bombay].
— 1959. *The Bhagavad-Gītā as a Philosophv of God-realization*. Nagpur (Nagpur University).
RANGA, M.L. (ed.) 2000. *B.R. Ambedkar: Life, Work and Relevance*. Delhi (Manohar).
RANGASWAMI AIYANGAR, K.V. 1941. *Rajadharma*. Madras-Adyar (Theosophical Society).
— 1952. *Some Aspects of the Hindu View of Life according to Dharma-śāstra*. Baroda (Baroda University).
RAO, H.C. 1931. *Indian Caste System: A Study*. Bangalore (Bangalore Press).
RAVI VARNA, L.A. 1958. "Rituals of Worship". En: *CHI* (1958), vol. IV.
RAVIER, A. (dir) 1965. *La mystique et les mystiques*. Paris (Desclée de Brouwer).
RAWSON, J.N. 1934. *The Katha Upaniṣad*. London (Oxford University Press).
RAY, P.C. 1893-96. *The Mahābhārata of Kṛṣṇa Dvaipāyana Vyāsa*. Calcutta (Bharata Press), 18 vols.
REGAMEY, C. 1935. "Bibliographie analytique des travaux relatifs aux éléments aryens dans la civilisation et les langues de l'Inde". En: *Bulletin de l'École Française de l'Extrême Orient*, XXXIV (1935).
RENOU, L. 1956. *Études védiques et pāṇinéennes*. Paris (E. de Boccard).
— 1972. *Religions of Ancient India*. Delhi (Munshiram Manoharlal).
— 1991. *El hinduismo*. Barcelona (Paidós).
RENOU, L. & FILLIOZAT, J. 1947. *L'Inde classique*. Paris (Payot) 2 vols. [hay reedición en 1985. Paris (Adrien-Maisonneuve)].
RGG 1957-65. *Die Religion in Geschichte und Gegenwart*. Tübingen (Mohr)[3] 6 vols.
RICE, E.P. 1934. *The Mahābhārata Analysis and Index*. London (Oxford Univ. Press).
RIES, J. 1982. *Il sacro nella storia religiosa dell'umanitá*. Milano (Jaca Book).
— 1983. *Le Sacré comme approche de Dieu et comme ressource de l'homme*. Louvain-la-Neuve (Centre d'histoire des religions).
RIES, J. (coord.) 1995. *Tratado de antropología de lo sagrado* I. Madrid (Trotta).
RIES, J. (y otros) 1978-83. *L'expression du Sacré dans les grandes religions* (Proche-Orient ancient et traditions Bibliques). Louvain-la-Neuve (Centre d'histoire des religions) 2 vols.

RIVIERE, J.M. 1980. *La santa Upanishad de la Bhagavad Gītā* (edición bilingüe). Buenos Aires, (Kier) [traducción del francés].
ROLLAND, R. 1930a. *Prophets of the New India* (vida y doctrinas de Ramakrishna y de Vivekananda). London, etc. (Cassell) (trad. del francés).
— 1930b. *La vie de Vivekananda et l'Évangile Universel*. Paris (Delamain et Boutelleau) 2 vols.
ROMÁN LÓPEZ, M. T. 2001. *Enseñanzas espirituales de la India*. Madrid (Oberon).
SACHS, C. 1933. *Eine Weltgeschichte des Tanzes*. Berlin (Nachdruck der Ausgabe). [hay reedición de 1992, New York (Hildesheim)].
ŚAṆKARA. 1965. *Brahma-sūtra-bhāṣya*. Calcutta (Avaita Ashrama) (traducción inglesa por GAMBHIRANANDA).
ŚAṆKARA. 1974. *Vivekacūḍāmaṇi*, texto sánscrito y traducción de MADHAVĀNANDA. Calcutta (Advaita Asrama)[9].
SARKAR, R.D.M.N. 1945. *Mysticism in the Bhagavad-Gītā* Madras (M.L.J. Press)[4].
SASTRI, G.S. 1980. *Study in the Dialectic of Sphoṭa*. Delhi (M. Banarsidass).
SASTRI, H.P. 1949. *Teachings from the Bhagavad-Gītā*. London (Shanti Sadan).
SASTRI MAHADEVA, A. 1977. *The Bhagavad-Gītā with the Commentary of Śrī Śaṇkarāchārya*. Madras (Samata Books).
SASTRI, P.S. 1988. *Ṛgvedic Aesthetics*. Delhi (Bharatiya Vidhya Prakashan).
SATPREM. 1999. *Sri Aurobindo o la aventura de la consciencia*. Irún (Instituto de Investigaciones Evolutivas).
SCHIMMEL, A. 2002. *Las dimensiones místicas del Islam*. Madrid (Trotta).
SCHOMERUS, H.W. 1941. *Indische und christliche Enderwartung und Erlösungshoffnung*. Gütersloh, (Bertelsman).
SCHRADER, F.O. 1916. *Introduction to the Pāñcarātra, and the Ahirbudhnya Samhitā*. Madras (The Adyar Library). [Hay reedición de 1973].
SCHULTZ, W. (coord.) 1986. *Dokumente der Gnosis*. München (Mathes & Setz).
SCHUMACHER & WOERNER (ed.) 1993. *Diccionario de la sabiduría oriental*. Barcelona (Paidós).
SCHÜTZ, CH. (coord.) 1988. *Praktisches Lexikon der Spiritualität*. Freiburg (Herder).
SCHWEIDLER, W. 2001. *Wiedergeburt und kulturelles Erbe*. Sankt Augustin (Academia).
SCHWEITZER, A. 1987. *El pensamiento de la India*. México (FCE).
SCOTT-LITTELTON. 1966. *The New Comparative Mythology: Anthropo-*

logical Assessment of the Theories of George Dumézil. Berkeley (U.C. Press).
SENART, E. 1971. *Chāndogya-upaniṣad*. Paris (Les Belles Lettres).
SENART, E. (trad. y com.) 1967. *Brāhad-āraṇyaka-upaniṣad*. Paris (Les Belles Lettres).
SENART, T. 1915. "Rajas et la théorie des trois guṇas". En: *Journal asiatique*. Paris.
— s.f. "La théorie des guṇas et la Chāndoya-Upaniṣad". En: *Études asiatiques*, II.
SHAMA SASTR, I.R. 1961. *Arthaśāstra*. Mysore (Printing and Publishing House).
SHĀNTĀ, N. 1985. *La voie Jaina*. Paris (OEIL).
SHARMA, A. 1996. *Hinduism for Our Times*. Delhi (Oxford University Press).
SHARMA, D.S. 1939. *What is hinduism*? Madras (G.S.Press).
— 1946. *Studies in the Renaissance of Hinduism, in the XIX and XX Centuries*. Banaras (B. H. U.).
— 1956. *Hinduism trough the Ages*. Bombay (Bharatiya Vidhya Bhavan) [hay reedición de 1973].
SHASTRI, H.P. 1952-59. *The Rāmāyaṇa of Vālmīki*. London (Spanti Sadan), en prosa 3 vols.
SHASTRI, J.L. 1973. *Liṅga Purāṇa*. Delhi (M. Banarsidass) 2 vols.
SHASTRI, R. 1933. *Brahmasūtra* (con el comentario de VACASPATIMIŚRA *bhāmati*). Adyar-Madras (Theosophical Publishing House).
SHATTUCK, C. 2002. *Hinduismo*. Madrid (Akal).
SHETH, N. 2002. "Hindu Avatāra and christian Incarnation. A Comparison", *Philosophy East and West*. University of Hawaii Press, Vol. 52, No. 1, January 2002.
SHIVAPADASUNDARAM, S. 1934. *The Śaiva School of Hinduism*. London (Allen & Unwin).
SHOAM, S.G. 1999. *The Mytho-Empiricism of Gnosticism*. Sussex (Academic Press).
SIDHANTA, N.K. 1929. *The Heroic Act of India*. London (K. Paul, etc.).
SILBURN, L. 1959. *Vātūlanātha Sūtra. Avec le commentaire d'Anantasaktipāda*. Paris (Éditions E. de Boccard).
— 1961. *Le Vijñāna Bhairava*. Paris (E. de Boccard) [hay edición de 1983 Paris, (Collège de France, Institut de Civilisation Indienne)].
— 1979. *La Bhakti. Le Stavacintāmaṇi de Bhaṭṭanārāyaṇa*. Paris (Éditions E. de Boccard).
— 1986. *Hymnes de Abhinavagupta*. Paris (Éditions E. de Boccard).
— 1988. *Instant et Cause, Le discontinu dans la pensée philosophique de l'Inde*. Paris (De Boccard).

SIMONETTI, M. (a cargo de) 1993. *Testi gnostici in lingua greca e latina*. Vicenza (Mondadori e Fondazione Lorenzo Valla).
SINGH HARBANS. 1969. *Guru Nanak and the Origins of the Sikh Faith*. Bombay, etc. (Asia Publishing House).
SINGH HARBANS & DELAHOUTRE, M. 1985. *Le Sikhisme. Antologie de la poésie religieuse sikh*. Louvaine-la-Neuve (Centre d'Histoire des religions).
SINGH HARBANS (ed.) 1975. *Perspectives on Guru Nanak* (Seminar Paper). Patiala, (Punjabi University).
SINGH JAIDEVA 1980. *Śiva Sūtras. The Yoga of Supreme Identity*. Delhi (M. Banarsidass).
— 1980. *Spanda-Kārikās. The Divine Creative Pulsation*. Delhi, (Motilal Banarsidass).
— 1981. *Vijñānabhairava or Divine Consciousness*. Delhi (Motilal Banarsidass).
— 1988. *Abhinavagupta: Parātriśikā-Vivaraṇa. The Secret of Tantric Mysticism*. Delhi (Motilal Banarsidass).
— 1989. *Abhinavagupta: A Trident of Wisdom. Translation of Parātiśikā-Vivaraṇa*. Albany (State University of New York Press).
SINGH KARTAR. 1998. *Life of Guru Gobind Singh*. Ludhiana (Lahore Book Shop).
SINGH SURINDAR. 1961. *A Critical Study of Ādi-Granth*. Delhi (Punjabi Writers Cooperative).
SINGH SURJIT. 1981. *A Philosophy of Integral Relation* (*Samyagdarsana*). Bangalore (The Christian Institute for the Study of Religion and Society).
SINGH TEJA. 1988. *Essays in Sikhism*. Punjab (Languages Department).
SIQUEIRA, T.N. 1933. "The Vedic Sacrament". En: *Thought* (New York).
SIVANANDA. 1953. *Voice of the Himalayas*. Rishikesh (Yoga-Vedanta forest University).
SLOTERDIJK, P. & . MACHO, TH.H (ed.) 1991. *Weltrevolution der Seele* [Antología de textos gnósticos]. Gütersloh (Artemis & Winkeler) 2 vols.
SOARES-PRABHU, G.M. 2003. *The Dharma of Jesus*, editado por Francis Xavier D'Sa. Maryknoll. NY (Orbis Books).
SORMAN, G. 2002. *El genio de la India*. Barcelona (Kairós).
SRINIVASA SASTRI, V. S. 1952. *Lectures of the Rāmāyaṇa*. Madras (Madras Sanskrit Academy).
STAAL, J.F. 1959. "Über die Idee der Toleranz im Hinduismus". En: *Kairos*. Salzburg (1959/4).
STANLEY, M.P. 1989. *Christianisme et Réincarnation, vers la Réconciliation*. Saint Martin-le-Vinoux (L'Or du Temps).
STCHERBATSKY, TH. 1994. *The Central Conception of Buddhism and the Word Dhamma*. Delhi (M. Banarsidass).

STEVENSON, S. 1922. *The Rites of the Twice-born*. London.
SUBRAMUINIYASWAMI, S. 1993. *Dancing with Śiva*. Concord, California (Himalayan Academy)[4].
SUDBRACK, J. 1982-86. "Spiritualität". En: RAHNER & DARLAP (1982-86).
SUKTHANKAR, V.S. 1944. *Critical Studies of the Mahābhārata,* (Edited by P. K. Gode). Poona (Sukthankar Memorial).
SUNDARAM, S.S. 1934. *The Shiva School of Hinduism*. London (G. Allen & Unwin).
SUNDARARAJAN, K.R. (y otros) 1969. *Hinduism*. Patiala (Punjab University).
SWARUP GUPTA, A. 1968. *The Vāmana Purāṇa*. Varanasi (Kashiraj Trust) (sánscrito-inglés).
— 1972. *The Kūrma Purāṇa*. Varanasi (Kashiraj Trust) (sánscrito-inglés).
SWARUP RAM 1980. *The World as Revelation. Names of God*. Delhi (Impex).
TAGORE, R. 1980. *Lectures and Adresses*. Madras (MacMillan India).
— 1988. *Creativity Unity*. Madras (MacMillan India).
— 2002. *La religión del hombre*. Barcelona (RBA).
TAHMANKARD, V. 1956. *Lokamanya Tilak*. London (J. Murray).
TELANGK, T. 1965. *The Bhagavad-Gītā with the Sanatsujātīya and the Anugītā*. Delhi (M. Banarsidass).
THADANIN, V. 1933. *The Mystery of the Mahābhārata*. Karachi (Bharat Publishing House), 5 vols.
THAPAR, R. 2000. "Hindutva and History". En: *Frontline* XVII nº 19 (oct.) Chennai.
THOMAS, E.J. 1997. *The History of Buddhist Thought*. Delhi (Munshiram Manoharial).
THOMAS, M. & TAYLOR, V. (eds.) 1983. *Tribal Awakening* [*A Group Study*]. Bangalore (CISRSS).
THOMPSON, E.W. 1956. *The Word of the Cross to Hindus*. Mysore (The Christian Literature Society).
THURNWALD, R. 1940. "Primitive Initiations- und Wiedergeburtsriten". En: *Eranos Jahrbuch, VII* (1939). Zürich (Rhein).
TILAK, B.G. 1935. *Śrīmad Bhagavad-Gītā Rahasya or Karmayoga-śāstra*. Poona (Tilak Br.), (trad. de B. SUKHTANKAR) 2 vols.
TIRUVALLUVAR. 1992. *Le livre de l'amour*. Paris (Gallimard).
TOLA, F. 1968a. *Himnos del Atharva Veda*. Buenos Aires (Suramericana).
— 1968b. *Himnos del Ṛg-Veda*. Buenos Aires (Suramericana).
— 2000. *Bhagavad Gītā*. Barcelona (Círculo de Lectores).
TOLA, F. & DRAGONETTI, C. 1995. *On Voidness*. Delhi (M. Banarsidass).

TORNAI, R. 1951. *La danza sacra*. Roma (Edizione Paoline).
TRUMPP, E. 1978. *The Ādi-Granth or the Holy Scripture of the Sikhs*. Delhi (M. Manohartal).
TUCCI, G. 1940. *Forme dello spirito asiatico*. Milano, (G. Principiato).
— 1958. "Induismo" en *Civiltà dell'Oriente III*. Roma (Casini).
— 1978. *Teoría y práctica del mandala*. Buenos Aires (Dédalo).
TUKĀRĀMA 1956. *Les psaumes d'un pèlerin*. Paris (UNESCO), (traducción de DELEURY).
VADAKKEKARA, C.M. (ed) 1981. *Divine Grace and Human Response*. Kumbalgud (Asirvanam Benedectinie Monastery).
VAIDYA, C.V. 1906. *The Riddle of the Rāmāyaṇa*. London (Kegan Paul, etc.).
VALLÉS, C.G. 1998. *¿Una vida o muchas? Un cristiano ante la reencarnación*. Santander (Sal Terrae).
VĀLMĪKI. 1969. *Śrīmad Vālmīki-Rāmāyaṇa*. Gorakhpur (Gita Press) 2 vols.
VARENNE, J. 1997. *Le Tantrisme*. Paris (Albin Michel).
VARENNE, J. [y otros] 1967. *Le Veda*. Paris (Planète) 2 vols.
VAUDEVILLE, CH. 1955a *Étude sur les sources et la composition du Rāmāyaṇa de Tulsīdās*, Paris (Libraire d'Amérique et d'Orient)
— 1955b. *Le lac spirituel*. Paris (A. Maisonneuve), (traducción del *Ayodhyākānd* del *Rāmāyana* de TULSĪDĀS).
VED KUMARI. 1968, 1973. *The Nīlamata Purāṇa*. Srinagar (Critical Edition) (J & K Academy of Art, Culture and Language) 2 vols.
VEDAKKEKAR, C.M. (coord.) 1981. *Divine Grace and Human Response*. Bangalore (Asirvanam Monastery).
VELEZ, A. 2003. *Nāgārjuna. Versos sobre los fundamentos del camino medio*. Barcelona (Kairós).
VEMPENY, I. 1988. *Kṛṣṇa and Christ*. Pune (Ishvani Kendra).
VENKATARAMANAYYA, N. 1941. *Rudra-Śiva*. Madras (Madras University).
VENKATESANANDA. 1983. *Christ, Krishna and You*. San Francisco (Chiltern Y.F.).
VENKATESWARAN, C.S. 1958. "The Ethics of the Purāṇa". En: *CHI*, vol. II.
VESCI, U.M. 1968a. "Der Begriff Tapas in Ṛg Veda". En: *Kairos*. Salzburg.
— 1968b. "Tapas e l'origine della gnosi". En: *Studi di storia religiosa della tarda anrichità*. Messina (Ed. dell'Università).
— 1994. *Heat and Sacrifice in the Vedas*. Delhi (M. Banarsidass)[2].
VIGNE, J. 2002. "No dualidad y mística cristiana: Vedanta y Hesicasmo". En: *Sarasvatī nº 5*. Madrid.

VIREŚWĀRANANDA, S. 1948. *Bramasūtra*. Mayavati, Almora (Advaita Ashrama).
VISHNU DEVANDA. 1998. *Meditación y mantras*. Madrid (Alianza)[7].
VIVEKANANDA. 1946. *The Complete Words of Vivekananda*. Mayanati (Advaita Ashrama)[5].
VV. AA. 1963. *Les danses sacrées*. Paris (Ed. du Seuil).
VV. AA. 1964. *La Mystique et les mystiques*. Paris (Desclée de Brouwer).
VV. AA. 1969. *Sikhism*. Patiala (Punjabi University).
VV. AA. 1983. *Liberaci dal male. Male e vie di liberazione nelle religioni*. Bologna (E.M.I.).
VV. AA. 1990. "Monachesimo cristiano e non cristiano", *Quaderni nº 7*. Milano (Centro I.O.H. Le Saux).
VV. AA. 1993. *¿Reencarnación o resurrección?*, *Concilium* [octubre].
VV. AA. 1994. *La Filocalia de la oración de Jesús*. Salamanca (Sígueme)[4].
WACH, J. 1925. *Meister und Jünger. Zwei religionssoziologische Betrachtungen*. Tübingen (J. C. B. Mohr).
WALKER, B. 1995. *Hindu World (An Encyclopedic Survey of Hinduism)*. Delhi (Indus).
WALLIS-BUDGE 1907. *The Paradise of the Fathers*. London.
WALTER, M.S. 1971. *Krishnamandala: A devotional theme in indian art*. Michigan (Center for South and Southeast Asian Studies).
WARNACH, V. 1960. "Vom Wesen des kultischen Opfers". En: NEUNHEUSER (1960).
WEBER, A. 1867. "Über die Krṣnajanmāsṭami". En: *Abhandlungen der königl.* (Akademie der Wissenschaften).
WEBSTER, J.C.B. 1992. *The Dalit Christians. A History*. Delhi (ISPCK).
WHALING, F. 1980. *The Rise of the Religious Significance of Rāma*. Delhi (M. Barnasidass).
WHEELER, R.E.M. 1953. "The Indus Civilization", suplemento a la *Cambridge History of India*. Cambridge (University Press).
WHITE, V. 1954. "Incarnation". En: *Dominican Studies*, VII.
— 1982. *God and the Unconscious*. Dallas (Spring Publications) [trad. española *Dios y el inconsciente*. Madrid (Gredos) 1955].
WILKINSON, T.S. & THOMAS, M.M. (ed.) 1972. *Ambedkar and The Neo-buddhist Movement*. Bangalore (CISRSS) & Madras (CLS).
WILSON, F. (ed.) 1975. *The Love of Krishna*. Philadelphia (Univ. of Pennsilvania).
WILSON, H.H. 1972. *The Vishnu Purana*. Calcutta (Punthi Pustak) (1ª edición de 1840).
WILSON, K. 1982. The twice Alienated – Culture of Dalit Christians. Hyderabad (Booklinks).

WINTERNITZ, M. 1993. *History of Indian Literature*. Delhi (M. Banarsidass).
WITZEL, M. & FARMER, S. 2000. *Frontline* XVII, nº 19 (oct.). Chennai.
WOODROFFE, J. (AVALON). 1974. *The Serpent Power*. New York (Dover) [trad. española (s.f.) *El poder serpentino*. Buenos Aires (Kier)].
— 1978. *Shakti and Shakta*. New York (Dover). [trad. española (s.f.) *Sakti y Sakta*. Buenos Aires (Kier)].
— 1990. *Introduction to Tantra Śāstra*. Madras (Ganesh).
— 1991. *Principles of Tantra*. Madras (Ganesh) [trad. española (s.f.) *Principios del Tantra*, Buenos Aires (Kier)].
— 2001. *The Garland of Letters (Varṇamāla): Studies in the mantra-śāstra*. Madras (Ganesh).
YARDI, M.R. 1995. *Jnaneshwari*. Pune (Bharatiya Vidya Bharan).
YOGI HAMSA. 1951. *Śamskāras: The Genius behind Sacramental Rites*. Madras (Suddha Dharma Office).
ZACHARIAS. 1952. *Christianity and Indian Mentality*. Alwaye (J. M. Press).
ZAEHNER, R.C. 1957. *Mysticism. Sacred and Profane*. Oxford (Clarendon).
— 1969. *Hindu and Muslim Mysticism*. New York, Schocken Books.
— 1977. *At Sundry Times*. London (Faber & Faber).
ZIMMER, H. 1939. "Tod und Wiedergeburt im indischen Licht". En: "*Eranos Jahrbuch*", VII (1939).
— 1969. *Philosophies of India*. Princeton, New Jersey (Princeton University Press).
— 1995. *Mitos y símbolos de la India*. Madrid (Siruela).
ZOETE, B. DE. 1953. *The Other Mind. A Study of Dance in South India*. London (Victor Gollancz).
— 1957. *Dance and Magic Drama in Ceylon*. London (Faber and Faber).
ZUBIRI, X. 1998. *Sobre la esencia*. Madrid (Alianza).

GLOSARIO[1]

abhyudaya	gozo mundano, prosperidad material
acāpalam	perseverancia; una de las catorce "excelencias" según el *Rāmāyaṇa*
ācāra	reglas, normas de comportamiento, enseñanza
ācārya	maestro espiritual
adharma	injusticia
adhikāra	discípulo, aspirante cualificado a la iniciación
adivasi	primeros pobladores del subcontinente indio
advaita	a-dualidad (*a-dvaita*). Intuición espiritual que ve la realidad ni como monista ni como dualista. Reconoce que el problema meramente cuantitativo del uno y los múltiples de la razón dialéctica no se aplica al reino de la realidad, en el cual se hallan presentes polaridades que no se escinden en realidades separadas
Āgama	literalmente "llegada", "venida" de *ā-gam* [venir].

1. [Nota del Editor]
Si no se indica otra cosa las palabras del glosario son sánscritas.
Para simplificar la ortografía sánscrita se ha eliminado en el texto la nasalizada del nominativo (*guru* en lugar de *guruḥ, agni*, en lugar de *agniḥ,* etc.); no se sigue la corriente colonialista inglesa de añadir una *s* a los plurales (*sūtras*, *guṇas*, etc). En cambio tampoco se escriben las desinencias del plural (*sūtrani*, *gurunaḥ*, etc.) sino que se conserva el nominativo singular. Las desinencias relativas a los distintos casos, usados en el texto, han sido indicadas entre paréntesis, después del nominativo (*liṇga(m),* etc.). Las palabras sánscritas, conocidas por su polisemia, han sido traducidas y explicadas de acuerdo con el sentido que el autor le da en este libro. Las palabras griegas se acompañan de su grafía en letras griegas.
Las palabras empleadas en las definiciones que están escritas en cursiva tienen explicación dentro del propio Glosario. Se marcan con una flecha ↑ aquellos otros términos del glosario que ayudan a completar una definición.

	Nombre dado a un conjunto de textos tradicionales a los que se atribuye una autoridad similar a los Veda
agios (ἅγιος)	(gr.) santo
Agni	el fuego del sacrificio, el Fuego divino, uno de los Dioses o de las manifestaciones divinas más importantes, el mediador o sacerdote entre hombres y Dioses
agnos (ἁγνός)	(gr.) puro, casto, santo
ahaituka (ī)	desinteresado (a), sin motivo, sin causa, espontaneamente
aham	"yo", la primera persona. *Aham brahman*: "yo soy *brahman*", uno de los *mahā-vākya*. *Aham* como principio ontológico es en general distinto de *ahaṃkāra,* como principio psicológico
ahaṃ-kāra	el sentido del ego, principio de la individualidad y de las limitaciones egoísticas
ahiṃsā	de la raíz *hiṃs*, que viene de *han,* [herir, matar]: "no-violencia", respeto a la vida, el no matar, el no herir, el deseo de no violentar la realidad. Principio moral y filosófico basado en la armonía última en el universo.
ajapa-mantra	recitación sin fórmula [↑*japa*, ↑*mantra*]
ākāśa	eter, espacio, uno de los cinco elementos (*bhūta*); atmósfera. Es infinito, todo lo penetra, por ello es, con frecuencia, identificado con *brahman*
akṛtsna	conocimiento parcial o imperfecto
aletheia (ἀλήθεια)	verdad
amarṣtvam	capacidad de indignarse; una de las catorce "excelencias" según el *Rāmāyaṇa*
amṛtatva(m)	inmortalidad
ānanda	felicidad, beatitud, las delicias del amor y especialmente la beatitud espiritual más elevada. Una de las tres "cualificaciones" de *brahman* [↑*sat* y ↑*cit*]
anêr (ἀνήρ)	(gr.) hombre, varón
angelia (ἀγγελία)	(gr.) mensaje (angélico)
aṇiman	derivado de *aṇu*, átomo; "atomicidad", lo más sutil; raíz
antaryāmin	el guía interior; en las *Upaniṣad* el *ātman*, concebido como presencia interior y guía interna de todo ser
anubhāva	experiencia directa, conocimiento derivado de una intuición inmediata

anugraha	gracia divina
avyakta	no manifestado
ap	agua, uno de los cinco elementos (*bhūta*)
apāna	uno de los cuatro soplos vitales (*prāṇa*), respiración que desciende que preside la exhalación [↑*samāna,* ↑*vyāna*, ↑*udāna*]
aparā	imperfecta, inferior (lo contrario de *parā*)
apauruṣeya	"de origen no humano". La visión tradicional de la interpretación védica es que los *Veda* no han sido compuestos por autores humanos, sino que son la manifestación de la "palabra eterna" (*vāc*)
apohaḥ	exclusión, negación; comprensión de las razones contrarias a lo aprendido; una de las virtudes de la inteligencia, según el *Rāmāyaṇa*
apyaya	fin
apunarāvṛttim	sin retorno
Āranāyaka	nombre dado a un grupo de escritos de los *Veda* que tratan de la meditación y de la purificación de la mente
arcā	imagen, manifestación visible y material
arkanā	adoración y honra del Señor; una de las nueve características del amor divino en la "devoción imperfecta", necesarias para alcanzar el puro amor
artha	propósito, esfuerzo, trabajo, objetivo, y también riqueza, salud, valor, y poder, es decir las metas materiales de la actividad humana. Uno de los cuatro *puruṣārtha* o finalidades de la actividad humana [↑*dharma,* ↑*kāma,* ↑*mokṣa*]
artha-śāstra	tratados que tratan de los diversos medios tanto de adquirir riqueza (artes mecánicas) como de llegar a la gestión de la cosa pública (política y economía)
arthavijñānam	intuición de lo ha aprendido; una de las virtudes de la inteligencia, según el *Rāmāyaṇa*
Ārya Samāj	movimiento religioso-político del renacimiento hindú del siglo XIX
āsana	serie de distintas posiciones del cuerpo según las distintas escuelas *yoga*
asat	"no-ser", lo opuesto al ser (*sat*)
askeô (ἀσκέω)	(gr.) faenar, moldear, de ahí ejercitarse y ascésis
āśrama	estado de vida, los cuatro estadios tradicionales en la vida del "nacido-dos-veces": el estudiante (*brahma-*

	carya), el ciudadano (*gṛhastha*), el ermitaño (*vānaprastha*) y el monje (*saṃnyāsa*), también la ermita de un monje y por lo tanto, el título de un asceta. Puede venir de *śramaṇa* [peregrinar, caminar] y la partícula negativa *a* significaría un lugar de reposo y de paz que es uno de los sentidos modernos
Atharva-veda	la cuarta colección de los *Veda*; la Sabiduría expresada en textos mágicos
ati-āśrama	el estado más allá de todo estado
ātman	de la raíz *at* [respirar]: hálito, el principio de vida, el sí-mismo o esencia interior del universo y del hombre. Núcleo divino de la realidad. Se refiere a la persona entera, indivisa y también al centro del hombre, su núcleo incorruptible
ātmānātmavastuviveka	discriminación (*viveka*) entre las cosas del "espíritu" (*ātman*) y las que no lo son (*anātman*)
atmanivedana	oferta de sí mismo a la Divinidad, dedicación de todo el ser al Señor; una de las nueve características del amor divino en la "devoción imperfecta", necesarias para alcanzar el puro amor
ātmaprāṇa-pratiṣṭhā	ejercicio de centrarse (*pratiṣṭhā*) en la respiración (*prāṇāyāma*)
Aum	la sílaba sagrada, que engloba en sí todos los *Veda*. Significa también "sí", "así sea". Se usa al principio y al final de toda recitación de textos sagrados y se considera que contiene en sí toda la realidad
avatāra	etimológicamente la palabra viene del prefijo *ava* [bajo, abajo, debajo, inferior, fuera], y la raíz *tr* [pasar, traspasar, cruzar (cf. latino *trans*)]; significa pues el traspaso del transcendente en los límites del inmanente, la descensión del Absoluto en el relativo. Las "descensiones" de Viṣṇu bajo diversas formas animales y humanas
avidyā	ignorancia, ausencia de consciencia verdadera y liberadora, con frecuencia identificada con *māyā* y causa de ilusión y desilusión
avisamvāditā	coherencia; una de las catorce "excelencias" según el *Rāmāyaṇa*
azomai (ἄζομαι)	(gr.) adorar, honrar
bhāṣya	comentario
Bhagavad-gītā	canto del Bienaventurado o del Señor. Poema incluido en el libro VI del *Mahābhārata*, en el que Ārjuna

	recibe la enseñanza de su auriga Kṛṣṇa sobre la Realidad suprema y en la que les muestra las tres vías para alcanzar la realización
Bhagavān	"el Señor, bendito, adorable, glorioso, venerable", término usado tanto para las personas santas como para los Dioses
bhāgavatismo	una de las corrientes religiosas del *viṣṇuismo*
bhakta	devoto, el que sigue el camino del amor de Dios y se ha sometido totalmente a lo divino [↑*bhakti*]
bhakti	devoción, sumisión, amor de Dios, relación personal con Dios, misticismo amoroso
bhakti-mārga	el camino del amor y de la devoción, uno de los tres caminos espirituales clásicos [↑*karma-mārga*, ↑*jñāna-mārga*]
bhakti-yoga	método de alcanzar la realización a través del amor y la devoción
bhāva	de la raíz *bhū* [existir, devenir]: existencia, emoción, temperamento; estadios del hombre [↑*paśu*, ↑*vīra*, ↑*divya*]. Podría traducirse exactamente por "naturaleza". [↑*vibhāva*]
bheda	argucia, sembrar la disensión entre los enemigos; una de las cuatro habilidades para vencer en la lucha de la vida, según el *Rāmāyaṇa*
bhoga	placer, delectación, fruición
bhuñjithā	desasirse, soportar, aguantar
bhūta	elemento; los cinco elementos son tierra (*pṛthvī*), agua (*ap*), fuego (*tejas*), aire (*vāyu*) y eter (*ākāśa*)
Bhūta-śāstra	tratado de los elementos (*śāstra*)
biazetai (*βιάξεται*)	(gr.) esfuerzo, violencia
bīja	semilla, germen, esperma, grano para la siembra y por tanto origen, soporte y verdad. Ciertas letras (o sílabas) que expresan la esencia de una Divinidad concreta: sílaba sagrada
bios (*βiος*)	(gr.) existencia, vida animal, vida individual, duración de la vida [↑*zôê*]
brahmacarya	el estudiante, todavía célibe, el primero de los cuatro *āśrama*
brahma-jijñāsā	desiderativo de la raíz *jñā* [conocer] [↑*jñāna*]: el deseo de conocer a *brahman*, anhelar la realización de *brahman*
brahmaloka	el mundo de *brahman*, cielo, estado transitorio

brahman — la Realidad absoluta, lo que impregna todo.

brahmán — uno de los cuatro sacerdotes que realizan el sacrificio, o el clero en general. Miembro de la primera de las cuatro castas (*varṇa*) [↑*kṣatriya*, ↑*vaiśya*, ↑*śūdra*]

Brāhmaṇa — conjunto de textos añadidos a los *Saṃhitā* que tratan de temas rituales y míticos

brahmanismo — Nombre con que pasó a designarse la continuación de la religiosidad de los *Veda*, cuando fue ritualizada por la casta de los *brahmanes*; nombre con el que antiguamente se designaba al hinduismo en Occidente

Brahma-sūtra — colección aforística de la filosofía de las *Upaniṣad* escrita probablemente en el siglo II antes de Cristo por Bādarāyana

brahma-vidyā — sabiduría o conocimiento de *brahman*; ciencia sagrada, teología

brāhmī-sthiti — estado final, divino o de divinización

Brāhmo Samāj — movimiento de reforma del s. XIX que pretendía hacer más accesible la religiosidad hindú a la mentalidad europea

buddhi — intelecto

buddhismo — Movimiento religioso surgido alrededor de la figura y la predicación de Gautama Buddha, en el siglo VI antes de Cristo

cārvāka — escuela materialista dentro del hinduismo que tiene su origen en el filósofo indio Cārvāka (hacia el siglo VII a.C.)

cit — percibir, comprender; conciencia, inteligencia. Una de las tres "cualificaciones" de *brahman* [↑*sat*, ↑*ānanda*]

citta — la mente como órgano del pensamiento [↑*cit*, ↑*manas*]

dākṣyam — rectitud; una de las catorce "excelencias" según el *Rāmāyaṇa*.

dalit — literalmente "oprimidos", los fuera-de-casta, llamados por Mahātma Gandhi: "*harijan*"

dam — dominio de los sentidos, autocontrol, ascetismo; una de las virtudes previas al *jñāna*

damas — control de las pasiones sensibles, ascetismo

dāna(m) — la generosidad (en el dar a los demás) ; una de las cuatro habilidades en la lucha de la vida, según el

	Rāmāyaṇa; uno de los preceptos religiosos, principalmente la obligación del cabeza de familia
daṇḍa	literalmente palo; fuerza; una de las cuatro habilidades en la lucha de la vida, según el *Rāmāyaṇa*
dārdhyam	estabilidad; una de las catorce "excelencias" según el *Rāmāyaṇa*
darśana	de la raíz *dṛś* [ver, observar, de donde deriva visión y vista]: sistemas filosófico-teológicos; en el contexto religioso significa la "visión" de una persona, de Dios o de un lugar santo
dāsya	vida consagrada al servicio del Señor, servicio del siervo al amo; una de las nueve características del amor divino en la "devoción imperfecta", necesarias para alcanzar el puro amor
deśakālajnā	oportunidad (sentido del tiempo y del lugar); una de las catorce "excelencias" según el *Rāmāyaṇa*
devatā	Divinidad
deva-yajña	sacrificio de los Dioses o a los Dioses
dhamma	*dharma* en pali
dhanena	cf. *dāna*
dhāraṇā(ī)	concentración meditativa
dhāraṇam	recuerdo de lo aprendido; una de las virtudes de la inteligencia, según el *Rāmāyaṇa*
dharma	orden cósmico, justicia, deber, normas religiosas y sociales transmitidas por la tradición; "religión" como conjunto de prácticas y leyes. Lo que mantiene el mundo. Uno de los cuatro valores humanos (*puruṣārtha*).
Dharma-śāstra	tratados que constituyen la *smṛti* por antonomasia, son obras que tratan de la aplicación concreta de las enseñanzas védicas a las diversas esferas de la actividad humana
dhikr [zekr]	(arab.) literalmente recuerdo, evocación. Se refiere al permanente recuerdo de Dios mediante la repetición de uno de sus nombres [↑*mantra*]
dhyāna	meditación, contemplación
dīkṣā	iniciación; los ritos preliminares; consagración del que lleva a cabo el sacrificio al comienzo de un sacrificio del *soma*, que lleva a un "nuevo nacimiento". Fuera del contexto del sacrificio es la iniciación del discípulo por parte del *guru*. La palabra ha sido

	triplemente interpretada: a) como compuesto de la raíz *dā* [dar] y *kṣi* [destruir]; b) como proveniente de la raíz *dīkś* [consagrar –y así ya en el *AV*]; c) como desiderativa del mismo verbo *daki* [crecer, aumentar]– pero en todo caso el sentido es el de superar la condición de la mera animalidad.
divya	estado divino; uno de los tres estadios (*bhāva*) del hombre. [↑*paśu*, ↑*vīra*]
dravya	sustancia, categoría; en los *Veda* soporte material del sacrificio
dsvitīyaḥ	segundo, "segundón"
duḥkha	pena, dolor, sufrimiento, angustia, malestar existencial del hombre; concepto básico en el buddhismo
duḥkha-nivṛtti	cesación del sufrimiento
Durgā	"la de difícil acceso, la inaccesible", la Gran Madre, uno de los nombres más antiguos de la Madre divina, la esposa de *Śiva*
dvaṃda	pareja de opuestos, como el calor y el frío, el placer y el dolor, etc. La palabra *dvaṃda* es la reduplicación de *dva* [dos, dual]. [↑*nirdvaṃda*]
dvandvātīta	estado más allá de todo dualismo
dvāpara	la tercera de las cuatro *yuga* ↑*kṛta*, ↑*tretā*, ↑*kali*]
dvija	derivada de *dvi* ["dos", "dual", etc.] y de *ja*, de la raíz *jan* o *jā*, ["nacer", "hacer nacer", etc., cf. el griego "γὶγνομαι" (*gignomai*), el latín "(*g*)*nascor*")]. "Nacido-dos-veces", miembro iniciado de una de las tres castas superiores
ekam advitīyam	Uno sin segundo
ekānta	devoción a un solo objeto, adoración de un solo Ser; es la característica del "amor puro" cuando la mente del *bhakta* está fijada en su Amado
ekānta-dharma	una de las corrientes del *viṣṇuismo* que subraya el aspecto de perseguir un fin único
ekāntika	literalmente dedicado a una sola finalidad, con un solo fín; denominación de una corriente del *viṣṇuismo*
ekībhūta	"unificación" de experiencias
epektasis (ἐπέκτασιζ)	(gr.) progresión del alma, crecimiento infinito a través de la eternidad, movimiento continuo hacia la meta
epifanía (ἐπιφανία)	(gr.) manifestación
epistêmê (*ἐπιστήμη*)	(gr.)conocimiento alcanzado por la ciencia especulativa

ergon (*ἔργον*)	(gr.) energía
fanerô (*φανερῶ*)	(gr.) manifestarse
garbha	embrión, el interior, el regazo
garbha-gr_ha	la parte central y más sagrada del templo
gauna (*ī*)	secundario (a)
gignomai (*γίγνομαι*)	(gr.) nacer, llegar a ser
gopī	pastorcilla. Las compañeras de juego del joven Kṛṣṇa
grahaṇam	capacidad para entender lo que se dice; una de las virtudes de la inteligencia, según el *Rāmāyaṇa*
gṛhastha	el ciudadano, el cabeza de familia; el segundo *āśrama*
guṇa	literalmente hilo; cualidad, propiedad, característica, idiosincrasia, etc. En el sistema *Sāṃkhya* las tres cualidades o constituyentes fundamentales de la naturaleza (*prakṛti*) y del hombre [↑*sattva*, ↑*rajas*, ↑*tamas*]
guru	literalmente "el que tiene peso", maestro, guía espiritual y preceptor
gurukula	escuela de un maestro (*guru*) para los jóvenes en la primera etapa de su vida (*brahmacarya*)
haituka (*ī*)	interesado (a)
Hari	literalmente "que aleja o aparta (el mal)". Santo. Nombre de Dios bajo la forma de *Viṣṇu* y *Kṛṣṇa*, más tarde designó al Dios personal mismo.
harijan	literalmente "hijos de Dios", nombre dado por Mahātma Gandhi a los fuera-de-casta (*dalit*)
haṭha-yoga	técnica del *yoga* practicado para alcanzar un determinado dominio del cuerpo mediante ejercicios psico-físicos específicos que además ayudan a retirar la atención de los objetos externos
hesicasmo	del griego *hêsychia* (*ἡαυχία*), tranquilidad, reposo, pero también soledad, retiro. Se denomina hesicasmo al esfuerzo por dedicarse por completo a la pura contemplación y unión con Dios
hetu	suele traducirse como causa puede significar, también, razón deducción, agente, motivo, etc., como ya vio Aristóteles y la post-escolástica
hindutva	reacción nacionalista de un hinduismo militante, reactivada en los últimos lustros del siglo XX

homa — rito sacrificial a los Dioses hecho con fuego

idam — "esto", nominativo neutro singular del pronombre demostrativo. Generalmente se refiere a "este [universo]"

ihāmutra-phala-bhoga-virāga — renuncia o indiferencia (*virāga*) hacia la delectación (*bhoga*) del fruto (*phala*) (de las propias acciones) aquí y en el más allá (*ihāmutra*)

Indra — el gran guerrero divino que vence todas las batallas en favor de sus devotos. Su poder es irresistible y es el *soma* el que le proporciona la energía necesaria para sus empresas. Es el liberador de las fuerzas obstructivas; libera las aguas y la luz. Su arma es el rayo (*vajra*)

indriyāni — sentidos, percepción sensorial

Īśa — significa Dios, el Maestro, el Controlador; connota también la idea de posesión y de dominio. *Īśvara*, el Señor, viene de la misma raíz *īś*, ser el maestro.

īśa-vāsyam — penetrado y perfumado por Dios (*Īśa*), inscrito y envuelto en él, revestido de él

iśṭa-devatā — la divinidad adecuada a, o escogida por una persona o grupo para el culto o la meditación; la divinidad escogida. Significa la deidad o la forma sensible de la Divinidad que, generalmente, el maestro espiritual (*guru*) da al discípulo (*śiṣya*) como más apropiada a su temperamento y a su idiosincrasia

Īśvara — el Señor

itihāsa — literalmente "así sucedio" (*iti ha āsa*). Historia, narración, la "tradición histórica", la épica (cf. las dos grandes épicas, *Mahābhārata* y *Rāmāyaṇa*)

jainismo — movimiento religioso que se remonta a Pārśva, maestro espiritual del siglo VIII antes de Cristo, cristalizado, en el siglo VI a. C., alrededor de Mahāvira.

japa — repetición rítmica y ritual bien sea del nombre de Dios, *nāma-japa*, bien de un *mantra*

jīva — de la raíz *jīv* [vivir]: ser viviente; el alma en su individualidad, distinta del *ātman*, el alma universal. Hay tantos *jīva* como seres individuales vivientes

jña — de la raíz *jñā* [conocer]: gnóstico,

jñāna — de la raíz *jñā* [conocer]: conocimiento, *gnôsis* intuición, sabiduría; con frecuencia la más alta comprensión intuitiva, la realización de *ātman* o *brahman*. Es el resultado de la meditación o de una revelación

jñāna-kāṇḍa	sección de los *Veda* que contiene las enseñanzas que conducen a la 'realización'
jñāna-mārga	el camino del conocimiento, de la *gnôsis*, de la contemplación y de la visión intuitiva; uno de los tres caminos clásicos de la experiencia espiritual [↑*karma*, ↑*bhakti*]
jñāna-yoga	método de alcanzar la realización a través del conocimiento
Jñāneśvari	*Gītā* compuesta por el gran místico marathi del siglo XIII Jñanadeva
kairós (καιρόζ)	(gr.) tiempo, instante decisivo, punto crítico en el cual el destino cambia de fase, de época
kaivalya	aislamiento, soledad, desapego; un estado espiritual de libertad suprema
kali	la última y más degenerda de las cuatro *yuga*, la edad actual [↑*kṛta*, ↑*tretā*, ↑*dvāpara*]
kalokagathia (καλοἀγαθία)	(gr.) honradez, conducta intachable, virtud
kalon (καλόν)	(gr.) bello, noble, honesto
kalpa	periodo cósmico, eón; cada eón está constituido por cuatro *yuga*
Kalpa-sūtra	conjunto de manuales que contienen aforismos sobre las prescripciones a seguir en los sacrificios y ceremoniales védicos
kāma	amor, deseo, poder creador personificado como el Dios del amor, uno de los *puruṣārtha*. Una de las formas de la energía primordial, junto con *tapas*
kāṇḍa	sección, división, capítulo
kārikā	tratado doctrinal en verso
karman	"obra, acción", originalmente la acción sagrada, el sacrificio, después también el acto moral. El resultado de todas las acciones y las obras, la acción cristalizada, de acuerdo con la ley del *karman* que gobierna las acciones y sus resultados en el universo
karma-phala-tyāga	renuncia al fruto de la acción
Karma-kāṇḍa	sección de los *Veda* que describe los rituales
karma-mārga	el camino de la acción; uno de los tres caminos clásicos de la espiritualidad [↑*bhakti*, ↑*jñāna*]. En los *Veda* se refiere a los sacrificios como camino de salvación; posteriormente incluye las acciones morales, o más bien todas las acciones realizadas con espíritu de sacrificio

karma-yoga	método de alcanzar la realización a través de la acción
karuṇā	compasión; concepto importante en el buddhismo
kathā-japa	narración sagrada
kathākalī	danza del Malabar
kavi	el poeta, el *ṛṣi*
kīrtana	canto de glorias al nombre del Señor; una de las nueve características del amor divino en la "devoción imperfecta", necesarias para alcanzar el puro amor
kriyā	actividad, acto religioso
kriyā-yoga	la forma práctica del *yoga*, es decir el empleo de medios particulares y generales para alcanzar la realización
Kṛṣṇa	*avatāra* de *Viṣṇu* (literalmente "el negro") es uno de los Dioses más populares. Es el que revela la *Gītā*. Es el niño divino y el Dios pastor, encarnación del amor y el Dios alegre por excelencia
kṛta	edad de oro. La primera de las cuatro *yuga*, llamada también *satya* [↑*tretā*, ↑*dvāpara*,↑*kali*]
kṛtajñatā	gratitud (a los servicios recibidos); una de las catorce "excelencias" según el *Rāmāyaṇa*
kṛtsna	conocimiento total perfecto
kṣatriya	miembro de la segunda casta (*varṇa*), comprende reyes, guerreros y nobles [↑*brāhman,* ↑*vaiśya,* ↑*śūdra*]
kulārnava-tantra	uno de los *tantra*
Lakṣmī	desde muy antiguo identificada con *Śrī* y enseguida conectada con *Viṣṇu* como su poder y gloria, su consorte y que luego como su *śakti* se identificará con otras manifestaciones de la Divinidad, como la gran Madre
laos (λαός)	(gr.) pueblo, nación, hombres, multitud
laukika	mundano, ordinario, lo contrario a lo sagrado
līlā	juego divino, el mundo visto como diversión de Dios
liṅga (*m*)	símbolo, órgano fálico; piedra (o elemento) vertical, símbolo máximo del *śivaismo*
lingāyata	una de las corrientes filosóficas *śivaíticas* del sur de la India
lokasaṃgraha	compuesta de *loka* [mundo, espacio, universo] y *saṃ-graha* [que ha sido traducida como "provecho", "bienestar", "mantenimiento", "guía", "bien", "coherencia" (que sería su sentido etimológico)]. "El tener junto, el mantener el mundo" por parte del hombre sabio y del santo en la acción sagrada o litúrgica

madyā vino

Mahābhārata uno de los dos grandes poemas épicos del hinduismo. En él se encuentra condensado todo el hinduismo, en lo que tiene de religión, de cultura y una buena parte de la historia de la India

Mahādeva Dios supremo, apelativo de *Viṣṇu*

mahā-puraṇa grandes *purāṇa*; la tradición reconoce como tales 18

mahā-vākya (en plural *mahā-vakyāni*) grandes sentencias (tradicionalmente cuatro) de las *Upaniṣad*, respecto a *ātman* y *brahman*: "Yo soy Brahman" (*BU* I, 4, 10); "Eso eres tu" (*CU* VI, 8,7); "Este ātman es Brahman" (*MandU* II); "La consciencia es Brahman" (*AU* III, 3)

maithuna unión, unión sexual

māṃsā carne

manas la mente en su sentido más amplio, corazón, intelecto, órgano interno sede del pensamiento, de la comprensión, del sentimiento, de la imaginación y de la voluntad. En la antropología *upaniṣadica*, uno de los tres constituyentes principales del hombre [↑*vāc*, ↑*prāna*]

mānavadharma-śastra la más completa codificación del orden jurídico de la India, atribuidas a *Manu*, lo que le confiere una gran autoridad. De ahí que a este *śāstra* se le llame también *Manu-smṛti*

maṇḍala literalmente "círculo". Representación mística de toda la realidad; una representación pictórica de la homología entre el microcosmos (el hombre) y el macrocosmos (el universo)

manīṣī el pensador, el intelectual

mantra de la raíz *man* [pensar]: oración, fórmula sagrada palabra sagrada, un texto o un versículo védico. Normalmente sólo se denomina *mantra* la parte de los *Veda* constituida por los *Saṃhitā*. Siendo una palabra poderosa puede también tener el significado de fórmula mágica o encantamiento

mantra-vīrya cualquier palabra usada como *mantra*, en la que el Yo último es el sujeto

Manu ser humano. Según los Veda son los divinos legisladores originarios, que establecieron los ritos sacrificiales y las ceremonias religiosas en general

Manu-smṛti o *Mānavadharma-śastra*↑, Libro de las leyes de Manu

mārga camino, vía, (de la raíz *mṛg* o *mārg* que significa propiamente buscar, investigar, cazar, perseguir, anhelar, preguntar, pedir, solicitar, siempre en el sentido de búsqueda)

matsya pescado

māyā el poder misterioso, la sabiduría o habilidad de los Dioses, de donde el poder del engaño de la ilusión. En el *Vedānta* se usa como sinónimo de ignorancia y también para indicar la "ilusión" cósmica que vela al *brahman* absoluto

māyāvāda doctrina del *advaita-vedānta* según la cual el mundo es solo *māyā*, es decir irrealidad, ilusión

meletê (μελέτή) (gr.) atención, concentración, meditación

menô (μένω) (gr.) permanecer, durar y, originalmente, pensar

metanoia (μετάνοια) (gr.) más allá de lo mental (*nous* νοῦς); arrepentimiento, cambio de mentalidad o de corazón, conversión

methodos (μέθοδος) (gr.) camino, método, procedimiento

metexis (μετέξις) (gr.) participación

mīmāṃsā de la raíz *man* [pensar]; uno de los seis sistemas clásicos de la filosofía índica que se ocupa principalmente de los fundamentos y de las reglas para la interpretación de los textos védicos

Mīmāṃsā-śāstra tratados exegéticos

mímesis (μίμεσις) (gr.) imitación

mohāvatāra falsa manifestación divina

mokṣa de la raíz *muc*, *mokṣ* [liberar, desatar]: salvación, libertad absoluta, liberación del *saṃsāra*, el ciclo de nacimiento y muerte

mudrā literalmente, sello. Gesto tanto del cuerpo como de la mano; es la preparación para la ceremonia litúrgica y representa la condición más o menos necesaria para que el acto sea eficaz. Existen los más variados tipos de *mudrā*, desde los gestos de la mano hasta las posiciones y las acciones (*kriyā*) *yogicas*. Representa la participación de nuestro cuerpo en la obra de salvación

mukti salvación

mumukṣutva de la raíz *muc* [↑*mokṣa*]: deseo de salvación, anhe-

	lar y desear ardientemente la liberación. El requisito previo y necesario para entrar en el camino de la liberación
mūla	raíz, origen, causa
mūrti	icono, imagen consagrada
naiṣkarmya	abandono de la acción (*karman*). En la *Gītā* está combinada con el concepto de *karma-phala-tyāga*, la obra realizada renunciando al fruto de la acción (y por lo tanto evitando sus efectos vinculantes)
nāma	nombre
Nārāyaṇa	el "hijo del hombre" (*nara*), es decir el *puruṣa* originario; uno de los nombres de Viṣṇu
nāstika	persona de opiniones heterodoxas, un ateo, un no creyente; deriva de *na āsti* [no es], la negación de la autoridad de la *śruti*. Lo contrario de *āstika*, el creyente, el que afirma o reconoce la autoridad de los Veda
Naṛarāja	"rey de la danza", figura danzante de Śiva
nayāyika	seguidores del sistema *Nyāya*, sostenedores de la teoría del origen humano de los textos sagrados (*pauruṣeya*, lo contrario de *apauruṣeya*)
nembutsu	(jap.) recitación del nombre de Buddha Amitābha. Es el ejercicio de la escuela de la Tierra Pura, que puede lograr que se alcance la más alta meta propuesta: el renacimiento en el Paraíso o Tierra Pura de Amitābha
neti-neti	"no esto, no esto" (*na iti*); negación de cualquier caracterización del *ātman* o *brahman* en las *Upaniṣad*; puro apofatismo
niḥśreyasa	beatitud espiritual como 'realización'
nigama	textos de interpretación exegética
nirdvamāda	compuesta de *dvaṃda* y *nis, niḥ, nir* (partícula negativa o privativa como en las lenguas indoeuropeas). Superación de todos los *dvaṃda*, los pares de opuestos. En la literatura sánscrita *nirdvaṃda* a menudo significa indiferente a los dilemas, indiferente a las alternativas
nirguṇa	absoluto, sin *guṇa*
nirhetu (nirhetuka)	incondicionado, sin causa
nirvāṇa	extinción, literalmente "el apagarse (de la llama)", extinción final, consunción de todo límite pensable, incluso tiempo, espacio y ser. Liberación, la finali-

dad última (especialmente en el jainismo y en el buddhismo)

nirvikalpa-samādhi absorción en la realidad última sin autoconciencia [↑*samādhi*, ↑*savikalpa-samādhi*]

nistraigunyatā superación de los tres *guṇā*

nitya orden perenne

nitya-anitya-vastu-viveka discriminación (*viveka*) entre las cosas (*vastu*) temporales (*anitya*) y las eternas (*nitya*), es una condición para la sabiduría o realización (*jñāna*)

nivṛtti compuesta de *vṛt* [girar, cambiar], y de *ni* [retiro, atrás]. Literalmente podría traducirse por "involución". Cesación, negación de cualquier actividad; vía de la renuncia a la acción [↑*pravṛtti*]

nous (νοῦς) (gr.) mente

nyāsa purificación, consagración; proyección ritual de la Divinidad o de su gracia al hombre, de una manera concreta por contacto físico como canal para la impregnación real

Om cf. *Aum*

ontonomía la conexión intrínseca de una entidad en relación a la totalidad del Ser, el orden constitutivo (*nomos*) de todo ser en cuanto Ser (*on*), armonía que permite la *interindependencia* de todas las cosas

ousía (οὐσία) (gr.) ser, sustancia

pāda pie

pāda-sevana servicio del Señor, literalmente "servir sus pies"; una de las nueve características del amor divino en la "devoción imperfecta", necesarias para alcanzar el puro amor

pañca cinco

pañca-kṛtya las cinco acciones cósmicas de Śiva por las cuales se manifiesta su poder supremo: la producción, la conservación, la destrucción, la descensión divinizante y la liberación

pañca-makāra sistema de las cinco *m*; los cinco métodos empleados se refieren a cinco objetos cuyo nombre sánscrito empieza por *m*

pañca-makāra-pújā ritual tántrico que se aplica en la utilización de las cinco *m*

pāñcarātra literalmente "las cinco noches" una corriente del *viṣṇuismo parā (parama)* — supremo, superior, universal

parama-puruṣārtha — el valor supremo por excelencia, el *summum bonum* al que aspira el ser humano

paramārthika — se refiere a las cuestiones últimas, a la realidad última, frente al conocimiento fenoménico (*vyāvahārika*)

para(ma)-vyoman — "realidad suprema", reino último de libertad; también el "lugar" en el que está escondido el misterio

paria — fuera-de-casta, sin casta [↑*harijan,* ↑*dalit*]

Pārvati — "la de las montañas", la Madre Divina, uno de los nombres de la esposa de *Śiva*

pāśa — cadenas y apegamientos que el hombre animal aún tiene

paśu — estado animal, o alma encadenada a este mundo; uno de los tres estadios (*bhāva*) del hombre [↑*vīra,* ↑*divya*]

pāśupata — forma de religiosidad que más tarde se identificó con el *śivaismo*. Se trata de salvar el alma animal (*paśu*), de su *encadenamiento* a este mundo (*pāśa*), por medio del maestro (*pati*), Śiva.

pati — el señor, el maestro, se aplica también a Dios

pauruṣeya — de origen humano, teoría que sostiene el origen humano de los textos sagrados

phala — fruto

pisteuma (πιοτἐυμα) — (gr.) del griego *pisteuô* (*πιοτεὺω*),creer; lo que el creyente cree, el sentido intencional de los fenómenos religiosos

prabhāva — origen, fuente, causa de existencia

prādurbhāva — manifestación, aparición de la divinidad que no toca la transcendencia

Prajāpati — "Señor de la criaturas", el padre de los Dioses

prajayā — los hijos, la estirpe

prajñā — literalmente conocimiento. El tercer cuarto de *brahman*, no se trata tanto de conocimiento como del estado de pura conciencia en el que todo está unificado. La multiplicidad ha desaparecido y se revela la única realidad. [↑*vaiśvānara,* ↑*taijasa,* ↑*turīya*]

prakṛti — naturaleza, materia prima; en el *Sāṃkhya* uno de los dos principios fundamentales del universo [↑*puruṣa*]

pramāṇa — palabra compuesta de *para*, que corresponde al español "pro" y de la raíz *mā*, medida. Según los distintos sistemas filosóficos los *pramāṇa* pueden ser

	desde un solo (percepción) hasta seis o más (inferencia, testimonio verbal, comparación, sospecha, conciencia de no saber, etc.)
prāṇa	el soplo vital, la vida, el hálito que da la vida, la fuerza vital que mantiene unido el cuerpo. En las *Upaniṣad* uno de los tres constituyentes principales del ser humano [↑*vāc,* ↑*manas*]. Se subdivide en cinco aspectos (*prāṇa, apāna, samāna, vyāna y udāna*)
prāṇāyāma	ejercicio de la respiración; de *prāṇa* [respiración] y *yāma* [retener]: dominio del ritmo respiratorio
prapañcopaśamam	compuesta de *upaśama*, que significa cesar (de *upa* y la raíz *sam*, [calma, sosiego, apaciguamiento, tranquilidad, paz]) y de *prapañca* (de *pra* y la raíz *pañc* de *pac*, [cocer y de ahí madurar]). Cesación de cualquier manifestación, desarrollo, evolución
prātibhāsika	conocimiento ilusorio, categoría del *advaita-vedānta*
pratiṣṭhā	soporte, base, fundamento
pravṛtti	compuesta de *vṛt* [volverse, revolverse] y de *para* [partícula activa: hacia delante]. Literalmente podría traducirse como "evolución".Vía de la acción positiva y eficaz, el camino de las obras como vía para alcanzar la salvación. [↑*nivṛtti*]
prema	amor, benevolencia
pṛthvī	tierra, uno de los cinco elementos (*bhūta*)
pūjā	culto, reverencia, adoración. El concepto está más ligado al culto de la *bhakti* que al védico
purāṇa	historia antigua, narraciones, mitos: literatura que incorpora la mitología hindú
puruṣa	la persona, el espíritu, el hombre. Tanto el hombre primordial de dimensión cósmica (RV) como el "hombre interior", la dimensión espiritual presente en el hombre. En el *Sāṃkhya* el principio espiritual de la realidad [↑*prakṛti*]
puruṣārtha	la finalidad o meta de la vida humana. La tradición índica habla de cuatro valores (*kāma, artha, dharma* y *mokṣa)*. La finalidad última es *mokṣa*
rajas	actividad, agitación, esfuerzo, fuerza capaz de vencer la inercia; en el hombre el principio activo. En el *Sāṃkhya* una de los tres *guṇa* [↑*sattva,* ↑*tamas*]
rājasūya	gran sacrificio. Elaborado rito védico para la consagración de un rey

Rāmāyaṇa	uno de los dos grandes poemas épicos de la India
Ṛg-veda	la primera colección de los *Veda*; la Sabiduría expresada en himnos
ṛṣi	proviene de la raíz *dṛś* [ver]: vidente, sabio; los sabios-poetas a los cuales se revelaron los *Veda*. Son considerados como una clase especial de seres, superiores a los hombres e inferiores a los Dioses. Según una tradición, los *ṛṣi* eran siete, probablemente los siete sacerdotes con los que *Manu* realizó el primer sacrificio
ṛta(m)	orden cósmico y sagrado, sacrificio como ley universal, también verdad, la estructura última, dinámica y armónica de la realidad
ṛtvij	el que realiza el sacrificio en el momento justo, el sacerdote oficiante
Rudra	Dios védico cuyo nombre deriva de *rud* [gritar, aullar], o de la raíz *ruc* [resplandecer]. Es el Dios terrible de las tormentas, padre de los Rudra como clase de Dioses o de los Marut. Estrechamente ligado a *Indra* y *Agni*. Más tarde se convirtió en una de las manifestaciones de *Śiva*
sa	él (pronombre personal)
śabda	sonido, palabra. Un aspecto de *brahman* como el revelado, el manifestado
ṣaḍaṇga nyāsa	localización o proyección de la "Divinidad" por medio del contacto con los dedos en los seis miembros del cuerpo a saber: el corazón, la cabeza, la punta del cráneo, el tórax, los tres ojos y la mano
sadguru	verdadero maestro; maestro por excelencia; maestro universal
sādhaka	de la raíz *sādh* [caminar hacia una meta, ser eficaz]: aquel que camina hacia la "realización"; en lenguaje técnico el iniciado. [↑*sādhu*]. La escolástica śivaita describe cuatro tipos de aspirantes: el tibio (*mṛdu*), el medio (*madhya*), el ardiente (*adhimātra*) y el perfecto (*adhimātratatma*).
sādhana	realización. Conducente directamente al fin, eficiente, proviene de *sādh*, que significa ir directamente a un fin, alcanzar un objeto, tener éxito, acabar, conducir rectamente, etc. Viene de la raíz *sidh*, conseguir, perfeccionar, realizar, etc. La *siddhi* sería la perfección

sādhu	derecho, que lleva derecho al fin, bueno, justo. Una persona buena; el renunciante, el monje o el asceta que va directamente a un fin
saguṇa	relativa, no absoluta, cualificada con *guṇa*
Śaiva-siddhānta	una de las ramas del *śivaismo*
sakhya	actividad de discípulo amigo del Señor; una de las nueve características del amor divino en la "devoción imperfecta", necesarias para alcanzar el puro amor
śakti	poder, energía; el poder femenino, activo de Dios (generalmente *Śiva*), personificado como Diosa que asume la función creadora
śaktijñatā	conocimiento de las propias capacidades (y de las ajenas); una de las catorce "excelencias" según el *Rāmāyaṇa*
śaktipāta	descenso del poder divino
śaktismo	una de las tres grandes corrientes religiosas de la India junto con el *viṣṇuismo* y el *śivaismo*
sāma	de la raíz *sā* [adquirir, posesión, abundancia]: una de las cuatro habilidades en la lucha de la vida, según el *Rāmāyaṇa,* capacidad de persuasión y reconciliación
śama(s)	de la raíz *śam* [quietud]: ecuanimidad, serenidad, paz, sosiego, control de la mente, apaciguamiento de la mente; una de las virtudes previas a la *gnôsis*
samādhāna	concentración de la mente, atención, seriedad; una de las virtudes previas a la *gnôsis*
samādhi	de la raíz *dhā* [coger, reunir] y el prefijo *sam* [conjuntamente]: absorción completa en la realidad última, con pérdida de la autoconciencia; estado de profunda concentración; el último de los estados espirituales *yogicos*; también la tumba de un santo [↑*nirvikalpa-samādhi* y ↑*savikalpa-samādhi*]
samāna	uno de los cuatro soplos vitales (*prāṇa*). [↑*apāna,* ↑*vyāna*, ↑*udāna*]
Sāmā-veda	la segunda colección de los *Veda*; la Sabiduría expresada en cantos
sambhavami	nazco, me vuelvo existencia contingente (expresión de la *Gītā* a propósito a la teología del *avatāra*)
Saṃhitā	la primera parte de los *Veda*
Sāṃkhya	literalmente "enumeración, numeración", de princi-

	pios filosóficos. Una de las seis escuelas filosóficas tradicionales (*darśana,*), la filosofía en que se basa el *yoga*
saṃnyāsa	compuesta de *sam* (prefijo) y de *nyāsa* [deponer, colocar, dejar de lado...] del verbo *nyās* [dejar caer], etc. compuesto a su vez de *ny* (prefijo) y de la raíz *as* (distinta de la *as* del verbo "ser ") que significa lanzar, proyectar... Renuncia, el cuarto estadio de la vida como monje errante
saṃnyāsin	renunciante, asceta, monje errante que ha abandonado el mundo y pertenece al cuarto estadio de vida (*āśrama*)
sampradāya	tradición viva, escuela, doctrina, familia espiritual
samprasāda	perfecto, tranquilo, sereno (de *sam* [conjuntamente, juntura] y la raíz *sad* [sentarse])
samraṃbha-yoga	camino hacia Dios por medio de la hostilidad hacia el Ser Supremo
saṃsāra	el mundo fenoménico, el ciclo de la existencia temporal, estado de identificación con dicha existencia
saṃskāra	"sacramento", rito que confiere sentido a los momentos cruciales de la vida de un hombre. También los residuos kármicos, impresiones físicas de vidas anteriores que influyen de algún modo en la existencia individual de una persona
saṃskṛta	integrado, confeccionado, compuesto, configurado
sanātana dharma	orden perenne, la religión eterna; la concepción que la religiosidad tradicional de la India tiene de sí misma
sandhyā	"estado intermedio" (de *sam* [juntura] y de *dha* [colocar, poner junto]). Los tres momentos sagrados del día (aurora, mediodía y crepúsculo)
śānti (śāntam)	sosiego, paz, tranquilidad
śaraṇāgatavātsalyam	magnanimidad con los fugitivos (inmigrantes); una de las catorce "excelencias" según el *Rāmāyaṇa*
sarva-bhūṭeṣu gūdham	escondido en todos los seres
sarvajña	omnisciente
sarvakleśasahiṣṇutā	valentía (para soportar cualquier contratiempo), longanimidad; una de las catorce "excelencias" según el *Rāmāyaṇa*
sarvavijñānita	conocimiento de todas las cosas; una de las catorce "excelencias" según el *Rāmāyaṇa*

śāstra	de la raíz *śās* [enseñar]: precepto, instrucción, regla, enseñanza autorizada; cuerpo de textos autorizados y en general cualquier texto que contenga normas de vida
sat	participio presente de *as*-ser; existencia, lo real. En última instancia solo *brahman* es *sat* en cuanto puro Ser y Base de toda existencia. En el *Vedānta* una de las tres "cualificaciones" de *brahman* [↑*cit*, ↑*ānanda*]
sat-mārga	uno de los cuatro caminos tradicionales del *śivaismo*
sattva	esencia, realidad ("lo que es"), bondad, pureza; en el hombre el principio que ilumina. En el *Sāṃkhya* una de los tres *guṇa* [↑*rajas*, ↑*tamas*]
sāttvata	una corriente del *viṣṇuismo*
satya(m)	verdadero, verdad, realidad, "lo que es" objetiva y subjetivamente
satyasya satyam	lo real de lo real, la verdad de la verdad
satyasamkalpaḥ	literalmente que ha alcanzado la realidad; referido a *brahman* puede traducirse como "aquel cuyas intenciones se realizan", "aquel cuya estructura intelectual es lo real"
sauryam	heroísmo; una de las catorce "excelencias" según el *Rāmāyaṇa*
savikalpa-samādhi	absorción en la realidad última sin pérdida de la autoconciencia [↑*samādhi*, ↑*nirvikalpa-samādhi*]
Savitṛ	literalmente, el que vivifica, el que da el impulso, el inspirador (de la raíz *su*). Divinidad védica ligada al sol como su fuerza motriz, estimulante; a veces identificado con el sol
savṛta-mantratā	discreción (guarda de la); una de las catorce "excelencias" según el *Rāmāyaṇa*
siddha	perfecto
siddhi	perfección, capacidad o facultad perfecta. Facultades psiquicas que pueden aparecer como subproducto del desarrollo espiritual
Śipiviṣṭa	"vestido con rayos de luz", uno de los nombres de *Viṣṇu*
śiṣya	discípulo [↑*guru*]
śiva	como adjetivo significa propicio, gracioso, agradable, benévolo; el que trae buena suerte
śiva	El Dios destructor del universo; es también el gran

	yogin y modelo de los ascetas. Su consorte es *Pārvatī* o *Ūmā*. En los *Veda* es *Rudra* que, a partir de la *SU*, es conocido como *Śiva* uno de los Dioses importantes de la tradición hindú.
śivaismo	una de las tres grandes corrientes religiosas de la India junto con el *viṣṇuismo* y el *śaktismo*
śivaliṅga (*m*)	símbolo de *Śiva* [↑*liṅga*]
śiva-tantra	conjunto de textos religiosos de las corrientes *śivaíticas* [↑*āgama*]
śloka	estrofa
smaraṇa	consideración amorosa, recuerdo grato del Señor; una de las nueve características del amor divino en la "devoción imperfecta", necesarias para alcanzar el puro amor
smṛti	de la raíz *smṛ* [recordar, que posee también un significativo sentido adyacente de rememorar, rumiar, ponderar, tener presente, etc.]. Literalmente recuerdo, memoria, tradición; las Escrituras que vienen después de la *śruti*, como la épica (*itihāsa*), libros legales (*dharma-śāstra*), etc., con menor autoridad que la *śruti* en la que se basa
soma	la planta sacrificial de la cual se extrae el jugo del *soma* con rituales establecidos; se llama así a la bebida de la inmortalidad. El soma se usaba ritualmente para entrar en un estado más elevado de consciencia
śraddhś	viene de *śrad* y de *dha*. *Śrad* (*srat*) significaría *satya* [verdad] y parece estar emparentado con *credo* (de *cred* y *do*), *cor-cordis* [*corazón*] y con el griego *kardia* [corazón]; aunque recientemente se dude del parentesco entre *credo* y *cor*. Fe, confianza activa (en los Dioses o en el mismo rito) requerida por el propio acto de culto. Una de las virtudes previas a la *gnôsis*
śravaṇa (m)	escuchar las alabanzas del Señor y su nombre; una de las nueve características del amor divino en la "devoción imperfecta", necesarias para alcanzar el puro amor. Acto de escuchar; una de las virtudes de la inteligencia, según el *Rāmāyaṇa*
Śrī	antigua Divinidad védica de naturaleza agraria: Diosa de la belleza y de la fecundidad, patrona de la

agricultura y de la felicidad. Su mismo nombre significa felicidad, gloria, prosperidad, bienestar.

śruti (*śrutam*) — "lo oído", la Palabra escuchada, oída y cristalizada en "la audición" transmitida fielmente. La Revelación védica, el *corpus* de los *Veda* transmitido oralmente

stotra — preces litánicas

śūdra — miembro de la cuarta casta (*varṇa*) cuya tarea es servir a las otras tres [↑*brāhman*, ↑*kṣatriya*, ↑*vaiśya*], por lo cual generalmente desempeña funciones de servidor

sukhaprāpti — lograr el placer, alcanzar la felicidad

śūnya (*śūnyatā*) — (adjetivo y sustantivo) vacío, vacío absoluto como realidad última en el buddhismo [↑*nirvāṇa*)

śuṣrūvā — predisposición a la escucha (de los demás); una de las virtudes de la inteligencia, según el *Rāmāyaṇa*

svābhāvika — natural

svadharma — el *dharma* personal y propio, algo así como el puesto óntico de cada ser en la escala de los seres

svarga — literalmente "que conduce a la luz"; mundo de luz, cielo, el más alto de los tres mundos, la morada de los Dioses

taijasa — derivado de *tejas*: luminoso. El segundo cuarto o segundo pie de *brahman*. El mundo ideal o mundo sutil. [↑*vaiśvānara*, ↑*prajñā*, ↑*turīya*]

tamas — las fuerzas de la oscuridad, la inercia de la materia; el aspecto oscuro e inerte del hombre. En el *Sāṃkhya* una de los tres *guṇa* [↑*sattva*, ↑*rajas*]

tāṇḍava — danza extática, acompañada de "daimones", sobre el cuerpo de un demonio rebelde

taṇhā — (pali) sed, deseo [↑*tṛṣṇā*]

tantra — literalmente, trama, tejido, telar; sistema religioso, no basado en los *Veda*, consistente en doctrinas y prácticas secretas que dan acceso a poderes ocultos. La tradición tántrica ha permeado prácticamente toda la tradición de Asia. El presupuesto básico de todas las prácticas tántricas es la interrelación entre cuerpo y espíritu, materia y alma *bhoga* [placer] y *mukti* [liberación]

tantra-śakta — conjunto de textos del tantrismo

tapas — literalmente calor; energía interior, fervor o ardor espiritual, austeridad, ascesis, penitencia. Una de las formas de la energía primordial, junto a *kāma*

Tarka-śāstra	tratados de dialéctica
tattva	esencia, naturaleza verdadera, realidad; principio filosófico; categoría
tattvajñānam	sabiduría adquirida (por lo aprendido); una de las virtudes de la inteligencia, según el *Rāmāyaṇa*
technê (τέχνή)	(gr.) arte, oficio, técnica
teinô (τεὶνω)	(gr.) tender, dirigir, desplegar
tejas	de la raíz *tij* [agudo, cortante, afilado]: fuego, uno de los cinco elementos; luz, resplandor. Materialmente la punta afilada de cualquier cosa (de ahí fuego y luz). [↑*taijasa*]
tempiternidad	visión a-dual del tiempo y la eternidad: experiencia de la eternidad en determinados momentos del tiempo; consciencia del carácter eterno de cada momento temporal
theologoumenon (θεολογονμενον)	(gr.) enunciado teológico, resultado y expresión del esfuerzo por entender la fe
theoria (θεωρὶα)	(gr.) saber contemplativo más allá de la simple especulación, contemplación
titikṣa	paciencia: fortaleza en sufrir incomodidades y penas; una de las virtudes previas a la *gnôsis*
transcendentales	entendemos por transcendentales aquellas "propiedades" inherentes a todo ser en cuanto Ser, a saber: Uno, Verdadero, Bueno, Bello, que reflejan la confianza cósmica del ser humano, que de alguna manera ha de expresar su actitud crítica ante la vida.
tretā	la segunda de las cuatro *yuga* [↑*kṛta*, ↑*dvāpara*, ↑*kali*]
trimūrti	tríada divina del hinduismo constituida por los Dioses *Brahmā*, *Viṣṇu* y *Śiva*
trivarga	tres valores, estados o categorías
tṛṣṇā	sed, deseo (*taṇhā*)
turīya	el cuarto pie de *brahman*, el último cuarto; el estado de pura transcendencia en el cual se penetra solamente con el aniquilamiento de si-mismo [↑*vaiśvānara*, ↑*taijasa*, ↑*prajñā*]
tyāga (*tyāgena*)	renuncia; obrar desapegado, sin apetencia del resultado o fruto
udāna	uno de los cuatro soplos vitales (*prāṇa*). [↑*apāna*, ↑*samāna*, ↑*vyāna*]
upādhi	añadido, adherencia; todo lo que se superpone y puede ser retirado; adherencias ilusorias que se han pegado al Ser

upanayana deriva de *upa-nī* [conducir de cerca]: ceremonia de iniciación e investidura del cordón sagrado. La iniciación corresponde a un segundo nacimiento, por lo cual se les llama "nacidos-dos-veces" (*dvija*)

Upaniṣad deriva de las palabras *upa* [junto, cerca] y *niṣad* [sentarse al lado, a los pies de alguien], sentado junto a alguien para escuchar sus palabras y recibir en confianza el conocimiento secreto. Las *Upaniṣad* son los escritos de interpretación de los *Veda* que forman parte de la *śruti*

upa-purāṇa *purāṇa* secundarios; [↑*mahā-purāṇa*]

uparati renunciamiento, indiferencia (incluso a actos buenos y lícitos); una de las virtudes previas a la *gnôsis*

upāsana-kāṇda porción de los *Veda* que trata de la meditación y de la purificación de la mente, que se desarrolla más explícitamente en los *Araṇyaka*

upāya medio, método

upeya el fin

urja ardor (arrojo, entusiasmo); una de las catorce "excelencias" según el *Rāmāyaṇa*

utha comprensión de los aspectos positivos de lo ha aprendido; una de las virtudes de la inteligencia, según el *Rāmāyaṇa*

vāc (vāk) palabra, la Palabra sagrada primordial y creativa. En principio era la Palabra (*vāc*). Sonido, también discurso, lenguaje, órgano de la palabra, voz

vaiśvānara el primer cuarto o pie de Brahma; consiste en la dimensión patente al hombre común cuya esfera de acción (cuyo mundo) es el estado de vigilia; es el hombre universal considerado tanto en su acepción más alta, y entonces es identificado a *Agni*, como en el sentido de representar aquello que de común tienen todos los hombres [↑*taijasa*, ↑*prajñā*, ↑*turīya*]

vaiśya miembro de la tercera casta (*varṇa*), casta de los agricultores y comerciantes [↑*brāhman*, ↑*kṣatriya*, ↑*śūdra*]

vajra la mítica arma de *Indra*; trueno, relámpago, rayo, diamante

vana bosque

vāna-prastha el que se retira al bosque (*vana*); ermitaño; el tercer *āśrama*

vandana	salutación y glorificación del Señor; una de las nueve características del amor divino en la "devoción imperfecta", necesarias para alcanzar el puro amor
varṇa	casta, color
varṇāśrama-dharma	el orden o el deber de cada casta
Varuṇa	uno de los Dioses principales de los *Veda*, es rey, el que dirige y supervisa la conducta moral de los hombres. Es el Señor de *ṛta*, orden cósmico y moral. Con frecuencia se le invoca junto con Mitra. Su estrecha relación con las aguas lo convierte más adelante solo en un Dios de las aguas, el Señor del océano
vastu	cosa
vāyu	aire, uno de los cinco elementos (*bhūta*)
Veda	de la raíz *vid* [conocer]: literalmente conocimiento el conocimiento sagrado incorporado a los *Veda* como cuerpo entero de las "Sagradas Escrituras" (aunque originalmente transmitidas sólo de forma oral). En sentido estricto *Veda* se refiere sólo a los *Saṃhitā* (RV, YV, SV, AV). En sentido lato hay que incluir también B, A, U. En general se refiere a los cuatro *Veda*
Vedāṅga	"miembros (auxiliares) de los *Veda*" (en cierto modo son parte de ellos), como elementos hermenéuticos
Vedānta	literalmente "final" de los *Veda*, es decir las *Upaniṣad* como culminación de la sabiduría védica. Se refiere también a un sistema de filosofía india (*advaita-vedānta*, *dvaita-vedānta,* etc.) basado en las *Upaniṣad* y que enseña una interpretación espiritual de los *Veda*
vibhāva	compuesta de *bhāva* [naturaleza] y *vi*, partícula determinativa; *vibhāva* es la manifestación natural de Dios, Dios descendiendo en (la) "naturaleza"; la descensión física e histórica de Dios
vidyā	conocimiento, sabiduría, también rama del conocimiento; una sección de un texto de las *Upaniṣad*
vijarā	río intemporal
vijñāna	conocimiento a partir de la experiencia, conocimiento crítico
vīra	estado heroico; uno de los tres estadios (*bhāva*) del hombre. [↑*paśu,* ↑*divya*]
virāga	independencia, desapego, renuncia

virāt-ātman	la totalidad de los cuerpos físicos; a nivel cósmico corresponde a *vaiśvānara*
viśiṣṭādvaita	escuela de *advaita* de carácter personalista fundada por Rāmānuja
Viṣṇu	importante Dios del hinduismo, ya presente en los *Veda*. Su nombre significa el que todo lo penetra. Es conocido por sus tres grandes pasos con los cuales mide los tres mundos. Aparece como una divinidad solar. Posteriormente se convierte en el segundo componente de la *trimūrti*, el conservador y es adorado principalmente en sus *avatāra*
viṣṇuismo	una de las tres grandes corrientes religiosas de la India junto con el *śivaismo* y el *śaktismo*
viveka	discriminación
vyāna	uno de los cuatro soplos vitales (*prāṇa*). [↑*apāna*, ↑*samāna*, ↑*udāna*]
vyāvahārika	"relativo a las cuestiones mundanas, a la vida común", es decir el modo mundano de ver la realidad, la perspectiva fenoménica, a diferencia de la perspectiva última (*paramārthika*)
vyoman	cielo, atmósfera, espacio aéreo
vyūha	agrupación, distribución; una de las cinco formas de Dios, según los *tantra viṣṇuitas*
wu wei	(ch.) no-acción, en el taoismo que confía en una naturaleza ordenada. La actividad o el acto sin propósito, sin finalidad, concepto del Tao-te-ching con el que se refiere a la no intervención en el curso natural de las cosas. Obrar espontáneo y sin designio pero adecuado a la situación
yajamāna	oferente partícipe del sacrificio védico
yajña (ṃ)	de la raiz *yaj* [ofrecer]: sacrificio, culto. Concepto y práctica centrales en los *Veda*. Sus tres elementos son la sustancia sacrificial (*dravya*), la divinidad a la que se dirige (*devatā*) y el acto de abandono o renuncia (*tyāga*). Las personas implicadas son el sacrificante (*yajamāna*), su mujer y los cuatro sacerdotes principales (*ṛtvij*)
Yajur-veda	la tercera colección de los *Veda*; la Sabiduría expresada en fórmulas litúrgicas. Se divide en *Negro*, el más antiguo y heterogéneo, "no ordenado" y *Blanco* el más moderno y "ordenado".

yāmala	textos tántricos
yantra	de la raíz *yam* [instrumento]: dibujo constituido por figuras geométricas; diagrama simbólico que representa lo divino, sus energías y sus aspectos
yantra-tattva	microcosmos yántrico que reúne en sí mismo todas las categorías de la realidad, los *tattva*
yoga	de la raíz *yuj* [uncir, unir, preparar, fijar, concentrar]: unión, método de unificación mental, física y espiritual, concentración y contemplación que emplea, entre otros medios, posturas corporales (*āsana*), control de la respiración (*prāṇāyāma*) y técnicas espirituales. El *yoga* como método se ha convertido en un elemento básico de prácticamente todas las religiones de origen indio
yogin	el asceta, el hombre que practica el autocontrol; seguidor del camino del *yoga*
yoni	matriz, órgano femenino, regazo, por lo que se usa también como lugar de reposo y asimismo como la parte interna de cada cosa
yuga	generación, período. Cada una de las edades cósmicas que se repiten en el mismo orden: *kṛta* (o *satya*), *tretā*, *dvāpara* y *kali* (la edad presente, edad degenerada). Este orden supone un decaimiento gradual y progresivo de la vida moral y humana
zôê (*ζωή*)	(gr.) la Vida, lo que hace que algo posea vida [βìoς]

ÍNDICE ANALÍTICO